KB220442

상호주체성과
기독교윤리학

Intersubjectivity and Christian ethics

상호주체성과
기독교윤리학

Intersubjectivity and Christian ethics

장호광 지음

이 저서는 2017년 대한민국 교육부와 한국연구재단의 지원을 받아 수행된 연구임
(NRF-2017S1A6A4A01020129)

This work was supported by the Ministry of Education of the Republic of
Korea and the National Research Foundation of Korea
(NRF-2017S1A6A4A01020129)

서문: 이 책을 쓰게 한 동기 및 배경

이 책을 쓰게 한 네 가지 동기 중 첫 번째와 두 번째는 나 개인의 경험적 배경에서 나온 것이며, 세 번째와 네 번째는 사회적·종교적 문제의식에서 나온 것이다.

먼저 나의 젊은 대학 시절의 한 경험이 이 책을 쓰게 한 첫 번째 배경이다. 나는 8남매 중 일곱째로 태어난 모태 신앙인이다. 나는 찬송가 소리, 기도 소리, 성경 읽기 소리, 설교 소리를 복중 태아 때부터 들은지라 칸트의 표현을 빌리자면, '선험적 예수-의식'을 갖고 태어난 자라 한다면 지나친 표현일까?

나의 부모님은 장로와 권사로서 교회를 섬기시는 분들이라 전해 들은 바로는 어머니께서 임신 중에도 주일 오전·오후 예배, 매일 새벽예배, 수요예배, 금요 구역예배, 이뿐만 아니라 매일 아침 식사 전 가정예배를 드렸으니 신앙적 의식을 선험적으로 갖고 태어났다 해도 과언이 아닐 것이다.

그래서 대학에 진학하기 전까지는 드물게 신앙적 회의를 가진 적이 있었지만 그리 심각할 정도는 아니어서 신앙의 길에서 크게 벗어난 적이 없었다. 하지만 군대 제대 후 대학 생활에서 여러 가지 일들로 인해 신앙적 회의에 빠지게 되었고, 특히 철학 과목을 수강하면서 그 회의는 절정에 다다르게 되었다. 신앙적 회의가 얼마나 심각했는지 몸무게가 3kg 이상 빠질 정도였다. 신앙적 문제를 해결하지 않고는 결코 행복한 삶을 영위할 수 없다는 생각에, 3학년 여름방학을 맞이해 사생결단의 심정으로 깊은 산속에 위치한 기도원에서 3일간 금식기도 하기로 마음먹었다.

"하나님, 정말 당신이 살아 계시다면 흔들리지 않는 견고한 믿음을 갖게 하소서. 더 이상 신앙의 회의에 빠져 불행한 삶을 살지 않게 하소서."라는 간절한 바람으로 금식기도를 시작했다. 한 끼만 굶어도 손이 떨릴 정도인데, 3일을 금식한다는 것은 그 당시 나로서는 거의 불가능에 가까운 일이었다.

하지만 하루가 지나자 배고픔보다 마음의 평안함과 몸의 가벼움을 체감하면서 신비한 체험을 하게 되었다. 잘 이해가 안 된 로마서를 하루 밤새 다 읽었을 뿐 아니라 평소 더딘 지성과 이성이 빠르게 작동하면서 이해력에 큰 변화를 초래하기까지 했다. 잠도 충분하지 않은데도 푹 잘 잔 사람처럼 정신이 더욱 맑아지고, 찬송이 절로 나오고, 기도가 샘솟듯 넘쳐나기까지 했다. 금식기도 마지막 날, 기도원 원장님이 그러는 나를 기특하게 보셨는지 기도원 떠나기 전 죽을 손수 끓이셔서 대접하셨다. 나는 너무 행복했다. 이제 다시는 신앙적 회의에 빠지지 않을 수 있다는 자신감과 함께 삶에 최선을 다해 하나님과 사람들에게 큰 기쁨을 전하는 사람이 되리라 다짐하면서 하산하기 시작했다.

그런데 하산하는 길에 순간적으로 번뜩 스쳐가는 생각에 가던 길을 멈추었다. "인식되는 대상이 무엇이든지 간에 인식하는 사람의 양상 혹은 양태에 따라 그 대상이 이렇게 혹은 저렇게 보일 수 있다.”는 철학수업에서 던진 한마디 교수의 말이 갑자기 떠올라 가던 길을 멈추게 했다. 이것은 바깥 대상이 아니라 그 대상을 인식하는 사람의 마음에 따라 그 대상이 좌우된다는 전형적인 ‘근대적 주체의식’을 드러내는 말이었다.

그런데 이런 교수의 말이 나의 뇌리 속을 휘저으며 엄청난 혼란에 빠뜨렸다. “3일 동안 겪은 나의 신비한 신앙적 체험의 근원이 어디에서 나온단 말인가?” “교회의 가르침대로 온전히 성령의 역사에 의한 것인가?” 아니면 “순수한 나의 사유적 의식 자체에 의한 것인가?” 아니면, “성령께서 나의 사유에 침투하여 그렇게 사유하도록 이끄신 것인가?” 이 중 어느 것도 나에게 확신을 줄 정도로 설득력이 없어, 결국 3일 동안 맺은 신앙적 결실이 원점으로 되돌아갔을 뿐만 아니라 오히려 더 큰 혼란 속으로 빠져들었다.

여기서 한 걸음 더 나아가 우리가 선한 일을 행하거나 잘되면 모두 ‘성령의 인도하심과 역사’에 의한 것이고, 반대로 악을 행하거나 잘못되면 ‘사단의 역사’에 의한 것이라 가르치는 목회자의 말이 떠오르면서, “그렇다면 성령과 사단 사이에서 ‘나’는 도대체 어떤 존재인가?”라는 생각이 혼란의 긴 터널로 빠져들게 했다. 이런 문제의식을 가진 경험이 오랫동안 해결되지 않은 채 지속되다가 결국 독일로 신학을 공부하러 유학의 길로 들어서게 한 여러 이유 중 하나이자, 인간의 주체성과 관련한 이 책을 쓰게 한 잠재적 배경이기도 하다.

두 번째 동기는 독일 유학길에 올라 뮌헨(München)시에 정착하면서 경험한 독일 사람들의 ‘비교의식’이다. 그곳에 정착해 살면서 느낀 것 중 눈에 띄는 점은 우리나라 사람들에게는 남들과 비교하는 의식이 강하게 나타나는 편인 데 비해, 독일 사람들에게는 상대적으로 강하게 나타나지 않는다는 사실이다. 가령 우리나라의 부모들은 성적 향상에 별로 효과도 없는데도 비싼 학원비를 지출하면서까지 자기 자식들을 과외나 좋은 학원에 보내려고 한다. 그 이유를 물어 보면, 다른 집안의 자식들이 다 다니기 때문에 내 자식만 예외적으로 다니지 않게 하면 불안해진다는 게 대답이다. 요즘 젊은 세대들만 보더라도 그렇다. 옷 입는 문제부터 화장, 신발, 머리까지 본인이 좋아해서라기보다 요즘 유행하는 스타일이라 선택하는 경향을 보게 된다.

그들의 그런 경향이 내 눈에는 남들의 눈을 심하게 의식하는 개별적 주체성의 결여로 비친다. 우리나라 사람들은 다른 나라에 비해 상대적으로 유행에 민감한 것 같다. 유행에 민감하다는 것은 여러 가지 이유가 있겠지만 그중 하나는 개별적 주체의식의 부재에서 온 것은 아닐까?

이에 비해 독일 사람들은 남의 집 자식들이 학원에 다니든 그렇지 않든 별로 관심이 없으며, 이웃집에서 무슨 자동차를 몰고 다니든 별로 관심 두지 않는다. 유행에 민감하지 않다는 말이다. 대학에 다니면서 마주친 대부분의 독일 학생들은 입는 옷이나 신발 그리고 헤어스타일에 크게 신경 쓰지 않는 것 같았다. 심지어 여대생들은 몇 벌 옷을 번갈아 가면서 입고 다니며 화장도 별로 하지 않은 채 거리를 활보한다. 오죽했으면 거지 다음으로 가난한 게 대학생이라는 말이 나올 정도이겠는가. 이들은 무엇이든지 한 번 구입하면 못 쓸 정도로 다 닳아 버릴 직전까지 계속 사용한다. 대체로 '변화'보다 '전통'을 중시하는 경향도 보인다. 특히 급속한 변화에는 잘 적응하지 못하거나 심지어 거부하려 한다.

이렇듯 독일 사람들은 철저한 개인주의로 인해 남을 별로 의식하지 않는 삶을 꾸려간다. 반면, 우리나라 사람들은 남들이 나를 어떻게 볼 것인가에 초점을 맞추려는 비교의식이 강하게 나타나는 편이다. 유럽의 독일 사람들과 한국인들의 '비교의식'에 관한 이런 차이가 결국 주체의식의 형성과정에서 온 것은 아닌지, 그 궁금증이 이 책을 쓰게 한 또 다른 배경이기도 하다.

이 책을 쓰게 한 세 번째 동기는 한국인의 '집단적 주체성'에 관한 사회적 문제의식이다. 보통 주체성이라 하면 크게 독립된 개체로서의 '개별적 주체성'과 공동체적 삶 속에서 형성된 '집단적 주체성'으로 구별된다. 물론 이런 개별적 주체성과 집단적 주체성을 극단적 이원론에 입각해 구분할 수는 없다. 인간에게 천상천하 유아독존(天上天下 唯我獨尊)이란 있을 수 없기 때문이다. 개별성과 집단성은 의미적으로 구별될 뿐이지 따로 독립적으로 존재할 수 없으며 상보적 관계에서 각각의 존재성을 지닌다. 이 때문에 한국인의 주체성은 한국인으로서 가지는 개별적 주체성과 그 개별적 주체성 형성에 공통적으로 영향을 미치는 '집단적' 내지 '민족적' 주체성을 생각해 볼 수 있다.

여기서 민족이란 일정한 지역에서 오랜 세월 동안 공동체적 삶을 영위해 오면서 축적된 언어, 문화, 이념, 종교 등을 공유하면서 형성된 역사적 사회 집단을 일컫는다. 그런데 그런 뜻을 지닌 '한국인의 주체성'을 역사적으로 분석해 보면, 한국인들은 개인이 갖는 자율성과 독립성, 개인의 자유와 권리에 대한 의식, 그리고 상호 주체로서 타인을 인정하고 존중하는 개인의 도덕과 윤리를 발전시킬 경험이 부족한 편이었다.

이러한 한국인의 역사적 경험은 아직까지도 한국사회에서 개인의 존엄성과 인권에 대한 인지감수성이 낮고 그로 인해 많은 갑질과 인권침해의 사건들이 일어나는 원인이 되고 있다. 또한 개인의 개별성과 사회적 다원성을 인정하지 못하여 다른 견해와 주장을 수용하지 못하고, 정치적·사회적으로는 극단적인 진영논리에 의해 파국적인 대립과 갈등을 만들어내는 원인이 되고 있다. 이로 인한 사회적 혼란이 심각할 정도이다. 이런 상태를 그대로 방치했다가는 머지않은 장래에 무슨 큰일이 일어날 것만 같다.

이렇게 병들어가는 사회를 치료할 치유책으로 상호주체성을 소환하여 이 사상이 오늘날 한국의 상황에서 어떤 의의가 있으며, 어떻게 적용할 수 있는지, 그 길을 모색해 보려는 데 이 책을 쓰게 한 근본적인 동기가 있다.

마지막 네 번째 동기는 국내 그리스도인의 '신앙적 주체성 확립'에 관한 종교적 문제의식이다. 오늘날 코로나 시대를 맞이한 한국교회는 세상 사람들로부터 지탄을 넘어 혐오의 대상으로까지 전락한 안타까운 현실을 목도하게 된다. 그 이유를 다양한 측면에서 고려해 볼 수 있겠지만, 개신교회에서 목사 중심의 제왕적 모습에서 찾을 수 있을 것이다. 목사가 교회에서 성도들을 섬기는 섬김의 주체가 되어야 할 텐데 오히려 성도들로부터 섬김을 받는 객체로 전락했다.

이뿐 아니라 많은 성도들이 목사의 말에 전적으로 의존하거나 포섭된 채 자신의 주체적 신앙이 결여된 현실을 목도하게 된다.

교회 바깥인 성도 각자의 삶의 현장에서는 성도의 주체가 뚜렷하고 명확하게 드러나지만 교회에 들어서는 순간 자신의 주체가 해체되거나 목사의 주체성에 흡수되어 버린다는 말이 나올 정도이다. 목사는 하나님의 말씀을 대언하고 구약의 제사장과 같은 권위를 가진 '주의 종'이기 때문에 그의 말에 따라야 하는 절대적 권위를 가진 자로 인식된다. 만인제사장에 입각해 목회자와 성도가 수평적 관계를 유지해야 하지만, 실상 목사의 지시에 성도가 일방적으로 따라야 하는 수직적 관계를 유지한다. 심각한 현실이다. 21세기 민주주의가 만개한 현실에서 교회는 아직도 구태의연한 형태에서 벗어나지 못하는 실정이다.[1)]

따라서 목사를 중심으로 한 닫힌 수직적 교회의 위계질서에서 열린 수평적 질서, 즉 일반 신도의 주체적 신앙 확립이라는 교회 변화를 주도해 갈 새로운 축의 형성이 시급한 실정이다.[2)] 이를 위해 무엇보다 성도들 개개인의 신앙적 주체성 내지 주체적 신앙을 확립시켜 주는 일이 시급한 과제이자 이 책을 쓰게 한 주요 동기 중 하나이다. 이 외에도 이 책을 저술한 더 많은 동기 및 배경을 제시할 수 있겠지만 너무 자세히 밝히다 보면 독자들의 흥미와 상상력을 잃게 할까 봐 여기서 멈추고자 한다.

---

1) 물론 모든 한국 교회가 그런 형태를 지니고 있다는 뜻은 아니다. 몇몇 대형 교회를 중심으로 적지 않은 교회가 시대의 변화에 부응하지 못하고 아직도 종교 개혁 이전의 모습을 취하고 있다는 점에 맞추어져 있다.

2) 한국 그리스도인의 신앙적 주체성 확립의 의의와 중요성에 대해 보다 자세히 알려면 다음의 논문을 참고하라. 장호광, 「한국 교회 변혁을 위한 그리스도인의 신앙적 주체성 확립의 의의와 그 적용성」, 『신학사상』 190(2020 가을), 115-152.

서론

오늘날 한국사회를 객관적인 눈으로 들여다보면 반목과 질시, 갈등과 증오, 분노, 무시, 가진 자들의 횡포로 점철되어 있음을 알 수 있다. 특히 태어나면서부터 금 숟가락을 물고 자라온 재벌 2세들의 슈퍼 갑질 사건은 한국사회의 양극화 현상을 적나라하게 보여주는 대표적 사례이다.

이뿐 아니라 몇 년 전 대통령 국정농단 사건으로 불거진 정치적이며 이데올로기적 극단적 대립현상(좌파와 우파)은 적군과 아군의 편 가르기를 양산시킨다. 이 외에도 노동시장의 이중구조로 인한 정규직과 비정규직의 차별과 대기업과 중소기업의 차별, 다문화사회에서 외국인과 외국인 노동자에 대한 비인격적 차별, 때때로 터져 나오는 사회적 기득권을 가진 강자의 약자에 대한 갑질은 한국사회를 분노, 혐오, 차별 및 한의 사회로 만들고 있다.

이런 안타까운 현 상황에서 이 책은 한국사회를 병들게 하는 다양한 원인들을 분석해 보고, 대안으로 '상호주체성(Intersubjectivity)'을 제시하여 이 용어에 담겨 있는 다의적이며 다층적인 의미를 살펴보고 신학, 그중에서도 기독교윤리학적 관점에서 어떻게 적용할 수 있는지를 모색해 보려는 데 근본적인 목적이 있다.

그러나 상호주체성을 구체적으로 다루기에 앞서 상호주체성이 등장하기까지 '주체성(Subjectivity)'에서 출발하여 '탈주체성(De-subjectivity)'까지도 그 범위를 확대하여 탐색해 보았다. '주체성'에서 출발하여 '탈주체성', '상호주체성'의 과정에 이르기까지의 개개 경로탐색은 오늘날 한국사회의 통합과 소통을 향해 있다.

상호주체성의 개념은 독일과 프랑스를 중심으로 서구 유럽에서 발생하여 그 영향력을 행사하였지만, 이를 한국사회의 통합과 소통을 위해서뿐만 아니라 '주체성' 혹은 '자아' 정립을 위해 반드시 참고해야 할 내용으로 구성되어 있다. 비록 서구 유럽인의 정체성(identity)과 역사가 우리의 그것과 상당한 차이를 보이지만, '갈등공화국'이라 일컬어질 정도로 위험사회로 치닫는 현 한국사회의 브레이크 없이 달리는 열차를 멈출 방책으로써 적절하리라 여겨진다. 왜냐하면 상호주체성은 자아가 타자를 만나 대화를 나눌 때, 이미 자아 안에 타자의 현존을, 역으로 타자 안에 자아의 현존을, 즉 타아(他我)를 경험하기 때문이다.

나는 나 아닌 다른 의식과의 연대, 의식들의 공동체로부터 이해되며, 이 연대의 경험으로부터 의식 밖의 대상들이 자신의 고유한 자리를 갖는 '세계'라는 지평이 열린다.

이를 위해 먼저 근대 주체철학의 선구자라 일컬어지는 데카르트(R. Descartes)를 시작으로 칸트(I. Kant) 및 헤겔(G. W. F. Hegel)에 이르기까지 인식과 행위의 출발점을 자아 바깥인 (종교적 의미에서의)계시, 보편자 및 절대자가 아닌 자아 내부, 즉 '생각하는 존재'로서 인간의 주체에서 출발한다.

이들의 주체성 확립은 비록 후에 지나친 자아 중심적 세계관 내지 가치관으로 인해 타자와 자연의 세계를 무시하고 차별화하고, 심지어 폭력을 행사하는 근간이 되기도 했지만, 그동안 무시되었던 개인의 가치와 주권이 확립됨으로써 정치, 경제, 문화, 사회 등의 분야에서 전성기를 맞이하는 기폭제 역할을 하기도 했다. 이런 서구에서의 개인의 주체성 정립의 과정을 비교·검토해 봄으로써 한국인의 개체화된 혹은 독립된 자아 형성에 새로운 전기가 마련될 수 있을 것이다.

한국인에게 자아는, 물론 세대 간에 차이를 보이기도 하지만 주로 개별화된 자아라기보다 집단화된 자아를 뜻한다. 이로 인해 개별적 목소리가 무시 내지 약화되고 집단 속에 파묻힌다. 이런 현상은 오늘날 특히 정치적 영역에서 발견되는데, '좌' 아니면 '우'의 목소리만 들리고 중간적인 목소리, 즉 제삼 지대의 목소리를 용인하지 않는 사회적 분위기다. 바로 개별화된 자아 정립의 결핍현상 때문이다. 이뿐 아니라 한국사회의 '극단적 양극화 현상' 역시 다양성을 용인하지 않는 사회적 분위기에서 찾을 수 있다. 이 역시 개체화된 주체성을 바로 정립한다면, 그런 양극화 현상을 해소하는 데 큰 도움으로 작용할 것이다.

다음으로 데카르트에 의해 불붙기 시작한 주체의 죽음을 선언한 니체의 '탈주체성'이다. 근대적인 주체는 자율적이며 동일적인 주체로서 절대·보편적인 진리를 확신했으며, 그러한 진리를 토대 삼아 세계를 계몽하고자 하였다. 인류의 역사는 끊임없이 진보하고 발전하는 것으로 간주함으로써 근대적인 주체는 역사적인 총체성을 확보하고자 하였다. 그러나 포스트모던의 해체주의자들은 자율, 진리, 진보, 발전, 총체성의 이름을 가진 근대적인 주체가 실제로 역사에 무엇을 남겼는지를 보라고 충고한다. 그들에 의하면 근대적인 주체는 자율성과 동일성의 이름으로 신을 내쫓고, 그 자리를 인간이 대신해 모든 것을 인간 자신의 목적을 위해서만 사용했다.

‘자연의 소유주이자 주인’이라는 의식으로 자연을 보호하고 관리해야 하는 청지기적 역할은 등한시하고 마구 짓밟고 탈취하는 폭군으로서의 역사를 보여주었고, 보편적인 진리라는 이름으로 나와 다른 것을 차별하고 배제하였다. 따라서 근대의 주체 철학이 나와 너, 주체와 객체를 나누어 차별화시키고 주인과 종의 사회 구조를 정당화시키는 데 일정 기여했다고 볼 수 있다. 이 점에서 한국의 ‘기득권자들’의 갑질 문화와 서구 근대의 주체사상이 비교될 수 있을 것이다. 여하튼 해체주의자들은 근대의 이성이 지닌 이런 폭력성을 비판하고 어떠한 이성도 인정하지 않는다. 주로 현대 프랑스 철학자들을 중심으로 전개된 주체의 해체, 즉 ‘탈주체성’은 철학적 시스템의 중심에 놓인 주체를 다시 사유되어야 할 대상으로 간주하기 시작한다.

그들은 이러한 형이상학에 근간을 둔 주체사상을 제거하고 ‘새로운 주체’ 이해를 제시하려 한다. 여기서 주류를 이루는 경향은 그 주체의 가능성을 동일자와 다른 ‘타자’에서 찾는 것이다. 근대 철학이 동일적이며 보편적인 주체를 찾으려 했다면, 프랑스 현대 철학은 그것과 다른 ‘비동일적’이며 ‘비보편적인 것’으로서 타자에 초점을 맞춰 새로운 ‘열린 주체’의 가능성을 타진한다. 근대 주체가 하나의 세계와 보편을 실현하려는 주체였다면, 새로운 주체는 그것을 해체시키고 새로운 가능성을 제시하는 주체라 할 수 있다. 그런 새로운 주체, 즉 ‘탈주체성’은 니체(F. Nietzsche)를 비롯해 푸코(M. Foucault)와 데리다(J. Derrida)를 중심으로 전개된다.

다음으로 이 책에서 대안 모색의 꽃이라 할 수 있는 '상호주체성'을 등장시켜, 그것의 의미와 중요성을 소개해 볼 것이다. 여기서는 후설(E. Husserl)과 하버마스(J. Habermas)의 타자 중심적인 주체성과 메를로-퐁티(Merleau-Ponty)의 신체 중심적인 주체성을 비교해 가면서 현 한국사회에 적용할 수 있는 열린 주체와 특히 다문화 사회에서 사회적 소통의 가능성까지도 암시적으로 제시해 보았다.

후설과 하버마스, 메를로-퐁티에 있어 사회 공동체의 새로운 인식을 위한 상호주체성이란 무엇인가? 이 질문에 대한 답을 먼저 상호주체성의 현상학에서 찾는 후설을 필두로 '의사소통적 행위'를 중심축으로 상호주체성을 펼치는 하버마스를 소개했다. 특히 인식하는 주체에 주목했던 하버마스는 이후의 『의사소통 행위이론』에서 상호주체성의 패러다임 속에 주체를 재구성하고자 한다. 하버마스는 의사소통적인 행위 이론을 통해서 선험적인 주체에 의존하는 대상 인식의 패러다임을 주체들 간의 상호 이해라는 패러다임으로 전환시키기를 원했다. 그런 패러다임이 이 책에서 구체적으로 다루어졌다.

다음으로 메를로-퐁티의 인간의 몸과 연관시킨 새로운 주체 이해를 탐색해 보았는데, 그에게 몸에 대한 물음은 행위와 인식의 주체로서 인간, 그리고 타인들과의 삶 속에서 역사적으로 형성해 왔던 주체성 정립에 문제를 제기한다. 그에게 몸은 인간의 공동체를 형성해 가는 소통의 토대이며, 몸의 자아를 기초해서 형성된 사회성과 역사성의 관점에서 상호주체성을 타진해 볼 수 있는 가능성을 제시한다. 무엇보다 메를로-퐁티의 주체사상을 토대로 해서, 이에 따르는 새로운 주체 이해 및 다문화 시대에 요구되는 공동체의 가치를 보다 바람직하게 논의해 나갈 수 있을 것이다.

마지막으로 본 저술의 핵심 주제인 '상호주체성의 기독교윤리학적 변용'을 종교 개혁자인 칼뱅(J. Calvin)과 실존주의의 대표적 철학자이자 신학자인 키에르케고어(S. Kierkegaard), 행동하는 신학자의 아이콘인 본회퍼(D. Bonhoeffer), 그리고 신 인식을 타자의 얼굴에서 찾으며 타자윤리학자로 알려진 레비나스(E. Levinas)를 등장시켜 이들의 상호주체성이 신학, 그중에서도 기독교윤리학에 어떻게 변용될 수 있는지를 추적해 보았다.

자아와 타자와의 관계가 상생과 공존, 상호 인정이 아니라 증오하고 무시하는 적대적인 관계로 치닫는 현 한국 상황에서 상호주체성이 왜 대안으로 제시될 수 있는지, 그리고 기독교윤리학과 어떻게 관련시킬 수 있는지, 그 이유와 근거가 여기서 명확히 드러날 것이다.

상기한 니체, 푸코, 데리다, 후설, 하버마스, 퐁티, 칼뱅, 키에르케고어, 본회퍼, 레비나스는 공통적으로 주체 문제와 공동체성에 특별한 관심을 가진 사상가들로서 자아 중심적 코기토를 비판하면서 시대에 따른 새로운 주체 이해를 제시하려 했고, 각각 타자 중심적인 주체를 주장한다. 이를 통해 그들은 역사적 관점에서 나와 너, 우리의 관계를 새롭게 설정하여 주체를 일상적 삶 속에서 새롭게 소개해 보고자 한다. 바로 이 점이 새로운 시대에 걸맞은 새로운 주체에 관심을 갖게 한 이유이다.

특히 오늘날 타자들과의 소통 및 협력을 중시하는 공동체 사회에서, 그 어느 때보다 공동체 구성원들 간의 새로운 관계를 모색해 가고 있는 상황에서, 그리고 증강하는 외국인 이주민들과의 사회적 소통에 대한 현대적 관심이 매우 높아지는 현 상황에서 본 저서의 배경을 찾아볼 수 있을 것이다. 이에 따라 이 책은 주체의 다양성을 비교해 가면서 현대사회에서 새롭게 정립시킬 수 있는 열린 주체사상과 사회적 소통의 문제에 관해 전개해 보았다.

따라서 우리는 주체의 다양성에 대한 이해를 바탕으로 해서 타자와 세계에 열려 있는 소통의 가치 또한 모색해 볼 수 있을 것이다. 특히 공동체에 대한 의의와 전망을 새롭게 정립하기 위해 주체사상과 사회성의 관계에 초점을 맞춰 철학자들과 신학자들의 주체사상을 비교·논의해 보았다. 이렇게 해서 얻은 연구 결과는 한국사회 전반에 팽배해 있는 극단적 개인주의와 집단이기주의, 전체주의, 그리고 이로 인해 생겨난 불신과 증오, 갈등과 대립을 해소할 수 있는 방안으로 기여할 수 있으리라 기대해 본다.

| 목차 |

1부

주체성

근대 이전 전통 철학에 있어 인간의 개별적 주체사상은 고요히 잠들고 있었다 해도 과언이 아닐 것이다. 이뿐 아니라 신을 비롯한 진리 인식은 자아 바깥, 즉 (종교적 의미에서)계시로 주어진 것에서 그 근거로 삼거나 보편성 내지 통일성에서 찾았다. 그런데 이런 잠을 깨운 자가 바로 근대주의를 일으키고 계몽주의에 결정적인 영향을 끼친 프랑스의 철학자, 르네 데카르트이다. 그는 진리 인식과 행위의 출발점을 자아 바깥이 아닌 자아 내에 있다고 주장한다. 심지어 오랫동안 유지되어 온 신 존재증명을 위해 계시가 아닌 개개 인간의 자아, 즉 주체에서 그 토대를 찾는다. 이로 인해 인간의 '개별성'이 비로소 구체적으로 드러나기 시작하고, 오랫동안 파묻혀 있었던 '주체의식'이 기지개를 켜고 되살아나기 시작한다.

　이렇게 해서 시작된 주체의식이 계속해서 칸트와 헤겔로 이어지면서 더욱 활기를 띠며, 특히 칸트의 '선험적 통각'과 신과 인간 간의 만남의 접촉점을 인간의 '자아의식' 내지 '주체의식'에서 찾는 헤겔에서 그 정점을 본다. 따라서 I부 "주체성"에서는 잠자고 있던 '주체'사상을 일깨운 데카르트, 칸트 및 헤겔을 중점으로 그 진상을 모색해 보고자 한다.

1장
르네 데카르트(Rene Descartes, 1596-1650): 근대 주체철학의 선구자

철학에서 진리가 단순하다는 것은 쉽게 들리지 않는 목소리 중 하나일 것이다. 진리는 논쟁의 여지가 없어야 하며 인식되어야 한다. 그러나 인식은 우리의 일이며, 헤겔에 따르면 "우리에게 부가된 것"이다. 진리와 진리를 인식하는 것에서 인간은 '주체'로 여겨진다. 그 속에 담겨 있는 역사적 위치와 의미는 우리에게 진리로서 보이는 것에서 결정된다. 그 때문에 진리는 우리의 생각과 개념에 의해 하나의 '상(象, image)'에 이르게 한다. 우리가 이 경계를 명확히 할수록 우리의 인식은 더욱 진리에 가까워진다.

이에 따라 본 장에서는 무엇보다 근대 철학이 윤곽을 그렸던 진리의 상에 대해 보다 구체적으로 논의할 것이다. 진리의 진리성과 그것이 가진 경계, 즉 그것이 시작된 지평에 대한 질문에 답을 찾지 못한다면, 오늘의 세계를 이해할 수 없을 것이다. 그것은 오늘날에도 여전히 철학뿐만 아니라 현대 학문의 사유 형태를 구성하고 규정하기 때문이다. 이런 이미지는 데카르트의 이름과 불가분의 관계가 있다. 그것은 주체성의 지평인 "내가 사유하다"의 지평이다. 이 지평의 구조에 대해 질문하고, 여기에 진리가 나타나는 이미지의 특징을 제시하는 것이 이어질 내용의 의도이다. 그렇게 하다 보면 그 의도는 철학의 경계를 넘어선다. 최근의 연구는 데카르트의 "내가 사유하다"의 구성이 기독교 신학에도 영향을 미쳤다는 입장이다. 헤겔은 주체성의 원리를 "개신교의 원리"라고 평했다. "철학의 역사"에 대한 헤겔의 강의에서 다음과 같은 유명한 구절이 나온다.

> 데카르트와 더불어 우리는 철학이 자명하게 이성으로부터 나온다는 것과, 자기의식이 참된 것의 본질적 계기임을 알고 있다는 자명한 철학의 세계로 진입한다. 우리는 이곳에 정주할 수 있다고 말할 수 있으며, 폭풍우가 몰아치는 바다에서 오랫동안 항해하는 배가 '제발 땅으로'라고 외치는 것처럼, 데카르트는 모든 것을 처음부터 다시 시작한 사람들 중 하나이다. 그와 더불어 새로운 시대에 걸맞은 사유와 이미지가 등장한다.[1]

"모든 것을 처음부터"라는 의미를 가진 사유의 시작은 사유하는 존재로서 '나'에게서 비롯된다. 칸트는 이런 "내가 사유하다"의 본질을 주체로서 규정했다. 헤겔의 초기 작품을 보면 철학의 전체성의 규정을 주체성에서 찾는다. 따라서 우리는 헤겔이 위의 구절에서 인용한 '땅'이라는 말 대신에 주체성의 '지평'이라는 말로 치환시킬 수 있다.

근대 철학은 이런 지평을 자명한 것으로 간주하기 때문에, 그 지평에 문제를 제기하는 것은 유익하지 않다. 하이데거(M. Heidegger)는 자신의 대표적 작품인 『존재와 시간(Sein und Zeit)』에서 데카르

---

1) G. W. F. Hegel, *Vorlesungen über die Geschichte der Philosophie* Ⅲ, (Frankfurt a.M. : Suhrkamp, 1986), 328.

트 철학의 존재론적 토대를 비판하지만 주체성이 아니라 '연장된 실체(res extensa)'로서 세계의 규정에 이의를 제기한다.[2] 그러나 새로운 역사적 관점이 풍부해지면서 근대 철학의 '지평'의 진리에 대한 질문은 점점 잊혀갔다. 주체성의 구성에 의해 인간의 사유와 인식에 어떤 지평의 밑그림이 그려졌는지 충분히 연구되지 않았다.

데카르트에 있어 "내가 사유하다"의 명제가 우리의 확실성과 진리의 토대이며, 사유 이외의 어떤 것도 자명한 존재로 간주될 수 없다. 가령 행성이 특정 수학적 법칙에 따라 분석되고 이해된다면, 우리의 사유의 고유한 규칙에 따라 관찰 가능한 규정을 정해야 한다는 것 외에 다른 설명을 찾을 수 없다. 인간의 주체성은 인식의 객관성에 대한 유일한 근거이다. 이런 규정은 많은 문제를 낳을 수 있는 여지를 제공한다. 그렇게 되면, 객관적인 자연의 질서가 주체의 투영 외에 다른 무엇이 아니라고 말할 수 있기 때문이다. 이것이 의미하는 바는 다음의 질문 제기를 통해 알 수 있다. 주체성은 세계의 진리와 '현실성'에 관한 질문을 위한 지평으로 주장될 수 있는가? 또는 세계의 존재론적 구조에 주체성의 질문을 제기하는 것이 적절한가? 이 질문에 바른 답을 찾기 위해서는 데카르트 사유의 특정 문제나 측면이 아니라, 그의 철학 전체의 내부 구조에 대해 추적해 보아야 한다. 따라서 본 장에서 그 내부 구조를 추적하기 위해 데카르트의 주체성 정립이 어떻게 형성되었는지, 그 경로를 보다 구체적으로 모색해 보는 데 중점을 둘 것이다.

---

2) Martin Heidegger, *Sein und Zeit*, (Tübingen : Niemeyer, 1957), 89.

1. 주체성의 지평에 관한 해석

데카르트는 중세의 형이상학적 위기를 극복하려고 시도했지만, 이 시도에서 현상의 '시간 구조'를 방법론적 차원에서 간과했다. 개념, 판단 및 추론을 통한 대상에 대한 인식이 시·공간적 환경과 여건을 배경으로 하는 상황을 무시한 채, 영원한 형식으로 작용한다는 것을 오늘의 시각에서 본다면 정당한 것으로 인정되기 어려울 것이다. 그럼에도 개별적 주체성의 정립이 요원한 당시, 데카르트의 '코기토(cogito)' 사상은 시대적 요청이라는 점에서 어느 정도 정당성을 갖는다. 즉 데카르트의 주체 중심적 사상은 타자 혹은 대상을 차별화하고, 심지어 억압하고 폭력을 행사하는 근거로 작용한 것으로 이후 세대 학자들에 의해 비판받았지만,[3] 반면 당시 권력을 가진 소수의 주체성에 포섭되어 음지에 가려진 개별적 주체성이 드디어 양지로 나와 개별적 목소리와 권한 행사가 가능해진 단초와 발판을 마련했다는 점에서 높은 평가를 받을 수 있을 것이다.

데카르트는 자신의 시대 주체와 객체를 극단적으로 분리시키려는 당시 상황에서 주체와 객체는 분리된 것이 아니라 일치를 이루는, 즉 대상을 인식하고 조종하고 규정하는 것은 주체에 의해 가능하다는 사실을 증명하려 했다. 나아가 그는 육체와 영혼의 '실체적인 통일성'을 이론의 여지가 없는 사실로 정당화하지 못하는 현실을 철학의 어려움으로 받아들인다.[4] 그럼에도 그는 육체와 영혼의 통일성

---

3) 특히 마르틴 하이데거에 의해 비판받는다. "달리 말해 현대의 이성은 현실을 관조하는, 현실의 소리에 귀 기울이는 수용적 이성이 아니라 현실을 지배하고 자기의 욕구에 따라 마음껏 이용하는 능동적 이성 혹은 권력의 이성이고, '주체'는 다름 아닌 권력 이성의 형이상학적인 표현이다." Martin Heidegger, "Wissenschaft und Besinnung", in : *Vorträge und Aufsätze* (Neske, 1978), 41-66쪽 참조, 강영안, 『주체는 죽었는가』, (서울 : 문예출판사, 2007), 77에서 재인용.

4) Rene Descartes, *Die Prinzipien der Philosophie*, hrg. von Christian Wohlers, (Hamburg : Felix

을 '경험'에서 명백한 사실로 받아들인다.5) 데카르트는 자아와 환경을 상호 영향을 주고받는 관계로 묘사한다. 우리의 영혼은 몸속에 거주하고 있다. 영원성 속에 갇힌 주체6)가 아니라는 사실에서 현실적 인간을 구성한다는 것은 결코 근대만의 인식이 아니다. "왜냐하면 천사가 인간의 몸속에 살았다면, 우리와 다른 감각을 가질 수 없었을 뿐만 아니라 외부 물체에 의해 야기될 수 있는 움직임만 표시하여 실제 인간과 구분될 수 없을 수 있었기 때문이다."7) 경험에 얽힌 감각 인식과 관련한 주체 개념을 발견하기 위해 데카르트의 "영혼의 열정(Les Passions de l'âme)"8)의 논문을 탐구하는 것이 유용할 것이다. 경험적 증명인 "그것이 실존하다"고 말할 수 있는 주체의 '통일성'은 동시에 주체와 객체의 통일성이다.

데카르트에 의하면 의식과 경험의 관계에 있어 모든 경험을 이해할 수 없는 것은 직접적으로 주어진 것을 명확하게 파악하기가 어렵기 때문이며, 대부분의 경험이 경험하는 자의 선호 내지 애호에 지배당하기 때문에 최소한의 것만 인식할 수 있다. 때문에 선호 내지 애호는 영혼과 몸의 밀접한 관계를 모호하게 하는 표상(Vorstellung)에 속한다. 따라서 경험적 주체에 논쟁의 여지가 없는 자기 경험은

Meiner Verlag, 2007). 228.

5) "(중략) 나는 육체에 아주 긴밀히 결합되어, 말하자면 육체와 너무나도 상호적으로 굳게 얽혀 있어 육체와 하나의 전체를 구성하고 있는 것 같다는 것을 나에게 가르쳐 준다. 왜냐하면 만일 그렇지 않다면, 나는 육체에 상처가 났을 때 단지 사유하는 존재인 나는 전혀 통증을 느끼지 못할 것이기 때문이다. … 이렇게 해서 데카르트는 정신과 육체는 사실 내적 관계에 상당할 정도로 굳게 결합되어 있다고 주장한다." 문장수, 『주체 개념의 역사』, (대구 : 영한, 2012), 9-10.

6) Theolor W. Adorno, *Negative Dialektik*, (Frankfurt a.M. : Suhrkamp, 1966), 141.

7) R. Descartes, *Meditationes de prima philosophia. Meditationen über die Grundlagen der Philosophie*, hrg. von Christian Wohlers, (Hamburg : Felix Meiner Verlag, 2008). 81.

8) 이 논문은 독일어로 번역되었다. Rene Descartes, *Die Leidenschaften der Seele. Les Passions de l'âme*, hrg. von Klaus Hammacher, (Hamburg : Felix Meiner Verlag, 1996).

여전히 모호하고 혼란스럽다. 이를 통해 데카르트가 얻은 결론은 인간과 사물과의 관계에서 획득한 자기 확신이 주체가 개념적으로 명확한 지식을 얻기 전까지는 충분하지 않다는 점이다. 즉각적 경험에서 형성된 통일성은 반드시 회의와 성찰의 과정을 거쳐 다듬어져야 한다.

2. 회의와 확실성

주체성 철학에 관한 데카르트의 윤곽은 르네상스의 학문적 성과를 바탕으로 인간을 "자연의 주인과 소유주(maîtres et possesseurs de la nature)"로 만들어 신의 관점에서 세계를 바라보는 것이다. 이런 윤곽은 '확실성(certitudo)'의 개념과 이 개념에 의해 정해진 세계에 대한 인간의 위치를 보여준다. 데카르트 이후 '확실성'은 진리의 본질을 규정하는 요소였다. 이것은 인간의 구원의 확실성을 근간으로 하는 기독교적 입장과 명증적인 방법을 토대로 한 자연과학적 노력의 교차점에 있다. 이 개념에 대한 신학적 의의를 밝히는 것만큼 철학사(史)에 있어 데카르트의 근대 수학과 자연과학의 방법론적 의의를 밝히는 것은 그리 쉬운 일이 아니다. 그렇다면 이 두 전통 사이에 어떤 관련점이 있을까?

어거스틴 사상에 나타난 자기 확신이 신에 의해 창조된 세계의 질서 구조를 기반으로 한다면, 데카르트의 의심은 합리성에 바탕을 둔 세계의 확실성에 기반을 두는데, 이는 어거스틴의 전제를 넘어 근대의 출발점을 형성한다. 그러나 여기서 제거해야 할 필요가 있는 주요 편견 중 하나는 권위에 호소하여 중재된 지식의 종교적 전통, 즉

"우리를 모호한 세계상으로 이끄는 계시의 모호성이다."9) 데카르트는 자신의 작품 "성찰 III"에서 신의 전능성의 교리를 '선입견'이라 칭하며, "성찰 I"에서는 신의 그런 전능성을 악한 정신과 그것의 기만에서 나온 것이라 여겨 그런 선입견에서 벗어나려 한다. 그러나 그런 "낡은 사고에 매어 있는 것(infixa vetus opinio)"이 점차 사라짐에 따라 산술학과 기하학에 기반을 둔 합리적인 확실성이 의심과 마주한다.10) 물론 성찰에서 의심을 제거시키는 신은 계몽주의의 주요 특징인 수학적 법칙을 정당화하는 근거로서 인정된다. 데카르트는 메르세네(Mersenne)에게 다음의 내용의 편지를 쓴다.

> 물리학에서 나는 특이한 형이상학적 질문들, 특히 다음의 것을 언급하는 것에 동의하지 않는다. 당신이 '영원하다'고 주장하는 수학적 진리는 신에게 근거해 있으며, 다른 모든 피조물들과 마찬가지로 전적으로 신에 의존되어 있다. 목성과 토성에도 그렇듯이, 그것은 신에 대해 말하는 것을 … 의미하기 때문이다 … 두려워하지 마십시오. 왕이 자신의 왕국에서 법을 집행하는 것처럼, 신이 이 법을 자연 속에서 '공포'하신 분이라 공개적으로 주장할 것을 간청합니다.11)

그러면 데카르트의 의심을 어떻게 이해할 수 있을까? 위의 인용된 구절은 수학적 자연과학의 확실성에 대해 주장하는 것을 어렵게 만든다. 데카르트의 "성찰 I"에서 이런 학문성에 대한 합리적 의심의 범위에 대한 이의가 제기되기 때문이다. "모든 것을 의심할" 필요를 위해 또 다른 근거가 있어야 한다. 수아레즈(Suarez)의 데카르

---

9) G. Krüger, *Die Herkunft des philosophischen Selbstbewußtseins*, in : Freiburg und Weltverwaltung, (Freiburg/München, 1958), 32.

10) C. Link, *Subjektivität und Wahrheit -Die Grundlegung der neuzeitlichen Metaphysik durch Descartes-*, (Stuttgart : A. Oeschlägersche Buchdruckerei, 1978), 98.

11) Rene Descartes, *Der Briefwechsel mit Marin Mersenne*, hrg. von Christian Wohlers, (Hamburg : Felix Meiner Verlag, 2020), 145.

트와의 논쟁점은 형이상학적 전통으로부터 주장된 확실성의 기초에 대한 비판에 있다. 하지만 데카르트의 의심은 근본적으로 학문성 자체의 변화된 상황을 나타내지만, 처음에는 변화된 신학적 전제를 통해 형성된다. 이런 새로운 상황의 두드러진 특징은 의지주의적 신 개념의 우월성에 관한 것이다. 신의 무한한 자유와 '참된 것'으로서 신 개념12)은 세계인식에 관한 최고의 근간을 형성한다.

데카르트에게 신의 절대적인 불가해성13)은 스토아의 세계이해에 근간을 둔 이성에 대한 지금까지의 인식의 확실성을 무너뜨리는 결과를 낳는다.14) 이런 사실과 마주하여 이성적으로 측량할 수 있는 확실성이 있다면, 이를 위한 근거로 더 이상 이런 신이 필요하지 않다는 사실을 증명해야 한다. 이렇듯 데카르트의 의심은 신적 전능성의 영역에 이르기까지 확대된다.15)

그러나 의심은 신에 맞서 신으로부터 벗어나려는 인간의 '자기주장'의 결과로 나온 것은 아닐까? 신학적 절대주의의 위협이 너무 강해서 "이의를 제기하는 것이 절대적으로 내적인 것에서만 가능하다."고 주장한 블루멘베르크(Blumenberg)의 지적이 과연 옳은가?16) 이런 질문에 동의하여 수학적 진리의 '신적' 기원에 동의하지 않으려 한다면, 학문적 근거와 형이상학 사이에서의 모호한 관계에서 벗

---

12) R. Descartes, *Meditationes de prima philosophia*, 435. "신의 자유로운 의지는 실질적으로 창조된 세계와 마찬가지로 수학적 법칙 및 형이상학적·도덕적 진리의 효율적인 원인(causa efficiens) 에 해당한다."

13) '불가해성'은 데카르트가 주장한 주요 신의 특징 중 하나이다.

14) cf. Rene Descartes, *Die Prinzipien der Philosophie*, hrg. von Christian Wohlers, (Hamburg : Felix Meiner Verlag, 2007), 80.

15) 데카르트는 유명론적 신학자의 교리를 훨씬 뛰어넘는 주장을 펼치는데, 그런 주장은 의지주의적 신개념의 논리학을 무너뜨리는 결과를 초래할 정도까지 영향을 미친다.

16) W. Link, *Das Lingen Luthers um die Freiheit der Theologie von der Philosophie*, (München : Chr. Kaiser Verlag, 1955), 281.

어나야 할 것이다. 이를 위해 이성이 세상의 질서를 '스스로' 설계해야 할 것이며, '영원한' 진리에 기초하여 구축된 모든 이론이 세계의 현실과 마주했을 때, 단순히 가설적이라는 사실을 자명한 것으로 받아들여야 한다. 그러나 "성찰 I"에 있어 의심은 이런 사실로부터 바로 벗어나려 하지 않는다. 의심은 확실성에 향해 있으며, 이런 확실성은 그런 구상을 가능하게 하는 기초 위에 든든히 서 있다. 의심은 결국 측량할 수 없는 신을 향해 있다.

데카르트의 의심은 다음의 야누스의 얼굴을 갖는다. 그가 세상을 바라본다면, 그것의 몸, 모양, 확장 및 움직임은 단순히 '키메라'에 속한다. 데카르트는 후기 스콜라 학파가 순수한 사유 실험의 형태로 자신들의 신에게 유보시켰던 "세계의 제거(annihilatio mundi)" 사업을 진행하려 한다. 이를 위해 먼저 그는 자신을 되돌아보면서 의심을 갖는다. 그것은 일종의 사유의 자기방어인 인간의 "자기주장"의 행위라고 할 수 있다. 그러나 이런 자기주장이 효과적으로 해석되려면 자아가 그런 속임수에 맞서 계속해서 자신을 주장해야 하며, 나아가 이를 통해 위협적인 불확실성의 상황을 반전시키려면 자신의 사유에 버팀목이 되는 '필연성', 즉 계속해서 의심의 시도를 기각시킬 수 있는 필연성을 필요로 한다. 데카르트가 악한 영(genius malignus)에 대항해서 인간이 아닌 신, 즉 "최고의 선인 신(Deus summe bonus)"에게 알려야 했다. 이를 위해 "성찰 I"에서 수행되는 것은 신화적으로 묘사된 다음의 두 신들 간의 싸움이다. "참된 신(deus verax)"은 "속이는 신(deus deceptor)"에 도전장을 내민다. 참된 신의 승리로 불확실성이 끝이 난다.[17] "내가 사유하다"의 확실성에서 의심을 멈추게 하려는

---

17) 결국 인간의 의심을 통해 세상을 무(無)로 되돌릴 수 있는 기만자가 처음부터 의도해서 신을

자는 그것의 불가피한 필연성, 즉 사유 자체의 필연성을 제시해야 한다. 데카르트의 의심은 신을 배경으로 한다. 그러므로 레기우스 (Henri de Regius)가 데카르트를 "일시적인 무신론자"라고 부르는 것은 이치에 맞지 않다.18)

데카르트는 인간적 의지의 가설로 구성된 '의심'을 위해 인간의 허구로 꾸며진 신의 이미지를 드러냄으로써 극단적인 유명론을 극복한다. 그렇다면 그에게 '참된 신'은 어떤 존재인가? 그에게 신은 인간의 세계에 확실성의 기반이 되는 필연성을 지닌 신이다. 부언하면 그 신은 흔들리지 않는 확실성의 근간이며, 따라서 사유 자체의 필연성이다. 사유는 신을 자신 안에서 '내적 관념'으로 간주한다. 신은 데카르트에 있어 증명 가능한 신을 말한다. 그리스에서 신의 모습은 형이상학적으로 의식의 내부에 투영되었다. "성찰 I"에서 의심되는 신은 유명론적인 "절대적 신(deus absolutus)"이며, 이것은 "성찰 II"의 신 존재 증명에서 재건된 신이며, 파스칼이 철학자들의 신이라 칭했던 신이다.19)

데카르트에게 의심은 어거스틴과 다를 바 없이 인간의 불완전함과 연약성의 증거이다. 의심은 반박될 수 있다. 그러나 가능성으로서 의심은 항상 존재하며, 우리 존재의 유한성을 조성하는 신과 사람 사이의 균열을 설정한다. 그 유한성은 존재론의 영역에서 나타나며, "존재의 유비(anlogia entis)"의 스콜라적 복귀를 불가능하게 한

세상의 근원자로 소환했던 것은 단순히 풍자적으로 묘사한 것은 아닌지 물어볼 필요가 있다. 따라서 "속이는 신"이 "참된 신"의 그림자에서 시작되지 않았는지, 그래서 자신의 힘과 의지로 그를 기만하려고 했는지는 아닌지 물어야 한다. cf. Oswald Bayer, "Descartes und die Freiheit", in : *Umstrittene Freiheit. Theologisch-philosophische Kontroversen*(UTB 1092), 1981, 54. 바이어(Bayer)는 이런 사상을 신학적 해석의 출발점으로 삼는다.

18) cf. C. Link, *Subjektivität und Wahrheit*, 103.

19) R. Descartes, *Meditationes de prima philosophia*, 41.

다.[20] 신과 피조물이 공유하는 '실체(Substanz)'에 대한 의미는 더이상 '원리'라는 범주적 규정에 따라 언급될 수 없다. 왜 그런가? 신과 피조물 사이에 시간이 존재하기 때문이다. 인간이 세계의 시간적 현존에 대해 의심할 수 있다면, 그것은 인간의 불확실성과 확실성의 근원인 신과의 통일성으로 인해 보호받아야 한다. 고대철학의 세계에서 신의 확실성은 직접적이며 필연성에서 나온 것으로서 더 이상 의심의 여지가 없는 사실로 전제했다.

실체성의 이념에서 결정되는 존재의 의미는 자기 자신에 관한 의심에서 "내가 사유하다"는 확실한 표상과 관련하여 다음과 같이 설명할 수 있다. "그러나 육체적 실체에 관한 표상에서 명확하고 뚜렷한 것, 즉 실체, 기간, 수 및 이 외 그런 종류의 다른 많은 것들이 나 자신의 표상에서 차용할 수 있는 것처럼 보인다."[21] 내가 돌을 물질로 생각한다면, 나는 나 자신의 반성적 고려에서 그 속성(지속, 시간, 수 등)을 얻는 경우와, 그리고 두 번째 단계에서 '돌'이라는 대상에 관한 표상을 전할 경우에만 그것의 고유한 존재 방법을 이해하게 된다. 주체가 유한한 것들과 신과의 관계로부터 존재한다는 의미로 더 이상 규정되지 않지만 "내가 사유하다"는 주체의 존재 방식으로 새로운 관계를 형성한다. 따라서 실체의 존재는 "내가 사유하다"의 주체성에 의해 해석된다.

환언하면 '첫 번째' 확실성의 영역을 개시하는 데카르트의 의심은 더 이상 실천적이 아니라 '형이상학적으로' 동기부여 된다.[22] 이런 형이상학적 동기는 학문적이고 실험에 기초한 실습을 토대로 드러

---

20) 같은 책, 136.
21) 같은 책, 44.
22) Rene Descartes, *Die Prinzipien der Philosophie*, 31.

낼 수 있다는 사실로 밝혀진다. 세계는 창조되기 이전의 상태로 돌아가야 한다. 이것은 인간의 손에 의해 '두 번째 창조'로서 나타날 수 있는 전제이자 필연이다. 캄라(W. Kamlah)가 "성찰 I"의 '실천적인' 결과를 요약한 것처럼, 자연은 "근대 계몽주의에 있어 신의 관점에서 볼 때와 마찬가지로 인간의 통치와 이성에 대해 고대보다 훨씬 더 본질적으로 적용될 수 있다."[23]

이를 위한 주요 수단은 '방법론'에 있다. 즉 사물의 진리를 발견하는 방법의 범위와 경계가 데카르트의 '첫 번째' 확실성의 지평을 통해 설정된다. 그리고 그것을 가능하게 한 것은 그 지평을 드러내고 방법의 근본개념인 사유와 존재를 규정할 수 있는 '의심'에 있다. 이 길은 '경험'의 길이다. 이제 그 길로 방향을 돌려보자.

3. 명증적 인식의 지평

모든 학문적 인식의 확실성은 의심의 여지가 없는 명약관화한 명증성에 있는데, 칸트는 이를 "선험적 인식"이라 했다. 그러나 무엇이 인식을 명증적으로 만드는가? 그것은 자체로부터 통찰력을 갖는가?

명증의 개념은 감각적 지각과 필연적 관계를 갖는다. 여기서 '지각'은 감각적 수행의 결과이다. 지각은 참된 것을 직접적으로 파악하며, 보이는 그대로 우리를 건드린다. 그러나 중재되지 않은 확실성의 방식으로 우리에게 나타나는 것은 자연 자체와 관련한다. 그럼에도 그리스 철학은 감각적 인식뿐만 아니라 이러한 지각에서 인식

---

23) W. Kamlah, *Christentum und Geschichtlichkeit*, (Stuttgart : Kohlhammer, 1951), 92.

의 첫 번째 원리에 대한 명증의 개념을 주장했다. 그러나 이런 개념은 중재 없이 가능했다. 왜냐하면 자연에 나타나는 모든 것이 타자를 통한 중재 없이 자체로부터 유효하며, 본성 자체에 스며 있으며, 따라서 전체적으로 침투한다는 단순한 의미에서 '순수한 구조'를 기반으로 한다는 가정에 근거하기 때문이다. 이러한 구조는 가령, 숫자 또는 기본적인 수학 관계, 즉 근대 자연과학에서 '법칙'이라는 관계이다. 그러므로 첫 번째 원리의 명증개념은 감각의 지각과의 유사성에 의해서 그 의의와 타당성을 얻는다.

그러나 근대 철학에 와서는 인식의 원리와 존재의 원리 사이의 이러한 직접적인 동일성이 무너진다. 선험적 인식의 명증성은 더 이상 존재의 진리를 나타내는 것으로 이해될 수 없는데, 이는 감각적 지각의 명증성이 의식적으로 거부되기 때문이다. 명증은 자체로부터 명확히 드러나는 고유한 법칙인데, 이는 이성이 그 명증성을 밝히기 때문이다. 물론 여기에도 '경험의 법칙'이 관련하지만, 사유 자체가 행하는 경험이다. 이것은 "성찰하는 관조(contemplatio reflexa)"로서 "우리의 경험은 우리가 다른 사람들로부터 듣는 것, 그리고 우리의 지성과 관계하는 것, 즉 외부에서 또는 성찰하는 관조에 근거한 감각을 통해 지각되는 모든 것에 이른다."[24]

그런데 성찰에 있어 경험의 길은 의심의 길이다. 그것은 더 큰 확실성을 위한 새로운 경험으로 이어지며 더 나은 발전의 길이다. 그러나 여기서 데카르트가 세운 '규칙'에 좌우되는 발전은 사실 부정적이다. 두 번째, 즉 나중에 얻은 경험은 이전 경험에서 획득한 지식을 고양시킨다. 이 부정성과 함께 경험의 개념에 새로운 기회가 찾

---

24) R. Descartes, *Meditationes de prima philosophia*, 122.

아온다. 왜냐하면 내가 먼 거리에서 둥글다고 생각한 탑이 가까이에서는 사각형으로 보이는 기만을 규정하는 것이 아니기 때문이다. 물론 그런 기만은 보다 정확한 관찰을 통해 수정된다. 성찰을 통한 새로운 경험은 감각적 판단이 기만적이라는 광범위한 지식을 깨닫게한다. 그것은 나의 경험이 되는 대상과 지평을 변화시킨다. 그런 방식으로 경험을 발전시킬 수 있는 부정의 원칙이 바로 '의심'이다. 의심은 '성찰하는 관조'로 시작하여 자연적 의식의 상태로부터 철학적 의식으로 나아가게 한다. 의심은 우리가 행하는 경험이기 때문이다. 이러한 경험이 어떻게 이루어지며, 이를 명증적인 것으로 증명할 수 있는 지식의 지평이 어떻게 형성되는가? 이 질문은 명증적인 문제의 시작점으로 되돌아가게 하는 두 가지 중요한 예를 통해 검토될 것이다.

1) 철학적 의식의 발견(꿈의 논쟁에 관한 기능)

"진리에 관한 탐구(la recherche de la vérité)"의 대화는 성찰의 구성을 따른다. 자연적 빛으로서 이성은 사유가 대상을 이해하고 배열하는 관점을 규정한다. 진리에 대한 연구는 직접적으로 주어진 감각적인 확실성에 대한 비판으로 시작한다.[25] 그러나 감각의 단순한 기만으로는 이러한 비판을 정당화시킬 수 없다. 비록 감각이 때로 우리를 기만하여 판단을 정당화시키지만, 이 판단은 특별한 (감각) 경험에 대한 진술이 될 정도로 통찰력을 제공하지 못하며, 또 그 자체로는 명백히 신뢰할 수 있는 경험을 진술하지도 못한다. 데카르트는 '꿈'의 현상에서 이 경험을 설명한다. "나는 당신이 모든 인간처

---

25) R. Descartes, *discours de la méthode-Von der Methode des richtigen Vernunfigebrauchs und der wissenschaftlichen Forschung*, hrg. von Christian Wohlers, (Hamburg : Felix Meiner, 1964), 18.

럼 잠에서 세금을 납부하지 않을 수 있는지, 그리고 이 정원에서 산책하는 나의 모습을 자면서 볼 수 없는지 묻고 싶다."26)

꿈의 논쟁은 기만 체험을 재구성하는 기능을 그대로 갖고 있다. 그것은 내가 꿈에서 볼 수 있는 나의 경험의 특정 결과로서 감각의 기만을 설명한다. 그것은 속임수를 현존하는 사건으로서가 아니라, 그것을 주시하는 나의 잘못된 태도로 해석한다. 꿈의 경험은 내가 더 이상 이렇게 저렇게 잘못 생각하지 않도록 해석학적으로 진행하는 과정이다. 여기서 나의 바라봄의 신뢰성에 대한 의심은 그러한 시각에서 파악한 것들에 다음과 같은 의문을 제기한다.

> 이제 나의 주의를 내가 평생 꿈을 꾸지 않았다는 의심에 눈을 돌려, 그것들이 감각의 문을 통해서 나의 정신 속으로 들어온 모든 이념들이 내면에 내재되어 있지는 않은지 의문의 여지에 관심을 돌리려 한다. 결과적으로 나는 그것들이 존재하는지, 지구가 존재하는지에 대해 확실하지 않을 뿐만 아니라, 내가 눈을 가지고 있는지도 불확실하다. 간단히 말해 나는 모든 사실에 대해 불확실하다.27)

꿈의 이미지에서 자신을 일깨워 "거리를 두게 할 수 있는" 능력은 의심의 여지가 있을 때 즉각적인 감각 경험과, 그것에 의해 중재되는 확실성에서 자아의 자기 분리로 이어지게 하는 것과 동일시된다.28) 그러므로 의심의 경험은 이런저런 개인의 경험이 아니라 일반적인 경험이다. 더 이상 이전 경험의 차원에 있지 않지만, 결국 이전 경험의 경험이다. 따라서 이 경험을 할 수 있는 주체는 이전에 경험

---

26) cf. R. Descartes, *Meditationes de prima philosophia*, 111.

27) 같은 책, 214.

28) 따라서 감각적으로 중재된 경험의 확실성에 대한 비판은 필연적으로 이념의 감각적인 이해에 대한 비판을 가져온다. cf. 같은 책, 215.

했던 모든 것을 그 대상으로부터 분리한 후에 볼 수 있다. 그러나 자아의 자기 분리를 지양하는 것은 '의식'이다.

> 내가 한때 추가로 첨가했던 이러한 모든 속성 중에서 마지막으로 테스트해야 할 것은 바로 의식(cogitatio)이다. 나는 그것을 나와 분리할 수 없는 방식으로 경험한다. 내가 그것에 대해 결코 의심할 수 없을 만큼 내가 의심한다는 것이 사실이라면, 내가 그것에 관해 의식을 갖는 것도 똑같이 사실이다. 한 특정한 방식으로 자기 자신을 의식하는 것과 다르게 의심하는 것이 무엇인가? 그리고 실제로 나의 의심을 의식하지 못한다면, 내가 의심하는지(심지어 내가 존재하는지)를 결코 알 수 없을 것이다.[29]

의심은 경험하는 주체에 의해서만 수행될 수 있는 탁월한 인간 경험의 한 방법이다. 따라서 의심은 의심하는 주체를 '순수하게' 드러낸다. 의심에서야 비로소 경험하는 자신이 확실해지며, 그가 여기서 확실해지는 것은 자신의 본질적인 주체적 존재를 사유 활동인 '의식'이라 칭한다. 물론 감각적으로 중재된 경험은 의식을 동반한다.[30]

여기서 경험하는 의식이 자기 자신에게 향하게 하여 "자신을 사유하는 것(se cogitare)"을 본래적인 것으로 경험하게 하고, 자기 자신으로부터 밝혀진 진리를 경험하게 한다. 데카르트에게 명증적인 것은 의식이 스스로 파악하는 이 '지각(perceptio)'의 명확성과 의미에 대한 필연적인 척도를 갖는다는 점이다.

2) 진리에 관한 해석의 규정(밀랍에 대한 성찰의 기능)

인식 자체가 명확하고 확실하다면 '명증적'이라 할 수 있다. 그런

---

29) 같은 책, 233.

30) 슐츠(W. Schulz)는 "자아 분리"의 문제를 관념주의의 고유한 난제로 지적했다. cf. W. Schulz, "Der Gott der neuzeitlichen Metaphysik, Pfullingen", in : *Philosophische Rundschau* 12 : 161(1964), 26.

데 인식은 나 바깥에 현존하는 대상에 관한 인식일까? 의심스러운 존재로서 대상들이 내가 나 자신을 파악한 방법에서 벗어나 있을 경우, '명증'에 대해 말할 수 있는가? 그러나 이러한 대상들이 존재한다. 우리가 사물로 인해 자신을 속이게 하는 것은 있을 수 있지만, 그럼에도 속이게 하는 것을 인식할 수 있다는 것은 부인할 수 없다.

우리는 이제 추정적 인식이 아니라 참된 인식에 관해 말할 수 있는 이런 "진리의 경계(limites veritatis)"[31]에 관한 사례가 두 번째 성찰에서 잘 알려진 "밀랍"에서 다루어진다. 이 예제의 결과 외에도 방법론적 의미에 주목할 필요가 있다. 이를 위해 데카르트는 지금까지 우리의 인식에서 밝혀지고 획득된 전통적인 존재론에 대해 의문시하지 않은 배후에까지 접근한다. 이런 인식에서야 비로소 존재하는 것의 존재를 규정할 가능성이 보이기 때문이다. 이런 인식을 증명할 경계가 생겼다면, 그것은 전통 존재론에서 주장하는 인식이 가능한 범위를 규정해 주는 경계이다.

데카르트는 이런 경계 설정의 문제에 다음의 존재론적 질문을 제기하면서 설명한다. "색깔, 형태 및 크기"를 밝히는 밀랍에서 무엇을 명확하게 파악하게 하는가? 밀랍을 지각할 수 있게 하는 질적인 변화에서 그 변화를 인식하게 하는 근거가 무엇인가?[32] "성찰 I"의 첫 번째 단계에서 성찰은 끊임없이 변하는 감각적 인상에 '원초적으로' 질적인 것, 즉 확장, 형태 및 운동을 첨가함으로써 밀랍의 다양한 형태의 변화가 개념적 토대와 관련되어 있음을 보여준다.

---

31) R. Descartes, *Meditationes de prima philosophia*, 29.

32) G. Schmidt, *Aufklärung und Metaphysik*, (Tübingen : Mohr Siebeck, 1965), 119.

아마도 이제 내가 생각하는 것은 성장 자체가 꿀의 달콤함이 아니요 꽃의 향기도 아니라 … 이전에 나에게 그 특성이 잠깐 멋지게 보였지만, 지금은 다르게 보이는 것이 아니겠는가? 그러나 나에게 이미지 형태로 표상하게 하는 것이 정확하게 무엇일까? 우리가 주의해서 그것을 관찰한다면, 밀랍에 속하지 않은 모든 것이 우리와 멀리 떨어져 있고 여분으로 남아 있다. 이제 확장된 무엇과, 휘기 쉬운 것들이며, 변하는 것과 다른 무엇이 아니다.[33]

밀랍의 물리적 동일시는 이런 견고한 규정의 도움으로 가능하다. 밀랍은 밀랍 자체이기를 포기하지 않고서 확장, 형태 및 운동에 헤아릴 수 없는 변화가 가능하기 때문이다. 그러므로 그것은 개별적 형태도 아니요, 다양한 형태도 아닌 밀랍의 자기 '동일성'의 덕택이다. 그렇지 않다면 그것의 일련의 변화는 원칙적으로 가능할 수 없으며, 때문에 가시적인 표상 속에 있는 밀랍의 동일적 본질은 온전히 파악되지 않는다.[34] 그러므로 밀랍이 자체의 일치와 동일성에서 파악되는 것은 오직 우리의 '사유'에서다. 데카르트는 우리의 대상에 대한 인식의 경계를 '지각하는 사유(perceptio mentis)'에서 가지며, 동시에 그것은 우리에게 획득된 사물의 진리의 경계를 의미한다.

그것(지각하는)의 인식은 바라봄이 아니요 터치나 모사도 아니며, 또한 일전에 그렇게 있었던 것처럼 보였지만, 사실 결코 그렇게 있지도 않다. 그것의 인식은 유일하게 통찰이기 때문이며, 이전처럼 불완전하고 혼란스럽지만 내가 그것의 구성 요소를 많게 혹은 적게 주의를 기울이면 기울일수록 지금처럼 명확해질 수 있는 지성의 통찰이기 때문이다.[35]

밀랍의 변화된 형태 속에서 동일적인 본질로서 지속하는 것은 오

---

33) R. Descartes, *Meditationes de prima philosophia*, 30.

34) cf. 같은 책, 31.

35) 같은 책, 31.

직 사유에서 파악된다. 사유를 통한 바라봄은 동일한 것의 표상의 변화 속에 머물러 있는데, 이는 사유 자체로서 정신의 통찰에 속해 있기 때문이다. 모든 지각에서 전제된 사물 개념의 일치는 지성의 수행으로 가능하다. 스콜라적 존재론의 '실체적 형태들이' 우리의 사유로 인해 파악되는데, 그것은 다음과 같이 구성된다.

> 그래서 나는 오직 그리고 유일하게 나의 사유를 통해 내주해 있는 능력을 판단하기 위해 내가 나의 눈으로 본 것을 인식한다. … 그러나 내가 이제 밀랍을 그 외적 형태로부터 구별한다면, 그리고 동시에 그 밀랍의 옷을 벗겨 알몸을 주시한다면, 나의 판단에 오류가 제거되지 않는다 할지라도 인간의 정신 없이는 현실적으로 파악할 수 없다.36)

여기서 도대체 무엇이 일어나는가? 밀랍이 무엇이냐 하는 것에 나의 눈도 아니요, 손의 촉각이 아니라, 오직 내 사유에 내주해 있는 '판단 가능성'이다. 마치 내가 밀랍을 실제로 주시하기 위해 나의 손가락으로 그것에 접촉하려는 것을 포기하지 않는 것처럼 말이다.

그러나 이런 지각의 방향 감각을 다음과 같이 180도 전환시켰다. 그 방향 감각은 나에 의해 놓인 조각, 즉 밀랍이 아니라 내가 색깔, 냄새, 온도 등 계속해서 시험하려는 나 자신을 보여준다. 내가 그것에서 가지는 감각들은 밀랍에 대해 아무것도 진술할 수 없다. 그것을 여기서 현실적 대상과 관계를 맺기 위해 나는 다만 꿈을 꾸고 있는지도 모른다. 그 감각은 내가 규정한 나에게 본질적이며, 나에 의해 지정된 관점에서 그 현상을 시험해 보려는 나 자신에 관해 진술한다. 여기서 색깔, 냄새 혹은 형태에 대해 진술한 것은 나의 관점이다.

---

36) 같은 책, 32.

데카르트는 이런 사실을 정립시키려 한다. 그래서 나는 밀랍을 나의 특정한 표상의 형태와 내용으로 축소시킨다. 나는 그것을 발가벗겨 외적 형태로부터 구분 지을 수 있고, 또 그래야만 한다. 밀랍에 기초를 둔 것을 이런 특별한 대상으로 삼으려는 주체는 외적이며 감각적으로 주어진 것이 아니라, 밀랍의 현상을 특정한 관점으로 나타나게 하는 나의 '사유'이다.

데카르트의 철학적 방향을 결정짓는 지점은 다음과 같은 것이다. 여기서 사물을 대표하는 밀랍에 '한 새로운 주체'가 형성된다. 밀랍은 더 이상 자체로부터 지속적인 특성과 변하는 상태를 기초로 하는 그런 존재가 아니다. 그것이 관계하고, 그 관계를 인식하고 설명할 수 있는 특성을 제공해 주는 근거는 '인간의 정신(mens humana)', 즉 표상하고 파악하는 자아다. 하이데거의 표현을 빌려 소개한다면, 인간 자신은 "존재하는 것 내에서 주체가 된다."[37] 이런 주체가 주체성을 형성시키며, 존재하는 것을 드러내고, 진리에서 인식될 수 있는 '경계'를 계속해서 규정한다.

우리의 인식에 선을 긋는 경계는 감각적 지각이 나 바깥에 현존하는 사물에 대해서는 아무것도 진술할 수 없고, 다만 나 자신에 관해서만 진술할 수 있다는 기본원리를 가질 경우 경험에서 이루어지면서, 그 경험이 동시에 언어로 표현되면서 계속 이어간다. 그런데 나는 밀랍을 주시하고 맛을 보면서 그것의 본성에 대해 나를 기만할 수 있다. 그러므로 모든 인식에 있어서와 마찬가지로 밀랍에서 경험되는 것은 나 자신과 동일시되는 주체인 '자아'이다. 따라서 '진리의 경계'는 나 자신에 관한 나의 표상, 즉 "지각의 성찰하는 구조"를 통

---

37) M. Heidegger, *Holzweg*, (Frankfurt a.M. : Klostermann, 1957), 85.

해 알게 된다. 우리가 진리 안에서 사물을 파악할 수 있는 지평은 자아의 통각(統覺)에 의해 개방된 영역이다. 명확한 인식의 가능성은 주체의 자기인식에 대해 명확하게 설정된 영역으로 제한된다.[38]

따라서 주체의 주체성, 즉 의식은 다음의 두 가지 방법에서 명증적인 인식의 진리로 규정된다. 첫째, 이런 의식의 "인식하는 근거(ratio cognoscendi)"가 대상을 표상하는 의식 이전에 형성되어 표상하는 것이 진리로 보장된다면, 그것은 존재자의 가장 보편적인 특성, 즉 참된 것에서 이해될 수 있다는 규정을 포함한다. 둘째, 동시에 '밀랍의 성찰'이 "밀랍이 무엇인가?"라는 존재론적 질문에 답할 것을 요청하기 때문에 존재론적 기본 개념은 의식의 형태로서 해석된다.[39] 그러므로 주체성의 지평은 대상의 "존재하는 근거(ratio essendi)"를 본성에 포함시킨다. 명증성의 원리에 대한 진리의 요청은 성찰에서 수행된 '존재하는 근거'와 '인식하는 근거'의 동일한 설정에 근거해 있다. 이렇게 '사유하는 주체'는 '사유된 진리의 근거로' 고양된다. 이렇듯 데카르트에게 명증성의 원리는 "cogito, ergo sum"의 확실성에서 실재 근거를 갖는다.

4. "내가 사유하다"에 관한 물음

데카르트는 명증성을 만족시키는 진리에 대한 인식은 '참'에 가까운 것이라 주장한다. 시·공간에서 증명 가능한 실체가 나의 표상과

---

38) R. Descartes, *Meditationes de prima philosophia*, 160.
39) 데카르트는 밀랍 성찰에 대한 요약에서 한 사물에 대한 감각적 지각은 그것에 대한 이념의 사유와 다르지 않다는 것을 의미한다고 정리했다. cf. 같은 책, 132.

일치하는가? 명증성의 원리는 이런 질문을 거절한다. 내가 이렇게 저렇게 표상하는 것의 존재는 나의 사유로 회귀하여 확실성으로 이어지기 때문이다. 그렇다면 그것이 어떻게 가능할까? 사유의 확실성으로서의 근대적 인식의 근거는 플라톤(Platon)의 햇빛에 관한 비유에서 찾을 수 있다. '해'가 '자연의 빛(lumen naturale)'으로서 이성을 밝히지만, 사물 자체를 비추지 않는다. 때문에 진리는 그리스적 의미로 주어진 실체의 '증명'으로 더 이상 이해될 수 없다.

이것을 좀 더 구체적으로 말하면, 의심에서 확실해진 "내가 사유하다"는 사실은 전통적으로 진리의 척도로서 간주한 필연성과 보편성을 보장한다. 의식으로부터 존재 자체가 명증성과 더불어 생성된다. 물론 여기서 '진리'와 '존재'는 등가적 개념이다.[40] 이것은 데카르트가 자신의 철학의 토대 원리로서 제시했던 "cogito, ergo sum"의 주장이다. "'나는 사유한다. 그러므로 나는 존재한다.'는 이런 진리가 그렇게 견고하고 확실하다는 사실에 유의하기 때문에 … 내 생각으로 내가 추구하는 철학의 첫 번째 원리로서 그것을 수용할 수 있었다."[41]

이런 첫 번째 확실성의 방법론적 의미가 다음의 명증성의 원리에 대한 해석에서 보다 자세히 소개될 것이다. 의심에서 자유로워 확실한 것으로 간주되는 모든 진술과 "내가 사유하다"와의 관계가 함께 고려되어야 한다. 물론 이런 방법론적 제시는 형이상학적 전제에 근거하는데, 모든 진술에서 "내가 사유하다"는 것은 질문 형식을 갖춘 진술을 동반하여 그것의 진리를 보장하는 '논리적' 주체의 기초이다.

40) Jean. Laporte, Le Rationalisme de Descartes, (Paris : Presses Universitaires de France, 1950), 140. C. Link, *Subjektivität und Wahrheit*, 105에서 재인용.

41) R. Descartes, *Discours de la Méthode. Im Anhang : Brief an Picot; Adrien Baillet : Olympica*, hrg. von Christian Wohlers, (Hamburg : Felix Meiner Verlag, 2011), 32.

그런 형이상학적 전제는 다음의 질문으로 우리의 관심을 끌게 한다. "내가 사유하다"에 대한 성찰이 모든 진리의 가능성의 조건으로 주장될 수 있는가?

데카르트 철학의 근본 원리는 그런 질문에 다음과 같은 근거를 제시하는 데 있다. "내가 사유하다"에서 개개 자아는 오직 자신에게만 확실하다. "내가 존재하다(sum)"의 확실성은 이성적인 본질을 참된 것으로 인정하는 필연성과 보편성의 경계를 정한다. "내가 존재하다"는 것은 '개별적인 것'과 '보편적인 것' 사이에 다리의 역할을 하기 때문이다. 그것의 확실성은 주체인 '자아'와 술어인 '생각하다'와의 연결을 통해 "내가 사유하다"는 진술에 있어 확실한, 즉 명증적인 것으로 통찰되는 확실성과 동일시된다. "내가 존재하다"는 것은 자기의식을 진리에 관한 인식의 토대로서 증명하는 '자아'와 '생각하다'의 동일성으로 드러난다. 이렇게 "데카르트는 'cogito, ergo sum'에서 사유와 존재를 동일한 것으로 인식했다."[42]

그런데 여기서 '동일성'은 무엇을 뜻하는가? 동일성과 "내가 존재하다"의 의미 사이에 어떤 관계가 있는가? 그리고 이런 맥락에서 '진리'는 무엇을 뜻하는가? 이 질문에 답을 찾도록 하자.

1) 의식으로서 "내가 사유하다"의 존재

"성찰 I"에 있어 첫 번째 확실성은 "내가 존재하며(ego sum), 내가 실재하다(ego existo)"는 문장에서 찾을 수 있다. 이것은 우리에게 가능한 첫 번째 명증이며, 지각의 명확성이 형성된다.

---

42) F. W. J. Schelling, *Zur Geschichte der neueren Philosophie : Münchener Vorlesungen (Deutsch) Taschenbuch*, (Holzing : Edition Holzinger, 2013), 9.

지성에 의해 이해된 것 중에서 종종 명확하고 동시에 단순하여 우리가 그것을 참된 것으로 간주하지 않고서 생각하는 것은 가능하지 않으며, 내가 의식을 가지고 있는 한, 내가 실존해 있다. … 우리는 그것에 대해 생각하지 않고서 의심할 수 없기 때문이다. 우리는 그것(의식)을 참으로 여기지 않을 수 없으며, 의심할 수 없다.[43]

첫 번째 확실성은 인간이 사유하면서 동시에 자신이 현존해 있는 것을 의심할 수 없다는 진술에서 찾을 수 있다. 이런 진술을 데카르트는 "인간의 모든 확실성이 세워지는 토대"[44]라 칭한다. "생각하다"가 뜻하는 것은 "성찰 I"에서 '의심'을 뜻하는 것과 같은 것이 아니다. 오히려 "내가 생각하다"는 것은 "내가 의심하다"는 것까지도 포함하는 광범위한 의미를 갖는다.[45] 그러나 "내가 생각하다"는 것은 의심의 행위와 구분되는데, 의심하는 가능성보다 앞서 있기 때문이다.

그것은 자아의 의심과 동일선상에 마주해 있으므로 의심에서 우리가 지각할 수 있는 근거를 형성한다. 의심이 아니라 먼저 의심을 동반하는 "내가 생각하다"는 것이 "내가 존재하다"는 사고를 가능하게 한다. 나는 의심에서 벗어나 의심 자체는 의심하지 않고서 인식하며, 이런 인식을 통해 나 자신을 동시에 의심과 구분하면서 그 의심에서 벗어나게 한다. 따라서 "내가 생각하다"는 것은 의심 자체와 연결되어 있지 않다. 그것은 오히려 의식의 행위와 더불어 우리에게 주어져 있다.

데카르트는 "내가 생각하다"를 내용적으로 규정된 확실성과 함께 나에게 의식된 앎으로 묘사한다. "인간이 이런 식으로 확실성의 근

---

43) R. Descartes, *Meditationes de prima philosophia*, 145.

44) 같은 책, 144.

45) "데카르트는 사유한다는 것을 '의심하고, 통찰하고, 긍정하고, 부정하고, 의지하고, 의지하지 않고, 상(像)을 표상하고, 감각하고' 등의 일체의 의식 활동으로 설명한다." 한자경, 『자아의 연구』, (파주 : 서광사, 2016), 23.

거에서 필연적으로 함께 표상되기 때문에 … 인간은 유일할 수 있으며, 이런 인간 자체가 뛰어난 존재자며, 첫 번째 참된 존재자와 관련하여 모든 주체들 중 우월성을 지닌 주체이다."46)

따라서 "내가 생각하다"는 것은 근대적으로 이해된 표상을 포함해 모든 사유를 동반하는 '의식'으로 인식된다. 때문에 신과 세상에 대한 방법론적인 의심으로부터 의심할 수 없는 것이 생성된다. "나는 이런 의식에 대해 사유하지 않고서 나의 의식의 실존에 대해 의심할 수 없다." 이렇듯 의식의 현존은 나의 의심의 부정적인 조건이며, 의심은 나의 자기의식의 실체에서 넘을 수 없는 한계를 경험한다. 다만 자체적으로 조건 지어진 이런 '실체'는 자기 지식을 뜻하며 주체의 존재성(본질), 즉 의식으로서 그것의 지식을 형성한다. "나는 내가 의식을 갖고 있다는 것이 참이라는 것을 안다." 의식으로서 "ego-cogito"의 증명은 나의 사유의 모든 행위에 대한 명확한 조건이라는 것이 데카르트의 발견이다. "내가 사유하다"의 존재는 나의 의식의 '실존'으로서 첫 번째 확실성이다.

"내가 의식을 갖고 있다"는 사실이 참이라면, 그것은 "내가 존재하다"는 사실로부터 나온 결과이다. "사유에서 내가 존재하다(sum im cogito)"는 사실, 즉 순수한 사유에서 순수한 존재가 함의하는 바는 철학이 존재와 진리를 더불어 생각해 왔던 사실을 정당화시킨다.

2) 존재 개념의 지평

데카르트의 존재 개념의 해석을 위한 지평은 다음과 같이 규정된다. 사유를 통해 확실한 것으로 증명되지 않는 모든 것은 존재의 진

---

46) M. Heidegger, *Holzweg*, 101.

리 영역에서 배제되어야 한다. 이 사실은 '진리(veritas)'와 '확실성 (certitudo)'을 동일시하며, 이런 동일시에 의해 규정된 명증성의 원리에서 나온 것이다. 이에 따라 판단에 기초를 둔 존재 개념의 모든 해석이 인정될 수 있다. 그 존재 개념에 대한 진리 주장은 있는 그대로의 수용에 근거해 있고 직접적으로 보인 형태에서 확실해질 수 있는데, 이것은 진리의 척도로서 수용됨을 뜻한다.

그러나 데카르트에 있어 인식에 대한 문제의 시작은 내가 무엇을 무엇으로 바르게 인식하는지에 대한 기만이 아니라, 어떤 무엇이 무엇으로 존재하는지에 대한 '의심'이다.[47]

진리의 개념이 변한다면, 존재의 개념 역시 변한다. 존재(sum), 사물(res) 및 실체의 의미 또한 명증성의 요구를 만족시키는 해석의 지평에서 규정된다. 의심에서 자유롭고 "내가 사유하다"는 것을 결정한 척도가 사유의 불확실성을 첫 번째 확실성에서 배제하기 때문이다.[48] 이런 의미에서 데카르트는 모든 것을 의심하기를 원하고 의심해야만 한다고 주장한다.

"성찰 I"에 있어 이런 의심이 전통적 형이상학의 신 존재 개념의 유보 내지 중지의 정당성을 얻는다면, 의심할 수 있는 모든 것은 중세기의 존재론에서 "존재의 유비론(Analogia-entis-Lehre)"까지도 그 영역을 포함할 수 있다. 그러므로 의심의 추론에 관해 고려해 볼 만한 결과는 데카르트의 새로운 존재 개념의 지평으로서 "ego-cogito"를 통해 형성된 첫 번째 확실성의 영역이 논리적이고 존재론적인 스콜라적 전통의 의미에 있어서는 통용되지 않는 것으로 설명될 수 있다.

---

47) R. Descartes, *Meditationes de prima philosophia*, 22.

48) R. Descartes, *Die Prinzipien der Philosophie*, 15.

의심에서 요청된 의심할 수 없음에 대한 지식의 경계는 세계의 존재와 주체의 존재 사이에 설정된다.[49] '사유의 실체(res cogitans)'의 존재론적 구성에 관한 문제가 그런 경계의 결과로서 생겨난다. 왜냐하면 그런 경계는 두 번째 단계에서 의심하는 주체 자체의 현존으로 전이(轉移)하며, 그것의 질료적 몸성(Körperlichkeit)을 '순수한 사유'로부터 분리하기 때문이다.[50] 물론 의심하는 주체가 술어를 통해 규정되지 않고 그 술어의 의심을 통해 구성될 경우, 추정에 의한 진리 주장은 현실적으로 배제된다. 오직 사유만이 '무엇으로' 존재하기를 포기하지 않고서 세계와의 관계에서 벗어날 수 있다. 이것이 "성찰"이 함의하는 근본사상이다.

의심은 실재의 실재성을 형성하는 모든 특성으로부터 자아의 현존을 분리시킨다. 주체, 즉 "ego-cogito"는 의심에서 자신의 세계 내적 현존성의 모든 양식으로부터 벗어나 있으며, 주체의 현존은 세상에 주어진 모든 것을 무시하는 의심의 활동을 통해서만 가시화된다. 데카르트는 "나는 숨을 쉰다. 그러므로 나는 존재하다."[51]에 대한 논증에서 의심의 여지가 없는 자아의 확실성을 다음과 같이 인상적으로 보여준다.

> 만일 숨을 쉰다는 것을 감각 혹은 단순한 견해로부터 자신의 실존을 해명하려 한다면, 이 견해가 틀린다 할지라도 우리가 실존하지 않고서 그것을 가진다는 것은 불가능하리라 판단된다. 이 경우 이 단순한 호흡에 대한 의식이 우리의 정신 속에 있는 어떤 것보다 훨씬 앞서 있으며, 그 의식이 있는 한 실제로 호흡이 있음을 의심할 수 없다.[52]

---

49) R. Descartes, *Discours de la Méthode*. 32.
50) 데카르트는 인간의 본질에 있어 인간의 육체를 사유 내지 정신에서 배제시킨다. "인간의 육체는 부피, 깊이, 넓이를 갖는 기하학적 연장체에 불과하며, 그것에 최고의 의미를 부여해 보았자 신이 제작한 가장 완벽한 기계일 뿐이다." 문장수, 『주체개념의 역사』, 8.
51) R. Descartes, *Meditationes de prima philosophia*, 126.

기존 세계의 맥락에서 완전히 제거될 수 있는 나의 단순한 추정에 대한 이런 지식은 의심의 핵심이다. 나는 이 지식을 규정하면서 의심 속에서 나 자신을 본다. 의심의 여지 없이 "첫 번째" 확실성의 정의는 더 이상 기존의 세계질서 내에서 규정되지 않고 자아의 자기 자신으로의 귀환 운동에 의해 가능하다. 다시 말해 자아가 세계와 관련한 모든 확실성에 대해 의심할 수 있는 방법론적 의심은 데카르트의 존재 개념을 세계와 관련짓는 사실에서 부각된다. 세계 없는 '순수한' 주체성으로의 환원은 근본적으로 "내가 존재하다"와 "내가 사유하다"의 동일성에 대한 의미이다.

그렇게 규정된 해석의 지평이 존재 개념과 실체에 대한 정의를 위해 적절한가? 특히 담론 형식으로 정립된 의식의 규정은 인식의 근거를 위해 무슨 역할을 하는가? 이런 질문은 데카르트 철학의 새로운 접근법을 위해 다소 어려움을 제공한다. 이 철학의 첫 번째 원칙은 실존에 대한 판단이지만, 이 판단에서 제시된 '첫 번째' 실체는 그것의 현존을 위한 공간이 필요치 않으며, 물질적인 것에 의존하지도 않는다.[53] 그것은 세계의 존재론적 규정(공간성과 질료성)과 공유된 특징이 없다. '사유(cogitatio)'의 지평에서 해명된 실체성의 이념과 관계하는 '존재'의 공통된 개념에서는 세계와 자아를 정당화시킬 수 있는 일치된 의미가 부각되지 않는다.

환언하면 데카르트의 "내가 존재하다"는 것은 자아의 자기 존재(voluntas)와 사유의 진리 존재(intellectus) 사이에 다리를 형성하는 의미를 갖는다. 그러므로 "내가 존재하다"의 '의미'에 관한 질문과

---

52) 같은 책, 38.

53) cf. R. Descartes, *Discours de la Méthode*, 33.

주체성에 근거를 둔 존재 '이해'에 관한 질문은 하이데거가 파악했던 근본 문제로 드러난다.[54]

5. 신 존재증명

데카르트는 1644년의 "원리"에 관한 서한에서 자신의 철학을 실증적 학문 구성의 모범에 따라 제시하려 했다. 모든 인식은 특정한 원리에서 도출할 수 있어야 하며, 그것의 진리는 명증적이어야 한다. 1647년 프랑스어판에 첨부된 중요한 서한에 언급된 '전체 철학'은 "그 뿌리가 형이상학이고, 몸통이 물리학이고, 그 가지가 나머지 다른 모든 학문인 나무와 비교할 수 있는데, 이는 세 가지, 즉 의학, 역학, 윤리학으로 거슬러 올라간다."[55]

형이상학에 있어 인식의 첫 번째 원리는 다음의 두 가지 조건을 갖는 원리에 관한 체계를 형성한다. 첫째, 조건은 매우 분명해야 한다. 즉 그것은 명증적이어야 하며, 둘째, "세계에 존재하는 나머지 모든 사물에 대한 인식이" 그 원리에서 도출될 수 있어야 한다.[56] '참된 원리'를 위해 제기된 이러한 요구 사항은 실존적 '사유 의식'의 방법으로 충족될 수 있다.[57]

"내가 사유하다"는 것은 존재의 명증성으로부터 가능한 모든 지

---

54) M. Heidegger, *Holzweg*, 80. 이에 대해 보다 자세히 알려면 다음을 참조하라. 강영안, 『주체는 죽었는가』, 78-85.

55) R. Descartes, *Die Prinzipien der Philosophie*, 14. "나는 다른 학문에 대한 모든 인식에 있어 윤리를 전제할 경우 가장 높고 가장 완벽한 도덕론으로 이해하는데, 이는 지혜의 최종적이고 가장 높은 단계를 형성한다."

56) 같은 책, 10.

57) 같은 책, 9.

식의 진리를 도출할 수 있을까? 특히 데카르트 철학에 있어 체계
(system)에 관한 주장이 "사유 실체(res cogitans)"와 "연장 실체(res
extensa)"의 분리에 대한 전제에 어떤 입장을 취하는가? 앞서 제시
한 판단 이론의 난제는 첫 번째 확실성의 진술인 "나는 생각한다.
그러므로 나는 존재한다."에 있어 사유와 존재의 관계가 구체적이거
나 논리적으로 설명되지 않았다는 점에 있다. 그러므로 데카르트의
이와 같은 문장이 학문적 진리의 원리에 적합하기 위해서는 신의 존
재론적 증명에 의한 '보증'이 필요하다. 첫 번째 원리로서 "내가 사
유하다"는 것은 사유의 '필연성'의 이념을 자체 안에 내포하고 있기
때문이다. 따라서 모든 학문적 인식에 전제된 '세계'의 현존을 납득
할 수 있을 정도로 그 근거를 제시할 수 있어야 한다.

　　모든 철학이 신의 존재에 대한 존재론적 증명을 중심으로 형성되
었다는 아도르노(Adorno)의 주장은 근대 사상을 대표하는 데카르트
에서 그 증거를 찾을 수 있다.58) 그러므로 여기서 신의 존재증명에
내재된 문제는 단순히 토론을 위한 것이 아니라, 진리의 확실성에
관한 질문과 관련하여 그 기능을 위한 것이다.59) 그 질문은 세 가지
로 구성된다. 신의 존재증명의 기초가 방법론적 맥락에서 어떻게 형
성되는가? 데카르트는 증명에 대한 근거로 신의 존재를 해명하는가?
이에 대한 그의 논리는 논쟁의 여지가 없는가?

1) 신 존재증명에 관한 진리의 기능

　　데카르트의 신 존재증명에 관한 체계는 다음의 규정에 의해 구성

---

58) cf. T. W. Adorno, *Negative Dialektik*, (Frankfurt a.M. : Suhrkamp, 1966), 376.

59) cf. D. Henrich, "Der ontologische Gottesbeweis", *Gregorianum* Vol.42.No.3(1961), 583-586.

된다. "cogito, ergo sum"에서 "내가 사유하다"는 확실성이 나에게 주어지지만, 그러나 "내가 무엇을 사유하는지"에 대해서는 나에게 아무것도 보증된 것이 없다. "내가 사유하다"는 것과 "내가 무엇을 사유하는지"에 대한 차이가 좁혀져야 한다. 이것의 진가는 존재론적 신 존재증명의 방법으로 진리에 도달할 수 있는지에 달려 있다. 이를 위해 우선 "무엇이 거의 일어나지 않았다"거나 "다만 불충분하게 일어났는지"를 망라해서 신 존재증명에 관한 진리의 기능적 관점에서 추적해 보는 것이 타당할 것이다.

우리가 성찰의 '내적 사건'으로부터 출발한다면, 다음의 이미지가 드러날 것이다. 꿈의 논증에서 의심은 나 바깥에 존재하는 실체의 확실성을 파괴했지만, 수학적 진리의 유효성은 침해받지 않았다. 또한 두 번째 시도에서 '악한 영(genius malignus)'의 허구에 의해 형이상학적으로 더 커진 의심이 확실성을 파괴하지만, 동시에 "나는 존재하며(ego sum), 나는 실존한다(ego existo)"의 의심할 수 없는 명증성이 자체로부터 드러난다. 따라서 "성찰 I"에서 이제 거울에 비친 '상' 정도로 진행되는 사유 운동의 전환점에 도달한다. 첫 번째 확실성의 견고한 기초 위에서 의심은 점차 감소되고, 무엇보다 형이상학적인 의심이 우선적으로 극복된다. 이에 따라 수학적 진리 역시 견고해진다.

두 번째 단계에서 나 바깥에 있는 실체의 실존에 대한 의심은 근거 없는 것으로 사라진다. 이를 통해 바깥 세계의 실재에 대한 확실성이 되찾아지지만, 그러나 주체성의 자기 수행에 의한 것이 아니다. "내가 생각하다"는 것은 자체의 힘으로부터 수학적 진리의 유효성에 근거를 제공하지 않을 뿐만 아니라, 의식으로부터 벗어난 바깥 세계의 현존을 그것 자체로부터 지정하지도 않는다.

데카르트는 양 측면의 확실성을 위해 선험적으로 주어진 가장 지고하고 완전한 본질, 즉 신에 그 근거를 세우는데, 신은 내가 확실하고 명확하게 파악한 것에서 나를 기만하는 것을 불가능하도록 나를 지었기 때문이다. 그러므로 신의 실존은 "성찰"에서 명증적인 것으로 입증된다.[60]

데카르트에게 신의 존재증명은 사유하는 주체이자 인식의 주체이며, 인식의 진리에 대한 근거로서 의미를 갖는다. 다음의 문장에서 근대 인식론의 최고의 원리를 발견한다. "나의 사유의 가능성에 대한 조건은 동시에 나의 사유의 대상에 대한 가능성의 조건이어야 한다."[61] 진리의 주장이 개념을 다만 재현시키는 실체의 '현실적인' 현존에 달려 있다면, 신의 존재증명은 개념(concept)과 사실(fact) 간의 '적합성(conformité)'에 대한 보장을 명확하게 한다. 데카르트는 사유의 필연성에 대한 이념과 논리 자체에 대한 이념을 위해 형이상학적으로 그 근거를 세우려 한다. 그가 주장한 신이 의식의 표상에 관한 진리를 보장한다면, 그 신은 세계의 현실성에 대한 지평을 대변한다고 할 수 있을 것이다.

데카르트는 "내가 사유하다"는 의식을 신 존재증명의 출발점으로 삼는다. 그는 그런 증명을 감각세계에 있는 가시적 질서 내지 그 질서에 영향을 미치는 원인들의 결과로부터 끌어오는 것이 아니라, 나 자신의 현존이 그 증명에 토대를 이루며 내가 '사유 실체(res

---

60) 신에 대한 이념은 나 자신의 이념 안에 존재하고, 신의 실존은 나 자신의 실존 속에 필연적으로 포함된다. "이런 증명의 전체 힘은 만약 신이 실제로 실존하지 않는다면, 나에게 고유한 본성과 더불어 나 자신이 실존한다는 것은 불가능할 것이라는 인식에 있다." R. Descartes, *Meditationes de prima philosophia*, 51.

61) I. Kant, *Kritik der reinen Vernunft*, 3 Bd. in 12 Bänden, (Frankfurt a.M. : Suhrkamp, 1977), 197.

cogitans)'일 경우에만 그것이 가능한데, "그럴 경우 나는 나머지 표상들과 나란히 가장 완전한 본질에 대한 이념의 현존적 존재를 내 안에서 알아차린다."[62] 그러므로 데카르트에게 신 존재증명의 기초는 절대적으로 정해진 개념에 있는 것이 아니라, 이런 개념을 현실적으로 생각하는 '의식'에 있다.

인식 능력을 구성하는 두 가지 원천, 즉 '지성(intellectus)'과 '상상(imaginatio)'[63]은 공동의 뿌리를 갖지 않는다. 지성을 사유의 논증적 기능으로 이해한다면, 감각적으로 중재된 상상력(Einbildungskraft)은 '경험적 형태'를 갖는다. 즉 상상력은 사유와 별개로 주어진 인식 대상 자체와 관련하며, "사실(물)에 대한 참된 이념"과 그것에 적합한 개념을 형성한다.[64] 이제 상상의 이런 능력이 인식의 원천으로 강조될 경우, 사유가 어떻게 개념적으로 파악할 수 없는 사유 대상의 특징에 이를 수 있는지의 문제가 제기된다. 여하튼 우리의 표상의 진리가 더 이상 직관에 의해 중재되지 않을 경우, 우리의 사유는 새로운 보증을 필요로 한다. 따라서 인식의 문제는 이념의 진리를 보증하는 충분한 조건에 대한 증명에 집중한다. 데카르트는 이런 조건을 '공리'로 공식화한다. 그것의 근거는 다음의 존재론적 신 존재증명에서 유효하다.

> 모든 실체의 개념 혹은 이념에 현존(Dasein)이 포함된다. 우리가 실존하는 실체의 형태하에 있는 것과 다른 무엇을 파악할 수 없기 때문이다. 물론 가능성으로 보이거

---

62) R. Descartes, *Meditationes de prima philosophia*, 106.

63) 'imaginatio'에 대해 '상상', '구상', '모사' 등으로 번역되나 저자는 '상상'으로 통일할 것이다. 이런 번역은 계속되는 칸트의 '주체성 이해'에서도 동일하게 적용될 것이다. 감각적으로 중재된 다양한 경험들을 통일시키고 보편화시키는 용어로는 '상상'이 더 적절한 것으로 여겨지기 때문이다.

64) cf. R. Descartes, *Meditationes de prima philosophia*, 385.

나, 혹은 우연적인 현존(existentia possibilis sive contingens)은 제한된 실체의 개념에 포함되지만, 반면 필연적이고 완전한 현존은 가장 완전한 본질의 개념 안에 포함된다는 차이가 존재한다.65)

사유가 참된 사유이기 위해 우리의 이념과 개념이 최소한 가능한 것으로 전제되어야 하는 실존은 단지 "내가 사유하다"는 확실성으로부터 밝혀지지 않는다.66) 때문에 사유와 논리학에 대한 진리 주장은 '사유 실체'와 '연장 실체'에 대한 분리의 토대에서 그 가치가 정립될 수 있는데, 이것은 인식이 인식된 것의 진리를 위해 인식된 것 외부에서 절대적 신뢰성을 갖춘 규정의 근거와 관계한다.67) 그러므로 데카르트의 신 존재증명은 "내가 사유하다"는 의식의 지평에서 감각적으로 중재된 '객체'에 대한 직관의 손실을 회복시키는 기능을 갖는다. 즉 그것은 '형식적인' 실재성에서 실체에 관한 객관적 실재성의 근거를 밝히는 것을 의미한다.68) 때문에 신 존재증명의 논리는 그것의 증명 근거를 밝히는 존재론적 논증에 달려 있다.

데카르트에게 신은 더 이상 신학적으로 해석된 절대적 신의 형태가 아니다. 그가 말한 신은 다만 존재론적 칭호를 가질 뿐이며,69) 철학적으로 입증할 수 있는 의미를 가질 뿐이다. 그는 우리의 개념 인식과 그 인식에서 나온 실상(Sachverhalt) 사이에 일치의 가능성에 근거를 세운다.70) 그러므로 신의 특별한 일은 존재하는 것에 대한

---

65) 같은 책, 166.

66) R. Descartes, *Die Prinzipien der Philosophie*, 9.

67) R. Descartes, *Meditationes de prima philosophia*, 102.

68) 같은 책, 40.

69) 데카르트는 신을 "통일성, 단순성 내지 비분리성(unitas, simplicitas sive inseparabilitas)"으로 규정한다. 같은 책, 50.

70) 그런 사상의 스토아적 뿌리는 다음과 같이 인식된다. 이성이 자체의 인식 능력을 이성적 세

최고의 원리로서 철학적으로 구성된 대립에 관한 논증을 제시하며, 이를 통해 사유의 필연성의 근거를 형이상학적으로 제시하는 데 있다.[71] 때문에 "내가 사유하다"는 것의 확실성은 데카르트의 첫 번째 원리로서 신의 실존을 자체 안에 필연적으로 내포하고 있다. 그럼에도 불구하고 방법론의 기본규정과 사유와 연장의 분리가 배제되지 않는다. 세계는 학문적 의식을 위해 초월적 대상이 되는데, 그 대상은 우리의 사유가 선험적으로 주어진 이념의 '신적' 기원에 대한 성찰에서 더 많은 것에 이르게 한다.

2) 신 존재증명의 타당성

데카르트의 신 존재증명은 주체의 주체성으로부터의 증명이다. 그것의 출발점은 인간의 의식 안에 있는 신의 이념이며, 가장 완전한 본질에 대한 인간의 사유이다. 그것에 이의를 제기하려는 자는 그런 출발점과 논쟁해야 할 것이다. 왜 그런가? 데카르트는 본질을 묘사하는 신의 이념을 신의 실존에 관한 항목에서 분리시켰다.[72] 이런 분리는 신의 현존을 증명할 수 있는 가능성에 근거를 제공하며, 그것을 넘어 증명해야만 하는 필연성의 근거를 세우게 한다. 그 근거는 '세계의 확실성'과 '신의 확실성'에서 찾을 수 있다.[73]

계 법칙의 기원으로서의 신적 이성으로부터 유래한다는 사실에 의해서만 그 이성의 이념의 진리를 확실하게 할 수 있다. 그런 스토아적 뿌리는 자연 법칙과 이성의 법칙의 일치의 근거로서 이성을 제시한다. 같은 책, 145.

71) Gerhart Schmidt, *Aufklärung und Metaphysik. Die Neubegründung des Wissens durch Descartes*, (Tübingen, 1965), 137.

72) 이런 분리는 중세기의 세계개념에서 나타나며, 세계의 '우발성(Kontingenz)'에 관한 원리에 근거해 있다. cf. Chr. Link, "Die theologischen Wurzeln der Unterscheidung von Theorie und Praxis in der Philosophie der Neuzeit", in *Zeitschrift für Evangelische Ethik*, 21(1977), 13.

73) 신의 본질과 실존 사이에서의 방법론적 분리가 신에 관한 형이상학적 사유로 인해 문제가 발생하여, 결국 니체에 의해 선언된 '신의 죽음'을 초래했다. cf. E. Jüngel, *Zur Begründung der*

(1) 세계의 확실성

데카르트의 신 존재증명은 학문적 진술에 대한 진리의 근거를 밝히며, 이는 명증성의 원리를 명확하게 설정하는 것을 뜻한다. 모든 실체의 이념 내지 개념에 실존(existentia)이 함의되어 있다. 그러나 우리는 실존하는 실체의 형태 자체에서는 아무것도 파악할 수 없다.[74] 때문에 입증할 수 있는 신의 확실성은 명약관화하게 파악된 신의 본질에 대한 지각을 전제하며, 이를 통해 보장된 세계의 확실성은 명증적으로 이해할 수 있는 세계 본질에 속한다. 이것은 우리에게 선험적으로 주어진 이념의 영역에 속해 있다는 것을 뜻한다.

실체의 현존은 우리가 반드시 생각해야만 하는, 즉 우리의 정신에 내재된 수학적 진리의 실마리에서 인식할 수 있다. 그것은 물리학의 객체 영역과 수학적으로 기술할 수 있는 실체의 "객관적 실재성"과 동일시된다.[75] 그 결과 세계의 실존은 존재론적 논증과 더불어 자연의 법칙성 이념에 의해 설정된 경계에서 확실해진다. 따라서 감각적으로 지각할 수 있는 세계에 해당하는 모든 시간적 현상들은 세계 확실성의 지평과 범위에서 제외된다. 그러므로 그것은 다음의 결과를 초래한다.

존재론적 논의에서 만약 사람들이 세계와 관련한 사유를 시간적으로 행할 경우, 신의 실존은 우주론적 증명을 통해 지지받는다. 증명은 인간의 유한성과 더불어 시간적으로 펼쳐진 세계의 현존 맥락에서 펼쳐지는 것이 아니라, 이전에 '계몽된' 이성의 지식으로부터

Theologie des Gekreuzigten im Streit zwischen Theismus und Atheismus, (Tübingen : Mohr Siebeck, 1977), 146-167.

74) R. Descartes, *Meditationes de prima philosophia*, 166.

75) '물질적 실체(res corporeae)'의 현존은 수학적으로 증명할 수 있는 명증성에서는 불확실하다. 같은 책, 80.

드러난다. 그 증명은 인간 주체의 주체성으로부터의 증명이며, 그 자체로부터 초래하는 유일한 신 존재증명이다.

(2) 신의 확실성

수학적으로 기술할 수 있는 물리학의 객관 영역에 대한 세계의 확실성의 추론은 형이상학적인 신의 확실성에 적지 않은 문제점이 있음을 반영한다. 그 추론은 고전적 질문인 "그것이 무엇인가?(quid sit)"와 "그것이 존재하는가?(an sit)"의 방법론적 분리에서 발견된다. 즉 신의 존재증명에서 이미 존재하는 신의 본질과 신의 실존을 입증하는 것과의 동일성에 대해 해명했던 것의 분리이다. 칸트는 존재론적 증명의 고유한 문제를 신의 필연적 본질의 개념에서 본 것이 아니었다. 사실 이런 문제는 데카르트보다 더 오래된 역사를 갖고 있다. 그렇다면 그런 필연성의 규정에 있어 형이상학적 신의 확실성이 와해된 이유를 찾아야 한다. 그러므로 전통 존재론적 논증에 대한 칸트의 비판을 단순히 반복하는 것이 아니라, 신의 개념의 관점에서 다시 한번 고려해 보는 것이 중요하다.76) 형이상학적인 신의 개념은 단순히 "내가 사유하다"의 지평에서 생각할 수 있는 사안이 아니다. 때문에 그것에 관한 큰 어려움이 후에 데카르트의 "성찰 III"에서 명시적으로 드러난다. 왜냐하면 존재론적 증명이 방향을 턴하게 된 가장 큰 문제는 신의 실존이 아니라 신적 본질에 전제된 개념이기 때문이다.

데카르트는 신을 철학 안으로 끌어들여 '필연적 본질'로서 간주한

---

76) cf. W. Weischedel, "Der Gott der Philosophen. Grundlegung einer philosophischen Theologie im Zeitalter des Nihilismus, Band I", in *Studia Philosophica* 33 : 228(1973), 191.

다. 형이상학의 기본원칙이 필연성의 본질에 의해 규정되어 왔기 때문이다. 뿐만 아니라 그것은 그리스에서 그 기원을 발견할 수 있는데, 가장 지고한 존재론적 칭호로서 '신'과 연결되어 있다. 아리스토텔레스는 신을 절대적 기원(ἀρχή) 내지 본질(οὐσία)로서 이해했다. 인식의 기원은 존재의 기원과 분리되지 않기 때문에 그것에 대한 진술의 형태, 즉 범주, 개념 및 존재하는 것의 구조가 자체로부터 있는 그대로 입증되어야 한다. 인식된 모든 것은 그것의 존재의 기원으로부터 인식되기 때문에, 그것은 필연적으로 인식된 것들이다. 그러므로 본질이 "첫 번째 기초를 이룬 것", 즉 '기원'으로 이해할 경우, 존재자의 규정이 필연적 존재자로서 그것과 일치될 뿐만 아니라, 그런 필연적 본질을 통해 인식의 경계 또한 그것과 일치한다. 인식되는 것은 다만 범주에 의해 펼쳐진 경계 내에서만 인식될 수 있다. 이것은 가장 지고한 존재자인 신을 위해서도 유효하다.

신은 '필연적 존재자(ens necessarium)'이다. 이런 배경하에서 근대의 신학적 사유가 이해된다. 만약 우리가 '필연적 존재'로서 신에 관해 언급한다면, 신 존재증명은 우리가 반드시 전제해야 하는 존재의 의미해석에 관한 형태이다. 이런 형태는 데카르트와 더불어 근본적으로 변화를 맞이한다. 근대적 형이상학의 원칙에 따르면, 범주들은 더 이상 존재자 자체에서 보이는 존재자의 근본 형태가 아니라, "내가 사유하다"라는 의식의 본질 형태이다. 내가 명확하고 분명히 파악하는 것은 필연적이다. 나의 파악의 이행, 즉 주체의 주체성으로부터 필연성의 본질이 새롭게 근거 지어지고 존재의 의미가 이와 동일해진다. 칸트의 "존재는 실제적 술어가 아니라 단순히 한 실체의 위치다."[77]라는 진술이 이런 상황을 가장 잘 표현한다. 그것은 인간의 '지정'으로 되었다는 것을 의미하며, 따라서 가능하며, 현실적이며, 혹은 필연적인 존재의 특징에 있어 다만 그것을 지정하는 주체의 관점에서만 진술될 수 있다는 것을 의미한다.

신이 실존한다고 내가 주장한다면, "내가 사유하다"는 것이 모든 실존의 주체이기 때문에 그 결과, 존재를 형성하며, 이런 신은 나의 고유한 실존에 속한다. 데카르트는 "나는 신의 이념을 명확하게, 그리고 분명히 표상함에 틀림없다."고 주장한다. "내가 사유하다"는 표상은 신이 실존한다는 조건이자 그 신을 나에게 현존하게 하는 조건이다.

사유의 필연성으로서 신의 본질은 주체의 주체성에 의해 해명된다. 데카르트가 자신의 철학에서 새롭게 정립하려 했던 것은 근대적 형이상학이며, 수학적 자연과학의 사실(fact)이다. 이에 대한 공통적 특징으로서 '사유 실체'와 '연장 실체'의 분리, 그리고 주체와 객체의 분리가 적절하다. 이 분리는 지식의 기초를 가능하게 하는데, 이것은 모든 인식의 기초를 "첫 번째" 확실성의 토대 위에 세우는 것을 뜻한다. 그러나 그렇게 기초 지어진 학문적 진리는 존재론적으로 더 이상 보증되지 않는다. 데카르트는 그런 결핍을 지양하기 위해 철학적 전통의 신 개념을 자신의 인식론의 원리로 받아들였으며, 이를 통해 보편학(mathesis universalis)의 초안을 형이상학의 초안으로 그 특징을 삼았다.[78] 이것은 신을 세계와 자아의 중재자로서 정립하려는 "성찰"의 형이상학적 의도였다.

---

77) I. Kant, *Kritik der reinen Vernunft*, 626.

78) 이런 사실에 대해 한자경은 적절하게 평가한다. "가장 확실한 것으로서 자아를 발견한 점이 데카르트를 이른바 근세 철학의 시조로 만들었다. 하지만 그 자아를 연장적 실체와 분리된 유아론적인 사유적 실체로 실체화함으로써, 결국 자아와 타자, 자아와 세계의 관계를 설명하기 위해서는 다시 자아 초재적 신(神)을 불러들일 수밖에 없었다는 점은 데카르트를 아직 중세 스콜라 철학의 영향권하에 있는 철학자로 간주하게 하는 요소이다." 한자경, 『자아의 연구』, 30.

2장
임마누엘 칸트(Immanuel Kant, 1724-1804): 선험적 주체성

　데카르트가 오랫동안 수면 아래 잠자고 있었던 인간의 주체의식에 물을 주고 싹을 트게 함으로써 근대의 문을 열었다면 임마누엘 칸트에 이르러서는 그 주체성에 잎이 나고 꽃이 피기 시작해 그 자태가 명확해지는 절정을 보여준다. 이렇게 데카르트와 칸트는 주체성에 꽃을 피우게 하고 열매 맺게 함으로써 근대의 새로운 사상조류를 주도하는 선구자로서의 입지를 굳혀 나갔다.

　근대 이전 전통 철학, 특히 전통 존재론에 있어 존재가 사유를 이끌어가는 주도적 역할을 하면서 인간의 사유를 조정하고 규정하려 했다면, 근대는 역으로 사유가 대상적 존재를 규정하고 조정하고 축소 내지 확장시키는 '앞섬이' 역할을 했다. 근대에 있어 외적 대상의 진리 여부는 존재 자체가 아니라 그것을 인식하고 판단하는 인간의 사유 활동에 의해 결정된다. 이런 사상은 칸트에 이르러 절정을 보인다.

　칸트의 주체성은 인간의 감성, 지성 및 이성이 떼려야 뗄 수 없는 삼중적 스펙트럼을 형성해 대상 인식과 개념 규정으로 나아간다. 먼저 감성은 직관의 순수 형식 내지 선험적 형식인 '공간'과 '시간'을 토대로 해서 인식 대상을 자발적으로 생산하여 경험을 유발시킨다. 지성(Verstand)은 선험적으로 주어진 (12가지)범주에 따라 감성에서 형성된 다양한 경험 대상들을 한 곳으로 모으고 통일시킴으로써 개념에 이르게 하는 보편적 인식을 초래한다.

여기서 전체적 경험이 아니라도 부분적 경험을 통해 보편적 인식이 가능한 것은 경험이나 인식을 자기의식에서 종합하고 통일하는 '선험적 통각', '순수 통각' 내지 '근원적 통각' 때문이다. 그러나 지성을 통해 다양한 판단과 규정이 가능하지만 완전한 종합에 이르게 하는 능력은 자체적으로 갖지 않는다. 결국 지성의 다양한 판단과 개념을 완전한 종합에 이르게 하는 것은 추리 혹은 추론하는 능력으로서 '이성'의 몫이다. 지성에 의해 넘겨받은 다양한 인식들을 하나의 논리적 체계로 꿰맞추고 통일시키는 능력이 이성에게 본성적으로 주어져 있다. 이것은 다양한 경험 인식들을 전체로 아우르는 무제약자에 대한 이성의 선험적인 개념, 즉 '절대 자아', '세계' 및 '신'이 있기 때문이다. 이런 세 개념들은 지성의 인식들을 하나의 체계로 인도한다.

이렇듯 칸트는 경험할 수 있는 대상들만 인식할 수 있고 경험할 수 없는 대상들은 인식할 수 없다는 데이비드 흄(David Hume)의 경험론을 받아들여 경험을 인식 과정의 필연적인 계기로 삼는다. 하지만 칸트는 경험을 인식의 필연적 계기로 삼지만 경험 자체에서 인식을 획득할 수 있다는 주장은 받아들이지 않는다. 경험에서만 인식이 가능하다면, 그러한 인식은 보편적일 수 없기 때문이다. 따라서 그는 경험에 앞서 모든 경험을 가능하게 하는 '선험적 의식'을 주장한다. 이 선험적 의식이 잡다한 지성의 인식들을 종합하고 통일하는 보편적 인식으로 인도한다.

이렇게 칸트는 경험론과 더불어 당시 꺼져가는 전통 형이상학적 존재론의 불씨를 살려 양 측면을 반영하는 자신의 철학체계를 형성한다. 이제 경험론과 전통 형이상학의 조화 속에서 그의 선험철학 사상이 어떻게 전개되는지, 보다 구체적으로 분석해 보도록 하자.

1. 주체성 : 이성과 경험 사이에서

실천이성으로서 자유의 이념으로부터 출발하는 칸트의 선험적 인식론은 "순수 이성비판의 변증법", 보다 정확히 말하면 보편적 이념으로서 자유가 인식론적 문제로부터 불거진 "이율배반 이론"[79]에 기반을 둔다. 게다가 칸트는 "순수이성 비판"의 후반부에서 실천적 차원을 암시적으로 논하지만 인식론적 질료를 획득할 수 있기 위해 논할 뿐이며 이율배반 이론에 입각해 설명한다.[80] 여기서 실천이성

---

79) "이율배반(Antinomie)은 그리스어에서 유래한 '법률 용어'로서 '법(nomos)'들 사이의 모순을 가리키던 말이었다. 칸트는 이 말을 가져다 자신의 새로운 철학 사상을 표현하기 위한 개념으로 사용한다. 이 개념은 칸트 철학에서 크게 두 가지 의미로 사용되는데, '이성의 법칙들 간의 모순'을 가리키거나 '철학적 주장들 간의 모순 내지는 싸움'을 지칭하는 용어로 사용된다." 이엽, 「이율배반 : 칸트 비판 철학의 근본 동기」, 『칸트연구』 제26집(2010), 6. 결국 이율배반은 지성에 의해 생성된 반정립과 이성에 의한 정립 사이에서 형성된 이성의 구조적 모순에서 그 근거를 찾을 수 있다. 이 외 칸트의 '이율배반'에 대해 보다 자세히 알려면, 다음의 논문을 참고하라. 맹주만, 「칸트의 실천이성의 이율배반 - 독법과 해법 -」, 『철학탐구』 제21집(2007), 211-235.

80) 칸트에 따르면 이론철학은 실천철학을 지향하며 인식론적 동기는 실천적 논증의 규명 역할을 감당한다. 결국 이것은 이성의 보편성 내지 통일성을 위한 것이다. cf. Oliver Robert Scholz, *Aufklärung und kritische Philosophie. Eine ganz kurze Einführung in die Gedankenwelt Immanenuel Kants.* in : Bernd Prien/Oliver R. Scholz/Christian Suhm(Hgg.), *Das Spektrum der kritischen Philosophie Kants*, (Berlin, 2006), 27.

의 이론적 핵심은 실천적 자기의식의 동일성에 관한 요구에 있다. 이런 동일성은 자기의식의 대상에서 갖는 일치에서 형성된다.

주체성에 있어 절대적 통일성에 대한 이성의 원칙은 주체성 자체에서 찾을 수 있다. 물론 그런 주체가 경험에 영향을 끼칠 수 있기 위해 반드시 필요로 하는 내용은 직관의 질료인 현상으로서의 다양한 형태이다. 때문에 이런 질료들이 수많은 조건들과 관계하는 다양성으로 나타난다 할지라도 절대적인 통일성에서 표상될 수 있다면 통일적 경험에 관해서도 언급할 수 있다. 그러나 이를 통해 드러난 선험적 보편론의 원리들은 대립과 충돌로 내몰리게 된다.

이처럼 가설적으로 설정된 동일성은 그런 보편론의 원리들과 대립하지만, 이로부터 '객관적 종합'으로서 절대적 객관성의 표상을 지시한다. 이성의 자율적이고 선험적 이념인 '절대 자아', '세계' 및 무한자로서 '신'에 대한 유한적 표현으로서의 개념이 중요한데, 그러나 그 개념 자체에 이율배반성을 지닌다.[81] 즉 객관성의 원리에 따른 필연적 대립은 인식의 가능성을 의심하는 회의주의를 지양시킬 뿐만 아니라 주관과 객관의 타당한 관계를 형성한다. 이율배반성을 지닌 요소들 또한 경험의 가능성을 한층 지양시킨다. 이율배반성의 측면이 주체에서만 조정되며, 단순히 객관성에 관한 이성적 성찰의 표현이기 때문에 생각하는 주체에서만 문제 해결이 가능하다. 이성의 이율배반성은 지성 개념의 성찰로부터 나온 결과이다.

또한 범주는 일체의 직관들과 연결된 다양한 경험 대상들을 질서정연하게 정돈시키는 데 기여한다. 이런 정돈은 경험적으로 유한하

---

81) cf. Immanuel Kant, *Kritik der reinen Vernunft*, in Kants gesammelte Schriften, hrg. von der Königlich Preußischen Akademie der Wissenschaften, (Berlin, 1900), B 446. 이후 KrV로 약칭 사용.

며, 그런 유한한 정돈의 일반적 형태로서 범주는 '선험적'으로 그 경계가 설정되지 않지만, 그렇다고 무한한 것으로의 넘어감을 이행하지 않는다. 그 범주가 무차별적이며 경험적 속성에서 벗어나지 않을 경우, 경험적 관계의 단순한 개념에 지나지 않는다. 직관이 주체에 의해 범주적으로 중재될 경우, 유한성의 동기가 범주 자체에 있음을 가정해 볼 수 있다. 칸트의 주체화는 그런 대립성을 가진 객관적 규정의 동기를 주체성 자체에서 찾는다.[82]

그런 범주의 한계성에서 벗어나게 하는 이성은 "경험의 피할 수 없는 제약에서 벗어나게 하며 경험적인 것의 경계를 넘어 … 확대하는 방안을 모색하게 한다."[83] 이성은 유한한 인식의 가능성을 무한자, 즉 자체로 한계성을 갖지 않는 보편을 통한 근거 제시로 역할과 기능을 감당한다. 이성의 이런 수행은 제약적인 것과 더불어 이루어지지만 "제약적인 것이 주어질 경우, 그 제약의 전체 합 또한 주어지며, 따라서 전적으로 무제약적인 것이 주어진다."[84]

여기서 무한적인 것(절대적인 것)을 생각하게 하는 두 가지 가능성이 주어지는데, 우선 순수 개념으로서 세계의 전체성을 주제로 삼는 것이 아니라 현상들을 고려한 경험 가능한 대상들을 주제로 삼는다. 이런 전체성 자체는 경험의 가능한 대상이 아니다. 무한적인 것은 유한적인 것의 계열로 이루어진 전체성에 관한 표상 속에 내포되어 있기 때문에 그 자체로는 유한적이다. 칸트는 이런 무한적인 것

---

82) cf. KrV § 17. 칸트는 그런 주체화의 근간을 감각에서 찾는다. "이런 세 가지 외적 감각, 즉 촉각, 청각, 미각은 성찰을 통해 주체를 우리 외부에 있는 사물로서의 대상에 대한 인식으로 유도한다." I. Kant, *Anthropologie in pragmatischer Hinsicht*, in Kants gesammelte Schriften, hrg. von der Königlich Preußischen Akademie der Wissenschaften, (Berlin, 1900), IX 156. 이후 Anthropologie로 약칭 사용.

83) KrV. B 435.

84) KrV. B 436.

을 "잠재적으로만 무한하다"[85]고 표현한다. 여기서 이성은 그 계열 중 한 지체를 다른 계열들에 앞서 무한적인 것으로 지정하며, 그래서 다른 모든 유한성이 그것 안에서 고양되면서 실체에서 무한적인 것을 대변한다. 무한적인 것의 이런 형태는 이성의 필연적 수행의 결과로서 이율배반적 관계로 드러난다.[86]

현상은 칸트에게 피할 수 없는 것이지만 언제나 기만하며, 그럼에도 해를 끼치지 않으며 결코 멸절될 수 없는 속성을 지닌다.[87] 여기서 우리는 이성이 대상들을 '직지향(intention recta)'에서가 아니라 '사지향(intentio obliqua)'에서 파악할 수 있으며, 이성의 객관성을 규명할 수 있기 위해 이성의 순수 개념이 필연적으로 선험적이라는 사실을 인식해야 한다. 바로 이러한 사실 때문에 현상을 제거시킬 수 없는데, 이것은 이성이 객관성을 사유하는 조건이 반드시 선험성에 의존해야 한다는 입장에서 객관성의 자립이 가능해지기 때문이다. 칸트에게 이성은 주체와 대상들과의 관계를 표현하는 특징을 갖는다.

주체와 객체의 대립은 이성에서 지양된다. 칸트는 이율배반의 결핍성에 대한 대안을 오직 주체에서 찾는다. 사실 대상의 자립성에 관한 동기는 그것을 객체로 사유하는 주관적 조건에 기반을 두며, 이를 통해 가장 내부에 있는 객관적 조건으로서 주체성이 형성된다. 칸트의 그런 인식론적 노력은 통각의 절대적 관계를 바탕으로 하는 순수한 자기의식을 위해 그런 객관성을 정립하는 것에서 두드러지게 나타난다.

---

85) KrV. B 445.
86) cf. KrV. B 449.
87) KrV. B 449.

지성에 대한 이성의 성찰로부터 생성되는 이율배반에 있어 선험적 범주를 매개 삼아 지성의 종합을 가능한 것으로 파악할 수 있기 위해 이성이 필연적으로 요청된다. 여기서 지성은 자신의 개념과 원리에 따라 경험을 판단하기 위한 표상들과 연결된다. 이런 표상들의 경험적 특성은 현상들에 소급된다. 이런 현상들은 자체적으로 존속하는 것이 아니라 다른 것과의 관계에서만 존속하며, 그럴 경우 그 관계는 현상의 조건으로 이해된다. 그러나 그 관계는 자체적으로 존속하는 것이 아니라 다른 것을 지시한다. 현상의 가능성과 이로 인한 종합적 지성의 수행의 가능성은 이런 조건의 사슬에서 형성된다. 이성이 일체의 유한적인 것의 종합에 맞춰져 있는 한, 그것에서 표현된 관계성의 절대적 완전성을 요구한다.

세계의 전체성, 선험적 이념, 그리고 일체의 완전성에 대한 사상은 유한성의 조건을 무한적인 것으로 고양시키는 기능을 이미 자체에 내포하고 있다. 때문에 이성의 보편적 이념들은 순수한 이성 이념이 아니라 먼저 비이성적인 것에 대한 성찰로부터 발생한 것들이다.

현상 자체는 직관의 대상이고 무한자는 그 어떤 현상에도 주어질 수 없다. 그럼에도 불구하고 이성은 무한자의 개념을 직관의 종합적인 형태에서 펼치며 무한자를 일체의 유한적인 것의 전체성으로 파악한다. 이런 이성은 무한자를 전체로서 표상하거나 무한자가 일체의 어떤 부분일 경우, 이성은 그런 무한자를 내포하고 있다. 여기서 이율배반성은 경험의 대상들에 관한 순수이성의 성찰에서 존재하는 무한자의 이런 이중성에서 나온 것이다. 양 측면은 이성에 의해 요청된 완전성을 가능하게 하지만, 그러나 상호 대립으로 서로 마주서 있다.

칸트는 이성과 그 개념을 경험과 관련짓는다. 모든 현상들의 전체가 '세계'라는 이름으로 이해될 경우, 실상 그것은 세계의 개념이 아닐 수 있는데, 왜냐하면 그것이 감각세계 내에 주어진 현상을 위한 유한적인 것의 전체성에 대한 요청으로 인해 단계적으로 그런 것들을 넘어설 수 있기 때문이다.[88] 이성 이념의 대상이 본질이 아니라면 그 이념은 경험 개념으로서 다루어지는데, 물론 그것의 경험 대상들은 점차적으로 경험을 뛰어넘는 경험 개념이다. 그것은 그렇게 이율배반적이다. 칸트는 무한자에 대한 표현을 일체의 지체의 완전성으로서, 혹은 한 지체 안에 있는 유한자의 부정으로서, 동일적인 것으로 표상하면서, 전체성으로서 완전성을 향해 가며, 연속적인 종합을 통해 실현되는 '나쁜 무한성'의 영역에 머물러 있다.[89] '나쁜 무한성'의 불일치로부터의 지양은 단순히 순수이성의 개념에서만 일어날 수 있으며, 이성의 본질과 더불어 그것의 고유한 개념에서 형성된다.

이에 따라 이율배반의 가치는 우리가 우리의 이성을 단순히 경험 대상들에 대한 지성의 원리를 위해 사용하는 것이 아니라, 경계를 넘어 종착점까지 이르게 하려는 노력을 다할 때 비로소 이루어진다.[90] 달리 표현하면, 이것은 이율배반으로 이끄는 경험을 넘어 경험과 관계하는 이성의 사용에 대한 확장이다. 그런 확장은 경험의 조건들을 '이성의 존재(entia rationis)'에 관해 언급할 수 있는 영역에까지 이르게 하기 때문이다.

---

88) cf. KrV. B 447.
89) cf. KrV. B 450.
90) KrV. B 448.

2. 주체와 이념

이성의 개념들이 선험적이고 필연적일 경우, 주체에 있어 이율배반적 규정을 피할 수 없으며, 이에 따라 그 주체의 실천적 이상 역시 성취될 수 없는 것처럼 보인다. 게다가 경험적 주체의 자기관계가 이론적으로 주체의 이율배반적 상황에 상응하지만, 그럼에도 주체 개념에 인식이론의 근거를 제시하지 못한다. 그러므로 인식론과 관계하는 주체성 규정은 변증법적 이성의 과제가 아니라 근본적으로 지성의 과제이다. 지성은 주체를 경험의 대상 영역의 테두리 내에서 규정한다. 그럼에도 불구하고 경험 주체의 주체성을 통해 이성에 있어 종합명제에 대한 지침을 지성이 제공한다.

결과적으로 이성의 개념들은 지성과 감각에 연결시키는 경험 인식의 체계적인 정돈에 기여한다. 따라서 감각의 지각 자체가 그런 체계적인 정돈을 구성하는 것이 아니라 지성을 필요로 하는데, 그 지성의 순수 개념들 자체는 감각적인 것과 관계없이 비어 있는 형태로 머물러 있어서 다만 대상 영역에 대해 하나의 원리로만 존재한다. "그러므로 지성은 개념으로부터 나오는 합명제적인 인식을 제공할 수 없으며 단순히 내가 원리라 칭하는 것만이 고유한 것이다. 이로 인해 모든 보편적인 원리들은 상대적인 원리들을 의미할 뿐이다."91) 이성에서야 비로소 "원리들로부터 인식을 가능하게 하는데, 내가 보편자에서 특수자를 개념을 통해 인식하기 때문이다."92)

칸트가 직관에 관한 순수 지성 개념의 가능한 적용을 설명하기 위해 지성 인식의 객관성을 주체성의 한 기능으로 규정한다면, 그것은

---

91) KrV. B 357.
92) KrV. B 357.

자연에 관한 (지성을 통해서만 인식되는)예지성의 표상을 가능하게 하지만, 객체에 있어 모든 개별적인 인식의 체계적인 연결의 근거로서 예지적인 자연 질서의 개념을 가능하게 하지는 못한다.

만약 지성 인식의 질서가 유한적인 것에서 추론되는 이성의 결정을 통해 이루어진다면, 그런 유한적인 것을 포섭하는 표상이 유한적인 것을 재차 필요로 한다. 이성이 유한적인 것을 지정함으로써 이성 자체는 유한적인 것으로 입증된다. 이런 순환은 이성 자체에서 닫힌 성찰의 표현이 아니라 이성에서 진행된 필연성의 표현이다. 따라서 이성은 유한적인 것으로부터 "전체적으로 잘 정돈된 유한적인 것들을 추론하는데, 그런 유한 자체는 무한적이다."[93] 이것이 지성 인식에 대해 체계적으로 설명하는 이성의 원칙이다. 유한적인 것은 유한적인 것 자체로부터가 아니라 유한적인 것의 체계적인 정돈에 대한 이성의 의도로부터 나온 결과이기 때문이다. 이런 의도를 칸트는 존재론적으로 이성의 '건축학적 본성'이라 칭하며, 도덕적으로는 '건축학적 관심'이라 칭한다.[94]

칸트는 무한자를 절대자 개념의 변증법에 상응하여 모든 관점에서 무한자로 여기는 '절대적 무한자'로 이해한다. 모든 것에 얽매이지 않는다는 것을 뜻하는 '절대적인 것'은 아무것과도 관계하지 않기 때문이다. 그러나 그것은 모든 것, 모든 사람과 부정적인 관계를 맺고 있다. 칸트는 이런 전반적인 부정성의 부정, 즉 무한성의 부정을 이제 "유한적인 것의 전체성"으로서 긍정적으로 이해한다.[95]

그러나 칸트가 이성의 성찰에 관한 표상을 절대적 통일성으로가

---

93) KrV. B 364.

94) KrV. B 502.

95) KrV. B 383.

아니라 총체적인 전체성이 무한적 조건을 찾는 무한한 재생으로서 이해하는데, 그런 표상의 적용을 경험에서 찾는다. 그러나 주체와의 일치를 위해 객관성을 규정하려는 인식론적 방법의 결과는 외적 한계에서 벗어날 수 없다. 이로 인해 주체와 더불어 객체 역시 상호 교호적인 관계에 있어 지속성을 요하는 자립성을 유지할 수 없게 된다.

체계적인 인식 없이 어떤 학문도 가능하지 않다. 학문에 내재된 고유한 발전은 비평과 지식의 축적을 통해 형성되며, 이것은 체계적인 인식을 동반한다. 그러나 지성의 판단에 의해 이루어진 체계적인 질서는 무한적인 원리로 인해 지성 인식의 대상들을 초월한다.[96] 그러므로 지성 인식의 합리적 구성을 위한 객관적인 근거 여부는 무한자의 개념과 더불어 순수 이성을 통해 설명된다.

경험에 속하지만 그 자체는 결코 경험의 대상이 될 수 없는 속성을 지닌 이성의 개념을 칸트는 선험적 이념이라 칭한다.[97] 이것은 한편으로 이성 자체에서 그 기원을 가지며, 다른 한편 지성으로부터 다음의 사실을 발생시킨다. "개념은 '경험적 개념' 혹은 '순수 개념'이며 자신의 기원을 오직 지성에서 가질 경우(감각의 순수 이미지에서가 아니라) 순수 개념(Notio)을 뜻한다. 경험의 가능성을 능가하는 개념들의 개념은 '이념' 혹은 '이성 개념'이다."[98] 칸트에 따르면 무한자는 지성 개념에서 유래하는 것이 아니라, 다만 부정의 범주와 관계의 범주의 조화를 통해 묘사될 수 있을 뿐이다.

또한 칸트에게 정치적 이념과 같은 '도덕'의 개념은 순수 이성 개념이며, 그것의 유효성은 경험에 의존하지 않으며, 다만 도덕적으로

---

96) KrV. B 365.
97) KrV. B 367.
98) KrV. B 377.

인식될 수 있을 뿐이다. 그럼에도 불구하고 이성은 자신의 이념 속에 담긴 내용 규정을 위해 경험에 의존한다. 그러나 경험에 비해 이성 개념의 우월성을 입증하려는 목표는 '순수이성의 변증법'의 선험적 주체 개념으로 이어진다. 이를 위한 합리적 매개는 순수이성의 변증법으로 드러나는 주체와 더불어 이루어지며, 유한한 대상 영역의 경험적 인식의 이론으로 인해 결핍된 대상들과 더불어 이루어진다.

따라서 실천철학에 있어 주체 이론의 핵심은 '선험적 변증법'에 있다. 객체가 규정될 수 없을 경우, 이념이 본성 개념으로부터 실천적 개념으로 넘어감을 가능하게 하고, 이성의 사변적 인식과의 관계와 조화에서 도덕적 이념 자체를 제공해 주도록 유도한다.99) 때문에 통각의 선험적 통일성은 아포리아(aporia)적 성격을 지니지만, 내용이 알찬 변증법으로 형성된 주체의 인식론적 토대로서 간주될 수 있다. 그래서 근거 지어진 것이 다만 근거를 통해서 근거 지어지듯이 근거 자체 또한 근거 지어진 것과의 관계에 있어 근거로서 사유된다. 이런 관찰 방법을 통해 다음과 같은 주체적 원리의 조건이 발생한다. 실천적 이성은 자신의 가치를 사변적 이성과의 일치에서 더 높인다. 역으로 사변적 이성은 실천적 이성의 가치를 높여주는 토대로 기능한다. 때문에 실천적 주체성의 규정으로서 실천이성 비판은 사변적 이성과 실천이성의 일치가 공동의 원리에서 설명될 수 있기를 요청한다. 그것은 적용에 있어서 차이가 날 뿐이지, 궁극적으로 하나의 같은 이성이기 때문이다.100) 이처럼 주체성의 형태는 적용에서 차이가 있지만 공동의 원리를 기반으로 한다.

---

99) KrV. B 385.

100) I. Kant, *Grundlegung zur Metaphysik der Sitten*, in Kants gesammelte Schriften, hrg. von der Königlich Preußischen Akademie der Wissenschaften, (Berlin, 1900), 391.

이론과 실천의 차이는 이론적으로 보면 경험과 이념의 차이의 구성을 필요로 한다. 그러나 그 구성은 추상적인 자기의식을 제시하는데, 이것은 헤겔에 따른 경험과 이념의 동일성임을 보여준다. 선험적 분석에 있어 주체와 객체의 관계에 대한 칸트의 이해는 이론이 실천의 기초이며, 실천의 주체는 이론의 주체로 인식되는 것 외에 다른 무엇이 아니다. 그러나 그것은 주어진 그대로 인식되며, 주어진 것은 주체에 의해 구성된다. 비평의 조건인 주체와 객체의 차이는 무차별적이다. 존재하는 모든 것이 주체에 의해 형성된다면, 그것은 '즉자적으로(an sich)' 미리 형성된 동일성이 '대자적으로(für sich)' 되기 위한 의미 있는 목적으로 남는다.

실천의 주체는 기만이나 한계에 기초하지 않은 개념과 현실 사이의 차이를 규정할 수 있어야 한다. 이와 관련하여 이념이 개념적으로 설명되어야 한다. 따라서 지성의 지식에 관한 체계와 마찬가지로, '선험적 변증법'의 시도는 그런 차이를 파악하려는 것이다. 이에 대한 주체성에 관한 선험적 규정은 경험적 주체의 객관적 현존과 관련이 있다. 칸트는 전체적으로 영원한 진리의 이념적 확실성뿐만 아니라 경험적 인식과 이성의 관계를 중요시한다.[101]

사변적 이성 인식과 경험과 관련한 지성 인식으로부터 존재와 인식 영역의 분리가 대상에 관한 주체의 이중적 관계를, 그리고 이성 사용에 있어 이론적인 측면과 실천적인 측면의 분리를 강요한다면, 이것은 세계 인식에 관한 설명이 충분치 않은 이념적 체계에 관한

---

101) 게다가 무한자의 세 가지 가능성, 즉 신, 자유, 영혼불멸성은 지성의 인식에 관해 판단하는 이성과의 관계로부터 나온 결과이다. 칸트는 이념의 맥락을 총체적이며 체계적인 맥락으로 해석하여 형이상학의 유일한 대상인 신, 자유 및 영혼불멸성을 자신의 삼단논법과 관련하여 사유한다. cf. KrV, B 395.

표상을 드러낼 뿐이다.102) 인간 실존의 가장 큰 지향점인 이념은 이런 실존의 경험적 조건을 가진 관계에서 발견된다. 왜냐하면 우리가 개념이라 일컫는 것이 이념적 대상에 대한 지식에 이를 수 없다는 점과, 그 이념에로의 접근에 대한 도덕적 요구와 마주해 있다는 통찰 때문이다.103) 칸트는 경험에서 이념적 설명의 불가능성에 대한 부정적 규정에도 불구하고, 그 실현을 향한 지속적인 시도로 도덕적 필요성을 제시한다. 그런 이론적 불가능성은 실천적인 필연성으로 인해 지속적인 시도가 행해진다.104)

물론 그런 이념과 경험의 차이에 관한 칸트의 해석은 경험 세계의 부정에 의해 구성된 주체를 전제한다. 현존하는 인간 주체에 무질서가 지속됨으로써 이념으로 향하게 하는데, 그러나 다른 주체들과의 경쟁 관계로 인해 각자의 개별적 실존만을 주장한다면, 그 이념에 결코 도달할 수 없게 된다. 이렇듯 피안적 구속의 불가지론을 용인하는 칸트는 인간의 차안적 행위를 이념의 피안성에 종속시킨다.

이념의 의식에 대한 모순은 이론적으로 이러한 이념을 생성하는 이성 추론의 속성에서 나타난다. 이런 이성 추론을 통해 이성은 알려진 것으로부터 객관적인 현실을 필연적으로 알게 하는 알려지지 않은 것을 추론한다. "이 같은 추론을 결과에 비추어 볼 때 이성 추론이라 하는 것이 더 합리적이다."105) 그러나 이런 추론이 망상이 아니기 때문에 '이성 추론'과 객관적 대상에 대한 '합리적 추론' 사이에 칸트는 큰 차이를 두지 않는다. 때문에 이념뿐만 아니라 객관

---

102) cf. Axel Hutter, *Das Interesse der Vernunft*, (Hamburg : Felix Meiner Verlag, 2003), 10.

103) KrV, B 397.

104) KrV. B 373.

105) KrV. B 397.

적인 현실의 모습 또한 생각할 필요가 있지만 그러한 현실이 실존하지는 않는다.

칸트는 이러한 모순을 한계성을 지닌 인간 사유의 오류가 아니라 '순수 이성' 자체라 주장한다. 그러나 순수 이성 자체는 자유의 이율배반 혹은 영혼의 본질에 대한 오류 추리에 빠질 수 없다. 양자는 유한한 이성의 초월적 시도이기 때문이다. 실제로 실증성은 이념에 내포된 이중적 부정의 초월이라는 표상에서 발생하는데, 그런 이념에서 무한적인 것이 전제가 된다.

그런 현상이 나타나는 장소는 자기의식의 종합적 일치와 통각의 선험적 일치와의 조화 속에서 경험적 주체가 구성되는 곳이다. 이것은 유한한 인식을 학문 전체와 관련지을 수 있는 가능성의 조건이며 개별적인 것의 경험적 통찰력을 뛰어넘지만, 이들 개별적인 것의 보편성에서만 근거해 있다. 자연과학의 논리적이며 체계적인 현실과 종합적 통일성은 주체 바깥에서 필연적이며 존재론적인 현상으로서의 유한적인 것에서 드러난다. 칸트는 존재론적으로 추상적인 것에 대한 해결책을 주체 개념에서 찾는다. 또한 이 개념은 자체의 토대를 선험적인 분석에서 갖는다.

3. 자기의식에서 주체-객체 관계로

칸트에 있어 순수 통각인 "내가 생각하다"는 것은 "내가 존재하다"는 것과 동일한 의미를 갖는다.[106] 그에게 "내가 생각하다"는 것

---

106) cf. KrV. B 138. 사유와 존재 관계의 직접성은 다음과 같은 부정적 논쟁의 결과이다. "'내가 존재하지 않다'고 생각하는 것은 결코 존재할 수 없다. 내가 존재하지 않는다면, 내가 존재

은 나의 존재를 규정하는 의식의 행위로서 파악되기 때문이다. 의식에 대한 이런 규정은 존재와 사유의 동일하면서도 상이한 관계에서 상호작용한다. "따라서 존재는 내가 그것을 어떻게 규정하는지에 좌우되며, 다양한 것들이 내가 규정하는 동일성 속에 속하지만 아직 현실화되지는 않았다."[107]

따라서 칸트는 존재에 관한 의식이 주어진 것이 아니라 존재 자체가 주어진 것이며 의식 행위, 즉 사유를 매개로 주어진다고 주장한다. 그래서 주체의 현존은 다만 하나의 표상일 수 있는데, 그것의 속성은 사유와 차이가 없다. 그럼에도 불구하고 그런 차이는 형식적으로 요청되는데, 그런 차이 없이는 "내가 생각하다"는 것이 존재할 수 없기 때문이다. '무'에 관한 사유와 이로 인해 아무것도 사유하지 않는 것은 사유의 순수 사유로서 텅 비어 있는 것인지도 모른다. 때문에 데카르트에 있어 최종적인 확실성의 근거는 현존의 채움과 관계하는 의심에 대한 의식이었다.

"내가 생각하다"는 것이 모든 인식 가능성의 선험적인 조건일 경우, 그것은 단순히 형식적일 수 있다. 그러나 "내가 생각하다"는 것이 무에 관한 사유로서 확고히 하기 위해 칸트는 그것을 "내가 존재하다"는 것과 연관시킨다. 그러나 "내가 존재하다"는 것은 실존의 판단으로서 "내가 생각하다"는 사실과는 구분되는 내용을 갖는다. 물론 "내가 존재하다"는 것은 "내가 생각하다"는 사실을 통해 가능하다. "내가 생각하다"는 것은 다만 하나의 사유에 이르게 하는데, 존재로 이끄는 사유를 뜻한다.

하지 않는다는 것이 나에게 의식될 수 없기 때문이다." Anthropologie, Ⅶ 167.
107) KrV, B 157 FN.

궁극적으로 "내가 생각하다"는 것은 "신 존재증명"의 형태로 이끈다. 이런 형태는 모든 종합을 근거 짓는 기원성과 관련하여 인식론적 주체에 대한 선험적 구조에서 찾을 수 있다. 따라서 보편적인 신 존재증명의 형태는 인식론적 주체에서 형성된다. 객관적이며 보편인 인식은 선험적인 것에서 가능하지만, 경험은 상대적인 보편성을 발생시킨다.[108] 칸트는 객관적인 인식 가능성의 선험적 규정을 위해 자기의식의 형식적인 통일성을 필요로 한다. 표상으로부터 형성된 것이 경험적인 주체에 의존하지 않은 채 하나의 표상으로만 나타난다면, 그런 표상은 먼저 대상과 관련한다.[109]

이런 대상이 모든 주체에서 동일한 것으로 나타난다면, 그것은 표상들을 연결시키는 상호 관계로서 구성되며, 주체성의 기능을 가능하게 하는 주체와 객체의 관계를 전제한다. 그러나 이런 관계는 온전한 주체에 이르지 못하고 주체성의 한 형태에 그칠 뿐이다. 그러나 그 관계가 주체성의 한 형태에 불과하지만, 이를 통해 표현된 필연적이며 보편적인 관계가 자체의 근거를 순수 통각의 선험적 통일성에서 가질 경우, 판단하는 것의 객관성이 획득될 수 있다. 그것이 표상에 대한 객관성의 근거일 경우, 그런 판단의 객관성일 수 있다. 그러므로 그것이 통각의 통일성으로 인해 주어진 다양한 것들의 일치로서 존재할 경우, 지성은 판단을 통해 자신의 표상에 대한 객관성을 형성한다. 정돈되지 않은 다양성은 지성의 판단기능, 즉 범주를 통해 표상으로 규정된다.

표상들의 일치를 위한 의식이 통각의 선험적 일치에 의해 가능해

---

108) cf. KrV. § 13, B 116.
109) KrV. B 142.

짐으로써 범주를 매개로 하여 다양한 것들을 규정할 경우, 그것은 범주적 규정으로 남는다. 이렇게 범주적 규정을 통해 표상에서 의식으로 나아간다.

대상이 주체에게 파악될 경우 대상은 주체를 통해 구성된다. 이로 인해 외적 질료가 주체를 통해 규정에 이른다. 즉 질료가 인식에 이를 경우, 그것은 이미 주체적 규정하에 놓이게 된다는 말이다. 그러므로 대상이 범주적 규정을 통해 경험의 대상으로 가능하다면, 그 대상은 객관적 가치를 갖는다. 즉 그것은 필연적이며 선험적으로 경험의 대상과 관계한다. 그것 없이 경험은 결코 가능하지 않기 때문이다.110) "그러므로 다양한 것 또한 주어진 직관에 있어 필연적으로 범주하에서 존재한다."111)

또한 통각의 선험적인 통일성에 대한 칸트의 묘사에 있어 객관성은 인식의 산물이며, 주체의 산물일 뿐만 아니라 직관의 단순한 질료이며 다양하게 주어진 것들이다. 따라서 "직관의 통일성"112)이 결정적인데, 이것은 먼저 대상적인 것으로 나타나며 그렇게 규정된다. 표상의 객관성은 우선 통각의 통일성에 따른 직관에 근거해 있으며, 직관의 다양한 것들과 통각의 통일성과의 관계를 그 근거로 삼는다. 결국 다양한 것들의 이런 체계는 직관의 대상으로 주어질 수 있다는 점에 영향을 미친다.

결정적인 것은 다양한 것들이 범주하에서 어떤 인식론적 위치를 점하는지, 이 질문에 대한 대답이다. 그것은 이미 주어져 있는 다양한 것들이거나 혹은 하나의 직관을 위해 구성된 것들이다. 여기서

---

110) cf. KrV. § 14, B 124.

111) KrV. B 143.

112) KrV, B 144 FN.

다양한 것들은 지성의 종합명제와 관련하여 이미 범주적으로 규정된 것이다. 그리고 다양한 것들이 제공될 경우, 제한시키는 조건하에서 다음의 두 가지 방식으로 생각될 수 있다. 때로는 다양한 것들이 근본적으로 범주적인 결정의 대상이 됨으로 인해 지성의 종합에 포섭되어 범주적으로 결정되거나, 그렇지 않은 경우이다. 첫 번째 경우만이 종합명제와 관련이 있지만, 두 번째는 인식론적으로 관련이 없는 경우이다.

그러나 두 경우 모두 인식의 대상이 될 수 있으며, 헤겔의 표현을 빌리자면 '즉자적으로(an sich)'라는 것이 범주적으로 작성되었다는 의미이다. 달리 말하면 첫 번째 경우, 대상의 객관성이 주체의 주관적 결정의 표현으로 드러나며, 두 번째 경우에는 동일한 표현이지만 주체와 마주하여 독립적으로 드러난다. 때문에 두 번째 경우는 주체와 관련이 없으며, 객관성을 얻을 수 없는 확대된 감각적 인상으로만 보일 수 있을 뿐이다. 이렇듯 주관적 의식을 벗어나 대상에 대해 말하는 것은 무의미하며, 그 자체로 규정되지 않는 것과 관계하는 주체의 개념 또한 무의미하다. 그것은 사유를 통한 규정 없이 아무것도 규정할 수 없기 때문이다. 선험적으로 그런 규정을 조건으로 하는 범주의 결론은 특정 경험과, 그것에 대한 특정 자의식을 전제로 한다.

통각의 선험적인 통일성은 범주의 선험적인 규정이다. 그러나 이것은 특정 경험에서 비롯된 규정인 경우에 한해서만 수행될 수 있다. 이것은 본래적이고 순수 종합에서 스스로 규정하는 자기의식으로서 자체적으로 일치한다. 이것은 의존성의 의식에서만 가능한 비의존적 주체성의 전형이다. 칸트는 이 문제를 사유와 인식에 근간을 둔 '자기의식'과 '자기인식'의 구별에서 성찰한다. 그러나 인식론의 전개에 있어 자기인식은 자기의식에 선행해야 한다. 자기인식은 대상에 대한 생각을 경험을 통해 보충해 주고, 마침내 직관을 통해 주어진 것에 감각을 제공해 주는 대상적 인식 개념의 결과이다.113)

그러므로 지성은 자신의 객관성을 범주적으로 규정된 판단을 매개로 직관에 주어진 다양한 것들의 정리를 통해 규정된다. 이런 종합에 대한 인식은 먼저 경험 인식으로 제한되며, 따라서 대상에 관한 경험적 직관과 사유된 대상의 관계를 조건으로 한다. 게다가 대상에 관한 개념은 직관 없이 형식적으로 지속될 수 있으며, 이를 통해 그 개념이 가능한 것으로 규정된다. 그러나 그 개념은 비대상적이며 이성의 존재(entia rationis) 내지 예지적 존재이다. 그러나 여기서 순수 직관과 순수 통각으로 인해 다수와 통일성에 따른 형식적으로 규정하는 수학의 개념이 나타난다. 하지만 칸트의 개념 사용과 상응해서 아직은 인식에 도달한 것은 아니다.

인식은 경험에 제한되지만 그렇다고 개별적인 것에 있어 경험에만 의존할 수는 없다. 칸트는 인식론의 보편성 때문에 경험의 한계를 경험이 가능해야만 한다는 것에 한정 짓지 않는다. 때문에 사유가 비대상적일 경우 경험은 불가능할 수 있다.114) 칸트는 직관 규정과 관련하여 범주가 경험적 직관에 적용될 수 있다는 사실을 감각의 토대에서 주장한다.115) 따라서 경험적 직관과 범주와의 관계는 필연적인 것으로 요청된다.

환언하여 설명하자면, 경험 인식은 범주를 통한 통합의 개념적 일치를 직관 안에서 형성한다. 그러나 이런 형성은 범주나 감성에 앞

---

113) cf. KrV. B 146.
114) cf. KrV. B 146.
115) KrV. B 147.

서 일어나지 않는다. 범주 자체로는 이성적 존재만을 구성할 수 있을 뿐이다. 경험적 감성은 객체의 우연성으로 인해 범주와의 관계를 형성시킬 수 없다. 순수 감성은 객관성에 관한 단순한 형식적 표상만을 형성할 수 있기 때문에 범주와의 올바른 관계를 맺을 수 없다. 결국 주체와 객체의 올바른 관계는 '상상력(Einbildungskraft)'에 의해 형성될 수 있을 뿐이다. 칸트에게 상상력이란 감성의 순수 이념인 '공간'과 '시간'의 형식에 바탕을 두고 있다. 외적 형식인 '공간'에 의해 받아들인 모든 직관들은 필연적으로 내적 형식인 '시간'의 표상과 더불어 현상된다. 그런데 종합에 이르기 위해서는 다양한 시간에 포착된 표상들이 같은 순간에 모두 함께 연상되어야 한다. 따라서 상상력은 이미 사라진 표상들을 재생(Reproduktion)하는 능력이라 할 수 있다.[116]

칸트는 '직관'과 관계하는 지성의 통합 속에서 통각의 통일성에 상응하여 감각적 직관의 다양한 것들에 대한 종합의 가능성이 선험적으로 사유될 수 있는 '형상적 종합(systhesis speciosa)'을 통각의 통일성과 구별한다. 이것을 수행하기 위해 상상력은 감성과 관계한다. 이에 따라 상상력은 대상에 관한 표상을 형성한다. 상상력의 과제는 범주에 따라 감성을 통각과 일치시키려는 데 있다. 따라서 상상력은 지성의 가능성이며 감성과 관련하여 지성의 기능이다. 상상력이 지성과 감성을 연결시키는 가능성의 조건으로서 해명될 경우, 감성에 유연한 영향력을 행사함으로 상상력은 지성에 속한다. 그러나 상상력이 대상을 감성의 주관적 조건하에서 지성에 중재시킬 경우, 그것은 감성에 속하며, 이를 통해 상상력은 인식 가능성의 주·

---

116) 김상봉, 『자기의식과 존재사유』, (서울 : 한길사, 1998), 40.

객관적 기능의 역할을 감당한다.

이런 기능에 있어 지성이 자신을 객관화하면서 그 객관성은 주체적으로 중재되어 간다. 지성은 감성의 조건들하에서만 가능하다는 사실로 인해 객체는 지성에게 한 다른 객체로 지각된다.117) 그러나 이런 조건은 주관적이지만 통각의 통일성으로 이어질 경우 지성을 위해 그 중요성이 드러난다.

지성은 단순히 직관을 가능하게 하는 통일성에 대한 형식적 규정에 지나지 않는다. 그러나 이를 통해 지성은 한 걸음 더 나아가 내적 의미를 규정하는데, 그것은 다양한 직관들의 형식적 조건으로 수용된다. 하지만 지성 자체로부터 통일성을 형성시킬 수 없다. 지성은 자체적으로 객체를 형성할 수 없으며 그것을 온전하게 종합할 수도 없다. 그것의 종합적 수행은 추상적으로 비추어지며 단순히 사유의 통일성의 형식에 지나지 않는다. 그러나 이런 형식에서 주체는 통각의 선험적 일치로서 의식되며, 그런 일치를 통해 대상들을 주시하면서 감성의 고유한 형식을 규정짓는다.

이와 함께 상상력은 다양하게 주어진 표상을 통해 감성을 규정하는 동시에, 상상력의 선험적 종합은 다양한 것을 주시하면서 감성을 규정한다.118) 따라서 통각의 선험적 일치는 그 자체로 범주를 통해 대상들과 관계하며 내적 의미가 아직 규정되지 않은 다양한 직관들과 관계한다. 규정된 표상에 대한 표상은 통각이 내적 의미의 규정을 위해 형식적 일치를 이룰 경우에만 가능하다. 여기서 규정된 직관은 상상력에 의한 의미규정에 대한 의식이다.119) 이런 의식은 대

---

117) cf. Georg, Mohr, *Das sinnliche Ich : Innerer Sinn und Bewußtsein bei Kant*, (Königshausen : Neumann, 1991), 74.
118) cf. KrV, B 153.

상에 관한 유일한 의식일 뿐만 아니라 동시에 주체의 자기 자신을 규정하는 의식이다. 이런 의식은 자기인식의 조건인 주체의 자기규정의 형식을 묘사하기 때문이다.

여기서 통각은 "자아가 존재하다"는 자기의식이다. 사물 자체로서 질료적 자기의식은 주체에게 불가능하다. 자기의식으로서 주체는 처음부터 자신을 지성적으로 관찰하는 것이 아니라 현상으로 묘사할 수 있는 감각적 직관을 필요로 한다. 통각은 선험적으로 내적인 의미를 규정하지만 인식에 있어 통각의 형식은 주체성에 직관이 형성되는 동안 감성의 형식과 연결된다.

이렇듯 자기인식을 위해 통각은 선험적으로 관계하는 다양한 것들이 제공되는 "직관의 특정한 종류를"120) 필요로 한다. 그 종류는 특정한 직관이 아니라 상상력이 내적 의미를 통해 순수하고 단순하며 형식적인 직관을 생성시키는 경우이다. 이런 구성에 있어 주체와 객체는 일치한다. "지적이며 사유하는 주체로서 자아는 내가 나 자신을 직관에서 바라볼 경우, 사유된 객체로서 나 자신을 인식한다."121)

칸트는 주체가 내적인 의미에서 영향을 끼친다는 사실을 '내적' 의미를 규정하는 시간 속에서 일어나는 현상들로서 우리가 "외적 의미의 규정을 공간 안에서 정렬하는 것과 같은 종류에 정렬시키는 것"122)으로 추론한다. 가령 시간 자체는 다만 분류된 선(線)으로 표상될 수 있다. 지성적 실존에 대한 사유는 다만 형식적이며 인식을 가능하기 위해 "내 안에 다양한 것들에 대한 직관"123)의 보충을 필

---

119) cf. KrV, B 154.
120) cf. KrV, B 157.
121) KrV, B 155.
122) KrV, B 156.

요로 한다.

이처럼 경험적으로 주어진 세계에서 대상에 대한 인식의 근거이며 가능성인 철학적 주체로 되돌아가려는 칸트의 코페르니스적인 전환은 새로운 주체성을 낳는다. 칸트는 '사물 자체'로서의 현실은 인식될 수 없으며, 이런 의미에서 객관적 지식은 불가능하다고 말한다. 인간 경험의 선험적 토대이자 형식인 공간, 시간 및 인과성의 선험적 범주가 '주체적'으로 주어져 있기 때문이다. 그러나 공간과 시간은 그 자체로 존재하는 것이 아니라 인간의 개별적 주체와 관련해서만 존재한다. "그러므로 시간은 우리 직관의 주관적 조건이며 … 주체 바깥에서 그 자체로는 아무것도 아니다."[124]

만약 우리 인식의 토대요, 조건으로서 주체성이 사라지면 세계 질서 역시 해체될 것이다. 따라서 칸트는 "만약 우리가 우리의 주체나 감각의 주체적 상태를 해체시킨다면, 공간과 시간, 심지어 공간과 시간 속에 존재하는 대상의 모든 관계와 상태 역시 사라질 것이며, 현상은 그 자체로는 존재할 수 없고 우리 안에만 존재할 수 있다."[125]고 주장한다.

이런 주장이 한편으로 우리가 대상과 사건을 공간과 시간에서만 인식한다고 할 경우 모호하지만, 한편으로 인간 주체가 세계 질서를 책임지고 있음을 이해할 수 있다. 그럼에도 뜨고 지는 태양은 인간과 독립된 시간을 가지고 있지 않은가? 그것은 우리가 태양을 선험적으로 인식하고 있기 때문에 공간과 시간에서 태양이 존재하는 것은 아닐까?

---

123) KrV, B 158.
124) I. Kant, *Kritik der reinen Vernunft*, (Hamburg : Meiner, 1998), 110.
125) 같은 책, 116.

토마스 네논(T. Nenon)이 말한 "존재하는 모든 것은 주체 아니면 객체"126)라는 전제를 바탕 삼아 칸트는 사물-세계에 시간과 공간의 주체적 범주를 선언하며 세계질서를 주체적으로 근거 짓는다. 이에 대해 회페(O. Höffe)는 다음의 사실에 주목한다. "그는 이성주의, 경험주의 및 회의주의를 단순히 극복한 것이 아니다. 무엇보다 그는 객관성에 대한 주체의 새로운 입장을 정립했다. 인식이 대상을 향해 있는 것이 아니라 대상이 우리의 인식을 향해 있다."127) 칸트의 주체 개념의 모호성은 한편으로 공간과 시간에서 주관적 인식의 한계를 설정하고, 이런 인식으로부터 '사물 자체'로서의 객관성을 제거시키는 반면, 인간의 주체성을 지각할 수 있는 세계 질서의 기초로 만든다는 사실에 있다.

칸트가 인식의 한계성을 시도한 것뿐만 아니라 인간적 주체성의 새로운 정립은 칸트의 지지자로서 주체적 인식의 한계와 새로운 정립을 부각시킨 쇼펜하우어의 "의지와 표상의 세계"의 시작에 울림을 준다.

> 시간, 공간 및 인과성인 모든 대상의 본질적이고 일반적인 형태는 대상 자체에 대한 지식 없이도 주체에 의해 출발하는 것으로 발견되며 온전히 인식될 수 있다. 즉 칸트식 언어로 표현하자면 우리의 의식 속에 선험적으로 존재한다. 이것을 발견했다는 것은 칸트의 주요 공로 중 하나이며 매우 큰 것이다.128)

무엇보다 주요 장점은 인간 주체가 자체적으로 존립하며, 합리적 법률을 준수함에 있어 더 이상 초월적 위임자에 의존하지 않고서 자

---

126) Th. Nenon, *Objektivität und endliche Erkenntnis. Kants transzendental-philosophische Korrespondenztheorie der Wahrheit*, (Freiburg-München, Alber, 1986), 75.

127) Otfried. Höffe, *Immanuel Kant*, (München : Verlag C.H. Beck, 1983), 53.

128) Arthur Schopenhauer, *Die Welt als Wille und Vorstellung*, Bd. I, (Köln : Könemann, 1977), 36.

신의 인식에 의존한다는 사실에 있다. 칸트가 "순수이성 비판"에서 종합 판단의 중심 개념을 도입하며, 이를 통해 윤리적·미학적 영역에서 확립한 주체의 자율성을 정립시킨다.129)

데카르트에서 비롯된 이런 주체의 자율성이 얼마나 중요한지는 도덕적 행동의 본질은 개인의 이성에서 비롯된다는 칸트의 대표적 작품인 "순수이성 비판"에서 분명해진다. "실천이성이 우리에게 정당성을 제시할 경우, 행위는 신의 계명이기 때문에 구속력 있는 것으로 간주하는 것이 아니라 내적으로 이미 구속력이 있기 때문에 행위를 신적인 명령으로 간주한다."130)

여기서 중요한 것은 의무의 내재화인데, 이것은 선험적으로 종합적 판단에 기초하여 이성에 선천적으로 주어진 본질이 범주적 명령에 복종해야 한다는 점이다. 칸트에 따르면 "행위와 허용이 선험적으로 결정하고 필요로 하는"131) 원리는 도덕적 형이상학에 기초해 있다. 인간은 자체적으로 세워져 있으며 고유하고 보편타당한 원리를 인식하는 이성의 법칙에 순응함으로써 자율적으로 행동한다. 따라서 그가 이성적일 경우, 자율적이며 비이성적 충동(성향, 자기 이익, 열망 등)에서 발생하는 모든 종류의 이질성을 반대한다. 주체의 자율성이 개인의 의지를 낮설고 추상적인 이성의 원리에 복종시키는 것으로 여겨진다면, 이는 곧 이질성으로 변질될 것이다.132)

칸트의 도덕적 형이상학에서 다음의 사실이 언급된다.

---

129) cf. I. Kant, *Kritik der reinen Vernunft*, 840-841.

130) 같은 책, 849-850.

131) 같은 책, 868.

132) cf. Th. W. Adorno, *Negative Dialektik*, (Frankfurt a.M : Suhrkamp, 1966), 270.

> 그것(도덕적 형이상학)이 단순히 이성에 의해 규정될 경우, 객관적인 실천법과 더불어 그것 자체와 의지의 관계가 여기서 언급된다. 경험에 관련된 모든 것은 그 자체로 사라지기 때문이다. 그리고 이성 자체가 관계로만 규정될 경우, 이성은 이것을 당연히 선험적으로 행하기 때문이다.[133]

이와 관련하여 행위 영역에서 누가 실제로 행동하고 있는지에 대한 질문이 제기된다. "의지인가 아니면 이성인가?" 이에 대한 칸트의 대답은 선험적으로 사유로서의 의지이다. 이런 경우 의지와 주체로 인한 '의지 형성'에 관여하거나 강요당하는 다른 모든 행위들은 '경험적인 것'과 관계한다.

결과적으로 칸트가 말한 이성은 프로이트(S. Freud)와 비슷한 관점에서 드러나는데, 이는 이성에 의해 움직여진 자아가 문화의 이름에 의존한다. 대체로 칸트가 말한 주체의 성숙과 자율성에 관한 인식론적·윤리적 추구는 두 갈래인 것을 볼 수 있다. 한편으로, 인간 주체는 초월적 권위와는 무관하게 초월적 조건에서 세계를 선험적으로 구성하는 행위자로 여겨진다.

다른 한편, 이성의 원리로 축소되고, 그것의 경험적·자연적 구성 요소로부터 차단된 이질적으로 규정되고 권위에 의존하는 것으로 나타난다. 칸트에게 사유의 선험적 조건에 대한 질문이 무엇보다 "순수이성 비판"에서 결정적이라는 것은 우연이 아니다. 그것을 일반적인 원리에 적용할 수 있도록 개별 주체의 경험에서 추론하는 것이 중요하다. 이렇게 해서 칸트는 당시 팽팽한 긴장감이 감도는 양비론적 관점, 즉 경험론과 합리론을 다 수용하여 절충안을 제시함으로써 근대적 '주체성'의 새로운 길을 개척한다.

---

133) I. Kant, *Grundlegung zur Metaphysik der Sitten*, (Hamburg : Meiner Verlag, 1994), 49-50.

게오르크 빌헬름 프리드리히 헤겔(F. W. G. Hegel, 1770-1831):[134] 절대정신의 자기전개로서 주체성

헤겔 사상의 주된 흐름은 '종교와 철학', '이념과 현실', '하나님의 나라와 인간의 나라', '신앙과 이성' 및 '주관과 객관' 등과 같은 대립되는 개념을 그의 사상의 체계(System)에서 하나로 고양시킴으로써 도달하는 일치에 있다. 그에게 철학의 고유성은 실재성(Realität)과 더불어 발전하며, 동시에 사물로부터 추론하는 사유로 현실성을 파악함으로써 그 사물을 개념(Begriff)에 따라 규정하는 데 있다.

근대 시민사회의 성립 이후 봉건적 질서로부터 벗어난 개인은 자신을 욕망, 자유, 소유 등의 주체로 인식하기 시작했다. 이러한 주체적 각성은 근대 시민을 인식론적이고 실천적인 주체성으로 변모시켰다. 즉 근대의 개인화는 시민 사회를 통한 주체의 해방에 기초해 있었다. 이렇게 근대의 개인화는 자유를 향한 열망에 사로잡히게 했다. 그런 개인화는 자기의식으로서 근대적 주체성을 실체화하면서

---

134) 본 장은 다음의 논문집에 실렸던 글을 수정·보완하였음을 미리 밝혀 둔다. 장호광, 「헤겔의 신앙론에 대한 키에르케고어의 비판」, 『한국개혁신학』 43집(2014), 62-87.

단순한 의식을 넘어 세계를 대상화함으로써 스스로를 주체성으로 자각하고 자유의 존재임을 확인하였다. 인식론적으로는 진리의 거점이며, 실천적으로는 행위의 원칙을 스스로 판단하고 결정하는 자율적 존재임을 안팎으로 표명하기에 이른다.

그렇다면 헤겔의 주체성 개념이 어떻게 개인화 혹은 개인주의와 상관성을 갖는가? 그는 근대의 시대정신 바탕에 주체성의 자각이 도사리고 있다고 보았다. 근대적 자기의식의 발현이 그것이다. 헤겔의 대표적 작품인 『정신현상학』에서 의식-자기의식-이성으로 이어지는 의식의 발전은 근대에 들어 자신을 대상화할 수 있는 반성적 주체성에서 정점에 이른다.

그러나 칸트철학에서 나타나는 반성적 주체는 결국 자기분열을 극복하지 못한 대립의 주체성에 머문다. 왜냐하면 대상과의 대립에 있어 그 대상을 지배하는 주체만이 진리에 대한 인식론적 주체의 지위를, 그리고 실천적인 자유를 확보하는 것으로 여겨지기 때문이다. 그러한 대립은 주체를 결국 개인의 차원에만 가두어둘 뿐이다. 상호주관적 주체, 혹은 대상과의 통일을 이루는 주체는 아직 실현되지 않았다. 그런 의미에서 헤겔의 철학은 당시까지의 철학이 개인주의로 귀착됨을 입증하고 이를 넘어서는 객관적 조건을 탐색한다. 무엇보다 헤겔에 와서는 절대정신의 자기 전개가 개개인의 주체 안에서 이루어진다.

헤겔은 주체성의 철학자로서 인간 개개의 주체를 '절대정신' 내지 '절대이성'으로서 '신적 정신'과 접속시켜 절대정신이 인간의 '자기의식'을 통해 전개됨으로 인해 인간의 주체성이 신의 영역으로, 신의 영역이 인간의 주체성으로 확장된다. 즉 신적 정신이 인간의 주체를 통해 정립되며 확장된다. 정(These), 반(Antithese), 합(Synthese)에 바탕을 둔 신의 변증법적 전개가 인간의 주체성에서 구체적으로 이루어지기 때문이다. 따라서 인간의 주체의식을 통해 절대정신으로서 신 인식과 신 존재증명이 가능해진다. 이런 가능성을 『정신현상학』의 '이성' 및 '정신' 장과 『종교철학』의 '신앙론'에 중점을 두고 자세히 살펴볼 것이다. 그의 '신앙론'에서 신의 절대정신이 인간의 주체의식에서 어떻게 전개되는지, 그 과정을 구체적으로 파악할 수 있기 때문이다.

1. 이성에서 정신으로

의식의 마지막 형태인 이성이 정신으로 고양되는 과정을 서술하는 '이성' 장은 의식에서 정신으로라는 기획을 가진 『정신현상학』의 체계에서 결정적인 의미를 갖는다. '이성'은 '정신'으로 이행하며 이성의 진리는 정신에 있기 때문에 헤겔이 생각하는 이성은 정신이라 할 수 있다. 하지만 실현된 이성으로서 정신은 법, 도덕적 양심, 종교와 같은 자신의 실재성을 더 경험함으로써 절대지까지 발전하여야 한다. 이것은 "정신으로서 자신을 인식하는 이성의 자기조직화"이다.[135]

『정신현상학』의 '이성' 장에서 헤겔은 칸트의 이성 개념을 비판하면서 자신의 고유한 이성 개념을 기획한다. 이 장의 중심 테제는

---

135) R. P. Horstmann, "Hegels Ordnung der Dinge. Die Phänomenologie des Geistes als transzentalistisches Argument fuer eine monistische Ontologie und seine erkenntnistheoretischen Implikationen", *Hegel-Studien* 41(2006), 45.

"이성에서 정신으로" 혹은 "참된 이성, 실현된 이성은 정신이다."로 표현될 수 있다. 이성에서 정신으로의 이행은 자연적 의식으로서 이성개념에 대한 비판을 통해 정신으로서 이성이라는 헤겔 자신의 이성 개념을 정당화하는 작업이다. 의식의 마지막 형태인 이성에서 정신으로의 이행이 일어나는 '이성' 장은 의식에서 정신으로의 고양이라는 "정신현상학"의 근본적인 기획의 측면에서 볼 때 핵심적인 의의를 갖는다. 헤겔은 자아가 공허한 자기를 충족시키고 이성의 확실성에서 진리로 고양할 것을 요구한다. 확실성에서 진리로의 고양, 이성에서 정신으로의 고양은 다름 아닌 주체의 확장과 주체와 객체의 참된 매개를 의미한다. 주체가 객체와 매개된다면 자아가 모든 실재성이라는 관념론의 주장대로 주체는 객체가 된다. 하지만 헤겔에 따르면 칸트 철학은 사실상 이 통일을 이루어내지 못했다.

헤겔은 칸트 철학을 '심리학'과 '경험론'이라고 비판한다. 우선 심리학적 비판의 관점으로부터 인간의 인식능력에 한계를 지닌 칸트의 초월론 철학의 주체를 확장하려는 헤겔의 시도가 엿보인다. 주체의 확장은 다름 아닌 참된 매개에 대한 요구이다. 헤겔은 순수 범주에게 현실의 다양한 세계를 매개할 것을 요구한다. 그는 칸트의 범주가 지극히 추상적인 형식일 뿐이어서 현실의 다양성을 파악하지 못했음을 지적한다. 그 범주는 공허한 형식에 불과해 외부로부터 촉발되는 직관에 의해 충족되어야 하기 때문에 현실성의 매개에 대한 요구를 충족하려면 이성적으로 대상을 "탐색(suchen)"하고 "발견(finden)"하는 방식으로 외부의 대상과 관계하며,136) 실천적으로는

---

136) cf, G. W. Hegel, *Phänomenologie des Geistes*, Theorie Werkausgabe, Werke in zwanzig Bänden, Bd. 3, (Frankfurt a.M. : Suhrkamp Verlag, 1969), 185-186.

개인의 덕으로부터 세상사(Weltlauf)를 규정하려 한다.[137] 하지만 이런 방식으로 이성은 원하는 목표에 도달할 수 없다. 그 실패의 원인은 이성이 "자신 안에서 미리 자신을 완성하지 못했기"[138] 때문이다. 헤겔에 의하면 순수하고 공허한 범주의 충족 내지 실현은 외부가 아니라 내부 자체로부터 발생한다. 범주는 주관적으로만 머물러 있어서도 안 되고 외적 대상에 의해 충족되어서도 안 된다. 헤겔은 범주가 자기 구별을 통해 다양한 현실성을 산출할 것을 요구한다.

또한 헤겔은 칸트 철학에서와 같은 객관으로부터 분리된 주체의 '심리적 기능'으로 객체를 파악할 수 없다고 본다. 앞서 말했듯이 헤겔의 초기 철학의 근본적인 과제는 이러한 칸트의 인식론 철학에 대한 비판과 새로운 주체개념을 정립하는 것이다. 의식 철학 혹은 인식론 철학의 지양을 통해 획득한 새로운 주체 개념의 본래적인 영역은 "정신현상학"의 결과인 "논리의 학"으로부터 시작한다. 주관과 객관의 분리의 구도를 부정하고 절대적 주체성을 상정하면 주체 밖에는 어떤 객관도 없기 때문에 주체의 내용이 외부로부터 촉발되는 객체의 내용에 의해 충족되는 것이 아니라 주체 스스로 객체성을 형성해야 한다. "자신 안에서 자신을 완성"한다는 말은 범주 내지 개념이 직관 없이도 객관을 매개하는 내용을 자신 안에서 마련해야 한다는 의미이다. 말하자면 칸트와 같은 외부의 촉발을 수용하는 주체 개념을 부정한다. 헤겔은 칸트의 주장과는 달리 개념이 직관에 관계하지 않고도 자체로 내용을 확보할 수 있다는 입장이다.

이렇듯 개념에 대한 헤겔의 이해는 철학사에 있어 새로운 것이다.

---

137) cf. 같은 책, 283-291.
138) 같은 책, 186.

그는 전통 논리학이 개념의 개념을 적합하게 파악하지 못했다고 비판하면서 개념론에 대한 새로운 주장을 펼친다. 그는 감성과 지성의 관계에 대한 칸트의 이해와는 달리, 다른 방식의 관점을 보여준다. 칸트에 있어 직관 없는 개념은 공허하기 때문에 범주가 직관에 관계함으로써 비로소 의미를 얻는다. 하지만 헤겔에 있어 모든 범주는 직관의 다양성에 관계하지 않고도 이미 개념적으로 규정된다. 개념의 개념은 직관의 다양성과 관계하지 않고도 규정될 수 있기 때문이다. 개념은 보편자로서 파악되지만 개별성을 함유하는 보편이라 개념의 개념은 보편적이면서 동시에 개별적이다. 이것은 보편자로서 개념이 갖는 이중적 특성이다. 개념은 본래 개별자에 대한 지칭이다. 따라서 보편자로서 개념은 개별자에 관계한다.

하지만 이 개별자는 곧 보편자인 개념이다. 이렇듯 개념은 보편자이면서 동시에 보편자에 속하는 개별자이다. 따라서 헤겔은 "포괄적인 보편자(Übergreifendes Allgemein)"라는 표현을 사용한다. 포괄적인 보편자는 자기 자신에 관계하는 어떤 것을 말한다. 그것은 모든 개념의 개념, 즉 상위개념이면서 그 자체에 속해 있다. 이렇게 개념은 자신을 실현시켜 나간다. 따라서 개념의 개념은 자신에 관계하면서 자신의 내용을 갖는다. 이것이 헤겔의 전체 논리학의 기본 구조이다.

순수 범주가 다양한 현실을 매개로 주체가 확장됨에 따라 이성적 의식은 다양한 세계를 경험한다. 이 과정에서 논의의 중심은 개체성이다. 개체성은 관찰, 인식 및 행위를 수행하는 이성의 대상이다. 헤겔은 개체를 "타자와의 관계에서 자신을 유지할 수 있는 것"으로 규정한다.[139] 칸트에 있어 실천이성처럼 헤겔에게 관찰하는 이성은 동시에 실천적인 이성으로 이어진다. 여기서 간과하지 말아야 할 것은 실천적인 이성은 궁극적으로 인륜적 이성, 보편적이고 상호 주체적인 현실성으로 밝혀진다는 사실이다. 실천적인 이성은 개별적 나로부터 공동체적 우리로, 덕을 갖춘 인륜적 정신으로 나아간다.

그런데 주체의 확장 과정은 현실성을 토대로 삼고 있다. 주체가 도달하고자 하는 목표는 바로 현실성(Wirklichkeit)이기 때문이다. 주체의 확장인 현실성은 관념적이고 고립적인 주체의 한계로부터 벗어나 현실적 세계와 일치를 지향한다. 이렇게 주체의 확장 과정은 현실성에 도달하는 과정이다. 이런 현실성과의 관계는 세계의 질서로서 이성적인 것이다. 이런 사실이 헤겔의 "종교철학에 대한 강의", 그중에서도 '신앙론'에서 보다 구체적으로 드러난다.

2. 신앙론에서 드러난 주체성

헤겔은 1821년부터 1831년까지 지속했던 "종교철학에 대한 강의(Vorlesung über die Philosophie der Religion)"에서 종교를 철학과 관련시킨다. 달리 말해 종교적 표상들을 철학에서 파악한다. 헤겔에 의하면 절대자를 완전하게 파악하기 위해 믿음을 필요로 하지 않는다. 왜냐하면 그에게 철학 자체가 예배이며, 예배는 성서적 증거들과 교회의 도그마를 필요로 하지 않으며, 자신을 무한자와 신적인 것으로 고양시키기 위해 어떤 낯선 권위를 필요로 하지 않기 때문이다.140) 철학은 종교를 자신의 내용으로 가진다고 말할 수 있다.

---

139) 같은 책, 190.

140) K. Löwith, *Hegels Aufhebung der christlichen Religion*, (Bonn : Bouvier, 1964), 196.

그러므로 철학은 종교를 설명하면서 자신을 설명하며 동시에 철학은 자신을 설명하면서 종교를 설명한다. … 그래서 종교와 철학은 하나로 연합한다. 철학은 본질에 있어 그 자체로 예배이며 종교이다. … 따라서 철학은 종교와 일치한다.141)

그러므로 철학의 본질을 구성하는 이성의 내용은 현실이며 현실의 정점은 종교이며 종교의 본질은 신이다. 이러한 사실에 근거하여 헤겔은 철학의 고유성은 종교철학 혹은 신학에 있다고 말한다. '신적인 것의 계시'가 종교적 관계에 있어 이론적인 측면이라면, 실천적인 측면은 의식이 자신의 유한성을 고양시키는 것으로 나타난다. 그것은 헤겔의 종교철학에 있어 종교의 개념이 완성되는 세 번째 동기, 즉 제의(Kultus)에서 구체적으로 일어난다.142) 제의 자체는 주관적 정신이 신앙에서 증거를 보여주면서 이론적 특성을 갖는다. 이제 헤겔의 그런 기본적인 철학사상에 있어 그가 신앙을 어떻게 이해하며, 왜 제의와 관련해서 신앙론을 전개하는지 중점적으로 살펴보도록 하자.

1) 종교와 철학의 관계

헤겔의 종교에 대한 철학적 입장은 『정신현상학』의 '종교'143) 장에서 그 윤곽이 드러나며, 그 이후 『엔치클로페디』144)에서는 논리학

---

141) G. W. F. Hegel, *Vorlesungen über die Philosophie der Religion I*, hrsg. von G. Lasson (Hamburg : elix Meiner Verlag, 1966), 28.

142) 헤겔에 의하면 종교의 개념에 이르기 위해서는 두 가지 길, 즉 '경험의 길'과 '사변의 길'이 존재한다. 종교는 본질적으로 신 자신의 '자기 앎(Sichwissen)'의 과정이며 신으로의 인간의 상승이다. 전자가 종교의 사변적 개념에 속한다면 후자는 실천적 개념에 속한다.

143) G. W. F. Hegel, *Phänomenologie des Geistes*, 임석진 역, 『정신현상학』, (서울 : 지식산업사, 1988), 810-932.

144) G. W. F. Hegel, *Enzyklopädie der philosophischen Wissenschaften in Grundrisse*, 서동익 역, 『철학강요』, (서울 : 을유문화사, 1998), 476-480.

적 구조에 따라 전개되며, 1821년부터 진행한 종교철학 강의에서 그 내용이 더욱 체계화된다. 헤겔에 있어 종교와 철학의 공통점은 신으로서 절대정신의 자기전개에 있으며 유한의 무한과의 일치를 추구한다. 다만 철학이 개념을 통하여 절대지(知)에 이르고자 한다면, 종교는 표상의 단계인 제의를 통하여 신·인 합일의 확신에 이르고자 한다. 종교란 표상을 매개로 한다. 표상은 감각적이면서도 정신적인 것이다. 철학은 표상의 형식으로 구성된 진리를 파악한다. 그러므로 종교철학은 종교적 표상의 상(Bild) 이면에 놓인 정신으로서 진리를 파악하는 것이라 할 수 있다.

헤겔의 종교철학에 있어 종국적인 목적은 절대정신으로서 신을 인식하는 데 있다. 종교에 대한 의식의 학문으로서 그의 종교철학은 신과 인간의 관련성을 추구한다. 그런데 그러한 헤겔의 입장은 신과 인간이 어떠한 일정한 방식을 통해 밀접히 연관되어 있음을 전제한다. 그러한 그의 주장은 무한과 유한의 관계에 대한 이해에서 잘 드러난다. 그에 의하면 무한이 무한이기 위해 유한에 대립해서는 안 된다. 만약 그렇게 되면, 그러한 무한은 진정한 의미에 있어 무한이 아니라 일종의 무한이라는 유한에 불과하다. 따라서 무한은 유한을 하나의 계기로서 포괄하는 전체이어야만 한다.

그러한 헤겔의 주장은 신과 인간의 관계에서도 그대로 적용된다. 신이 신이기 위해서는 신이 인간과 떨어져 독립된 존재가 아니라 인간까지도 포괄해야 한다.145) 신과 인간은 정신으로서 공존하기 때문이다.146) 따라서 종교는 신에 대한 인간의 앎이자 동시에 인간에서

---

145) Th. Litt, *Hegel : Versuch einer kritischen Erneuerung*, (Heidelberg : Quelle & Meyer, 1953), 121.
146) 헤겔은 신의 정신을 "절대정신(der absolute Geist)"으로 인간의 정신을 "인간적 정신(der menschliche Geist)"으로 표기한다.

신 자신에 대한 앎이다. 그렇게 인간의 앎과 신의 앎을 가능케 하는 정신은 변하지 않는 고정된 실체가 아니라 자기운동, 즉 주관성으로 파악된다. 유한한 주관성을 지닌 인간은 그러한 정신을 통해 절대적 본질을 자신의 본질로 알며, 그러한 절대적 본질 안에 인간의 자의식(Selbstbewußtsein)이 함의되어 있다. 인간은 신에 대한 자의식 안에서 신을 알며, 신은 인간의 종교 의식에서 자신을 의식한다.[147] 그러한 신의 자의식은 인간 안에서의 자의식이라는 논리적 귀결이 성립된다.

환언하면 헤겔은 종교를 자신 스스로를 알아가는 신적인 절대정신, 즉 유한한 정신인 인간을 매개로 하는 신적 정신의 앎으로 특징 짓는다. 그런 의미에서 종교와 철학은 전적으로 동일하다. 철학과 종교는 절대자인 신을 대상으로 하며, 신만이 전체이고 진리이기 때문이다. 철학은 자신을 전개하면서 종교를 드러내며, 종교는 자신을 전개하면서 철학으로 나타난다. 따라서 종교와 철학은 그 자체로 동일하다는 것이 가능해진다.

그런 까닭에 종교와 철학의 차이는 내용이 아니라 형식에 있을 뿐이다. 비록 종교가 사변적 사상을 포괄하고 있다 할지라도 사상의 형식이 아니라 표상의 형식을 갖는다. 따라서 종교의 내용이 진리일 수 있지만, 그러한 진리는 통찰력을 갖지 못한 확신에 불과하다. 반면 그러한 통찰력은 철학에 의해 채워질 수 있으며, 따라서 철학은 종교가 표상한 것을 개념으로 파악한다.[148]

헤겔에 의하면 결과적으로 종교는 철학의 사유하는 자의식을 통

---

147) I. Fetscher, *Hegels Lehre vom Menschen, Kommentar zu den 387 bis 482 der Enzyklopädie der philosophischen Wissenschaften*, (Stuttgart-Bad Cannstatt : Frommann, 1970), 231.

148) 임석진 역, 『정신현상학』, 549.

해 자신의 정당성을 입증한다. 그런 식으로 철학은 그 자체로 종교
이면서 종교에 비해 더 완성된 정신의 산물이며, 철학만이 정신을
참으로 자유롭게 한다. 종교는 철학 없이 존재할 수 있지만 철학은
종교 없이 존재할 수 없다. 그럼에도 불구하고 종교는 철학 없이 진
리일 수 없다는 것이 또한 그의 입장이다.149)

2) 제의(Kultus)와 신앙

헤겔은 제의를 인간 주체와 신과의 분리를 고양시키는 역할로 규
정한다. 특히 그의 종교철학에 있어 제의는 절대정신과의 일치를 추
구하며, 신에 대한 지식에서 신적 정신과 갖는 종교적 관계를 의미
한다.150) 또한 제의는 객관성과 주관성의 전체이자 즉자(Ansich)로
서 신을 대자(Fürsich)로 지양하며, 종국적으로 그러한 지양을 통해
인간과 신의 일치를 수행한다. 따라서 제의는 신의 구체적인 은혜이
자 동시에 인간의 희생이다.151) 이에 덧붙여 최대열 박사는 제의를
'종교적 개념의 실천적 계기'로서 다음과 같이 잘 요약한다.

---

149) 신앙의 본질을 철학에서 찾으려는 헤겔은 몇 가지 신앙의 형태를 비철학적인 것으로 간주한
다. 그것은 "직접적인 앎으로서의 신앙", "감정으로서의 신앙" 및 "표상으로서의 신앙"이다.
참고. 최상욱, 「헤겔과 키에르케고르에 있어 신앙의 본질」, 『인문과학논집』 제3집(1997),
56-59.

150) "그러나 제의에서 한편으로 내가, 한편으로 신이 서 있고, 그리고 그 규정은 이제 나를 신
안에서, 신을 내 안에서 결합시킴으로써 구체적인 일치를 형성한다." Hegel, *Vorlesungen über
die Philosophie der Religion* I, 202.

151) 헤겔은 청년기 때부터 제의에 대한 관심을 갖기 시작했다. 그러한 관심은 객관성과 주관성
의 일치의 실천적 획득에 초점이 맞춰져 있었다. 또한 그의 가장 대표적 작품이라 할 수 있
는 『정신 현상학』에서 제의는 "종교" 장에서 언급되며 특히 예술과 종교와 관련하여 다루어
진다. 참고. Eva Moldenhauer und Karl Markus Michel, ed. *Phänomenologie des Geistes*. Hegels
Werke. 20(3) (Frankfurt a.M. : Suhrkamp Verlag, 1969), 512-544. 또한 헤겔은 자신의 작품,
Enzyklopädie der philosophischen Wissenschaft 555 장에서도 제의를 다루는데, 이 장에서 제의는
"실제적인 화해의 주관적 실현"으로 규정한다.

헤겔은 종교철학에서 종교를 구성하는 요소들로 '신'과 '신에 대한 의식'과 '제의'를 말하는데, 이것들은 논리학적으로 말하자면, 각각 '보편성'의 계기, '특수성'의 계기, '개별성'의 계기에 해당한다. 그중에 가장 실제적인 계기는 개별성의 계기인 제의이다. 종교의 본질이 신과 인간의 합일이라고 한다면, 개별성의 계기로서 분열의 지양 행위로서의 실천적 측면을 이루는 것이 바로 제의이다. 제의가 궁극적으로 목적하는 것은 인간의 신과의 개별적이고 현실적인 연합, 곧 유한자의 즉자 대자적인 절대적 실체와의 실제적인 통일이다. … 제의는 인간과 신의 연합을 이루기 위해 인간 안에 신이 현존하는 것을 목표로 한다. 헤겔에 따르면 종교에서 인간이 실제로 신과의 합일을 이루는 곳은 종교적 제의이다.152)

그런 종교적 제의는 교회에서 계속해서 반복하는 예배와 예식의 활동으로 드러난다.153) 헤겔은 『종교철학에 대한 강의』에서 제의를 제1장 '믿음', 제2장 '제의의 규정성과 특별한 형태들(Die Bestimmtheit und die besonderen Formen des Kultus)', 그리고 제3장 '국가와 종교의 관계(Das Verhältnes der Religion zum Staat)'로 구별해서 다룬다. 이렇게 헤겔은 제의를 종교의 현실적 수행으로 간주한다. 여기서 신앙이란 현존하며 절대정신인 신에게서 자신을 알게 하는 실천을 의미한다.154)

---

152) 최대열, "헤겔의 성찬론", 『신학논단』 제56집 (2009), 429.

153) 헤겔은 자신의 책 『엔치클로페디』 555 장에서 제의를 협의적인 것과 광의적인 것으로 구별한다. 협의의 의미에 있어 제의는 교회 예배이며 성만찬적 제의(sakrale Kultus)이지만 광의의 의미에 있어 제의는 생각의 기반에서 자의식의 절대적 내용을 자신의 것으로 획득하려는 것이다. 그러므로 제의는 철학적 사고의 예배로 간주할 수 있다. 이것은 제의에서 알려진 절대적 내용은 정신의 증거에 의존해 있기 때문이다.

154) 그러한 신앙은 『정신 현상학』에서도 다루어진다. 여기서 신앙은 『종교철학에 대한 강의』에서의 신앙과는 구별되며 자의식이라고 명명되는 순수한 통찰과는 대립된다. 참고. Hegel, *Phänomenologie des Geistes*, 376-382. 그리고 예나 시절에 발간한 『믿음과 지식』에서 헤겔은 신앙을 주관적 반성 철학(Subjektive Reflexionsphilosophie)에 대한 비판으로써 특징짓는다. 즉, 그는 칸트와 야코비, 그리고 피히테의 철학을 주관적 반성 철학으로 간주하며 신앙과 이성의 대립과 분리는 그러한 반성 철학에 의해서는 해결될 수 없다고 주장한다. 왜냐하면 주관적 반성 철학에 있어 이성은 신앙을 적대시함으로써 무한한 초감성적인 세계로 진입하지 못하고 유한한 감성계만을 고수하기 때문이다.

(1) 신앙의 확실성

이념(Idee)에서 이루어지는 분리는 실체적 일치로 회귀하며 유한
은 무한으로 지양된다. 이념의 실재성은 유한성으로 존재하며 그 유
한성을 자신 안에 숨김으로써 존재 한다. 여기서 종교적 관계의 특
징을 지닌 신의 자기지양이 일어나는데, 그것은 이성이 의식의 배후
에서 수행하는 운동에서 일어난다. 즉 한편으로 대상의 운동이, 한
편으로 의식의 운동이 일어난다. 헤겔은 양자의 운동에서 제의를 관
찰한다. 앎으로서 그러한 운동은 종교적 형태에 있어 신앙으로 칭하
며, 그런 신앙은 "확실성(Gewißheit)"으로 관찰된다.

헤겔은 '신앙의 확실성'을 객관적이며 신적인 정신의 계시에 관한
인간 정신의 '주관적 확증'이라고 규정한다. 신앙 자체로는 대상에
대한 이성의 통찰을 보여주지 못한다. 물론 신앙은 객관적이며 정신
적인 대상을 갖지만 객관적이며 정신적인 인식을 갖지 못한다. 학문
이 확실성과 함께 인식한다는 것은 동시에 증명한다는 것을 뜻한다.
그러나 신앙에는 그런 증명이 결여되어 있다. 때문에 신앙인에게 확
신은 객관적 차원이 아니다. 모든 종교에 있어 사람들은 자신의 신
앙에 확실성을 갖지만, 그들의 신앙은 상이하며, 때로는 대립된 내
용을 갖는다. 따라서 헤겔은 신앙의 내적인 확실성의 증거에 만족하
지 않는다. 그는 신앙의 확실성만을 추구하는 것이 아니라 객관적
진리, 즉 사물의 필연성에 있어 이성의 통찰을 추구한다.

제의는 주관과 객관의 실천적 일치에 기여한다. 그러나 신앙은 주
관적 측면에 따른 실천적 관계, 즉 알아가는 과정이다.155) 주관적 측
면이며 알아가는 주체로서 자의식은 신앙에서 대상을 갖는다. 의식

---

155) Hegel, *Vorlesungen über die Philosophie der Religion* Ⅰ, 203.

과 관계를 갖지 않는 대상은 존재하지 않기 때문에, 대상은 의식의 즉자(Ansich)이며 본질이다. 다시 말해 "알아가는 것으로서 의식은 하나의 대상을 가지며, 본질로서 이것은 절대적 대상이며 동시에 그 대상은 의식의 낯설고 타자적이며 피안에 있는 대상이 아니라, 그의 즉자이며 본질이다."156) 그리고 그 대상은 의식을 위해 예배에서 존재한다.157) 예배로서 그 본질적 특성을 갖는 종교는 보다 높은 차원의 종교성을 갖는다. 믿는 자는 신을 자신 안에서 알며 느끼며 신과의 일치를 확신하며, 은혜로 말미암아 신으로부터 받아들여진다는 확신을 가진다. 여기서 내용과 주관적 확실성의 일치가 일어난다.

> 믿음으로 드려지는 예배에서 개별자는 자신을 잊어버리며 자신의 대상으로 충만해진다. … 만약 주체가 예배의 뜨거움에서 자신의 대상 속으로 빠져든다면, 주체는 그 대상과 함께한다. 이렇듯 주체는 예배에 참여함으로써 자신을 갖는다. 주체는 그곳에서 기도하며 말을 하며 표상들을 직시함으로써 자신의 지양과 관계한다. 그러나 주체는 자신의 개별성에서 이루어지는 예배에서만 자신을 유지하는 것이 아니라, 대상 속에서 일어나는 자신의 운동에서, 그리고 그렇게 자신을 활동시키는 정신으로만 자신을 유지한다.158)

헤겔은 또한 신앙과 결부시켜 범신론(Pantheismus)에 대해 비판적 입장을 취한다. 범신론은 신이 인간을 비롯해 자연적 사물에 실

---

156) 같은 책, 204.

157) 헤겔에게 종교적 예배는 '개념적 생각'과 구별되기도 하지만 본질적으로 동일하다. 예배 자체가 생각이기 때문이다. G. W. F. Hegel, *Vorlesungen über die Geschichte der Philosophie* I. Hegels Werke. 20(12), (Frankfurt a.M. : Suhrkamp Verlag, 1969), 108. 그러므로 철학적 생각의 예배적 특징이 제의에서 명백하게 나타난다. 참고. M. Theunissen, *Hegels Lehre vom absoluten Geist als theologisch-politischer Traktat*, (Berlin : De Gruyter, 1970), 143.

158) Hegel, *Vorlesungen über die Philosophie der Religion* I, 205. 헤겔은 제의로서 신앙을 종교적 의식의 내용을 형성하는 신앙과는 구별한다. 전자가 신에 대한 신앙이라면, 후자는 신 안에 있는 신앙이다. 신이 자신에게 대상으로 보일 경우, 신앙은 이중적 특징을 갖지만 신앙이 신과 하나가 되며 신의 본질에 귀속할 경우, 그러한 이중성은 사라진다.

존하는 것을 뜻한다.[159] 그러나 헤겔에 의하면 인간은 직접적으로는 신이 아니다. 실질적 의미에 있어 종교는 하나의 전개 과정, 즉 유한한 인간의 신으로의 지양인 신의 자의식이다. 그런 사실에 의거해서 절대자와 인간의 일치가 일어난다.

헤겔은 자신의 사상을 인간이 신의 형상에 따라 창조되었다는 기독교 가르침의 본래 의미에 기반을 두고 설명하려 했음을 주장한다. 그는 신의 은혜와 그리스도를 통한 칭의, 무엇보다 교회 안에 영원히 살아 활동하는 성령에 관해 이야기한다. 그러한 진리에 대한 이해와 함께 헤겔은 범신론에 대해 신랄한 비판을 가한다. 그에게 있어 인간이 직접적으로 신이라는 이해만이 범신론이다. 그러나 생각과 신앙이 중재되기 때문에 자신의 사상적 체계는 결코 범신론이 아님을 강변한다.

(2) 중재(Vermittlung)의 형태로서 신앙

신앙은 또한 중재의 형태로 나타난다. 중재는 반성(Reflexion)이 수반되며, 하나와 다른 하나 사이에 제삼자가 나타나는 것을 의미한다. 헤겔에 있어 신앙은 본질적으로 신과 그의 규정성에 대한 지식이다. 그러한 지식은 자신 안에서 하나의 과정, 즉 운동이며 활동성이며 중재이다.

신은 정신으로서 존재한다. 헤겔에 있어 정신은 생각하는 정신을 의미한다. 다시 말해 정신의 본질은 생각에 있다. 그러한 생각은 고정된 것이 아니라 항상 활동한다. 즉 생각은 하나의 규정에서 다른 새로운 규정으로 발전하는 중재의 과정으로 존재한다. 헤겔은 그러

---

159) 같은 책, 208.

한 활동성을 인간 정신의 신으로의 지양으로 규정한다. 그러한 지양의 과정에 대한 관찰이 바로 신의 현존을 증명하는 것이다. 헤겔에 있어 생각이란 현실성에서 분리되는 그 어떤 추상적인 것이 아니라 생각과 현실성이 그의 철학에서 연합한다. 양자는 정신의 동일적인 활동성으로부터 형성되기 때문이다.

그러나 주관성을 지닌 신앙에는 교회, 기적 및 권위 등에 관한 내용이 주어져 있다. 물론 그러한 것들은 단순히 주관적 신앙의 근거에 지나지 않을 수 있다. 그러나 신앙은 그러한 외적인 중재로부터 자유로워야만 한다. 결국 신앙은 "정신에 대한 정신의 증거"[160]이다. 그러한 신앙의 규정에는 더 이상 유한한 내용이 존재하지 않는다. 정신은 다만 정신으로부터 증거 되기 때문이다. 그리고 유한한 사물은 다만 외적인 근거를 통해 자신의 중재성을 갖는다. 그러나 신앙의 참된 근거는 정신에 있다. 그러한 의미에 있어 신앙은 신과 인간의 구체적 일치를 이끌어내는 제의로서 나타난다. 제의로서 신앙의 절대적 근거만이 존재할 뿐이다. 그러므로 객관적인 것으로 미리 주어진 신앙의 내용만이 정신의 외적인 근거를 형성한다.

그러나 헤겔에 있어 신앙의 참된 근거는 외적인 것이 아니라 정신 자체에 있다. 신앙의 내용이 처음에는 외적이며 형식적인 방법으로 나타나지만, 그러한 것들은 사라져야 하며, 그 후 참된 신앙의 내용이 나타나야 한다. 외적이며 유한적인 사물은 우연적인 것에 지나지 않으며 참된 신앙의 내용이 될 수 없기 때문이다. 그러므로 그리스도는 기적을 구하는 신앙을 반대하면서 자신의 제자들에게 다음과 같이 말씀하신다. "진리의 성령이 오시면 그가 너희를 모든 진리 가

---

160) 같은 책, 210.

운데로 인도하시리니…"(요 16 : 13) 외적인 방법, 즉 기적과 더불어 시작하는 신앙은 외적이며 형식적인 특징을 가질 뿐이다.[161] 신의 영원한 본성을 종교의 내용으로 가지기 때문에 신앙의 내용은 우연적이며 외적인 사물들에서 구해져서는 안 된다. 헤겔에 따르면 신앙은 정신의 사건이며, 정신의 참된 내용은 다만 정신적일 뿐이다. "본성에 따르면 정신적인 것이 아닌 것은 신앙의 내용이 아니다. 만약 신이 말한다면, 그것은 정신적인 것이다. 정신은 다만 정신에게 계시되기 때문이다."[162]

3) 주관과 객관의 일치

제의에서 주관과 객관의 일치가 구체적으로 일어난다. 다시 말해 신과 나와의 관계와 그 관계의 규정은 내 자신 안에서 일어나는 신과의 연합을 통해 무한성으로서 존재하는 신 안에서 알려지며 신은 내 안에서 알려진다. 그러한 일치는 공동체(Gemeinde)에서 객관적이며 구체적으로 일어난다. "그래서 제의는 공동체에 있어 절대정신의 확실성이며 그 공동체의 본질에 관한 지식이다."[163] 또한 헤겔은 그것을 다음과 같이 다른 표현으로 기술한다. "자신과 정신의 실체적 일치이며 본질적으로 무한적 형태이며 자신 안에서의 앎이다."[164] 이

---

161) 기적에 대한 헤겔의 그러한 비판에 파울 알트하우스는 다음의 반론을 펼친다. "기적은 자연과 관련한 것의 침입이 아니라 자연을 다스리는 주인의 경험이요, 우리가 하나님의 살아 계시는 행위를 경험하는 하나의 사건이다. 그 때문에 기적은 그 어떤 영적인 것이다." Paul Althaus, *Die christliche Wahrheit-Lehrbuch der Dogmatik. Bd 2.* (Gütersloh : C. Bertelsmann Verlag, 1949), 76.

162) Hegel, *Vorlesungen über die Philosophie der Religion I*, 211.

163) 같은 책, 213. 헤겔은 『미학에 대한 강의』에서 신을 "자신의 공동체 안에 있는 정신"으로 규정한다. G. W. F. Hegel, *Vorlesungen über die Ästetik II. Hegels Werke.* 20(14), (Frankfurt a. M. : Suhrkamp Verlag, 1969), 149. 물론 그 공동체는 교회로서 제한되지만, 가장 보편적이고 본질적인 규정성에 따르면 세계에 있는 신의 현실성을 의미한다. 인류에 현존하는 것으로서 신의 정신은 먼저 자신의 타자성, 즉 세계로부터 자신으로 회귀한다.

경우 주관적 자의식은 자신의 본질의 앎을 통해 대상으로서 절대정신을 받아들인다.

> 왜냐하면 절대적 내용에 의해 알아가는 자의식이 자유로워지기 때문이다. 다시 말해 자의식은 대자적 존재의 연약성을 자신으로부터 제거한다. … 그래서 자의식은 자신의 본질로부터 알며, 그와 같은 것이 자신의 본질이라는 사실에서 자의식은 대상에게 증거를 제공하며, 그 증거는 바로 절대정신의 산물이다.165)

그래서 앎으로써 자의식은 하나의 대상을 가지며, 본질로서 그 대상은 절대적 대상이다. "그리고 그것은 자의식을 위한 것이며 … 정신의 증거이다. … 그리고 절대적 내용은 실체적 일치이다. 그래서 개별성이 포기되며 개별적인 것에 대립해서 보편적인 것으로 규정된다. 그래서 최종적인 것은 현상으로서 존재할 뿐이다."166) 그러나 본질과는 구분되는 경험적 실존으로서 자아는 아직도 본질에 도달하지 못한 상태이다. 진리 역시 그러한 특별한 정신을 위해 그렇게 규정된 방법으로 존재할 뿐이다. 이렇게 우리는 특별한 정신 안에 머물러 있다. 그러나 신앙은 정신의 발달 단계와 상응해서 변하기 시작한다. 그렇다면 절대자는 그러한 특별한 정신과 어떤 관계에 놓여 있는가?

헤겔은 신앙을 '민족정신'과도 관련시킨다. 즉 신앙의 절대적 근거를 민족정신에서 찾는다. 만약 정신이 세계역사의 어느 한 특정한 시대, 특정한 민족에 나타난다면, 그 정신은 민족정신이다. 바로 그

---

164) Hegel, *Vorlesungen über die Philosophie der Religion I*, 213.

165) 같은 책, 213. 제의를 통해 우리는 절대적 내용과 구체적으로 연합하며 우리의 본질로서 절대적 내용에 의식된다. 그러한 근거에서 헤겔은 철학을 제의로서 묘사한다. 그는 제의의 개념 분석에 있어 직접적 종교는 철학에서 중재된 종교로 변한다고 주장하기 때문이다.

166) 같은 책, 213.

러한 민족정신이 개별성의 실체적 근거이다. "각자는 자신의 민족 안에서 태어나며, 그 민족정신에 속한다. … 그것(민족정신)이 신앙의 절대적 근거이다."167) 여기서 신앙의 절대적 근거는 민족정신인 역사적 현실성에서 찾을 수 있다. 헤겔에 의하면 만약 우리가 그러한 사실을 고려한다면, 우리는 종교의 기원을 역사적 현실성에서 인식할 수 있다. 모든 민족은 자신들의 신앙의 고유한 형태를 가지고 있을 뿐만 아니라 그들 사이에 갈등을 유발시키는 상이한 종교들 역시 존재한다. 그러한 갈등이 증폭되어 종교 전쟁이 발발하기도 한다. 그러한 갈등은 자기 민족에게 전통적으로 내려온 특정한 종교를 다른 민족들에게도 인정하도록 강요하는 사실에 기인한다.

그러나 근대에 와서 신앙의 자유가 나타난다. 그러나 그러한 자유가 내용에 관계될 경우, 사유와 신앙 사이에 균열이 생겨난다.168) 그러나 한편으로 신앙에서, 한편으로 교회적 학문에 기초해 있는 교리(Dogma)에서 기독교는 그러한 균열을 극복했다. 이것은 기독교에 있어 신앙의 측면과 사유의 측면은 분리될 수 없다는 사실을 보여준다.

청년기부터 죽음을 맞이할 때까지 일관되게 지속했던 헤겔 자신의 목적은 철저하게 주관과 객관의 일치의 이념을 연구하는 것이었다. 특히 그는 튀빙겐과 베른 시절에 그러한 연구에 전념한다. 즉 튀빙겐 시절, 그는 영원자로서 절대자를 피안(Jenseits)에서 찾지 않는 그리스적 종교를 수용하면서 절대자를 피안에 있는 객관으로 받아들이는 기독교를 비판한다. 그에 따르면, 기독교에 있어 이성의 절대적인 객관과 대상으로서 절대자는 이성의 인식작용이 미칠 수 없는 절대적

---

167) 같은 책, 214.
168) 헤겔은 그러한 균열을 이미 그리스에서의 소크라테스 시대에서 보았다고 말한다. 같은 책, 217.

인 피안으로 변형되었다.169) 베른 시절에 있어서도 그는 주관과 객관의 일치의 이념이 점점 사라지게 되었고, 피안과 차안(Diesseits)의 이중적 대립이 형성되는 것에 대해 신랄한 비판을 가했다.

제의의 목적은 즉・대자적으로(anundfürsich) 존재하는 절대적인 실재성과의 일치에 있다. 그러한 실재성은 절대적으로 나와 대립하는 객체이지만, 나는 정신이기 때문에 대상으로서 그러한 객체는 정신으로서의 내 안에 존재한다. 동시에 나를 지양하기 위해 경험적 자의식과 특별한 관심들과 특별한 주관성이 제거되어야 한다. 헤겔에 있어 제의는 주관과 객관 상호 간을 중재하는 지양의 운동이며, "그래서 제의의 목적은 인간 안에서 신의 현존에 있다."고 말한다.170) 그러므로 제의는 세계의 종국적인 목적인 즉・대자적 존재를 전제한다. 제의가 인간에게 신앙을 야기하는 것이 아니라 이미 종교 내에 존재한다.

4) 신앙의 본질로서 화해(Versöhnung)

헤겔에게 정신의 참된 요구는 자신 안에서 보편성과 화해하는 것이다. 인간 역시 정신이기 때문에 이를 바라지만 자신의 유한성으로 인해 이루지 못한다. 인간이 유한한 정신인 데 반해 신은 절대정신이다. 절대정신은 자신 안에 타자성을 포함할 수 있어야 하는데, 이는 타자성의 고양을 통해 가능하다. 이 개념을 가장 잘 표현한 종교

---

169) 헤겔은 기독교의 이러한 변형을 한탄하면서 기독교의 본래 모습으로 회복시켜야 한다고 강변한다. "순수한 개념, 즉 무한성은 철학에 절대적 자유의 이념과 더불어 절대적인 수난을 회복시켜야 한다. 말하자면, 이전에 역사적으로 존재했던 그리스도 수난의 날 대신에 사변적인 그리스도 수난의 날을 재건하고 그리스도 수난의 날 자체를 전체의 진리에서, 그리고 하나님께 버림받았다는 가혹한 속에서 사변적으로 복구해야 하는 것이다." 헤겔/황설중 역, 『믿음과 지식』, (서울 : 아카넷, 2003), 268.

170) Hegel, *Vorlesungen über die Philosophie der Religion I*, 219.

가 기독교이다.[171] 기독교의 삼위일체 신은 분리와 화해의 영원한 반복을 통해 절대정신으로 드러나는데, 이를 일컬어 헤겔은 "신의 영원한 개념"이라 칭한다.

슈바이처(C. G. Schweitzer, 1864-1947)는 헤겔의 사상체계에 있어 그런 삼위일체적 발전을 헤겔의 정신개념의 근본적 배경으로 간주한다.[172] 헤겔이 발전시킨 삼위일체론에 따르면, 신이 인간이 되어 33년간 유대 땅에서 활동하다가 십자가에 달려 돌아가시고, 그후 3일 만에 부활한 사상은 역사적인 것(Geschichtliches)이며 추상적인 이념이 아니다. 여기서 헤겔은 자신의 정신 개념은 기독교적이며 단순히 논리적 이념이 아니라고 주장한다. 따라서 헤겔의 정신 개념은 예수 그리스도의 현실성에 근간을 둔 삼위일체론의 발전으로부터 이해할 수 있다.[173] 그러한 정신 개념은 삶과 화해, 그리고 타자 안에서 '자신과 함께 머무름(Beisichbleiben)'의 개념으로 규정된다. 그러한 개념은 무엇보다 제의에서 드러난다.

신앙은 제의의 토대를 이룬다. 더불어 신앙에 포함되면서 그 신앙을 실현시키는 실천으로서 화해 또한 신앙의 본질에 속한다. 우리가 자유로운 주관성의 활동을 통해 개념의 실현으로서 그러한 화해의 국면에 우리를 관련시킨다면, 논리적이며 시간적인 발전이 나타난다. 처음부터 이념은 형상과 내용을 갖지 않는다. 주체는 직접적으로는 자유롭지 않다. 주체는 이념에서 자유로운 것으로 지정되지만,

---

171) "헤겔에 따르면 기독교는 세계와 신의 화해된 종교이다. 신으로부터 분리된 세계는 그 스스로 유한한 의식으로 고착화된 세계인데, 이러한 분리를 중지하고 하나로 복귀하는 것이 곧 화해이다." 최대열, 「헤겔의 성찬론」, 432.

172) cf. C. G. Schweitzer, "Geist bei Hegel und Heiliger Geist", in *Neue Zeitschrift für systematische Theologie und Religionsphilosophie*. Bd.6. (Berlin : Verlag de Gruyter, 1964), 318.

173) 그러한 헤겔의 기독론적 사상을 구체적으로 알려면 다음의 논문을 참조하라. 최승태, 「헤겔 종교철학의 중심점으로서의 기독론」, 『한국조직신학논총』 제19집(2007), 157-177.

주체의 자유는 먼저 요청된 자유일 뿐이다. 때문에 화해 혹은 자유는 제의에 있어 다만 형식적일 뿐이다. 게다가 주체와 주체의 대상과의 일치는 아직도 자의식이 자유롭고 완전한 개별성으로의 인식이 가능하지 않다.

상술한 바 있듯이, 헤겔에게 신앙과 이성은 대립이 아니라 내적으로 상호 일치를 이룬다. 이성의 활동성은 신 앞에서의 예배에서 드러난다. 신은 신앙의 대상이자 동시에 이성의 대상이다. 때문에 양자의 활동성은 형태에 있어 구별되지만 내용에서는 일치한다. 따라서 신앙의 내용은 이성의 내용과 대립하지 않으며 이성으로부터 인식될 수 있다. 헤겔에 있어 이성을 통한 인식은 신앙보다 더 높은 차원인데, 이것은 이성을 통한 인식이 개념의 형태로부터 구성되기 때문이다.

키에르케고어(S. Kierkegaard)는 신앙과 이성, 신앙과 인식에 관한 헤겔의 그러한 합명제를 신랄하게 비판한다. 또한 그는 "신과 인간의 무한한 질적인 차이와 절대적 단절, 그리고 인간의 이성에 의해 만들어진 신과는 '전적인 타자'로서의 신을 내세웠는데, 이러한 표현들은 키에르케고어의 사상적인 기반을 이루는 중요한 골격이다."[174] 이렇듯 키에르케고어는 신앙과 이성을 엄격하게 구분하며, 신앙의 진리와 그것의 모든 내용은 신앙을 위해서만 정당할 뿐이라는 사실을 강조한다. 헤겔에 있어 다만 객관적 현실성으로 이해되는 신은 키에르케고어에게 있어서는 신앙하는 개별자의 주관성에서만 존재할 뿐이다.[175]

---

174) 윤병렬, 「실존하는 그리스도인 - 키에르케고르의 실존사상」, 『신학지평』 제17집(2004), 342.
175) 김균진, 『헤겔과 바르트』, (서울 : 대한기독교출판사, 1983), 161. 김균진 박사는 헤겔의 신앙론에 대한 키에르케고르의 그런 비판적 사상에 일면 동의하면서도, 다음과 같은 문제점을

환언하면 헤겔은 절대자를 절대적 주체성으로서 파악한다. 모든 것은 절대적 주체성 속에서 그것의 계기로 있으며, 절대적 주체성은 모든 것을 개념 형식의 논리적·필연적 서술을 통해 연역해 낸다. 헤겔은 개념과 이념을 근원적으로 분리하는 칸트에 반대한다. 오히려 플라톤에서와 마찬가지로, 개념과 이념에 본질적인 차이가 없다. 개념은 이미 이성적이며 개념의 온전한 실현이 다름 아닌 이념이기 때문이다. 헤겔에 있어 개념은 칸트에서처럼 '자기의식'의 기능이다. 하지만 헤겔에 있어 자기의식은 개념을 매개로 자기 자신을 인식한다. 헤겔의 자기의식은 자신을 가장 추상적인 계기로부터 구체적인 계기로 외화하면서, 그것을 매개로 자신의 규정을 획득하는 자기인식의 주체이다. 헤겔에 있어 대상은 칸트처럼 주관적 의식에 현상하여 그것에 의해 파악되는 것이 아니다.

헤겔에 있어 주관은 자신으로부터 분리된 자체 존재로서의 대상을 갖는 것이 아니라, 절대적 주관성으로서 자기인식을 통해 대상 자체의 규정을 산출한다. 헤겔에 있어 주관과 객관은 근원적으로 통일되어 있기 때문이다.

모든 것을 하나로 통일하는 헤겔 철학에 있어 개념, 이념, 정신, 세계정신 및 주체성 등 원리를 표현하는 어휘들은 모두 동의어이다. 그것들은 다만 헤겔 철학의 서술의 단계와 국면에 따라 체계적으로 구별될 뿐이다. 헤겔 철학이 철학적 원리로서 모든 유한성을 부정하고 절대적 관점에서 출발하는 한, 이 어휘들은 절대적인 것, 절대자와도

지적한다. 첫째, 키에르케고르가 말한 '단독자'는 이웃과 사회와의 관계를 떠난 추상적 존재를 말한다. 둘째, 키에르케고르는 주체성을 지나치게 강조함으로써 진리의 객관성과 객관적 타당성을 흐리게 만들었다. 셋째, 키에르케고르가 말한 '신앙의 비약성'이란 그 내용에 있어서 규정되지 않은 막연한 개념이며, 지식이 없는 신앙의 비약은 맹목적인 것이 될 수 있다. cf. 같은 책, 162-165.

동의어 관계에 있다. 헤겔은 실로 자신의 철학적 원리를 절대 이념, 절대 정신, 절대적 주체성이라고 부르면서, 그것을 신적인 것이라 표현한다. 헤겔의 절대자는 일상어 '절대자'에 대한 동근어(paronym)이다. 기독교는 절대자를 피안의 신으로 간주하며, 칸트에 있어 절대자는 경험적 진행을 통해 도달할 수 없는 진행의 끝점을 의미한다.

전통 신학에서의 절대자는 모든 유한한 상대적 개념의 부정이다. 이처럼 절대자의 개념은 다양하다. 모든 분리를 부정하는 헤겔에게 모든 사물은 이성적 내용에 있어서는 연속해 있다. 직접적으로는 그 자체 독자적인 존재처럼 보이는 사물들이 이면의 이성적 질서에 있어서는 연속해 있는 통일을 형성한다. 그래서 존재의 합리적 질서를 형성하는 절대자의 운동은 스스로를 분리하여 상대화하고, 이 상대적 대립극을 다시 용해하여 하나로 통일하는 연속적인 운동이다. 헤겔에 있어 절대자란 이렇게 외관상 서로 독자적으로 보이는 다양한 사물들을 관통하여 연속되는 하나의 통일적인 이성적 맥락에 다름 아니다. 또한 헤겔에 있어 '방법'은 자기를 타자로 구별하고, 이 구별의 매개를 통해 자신의 필연적 규정들을 산출하는 절대적 주체성의 존재론에 다름 아니다. 방법이란 진리에로 나아가는 길이다. 그런데 진리는 주·객의 합일의 지평에서만 성립하기 때문에, 방법은 객관으로 나아가기 위한 주관만의 조작적 고안물이어서는 안 된다. 그것은 절대적 주체성의 이성적 전개에 자의적인 조작 없이, 그 존재의 질서이자 사유의 질서이기도 한 것을 그대로 기술하는 것이다.

철학은 존재의 선재성을 받아들이고, 그것의 이성적 내용을 묻는 것이다. 절대적 주체성의 내용은 존재 자체의 이성적 질서이다. 그것은 그 자체로 살아 움직이는 물질이 아니다. 절대적 주체성의 자기 매개 운동은 이 물질들의 이성적 질서로서 인간의 이성을 통해 자기 매개하는 운동으로 드러난다. 존재가 자신을 드러내는 방식은, 곧 그것을 파악하고 서술하는 철학자의 서술의 방식이다. 그렇다면 존재의 방식을 왜 주체성이라고 하는가? 존재의 질서가 갖는 필연성을 철학적으로 서술한다는 것은 그것을 주체의 비판적 논증에 의해 필연적으로 전개한다는 것이다. 여기서 필연적이라 함은 내적 구별과 그것에 의한 규정들의 연관을 말한다. 인간 주체의 비판적 논증은 이러한 내적 엄밀성을 논증하는 것이고, 절대적 주체성의 전개는 이러한 논증과 같은 매개 방식의 성격을 띤다.

헤겔은 칸트처럼 주관성을 존재의 근거로 간주한다. 하지만 주관성을 객관과 대립한 인식의 주체로 이해하지 않고, 주·객의 근원적 통일로서 확장시킨다. 따라서 존재의 질서는 개인적 주체의 창출에 있는 것이 아니라, 이성적인 개인의 주관에 주체성의 자기 매개 방식으로 드러난다. 그것을 원리적으로 서술하는 철학자는 주관에 의해 드러나는 존재를 주체성의 자기 매개라는 방식으로 서술한다.

헤겔은 신의 현실성을 신앙의 내적인 세계와 교회의 영역에서만 한정시킨 것이 아니라 신을 철저하게 전 세계의 신으로서 인식하려 시도했다는 점, 그래서 그는 세계 없는 신과 신 없는 세계를 피하려고 노력했고 신을 세계 안에서, 세계를 철저하게 신 안에서 파악하기를 원했다. 또한 헤겔은 개념의 상호 교호적 관계, 즉 주관과 객관, 형태와 내용, 전체성과 부분, 유한성과 무한성 및 구체적인 것과 추상적인 것 등을 발전시켰다. 이렇듯 그는 사물의 일방성에 머물러 있지 않았다. 그는 모든 것을 하나의 질서 지어진 운동과 발전에서 체계화시켰다. 이것이 바로 그의 필연적 관점인 변증법적 방법이다.

II부

탈주체성

근대 철학의 중심축은 인간 개인의 '주체성'에 있으며, 그 중심에 자기 자신을 의식하는 자아(cogito me cogitare)가 모든 사유와 인식의 근간이라 주장하는 데카르트가 있다. 주체성은 근대 형이상학의 흐름에 있어 점점 그 중요성이 더해 갔다. 칸트는 선험적 자아의식에서 출발하며, 피히테는 절대 자아를 존재하는 것에 대한 추론의 원리로 설정하고, 헤겔은 세계를 관통하는 세계정신에 대해 말하고, 그것이 이성의 장소임을 보여준다. 뿐만 아니라 근대 철학은 진보에 대한 확신이 보편적 의식과 일치한다. 이를 토대로 데카르트는 인간이 자연의 주인이자 통치자임을 강조한다.

그러나 19세기 후반에 이르러 이를 뒤집는 현상이 급부상하기 시작한다. 즉 주체성과 그에 따른 정신의 우월성에서 시작된 형이상학이 무력화되기 시작한다. 마르크스(K. Marx)는 역사는 이성에 의해 결정되지 않는다는 점과 사건의 실제적인 구성 요소는 경제적인 본성에 있음을 지적한다. 다윈의 진화론은 인간을 생의 발전으로 분류하며, 그 법칙 또한 적용된다. 프로이트(S. Freud)는 인간의 활동에 있어 '충동'이 결정적인 역할을 하며, 결코 자아가 자신의 집에서 주인이 아니라고 강변한다.

무엇보다 니체(F. Nietzsche)가 이 같은 사상에 있어 가장 앞서가는 선구자이다. 그는 목표를 달성하는 의식적인 능력으로 이해하는 의지는 존재하지 않는다고 주장한다. '의지'와 '자아'라는 단어는 허구이며, 여기서는 사태 자체에서의 토대가 결여되어 있다. 따라서 "내가 행하다" 대신에 사태에 따라 "내가 행해지다"가 나타난다. 특히 후기현대주의(postmodern)의 사유에 있어 주체성의 해체가 더욱 가속화된다. 자아는 통일성이 아니라 다중성이며 해석의 우화이다. 사람들은 근대 '주체성의 죽음'을 선언한다. 이제 이런 흐름은 아무도 막을 수 없는 대세로서 자리하고 있어, 근대 철학으로 돌아감은 가능하지 않다.

그렇다면 이것은 우리가 주체성의 죽음의 선언에 무조건적으로 동의해야 한다는 것을 뜻하는가? 스스로 설 수 없고, 세상과 분리될 수 없고, 절대 자아로부터 세계를 추론할 수 없다는 것을 인식한 것은 주체성 자체였으며, 그 자체가 세계에 묶여 있음을 깨달았다. 자신의 유한성을 인식하는 주체성은 자신과 세계와의 관계의 변증법에 대해 끊임없이 생각하는 것에서 탈피하지 못한다.

주체성은 자신의 성찰에서 이리저리 떠돌아다닌다. 칸트가 강조한 범주는 선험적으로 적용되지 않으며, 인식론적 구조는 자연적인 선택의 결과로 진화한다. 주체성은 학문과 기술의 도움으로 예술적 세계를 만들기 위해 세상사를 변화시킬 수 있다고 생각하거나 세계와 거리를 둘 수도 있다. 이와 달리 주체성은 진보의 사유와 역행해서 부정성이 역사적 사건의 특징이며, 모든 것에서 물러나는 것이 최선의 것으로 가정할 수도 있다. 세계와 밀접하게 연결하려는 경향과 거리를 두려는 경향이 상호 교차하며, 양 측면이 설득력 있는 방법으로 지속적으로 상호 중재하려는 시도는 실패하게 된다. 이것은 인간이 환경과 밀접하게 연결된 동물처럼 정형화된 존재가 아니기 때문이다. 인간은 항상 자신을 규정하려 하나 그런 규정은 시시각각 변하는 상황에 따라 그것을 문제시하면서 변신을 거듭한다.

주체성은 근본적으로 성찰의 방식으로 자신과 세상에 대한 입장을 취할 수 있고, 또한 그래야만 한다. 자기성찰은 제거시킬 수 없는 일상적 현상이다. 관찰하는 자와 관찰되는 자는 이중성을 지닌 통일체를 형성한다. 통일성과 이중성은 '현존하는' 자아의 규정이다. 관찰될 뿐만 아니라 관찰하는 자아는 "구체적인 개별자"이다. 그러나 이런 자기성찰은 세계 관계에 대한 성찰과 분리되지 않는다. 세계 관계는 자기 관계와, 자기 관계는 세계 관계에 의해 중재되기 때문이다.

주체성의 이런 이중적 의미는 그것의 구조, 즉 분할된 세계 관계에 근거해 있다. 그것은 세계에 있어 인간의 위치에 대한 거대담론적 질문에 존재론적으로 답하는 형이상학의 의미로 고양되지 않는다. 절대적 답을 피하면서 주체성의 이중적 의미의 구조를 강조하고 인식하는 것이 적절할 것이다. 또한 주체성의 이중적 의미는 정답 없는 질문으로 남아 있다. 우리는 이 질문에 침묵할 수도 있지만, 일상 속에서 이 질문 자체는 계속 이어가게 해야 한다. 그러나 나 자신이 이런 '질문-놀이'에 이미 내던져져 있다.

이렇듯 근대적 주체성에서 벗어나 새로운 주체성을 세우려는 시도는 주체성 자체의 문제를 해결하려는 것이 아니다. 그것은 오늘날 특히 후기 형이상학적 시대를 맞이해 주체성과 관련한 특정한 측면에서 질문을 암시하려는 시도일 뿐이다. 이런 시도가 무엇보다 니체를 필두로 데리다와 푸코의 탈주체성 사상에서 행해진다. 궁극적으로 우리는 그들 철학자들에게서 현대의 지성들이 찾고자 하는 주체의 정체성과 소통의 가치가 왜 탈주체성의 관점에서 요청되고, 어떻게 발전되고 있는 것인가를 탐구해 나갈 수 있을 것이다.

1장

프리드리히 빌헬름 니체(Friedrich Wilhelm Nietzsche, 1844-1900): 근대 주체철학의 해체주의자

니체 철학의 출발점은 '보편적 동일성'에 기반을 둔 근대의 주체 사상, 앞서 살펴보았듯이 데카르트의 '코기토', 칸트의 '선험적 통각', 그리고 헤겔에 와서 동일성, 보편성 및 통일성의 정점을 보인 형이상학적 주체사상에 대한 비판에 있다. 그는 그런 근대의 주체사 상을 허무맹랑한 '허구'에 불과하며 잘못 설정된 '믿음'의 결과일 뿐 이라고 신랄하게 비판한다. 이렇게 그는 전통 철학사상에 뿌리를 둔 근대의 주체사상에 도전장을 내밀면서 새로운 주체사상을 정립하려 는 기획안을 제시한다. 이름하여 '탈주체성(De-subjectivity)'이다.

니체를 일컬어 '망치의 철학자'라 한다. 이것은 오랫동안 이어져 온 인간 주체에 대한 이해, 즉 인식과 행위의 근간이자 고정 불변적 인 것으로 정형화된 '실체'로서의 주체성 이해에 망치를 들고 부수 고 해체시켜 주체성 '새로 보기' 내지 '바로보기' 작업이다. 그렇다 고 전해 내려온 주체성을 완전히 소각시켜 없애려는 것이 아니라, 끌과 정으로 모나고 쓸모없는 부분을 제거시키거나 다듬는 작업이다. 다시 말해 보편성, 객관성, 통일성, 합리성 및 논리성의 속성을 지닌 이성과 자기의식에 기반을 둔 인간 주체성의 이해에 금을 내고 상황과 환경에 따라 시시각각 생성, 변화, 소멸하는 유연성을 지닌 주체로의 전환을 꾀한다.

니체의 이런 해체작업은 포스트모더니즘의 신호탄이자 인간 이해 전반에 대한 새로운 시도로서 큰 충격과 함께 엄청난 변화의 물결을 주도해 나갔다. 특히 포스트모더니즘을 주도한 프랑스 현대 철학자인 데리다, 푸코, 알튀세르, 라캉 및 메를로-퐁티 등은 이런 니체의 주체사상에 빚진 자들이라 할 수 있을 것이다. 이제 니체의 이런 사상을 '탈주체성'의 렌즈를 끼고 보다 자세히 추적해 보도록 하자.

1. 근대적 주체성의 해체

니체에 따르면 세계는 무한한 해석의 가능성을 지닌 수수께끼 같은 조각으로 구성되어 있다. 진리는 명확한 경계선이 없으며, 어떤 면에서 종이 한 장 차이와 같다. 고정된 정답이 존재하지 않는다. 그러나 세계를 마치 깨진 조각이나, 수수께끼, 각종 차이로 구성된 하나의 텍스트로 간주한다면 놀이(Spiel)가 힘을 얻을 것이다.

프랑스의 현대 철학자인 데리다는 진리를 한 여성과 비교하면서 손에 쥘 수 있는 것도, 명확한 것도 아니라고 말한다. 그는 니체의 파괴적인 철학적 사상을 자신의 작품에서 드러나는 주요 이론과 연결시킨다. 그것은 고착화된 존재의미와 존재진리의 지평으로부터 벗어나게 한다. 존재는 의미 혹은 진리로부터 벗어나 있으며, 고정된 가치 혹은 현존하는 것의 현재적 가치로부터도 자유롭다. 그리고 글쓰

기의 양식에 대한 질문에서 자유로우며, 논리성과 합리성을 기반으로 한 정형화된 내용, 논지 및 의미에서도 벗어나 자극적이고 임기응변적인 조작에 관한 질문이 통용된다.[1] 경계를 허물고, 은폐에서 벗어나고, 고착화되고 획일화된 것을 파괴시키는 것이다. 이것은 로고스와 이론, 단순히 말하고 보는 것에서 해결될 수 없는 것들이다.[2]

과거와 현재, 현재와 미래의 상호 의존적이고 계속되는 시대의 의미부여의 과정으로서 역사는 종말을 고한다. 포스트모더니즘은 단순히 새로운 시대의 도래를 뜻하는 것이 아니라, 근거 내지 토대로 삼지 않는 사건의 연속을 뜻한다. 때문에 역사철학은 존재하지 않으며, 명백한 얽힘이 없는 이야기만이 존재할 뿐이다. 존재는 현실 속에서 미디어 문화에 의해 규정되는 언어로 용해된다. 우리는 니체를 비롯한 탈주체성의 사상가들의 이런 근본적인 변화를 인정해야 하며, 이런 변화를 부정적으로 판단해서는 안 된다. 바티모(Vattimo)는 이런 변혁의 시대를 "주체의 죽어감"으로 묘사한다. 이것은 존재의 호소를 들을 수 있게 하고, 더 이상 근거의 최종적인 소리나 사유의 사유이거나 절대 정신의 최종적인 소리에서 들려지지 않는다. 존재는 고착화된 것이 아니라 개개 지역에서 발생하는 문화로 중재되고, 현재를 규정하는 담론 속으로 용해된다.[3] 존재의 '부재'와 '현존'은 최고조에 달하는 감각으로 채워지며, 소통으로 인해 변화의 변화를 거듭하는 사회의 그물망에서 좌우된다.[4]

니체에 와서 형이상학이 종말을 고함에 있어 바티모는 다음의 질

---

1) J. Derrida, *Spuren. Die Stile Nietzsches*, in : W. Hamacher, Nietzsche in Frankreich, 153.
2) 같은 책, 153.
3) Gianni Vattimo, *Das Ende der Moderne*, (Stuttgart : Reclam, 1990), 208.
4) 같은 책, 54.

문을 던진다. 인간과 존재에 덧붙여진 형이상학적 규정, 무엇보다 주체와 객체의 규정은 어떤 것인가? 그 규정이 현실의 개념을 속박하는 테두리를 구성해 왔다. 하지만 니체와 더불어 시작된 탈주체성의 시대를 맞이해 인간과 존재에 관한 전통적인 규정성을 잃어감에 따라, 특히 주체와 객체의 경계가 모호해지며, 변화된 현실세계에서의 소용돌이 속으로 빠져들어 간다. 오랫동안 유지되어 온 진실과 허구, 정보와 이미지 사이에 분리가 보다 무뎌졌기 때문이다.5) 이에 대해 바티모는 다음의 주장을 펼친다.

> 이런 상황에서 근대성에 있어 매우 특징적이었던 것처럼, 더 이상 그 자체로 비판적 극복의 그 어떤 것도 갖지 않는 수용과 회복, 그리고 뒤틀림의 길에서 우리는 형이상학에서 벗어날 수 있는 유일한 가능성으로 약한 존재론을 언급해야 한다. 아마 포스트모더니즘적 사유를 위한 새로운 시작의 기회가 그 안에 놓여 있을지도 모른다.6)

니체는 전통의 파괴자이지만 단순히 그 전통에서 새로운 체계를 지정하는 방법이 아니라 '실험적'으로 수행하며, '놀이'로서 새로운 길을 개척하는 방법으로 수행한다. 그럼에도 고착화되거나 고정된 것은 없다. 실험적인 방법에 의거하여 모든 체계화를 피했다. 그리고 해석에 있어 원칙은 '보편성'을 띤 것이 아니라, 각자 서 있는 상황과 위치에 따라 시시각각 변할 수 있는 '맥락적' 의미를 부여하는 것이다.

니체의 전통으로부터의 방향전환은 세 가지 단계에서 수행된다. 그는 이 단계를 자신의 작품, 『자라투스트라는 이렇게 말했다』의

---

5) 같은 책, 197.
6) 같은 책, 197.

"세 가지 변신에 관하여(Von den drei Verwandlungen)"라는 장에서 다음과 같이 설명한다. "너는 해야 한다(Du sollst)"에서 "내가 원하다(Ich will)"로, 마침내 "나는 있다(Ich bin)"로. 첫 번째 단계를 상징적으로 나타내는 동물인 '낙타'는 주어진 가치를 이설 없이 묵묵히 실어 나르는 '정신'이다. 창조의 자유를 포용하는 '사자'는 두 번째 단계를 구현한다. 그러나 오직 '어린아이'만이 "너는 해야 한다"와 "내가 원하다"를 넘어서 "나는 있다"로 넘어간다. 이에 대해 니체의 목소리를 통해 보다 자세히 들어보자.

> 나는 너희 정신에게 다음의 세 가지 변신을 명명한다. 어떻게 정신이 낙타가 되고, 낙타가 사자로, 마침내 사자가 어린아이가 되는지. 경외심이 내재되어 있는 강하고 느린 정신에게 수많은 무거움이 존재한다. 그의 강함은 무겁고 가장 무거운 것을 요구한다. 그러나 가장 고독한 사막에 두 번째 변화가 찾아온다. 여기서 정신은 사자가 되고, 자유를 포착해서 자신의 사막에서 통치자이려 한다. 그러나 말하기를, 나의 형제들이여, 사자가 할 수 없었던 그 아이는 무엇을 할 수 있는가? 강탈을 일삼는 사자가 어린아이가 되기 위해 무엇을 해야 하는가? 어린아이는 순전하고, 망각하고, 새로 시작하고, 놀고, 자신으로부터 굴러가는 바퀴이고, 첫 번째 운동이고, 거룩한 '예(Ja)'를 말하는 자이다. 그렇다. 나의 형제들이여, 창조 놀이를 위해 거룩한 '예'를 말할 필요가 있다. 이제 정신은 자신의 의지를 원하고, 세계를 잃어버린 자는 자신의 세상을 얻는다.[7]

이렇듯 전통으로부터의 해체운동을 이해하려면 니체를 빠트릴 수 없다. 그는 19세기 후반부에 일어난 그런 '해체운동'의 선구자로 여겨진다. 그의 자유분방한 사상은 보편타당성의 질서에 터를 잡고 있는 종교와 도덕의 가치에 의문을 제기한다. 나아가 그는 그런 종교와 도덕에 터를 둘 수 없음을 증명하려 했다. 그런 사상을 자신의

---

7) Friedrich Nietzsche, Kritische Gesamtausgabe, hrsg. von G. Colli u. M. Montinari, (Berlin/New York : Walter de Gruyter, 1967), VI 1, 25. 이후 KG.로 약어 사용.

"도덕학 계보"에서 비판적으로 묘사한다. 본래 선과 악은 도덕적 의미를 갖지 않는다. 그것은 계층 간 차별을 특징지을 뿐이기 때문이다. 선은 자신의 행위를 선한 것으로 여기는 힘 있는 자들, 높은 뜻을 품은 자들, 다른 사람으로부터 높이 평가된 자들의 것이다. 이에 비해 '단순한 것으로 이해되는 악'은 비천한 것으로 나타난다.[8] 선함의 목적이 오직 권력의 유지일 뿐이기 때문이다. 이런 비도덕적 가치규정은 근본적으로 분노를 불러일으킬 만큼 왜곡되어 있다.

이제 '주체성'이 파괴되어 가는 것으로 드러난다. 주체성은 결코 명백한 모양과 크기로 측정되지 않는다. 이성, 자유, 이기심과 같은 주체성의 보편적 규정들을 적용하는 것이 적절치 않으며, 또한 허락되지 않는다. 주체성은 결코 고정된 것이 아니며, 물결처럼 이리저리 방향을 바꾸며 흐르는 것이다. 무엇보다 '의지'에 대한 표상이 지양되어야 한다. '의지'는 중심에서 출발하고 중심에 맞추어진 '의도된 행위'로 여겨지지만 실상 그런 것은 존재하지 않는다. 그러므로 "내가 행하다"는 말에서 사물에 따라 "내가 행해지다"로 바뀌어져야 한다. "인류는 항상 능동과 수동을 헷갈려 했으며, 그것은 영원한 문법적인 파편에 불과할 뿐이다."[9]

사실 형이상학적 주체에 대한 니체의 비판은 그의 헤겔 체계(system) 비판과 관련된다. 그것은 한편으로 니체가 관념적인 주체개념에 강하게 의문을 제기했다는 점이며, 다른 한편 주체성 개념에 '초인'의 개념으로 맞불을 놓았다는 점에서 부각된다.

니체는 데카르트, 칸트 및 피히테에 있어 의미부여의 토대로서 여

---

8) KG. Ⅵ 2, 203.

9) KG. Ⅴ 1, 123.

겨지고 헤겔에 있어서는 세계정신의 힘으로서 관여하는 개별적 주체를 '붕괴' 내지 '굴욕'으로 이해한다. 그것은 그에게 모순으로 가득 차 있어 붕괴되고, 마침내 이질적인 요소로서 묘사된다. 주체, 이것은 다양한 순간들로 채워져 있으며, '일치'로서 특징은 우리의 믿음의 용어일 뿐이다. 우리는 그런 믿음을 계속해서 신뢰하고 유지하기 위해서 '진리', '현실성', '실체성'을 상정한다. 주체가 다양성과 다수성을 집약하는 '하나의' 토대에서 흘러나와 영향을 미치는 것처럼 보인다면, 그것은 허구이다. 그러나 우리는 안타깝게도 지금까지 그런 '동일성'을 유지해 왔다. 그렇게 동일성 지정과 그것의 정당성 부여가 이어져 왔지만, 사실은 동일성이 아니다.10)

니체는 그와 유사하게 '개념'의 정립에 대해서도 다음의 주장을 펼친다. "모든 개념이 비동일적인 것의 동일적인 것을 통해 생성해 왔다. … 우리에게 형성된 개념은 실상 현실적인 것의 간과에서 나온 것이다."11) 달리 표현하면, 우리는 정신적인 지배욕으로 물들어진 개념화와 잘못된 주체성의 표상으로 인해 기만과 허구에 빠져 있었다. 이렇듯 니체는 기존의 주체성을 오류에 빠져 잘못 형성된 것으로 인식하였다.

서구 유럽의 기독교적 맥락(Kontext)에 있어 개별적 주체는 니체식 계보학을 따르자면, 예속적이고 타율적으로 맞추어지고 방향 지어진 요소로 이해된다. "인간은 도덕과 사회적 강요의 옷을 입은 채, 현실적으로 형성되어 왔다."12) 블랙홀처럼 모든 것을 한 '체계' 안

---

10) Nietzsche, "Aus dem Nachlaß der Achtzigerjahre", in : ders., Werke, Bd. Ⅵ, op. cit.[Anm. 123], 627.

11) Nietzsche, "Über Wahrheit und Lüge im außermoralischen Sinn", in : ders., Werke, Bd. V., op.cit.[Anm. 123], 313.

12) Nietzsche, "Zur Genealogie der Moral", in : ders., Werke, Bd.Ⅳ, op.cit[Anm.123], 800.

으로 빨아들이게 하는 소위 '체계 사상가'인 헤겔이 한 국가의 도덕을 모든 개별적 주체들이 모여들게 하는 중심축으로 이해한 반면, 니체는 그런 도덕적 상태를 굴욕과 길들임으로 얼룩진 '금치산(禁治産)'으로 묘사한다. 또한 그는 푸코를 비롯해 인간의 사회화를 육체적이고 정신적인 길들임으로 이해한 후기 현대 사상가들과 마찬가지로, "주체는 있는 그대로 형성됨"을 주장한다.

마침내 이성, 진리, 도덕 등과 같은 보편적 요청을 지닌 개념의 해체와 동시에 극단적 개체화가 등장하기 시작한다. 니체의 비평을 통해 가속화된 해체과정은 '초인'과 '영원한 회귀'라는 신화의 도움으로 이룩된 또 다른 형이상학적 모델의 변형이다. 즉 온 세계에 내재해 있는 신으로서 헤겔의 세계정신은 역사를 형성하는 것이 아니라 '역사로부터' 형성된다. 이것은 세계정신이 역사의 주체가 아니라 역사 자체가 세계정신을 초래하고 이끌어가는 주체라는 말이다.

니체가 논리학과 비논리학, 쾌락과 불쾌를 구분 짓지 않고 서로 관련시키려 한다면, 그것을 보다 차원 높은 사유의 형태로 고양시키려 하거나 화해시키려 한 것이 아니라 '역설(paradox)'로 남기려 했다. "논리는 인간의 두뇌 어디에서 생성되는가? 정돈되지 않는 비논리로부터 온 것이 분명할 게다."13) 쾌락과 불쾌 역시 서로 화해하지 않을 것이다.14)

이처럼 니체는 두 가지 종류의 상반된 가치의 공존, 그것에 동반되는 역설의 개념을 받아들인다. "전체적인 통찰은 다음과 같이 이루어진다. 우리가 속해 있는 현대세계의 특징은 이중적 의미로 구성

---

13) Nietzsche, "Die fröhliche Wissenschaft", in : ders., Werke, Bd. Ⅲ, op.cit.[Anm. 123], 118.
14) 같은 책, 45.

되어 있다. 이런 이중적 의미는 약함과 강함을 나타낸다."15) 이런 두 종류의 상반된 가치의 공존으로부터 체계적으로 조직된 역사적 담론이 생겨날 수 없다. 왜냐하면 상승과 하강, 건설과 파괴는 나란히 그리고 상대적으로 일어나며, 보다 고차원적인 합명제를 불러일으키는 것 대신에 서로를 파괴시키기 때문이다.

"모든 성장은 실제로 엄청난 파괴와 소멸을 동반한다. 고통과 패배의 징후는 엄청난 진보의 시간 안에 함께 속해 있다. 동시에 인류에 열매를 맺게 하는 힘 있는 운동은 허무주의적 운동과 함께 창조적으로 일어난다."16) 여기서 니체가 얼마나 대립들의 동시성을 강조했는지 다음의 단어에서 명확히 나타난다. *또한, 속해 있는, 함께 창출해 간다.* 대립되는 용어들이 지속적이며 아포리아(aporia)적으로 서로 얽혀 있다.

새로운 체계의 구조를 형성하는 부정성과 더불어 이성, 진리, 도덕과 같은 개념들은 보편화시킬 수 없는 것으로 간주된다. "논리학은 아무런 도움이 되지 못하고, 대신에 변증법적인 논리학이 니체의 시각에 들어온다."17) 논리는 해결할 수 없는 '비논리'와 연결되어 있어서 불일치하며 보편타당성의 능력을 갖추지 못한 관계로 도움이 되지 않는다. 이것은 니체의 형이상학적 의미에 있어 이성의 개념에도 그대로 적용된다. 역설과 두 개의 상반된 가치 공존의 맥락에서 이성은 비이성적으로 드러난다. "우리가 인지하듯이, 세계가 한 영원한 이성화의 총체로 이루어져 있지 않다는 사실이 세계의 개개 부분들이 이성적이지 않다는 사실을 통해 증명된다."18) 이성과

---

15) Nietzsche, "Aus dem Nachlaß der Achtzigerjahre", in : ders., Werke, Bd., Ⅵ, op.cit[Anm. 123], 624.
16) 같은 책, 625.
17) Mihailo. Djuric, *Nietzsche und die Metaphysik*, (Berlin-New York, De Gruyter, 1985), 98.

비이성, 선과 악, 쾌락과 불쾌, 상승과 하강은 이항 대립적이면서 동시에 더불어 속해 있다.

니체에게 이성과 진리의 개념은 '우연성'과 '개별성'으로 다루어진다. 언어 비평가이기도 한 니체는 진리 생성을 전체적으로 의문시되는 언어적 관례로 이해하는데, 이는 모든 것을 초역사적인 보편원리로 흡수하기 때문이다. 따라서 그는 "도대체 진리는 무엇인가?"라고 물으며 다음의 답을 제시한다.

> 비유, 환유, 의인화의 역동적인 묶음, 간단히 말해 인간관계의 총체이며, 시적이고 수사학적으로 고양되고, 전이되고, 채색되고, 오랜 관습에 따라 민중 속에 스며들어 담론화되어 필연적으로 여겨진 것들. 이렇듯 진리는 환상이다.19)

이렇게 이해된 진리개념은 다음의 단계로 나누어지며 우연성으로 드러난다. 먼저 진리는 우연적으로 지정되어 수사학적 영역에 투영된다. 이와 관련해 진리개념은 사회적 관례의 영역과 한 민족의 문화 영역에 따라 상대적으로 지정된다. 이렇듯 니체는 데카르트를 거쳐 헤겔에까지 이어지는 진리개념의 절대성과 보편타당성의 요구를 거절하며, 우연성에 기반을 둔 상대성을 강조한다.

이것은 니체의 '도덕 계보론'에서 소개된 도덕적 영역에 있어서도 다르지 않다. 도덕은 역사 속에서 드러난 '고귀한' 강자에 맞서 적개심으로 가득 찬 약자에 방점을 찍은 이데올로기의 한 종류로서 전도된 힘에의 의지를 뜻한다. 따라서 니체에게 칸트의 범주적 정언명령은 유대-기독교적 적개심으로 물든 도덕과, 그것의 신학사상으로부

---

18) Nietzsche, "Menschliches Allzumenschliches", in : ders., Werke, Bd. Ⅱ, op.cit[Anm.123], 873.
19) Nietzsche, "Über Wahrheit und Lüge im außermoralischen Sinn", in : ders., Werke, Bd.V, op.cit.[Anm. 123.], 314.

터 흘러나온 것으로서 삶에 위협적인 것으로 여겨진다. 그런 도덕의 추상적 보편성은 삶 자체에 대립해 있으며, 무엇보다 개별자의 생 의지에 맞서 있다.

> 모든 비인격적 의무보다 더 심오하고 깊은 것은 아무것도 없으며, 추상의 몰렉(막대한 인명의 희생을 요구하는 상징)에 앞서 있는 희생이다. 우리의 삶을 위협하는 것으로서 칸트의 범주적 정언명령보다 더한 것은 존재치 않는다.[20]

이 때문에 우리는 칸트의 범주적 정언명령을 데카르트의 'cogito' 와 헤겔의 '도덕사상'과 더불어 개인의 주체적 자유의 현실로 간주한다. 그들에게 개별적 자유는 계속 진행되는 보편성의 길에서만 생각될 수 있기 때문이다.

그러나 니체는 개별화시키는 포스트모더니즘의 선구자로서 그런 사상에 반기를 들었다. 그는 그런 근대적 가치 속에 함축되어 있는 억압적인 특성을 드러내기 위해 개념과 진리, 이성 및 도덕의 우연성과 개별성의 발견을 추구했다. 개별적 주체로부터 우연적 진리, 이성 및 도덕을 인정할 것을 요청 받았기 때문이다. 그렇지 않으면 한 낯선 의지와 그것에 내주해 있는 보편원칙에 종속되기 때문이다.

칸트의 범주적 정언명령과 헤겔의 도덕은 필연적이며 보편적인 근거들로 채워져 있다. 그러나 이것이 역사와 문화의 산물로서 우연적인 것으로 여겨지지 않는다면, 오히려 억압의 도구로 변형될 위험에 처해질 수 있다. 데카르트가 자아를 'cogito'에서 생각의 전제로 이해한 반면, 니체는 '관계'로 변환시킨다. 이에 대해 아벨(G. Abel)은 다음과 같이 주장한다. "생각이 조건인 '자아'는 사실 조건 지어

---

20) Nietzsche, "Der Antichrist", in : ders., Werke, Bd. Ⅳ, op.cit.[Anm.123], 1172.

진 것이다. 자아는 생각하는 자가 아니라 오히려 생각된 자이다. 자
아는 생각 자체를 통해 형성된 총합이다."21) 이와 관련해 니체의 공
로는 관념적 자유의 전환점을 제시했다는 점이며, 근저에 놓인 것을
종속된 것으로 묘사했다는 점과, 이를 통해 근대적 관념주의에 대한
후기 현대적 비평을 이끌어냈다는 점이다.

그렇다면 주체성 문제에 대한 니체의 대답은 어떻게 묘사되는가?
이에 대해 하버마스(J. Habermas)는 다음과 같이 주장한다. "주체
중심으로 짜인 이성은 타자와 대립해 있다."22) 사실 니체는 허구적
본성으로 구성된 인간의 의지로부터 출발하는데, 그 의지는 중세기
와 르네상스 시대의 진부한 표상을 통해 중재된 것이다. "대부분의
인간은 세상에 *우연적으로* 드러나 있다. 그들에게서 보다 차원 높은
종류의 필연성을 보여주지 못한다."23) 자아의 의미는 다만 개별적
주체의 의지행위를 통해서만 얻을 수 있다.

2. 주체성 새로 세우기

상술한 것처럼 니체는 전통적 형이상학에 기반을 둔 인간의 주체
성에 망치로 부수고 새고 고치는 작업을 감행한다. 그 작업은 "몸
주체성", "힘에의 의지와 초인", "반복의 영원한 회귀" 및 "주체와
세계의 중재"로 드러난다.

---

21) Güter Abel, *Nietzsche, Die Dynamik der Wille zur Macht und die ewige Wiederkehr*, (Berlin, De Gruyter, 1998)[2. Aufl.], 146.

22) J. Habermas, *Der philosophische Diskurs der Moderne*, (Frankfurt a.M. : Suhrkamp, 1985)[2. Aufl.], 117.

23) Nietzsche, "Wir Philologen", in : ders., *Werke*, Bd.V, op. cit.[Anm. 123], 327.

1) 몸 주체성

> 우리는 몸을 움직여 어떤 일을 처리하고 난 후에야 그것을 인지할 때가 있다. 또한 자각하지 않은 상태에서 몸의 느낌을 알게 될 때도 많다. 피아니스트들은 근육이 음표와 소나타를 기억한다고 말한다. 그들은 손가락에 이 기억들을 저장한다. 그것은 마치 배우들이 몸의 근육 속에 자세와 몸짓의 기억을 저장하는 것과 같다. 우리가 사고하고 창조하기 위해 근육의 움직임과 긴장, 촉감 등을 떠올릴 때 비로소 '몸의 상상력'이 작동한다. 이때가 사고하는 것은 느끼는 것이고, 느끼는 것은 사고하는 것이라는 결론을 자각하는 순간이다.[24]

이 글에서 알 수 있듯, 인간의 생각 내지 의식에 의해 몸이 움직여지는 것이 아니라 몸이 생각을 주도하는, 즉 '몸으로 생각하기'이다. 하지만 전통적으로 '정신'이 주인이라면 '몸'은 그 정신을 섬기는 종의 역할을 해왔다.[25] 고대철학을 비롯해 오랫동안 몸에 비해 정신의 우월성을 견지해 오다가 결국 니체가 위치전복을 일으킨다. 정신이 아니라 몸이 주인이 되는 '몸의 시대'가 도래했다.

니체의 이런 인간 주체성의 새로 세우기 작업은 먼저 '몸(body)'에 대한 이해에서 출발한다. 니체가 인간의 주체성 이해에 있어 몸을 얼마나 높이 평가하고 중요시했는지 정신을 '작은 이성'이라 부르는 반면, 몸을 '큰 이성'으로 부른 것에서 알 수 있다. 이것은 의식이 아니라 감정을 더 근원적으로 여기는, 즉 의식이 감정의 산물이라는 뜻이다.[26] 이것은 또한 "의식과 감정과 의지의 영역을 포괄

---

24) 로버트 루트번스타인 외 1인/박종성 역, 『생각의 탄생』, (서울 : 에코의서재, 2016), 215.

25) 니체는 몸의 생동적 역동성을 거부한 최초의 철학자로 소크라테스를 지적한다. "'비극의 탄생'에서 니체는 소크라테스가 디오니소스적인 역동성을 사장시켜 버린 장본인이라고 비판한다. 인간의 가치는 정신에만 있는 것이 아니라 정신과 몸의 통일에서 찾을 수 있다고 할 때 소크라테스는 인간의 몸이 갖는 역동적인 생명성을 거부한 최초의 철학자로서 비판받을 수 있다." 김용일, 「키아케고어와 니체」, 『철학연구』 86(2003), 34.

26) "우리의 사유가 근본적으로 감정들의 협동 유희와 싸움의 결과라면 감정의 발원지인 몸은 의식의 뿌리이다. 몸주체는 의식의 주체가 지향하는 질서, 법칙, 그리고 통일을 거부한다." 정낙

하는 전체적인 몸의 기능을 그는 우리가 일상적으로 이성이라고 일컫는 정신과 구분하여 '큰 이성'이라 부르며, 서구의 전통적인 의식철학의 한계를 벗어나 있다."27)

여기서 작은 이성은 큰 이성의 놀이기구에 불과하다. 무엇보다 큰 이성으로서 몸의 중요성은 니체의 다음의 말에서 확연해진다. "너는 나에게 말을 걸고 이렇게 말을 건 말에 자부심을 갖는다. 그러나 보다 중요한 것은 너는 무엇을 믿으려 하지 않는다. 너의 몸, 즉 큰 이성은 나에게 말을 걸지 않지만 나에게 행한다."28)

또한 니체의 '몸' 주체성 이해에 있어 빼놓을 수 없는 중요한 개념 중 하나는 '충동(Trieb)'이다. 먼저 몸의 감각에 기반을 둔 다양하고 수많은 충동들의 생성과 싸움, 소멸을 거듭하는 반복적 운동이 일어나며, 그 결과 의식이 생성된다.29) 결국 의식은 충동들 간에 갈등과 대립, 투쟁의 과정을 거쳐 조정과 타협의 결과로서 생성된다는 뜻이다. 그러나 충동들 간의 싸움을 바르게 파악한다는 것은 쉬운 일이 아니다. 우리가 '행동'이라 칭하는 것은 충동의 움직임에 관한 그때그때의 파악일 뿐이다. 그러나 파악은 충동이 뜻하는 것과 마찬가지로 어두움에 휩싸여 있다. 때문에 니체에 따르면 우리가 말하는 의식은 사실은 무의식적이며, 구체적으로 알 수 없지만 많게 혹은

린,「주체의 계보학 - 니체의 주체개념 비판 -」,『철학연구』98(2006), 289.

립,「주체의 계보학 - 니체의 주체개념 비판 -」,『철학연구』98(2006), 289.

27) 김정현,「니체에 있어서의 주체·자아와 자기의 문제 - 도덕적·미학적 자아관 -」,『철학』44(1995), 174.

28) KG. Ⅵ 1, 39.

29) 엘렌베르크는 니체의 그런 충동의 의미를 다음과 같이 잘 지적한다. "…외적 세계를 받아들이고 그에 반응하는 의식세계 아래 그는 더 큰 형태 없이 살아 움직이는 근원적인 충동의 세계가 있음을, 즉 무의식과 연관된 총체적인 충동의 생(Triebleben)이 활동하고 있음을 프로이트에 앞서 하나의 철학적 정초로 제시하고 있다." H. F. Ellenberg, *Die Entdeckung des Unbewußtsein*, (Zürich : Diogenes Verlag, 1985), 714. 김정현,「니체에 있어서의 주체·자아와 자기의 문제」, 174-175에서 재인용.

적게 느껴지는 상상의 표명일 뿐이다.[30)

낡은 가치로부터의 전환은 새로운 가치의 지정을 뜻하며, 새로운 책임을 산출한다. 니체는 이런 새로운 가능성을 위해 실험만 한 것이 아니라 품격 있는 가치를 창출하려 설명하기를,

> 우리의 존재는 '되어감' 속에 있으며, 새로운 것, 일회적인 것, 비교할 수 없는 것, 스스로 지정된 것, 스스로 만들어 나가는 것 등에 있지 않은가! 때문에 우리는 최고의 것을 배우는 자이어야 하며, 세상에 있는 모든 필연적인 것과 정해진 것들의 발견자이어야 한다. 어떤 의미에서 우리가 창조자가 되기 위해서는 육신주의자이어야 한다. 하지만 지금까지 우리는 모든 가치평가와 이념을 물질에 대한 무지 속에서, 심지어 대립 속에서 정립해 나갔다.[31)

이렇듯 몸 주체성으로서 인간은 스스로 지정된 자로서 비교할 수 없는 자이며, 일회적이며 창조적으로 자신을 창출해 나가는 존재이다. "그러기에 우리의 생의 표현은 몸을 매개로 한 다양한 충동들의 상호 놀이, 여러 힘에의 의지들의 상호작용 속에서 표출된다. 몸은 지성적 본능의 기능과 자기규제의 충동기관으로 생에 적극적으로 봉사하는 역동성을 갖는다."[32)

2) 힘에의 의지와 초인

니체에 따르면 세계는 끊임없이 변화를 추구해 가면서 한 상태에서 다른 상태로 상승하는 운동력을 자체적으로 발산하는 본질을 갖고 있다. 이 운동력의 동인이 바로 '힘에의 의지'이다. 때문에 세계

---

30) KG. V 1, 111.

31) KG. 243.

32) 김정현, 「니체에 있어서의 주체·자아와 자기의 문제」, 175.

속에서, 세계와 더불어 살아가는 인간의 '힘에의 의지'는 고갈되지 않을 삶의 의지 그 자체를 뜻한다. 그것은 힘을 얻기 위한 노력이 아니라 이미 의지 안에 존재하는 힘 그 자체이다. 그것은 살아 있는 모든 것을 규정한다. "내가 살아 있는 것을 발견하는 그곳에서 힘에의 의지를 발견한다."[33]

인간은 스스로 '넘어가는' 혹은 '극복하는' 존재이다. '자기극복'은 도덕적인 자기금욕으로서 이해되는 것이 아니라 창조하는 것, 즉 자신의 고유한 창조성으로 인한 상승의 의미로 이해된다. 그런 힘에의 의지는 인간에게 특별한 형태를 갖는다. 무엇보다 그 형태는 의식적인 것이 아니라 감정에서 찾을 수 있다. 인간의 힘에의 의지의 주체가 감정에 있기 때문이다. "힘에의 의지의 주체는 단지 감정들의 힘의 균형에 대한 지시어일 뿐이다. 감정은 다수성이고, 하나의 통일을 꾀하는 것은 불필요하다."[34]

또한 그런 의지는 이기적이거나 자기중심적인 의지가 아니라 다양한 것들의 조화 속에서 진리를 향해 있다. "이때 힘에의 의지는 단순히 어떤 것을 지향하는 욕망이 아니라 존재의 진리를 실현하려는 '진리에의 의지'가 된다. 이렇게 볼 때 힘에의 의지는 인간이 현실적인 자기를 부정하고 새로운 자기를 만들어 가는 질적인 자기변화의 운동이다."[35] 뿐만 아니라 의지는 다의적이며, 삶을 고양시키기 위한 의지이며, '무를 향한 의지', 즉 "삶의 근원적인 전제들과

---

33) KG. V 1, 143.

34) 정낙림, 「주체의 계보학」, 286-287.

35) 김용일, 「키아케고어와 니체」, 36-37. 무엇보다 "여기에서 니체가 말하는 힘에의 의지는 지배와 욕망을 의미하지 않으며 오직 사물의 질서를 만드는 능동적·창조적 활동을 통하여 인간이 자기 초월의 의지로써 다양한 사유의 가능성을 절대적으로 긍정하는 의지의 활동이라고 할 수 있다." 같은 책, 40.

맞선 저항일 것이다. 하지만 그것은 의지 자체이며 의지로 머물러 있다. ... 인간은 원하는 것보다 훨씬 더 무(無)를 원한다."36) 무엇보다 니체는 힘에의 의지의 주체로서 인간의 미래에 무한한 신뢰를 보낸다. 새로운 인간, 즉 미래의 인간인, "안티 그리스도인, 안티 허무주의자 ... 그런 자들이 반드시 도래할 것이다."37)

인간은 자신의 삶에 구속력의 형태를 띤 뚜렷한 목적과 목표를 갖지 않은 채 살아갈 수 있다. 니체의 위대함은 자신의 접근 방식을 끝까지 체계적으로 생각하는 사상가로서 새로운 가치를 전파하고 이전 가치를 대체하려는 것이 아니라, "내가 원하다"에서 벗어나 "내가 있다"로 진행한다는 사실에 있다. 도덕과 관련한 계명과 금지 등의 일체의 요청들은 근본적으로 부정된다. 힘에의 의지가 통일된 구조가 아니고, 오히려 여러 관점으로 분할되어 "내가 원하다"가 개인과 전체의 삶의 격언으로 강요될 수 없다면, 우리가 살아져 간다는 사실은 불가피해 보인다. 결과적으로 요구, 명령 및 금지를 포함하여 일반적으로 도덕성과 관련된 모든 것들이 처음부터 부정된다.

우리의 삶은 숙고와 결정들로 이루어진 순간들로 이리저리 요동치며 진행된다. 의도성을 지닌 행위는 사실(Sache)을 중요시하기 때문에 자유에 대한 의식이 모호하게만 인식된다. 하지만 모든 행동이 행동의 주도권을 가진 행위자에게만 달려 있는 것은 아니다. 행위자가 "기소될 수" 있다는 말이다. 따라서 결정 배후에 특정한 충동의 요청이 있다는 사실을 철학적 내지 심리적 측면에서 확립할 수 있었던 것은 인간이 고정되어 있는 것이 아니라 자유를 향해 항상 열려

---

36) KG. V 1, 430.
37) KG. V2, 352.

있다는 사실을 말해 준다. 하이데거는 이런 충동에 기반을 둔 힘에의 의지를 니체철학을 풀 열쇠로 의미를 부여했다. 즉 하이데거는 니체의 힘에의 의지를 인간을 전면에 내세우게 하는 가치로서 이해했다.[38]

그런데 니체는 힘에의 의지가 통일된 원칙을 설명하지 못하는 딜레마에서 벗어나려 한다. 이를 위해 그는 본질이 '자기규정'이고, 그런 경우 '자기중재'이어야 하는 두 번째 단계인 '순수한 직접성'으로 나아가고자 한다. 이런 직접성을 위한 핵심 키워드는 한편으로 '초인'이자 다른 한편으로, "세 가지 변신에 관하여"의 장에서 그 의미가 자세히 소개된 '어린아이'이다.

'초인'의 개념은 다의적이다. 초인은 일반적인 인간의 상태를 넘어서려 한다. 지금까지의 인간은 초인과는 다르게 근본적으로 신과 관련하여 부정적으로 이해되는데, 이것은 인간이 이 땅의 대지에서는 신뢰받지 못한다는 것을 뜻한다. 그러나 초인은 저세상이 아니라 이 세상을 주된 터로 삼아 자신의 활동을 펼치려 한다. "초인은 대지의 의미이다. 너희들의 의지가 말하기를, 초인은 대지의 의미이어라!"[39]

'보통 인간'에서 '초인'으로 넘어가기 위해서 인간 스스로 극복해야 한다. 이것은 인간이 삶의 규칙을 따르는 힘에의 의지로서 자신 스스로 상승시켜야 한다는 것을 뜻한다. 또한 저 세상적이고 신학적으로 정립된 이 세상의 가치들에 맞서 새로운 가치정립을 도모한다는 것을 뜻한다. 하지만 그런 가치들은 긍정적으로 규정되지 않으며 '전통의 부정'에 기초해 있다. 전통은 힘에의 의지로부터 그 어떤 가

---

38) 참고. M. Heidegger, *Nietzsche* II, (Pfullingen : Neske Verlag, 1973), 127.
39) KG. VI, 1. 8.

치를 고려해 볼 수 있는 사실을 증명해 낼 수 없기 때문이다. 절대적 가치는 기존 것과는 다르게 새로운 가치에서 발견되며, 근본적으로 모든 것은 무익하며 함께 속해 있다는 통찰이 새로운 가치를 형성한다. 힘에의 의지에 있어 절대적 주체성은 형식적인 구조로 간주되고 추상적인 형태를 띤 것으로 규정된다. 힘에의 의지는 순수한 자기관계이며 항상 자기 자신으로 머물러 있기를 원한다. 홀로 자신의 일을 감당하며 조화를 이루어간다.

이와 더불어 니체는 초인을 '어린아이'와 관련시킨다. '어린아이'는 "내가 있다"는 이념을 실현해 가는 존재로서 모든 행위에 담겨 있는 내용을 보다 명확하게 제시해 주기 때문이다.[40] 어린아이는 놀이를 즐기며, 그 놀이에서 자신의 행위를 온전히 표출해 낸다. 목표와 의미에 관한 질문은 이제 낯설거나 알려져 있지 않다. 인간은 본질적으로 자신이 세운 목적과 목표에 관해 생각하는 존재를 떠나 즉각적인 직접성의 형태를 지니고서 추상적인 이념으로 머물러 있게 될 가능성이 부인되지 않는다. 하지만 유의해야 할 것은 니체가 어린아이는 항상 자신의 의지를 추구하며, 그럴 경우 힘에의 의지의 구조에 일치한다고 설명하지만, 그런 어린아이의 가벼운 소망조차 새로운 가치의 창출을 뜻하지 않는다는 점이다.

"인간이 아니라 초인이 목적이다."[41] 이런 초인은 주체의 역동적 발전을 일으키는 근원적인 동력일 뿐만 아니라, 그 자체가 행위의 대상이며 목적이다. 이것은 니체의 "Ecce Homo(이 사람을 보라!)"

---

40) 한자경은 어린아이를 '자유로운 긍정의 정신'으로 표현한다. "자기 자신에 대한 긍정, 대지에 대한 충성은 자유로운 긍정의 정신(어린아이)만이 가질 수 있는 생의 방식이며, 지상의 생을 그 자체 하나의 유희로서 받아들일 줄 아는 달관한 자유인의 태도이다." 한자경, 『자아의 연구』, 235.

41) Nietzsche, "Aus dem Nachlaß der Achtzigerjahre", 440.

에 담겨 있는 다음의 의도에서 잘 드러난다. "사람들이 나를 이해했느냐? *십자가에 달린 자에 마주 서 있는 디오니소스 …*"[42] 여기서 등장한 니체의 디오니소스적 초인은 자연에 맞추어진 신화이며, 19세기 중후반 지배적인 사회적 관계에서 벗어나려는 시도이다. 사회적 강요에 맞서 자기 자신이 능력을 갖춘 초인적 주체를 표상하는 것이 중요하다.

니체 사상의 주요 특징은 절대적 가치의 부정뿐만 아니라 주체에 덧입혀진 전통적 표상으로부터의 해체이다. 그러나 해체에 따라 새롭게 등장한 니체의 '초인'은 전통 철학의 의미에 있어 생성된 주체가 아니며 화해된 자도 아니다. "초인은 화해된 주체로서 이해될 수 없다. 자신을 주체로 생각하지 않기 때문이다. 니체에 있어 주체개념은 그 자체로 형이상학의 내용이며, 플라톤적이며, 기독교적 도덕이라는 사실에 맞서 그 정체를 지속적으로 폭로하는 작업이 목표이다."[43]

또한 니체에게 "주체는 우리가 변증법적 방법으로 소급시킬 수 있는 *원 근거(causa prima)*가 아니다."[44] 그에게 주체는 단지 가상이며, 더 이상 존재와 관련시켜 정의되지 않는다. 주체는 폭력적으로 비치는 특정한 관점을 스스로 포기하게 한다는 점을 보여줄 뿐이다.[45] 주체는 지속적으로 자신을 넘어서며 다수 속으로 침전된다. 니체에게 새로운 주체개념인 '힘에의 의지'는 일관된 원리가 아니며 존재의 특징이 '되어감(becoming)'으로 나타난다.

42) Nietzsche, "Ecce Homo", in : ders., *Werke*, Bd. Ⅳ, op. cit.[Anm. 123], 1159.

43) E. Behler, *Derrida-Nietzsche, Nietzsche-Derrida*, (Paderborn : Ferdinand Schöningh 1988), 40.

44) 같은 책, 42.

45) 같은 책, 52.

3) 반복의 영원한 회귀

> 니체에 따르면, 초인은 철저한 자기비판을 통하여 자기긍정에 도달하는 초월적 의지를
> 가진 자이다. 질적인 변화를 수반하는 자기초월을 설명하기 위하여 니체는 모든 것이
> 불변하다는 존재의 진리가 아니라, 끊임없이 생동하면서 변화한다는 생성의 진리를 강
> 조한다. 니체에 따르면 세상은 정지된 것이 아니라 끊임없이 생동하면서 변화한다.
> 이 변화 속에는 영원히 변하지 않는 불변의 운동이 진행된다. 이 불변의 운동이 바로
> 끊임없는 자기부정의 과정을 통하여 초인이 되어가는 영원회귀의 운동이다.46)

이 글에서 알 수 있듯이, 니체는 자신에게 맞닥뜨린 어려움을 "동
일한 것의 영원한 회귀"라는 형이상학적 개념의 도움으로 극복하려
한다. 이 개념은 니체가 전통 철학의 말미에 서 있다는 사실을 보여
준다. 전통 철학은 거대담론적 질문을 제기하고 세계를 전체 안에서,
그리고 인간의 의미를 세계로부터 부여하려 하며, "하나의 체계
(system)"에서 완성시키려 하기 때문이다. 하지만 그런 체계는 사변
적이며, 우리의 실재성과 일치하지 않는다는 사실을 보여줄 뿐이다.

결국 '영원한 회귀'의 개념에 담겨 있는 주된 요점은 세계의 구조
에 근거를 둔 주체성에 관한 가치절하를 수행한다는 사실에 있다.
모든 것이 반복된다면, 모든 행위와 중단이 하나의 순수한 놀이, 소
위 무관심의 놀이로 지양된다. 이처럼 니체는 놀이의 무의미함을 강
조하며, 심지어 세계는 그 자체로 맴돌고 우리가 이 세계 놀이에 뒤
섞여 있다는 의미에서 "자기 자신을 낳는 예술작품"으로 표현하기
까지 한다.

니체의 철학을 전체적으로 재검토한다면, 형이상학적 전통을 대
체하는 허무주의를 말하는 것이 부적절해 보이지 않는다. 이것은 니

---

46) 김용일, 「키아케고어와 니체」, 35.

체가 역사적으로 생각한다는 점을 보여준다. 그는 허무주의에 이르기까지 참된 세계의 점진적인 '지양'의 의미에서 발전의 기본 방식을 반영한다. 특히 "어떻게 참된 세상이 마침내 우화가 되었는가?"라는 격언은 지양을 암시한다. 참된 세계는 도달할 수도, 증명할 수도 없으며, 예측할 수도 없다. 이런 식으로 끝이 준비되고, 그 끝의 의미는 참된 세계와 환상 세계 간의 차이를 없애는 것이다.[47] 니체는 철학, 과학 및 일반 의식에서 오늘날의 결정적인 근본 정서를 참된 세계에 대한 부정과 맞닥뜨리는데, 사람들이 세계의 구조를 긍정적으로 혹은 부정적으로 평가하든 관계없이 우리의 세계는 유일하고 자명한 세계이다.

여기서 지양의 사유에 있어 모호성이 나타난다. 니체에 따르면 인류의 정점은 신의 죽음을 통해 역사적으로 보이고 특징지어지는 데 있다. 멈춤은 존재하지 않는다. 그리고 새로운 인간인 초인의 등장에 축제를 벌인다면, 영원한 회귀에 관한 개념이 강조하는 것처럼 순수한 무의미함의 허무주의가 초인에 맞서 대면하게 된다. 이 상황에서 어린아이의 순수함을 변화시킬 그 어떤 것도 존재하지 않는다. 오늘날 불안정한 시대에 우리가 깨어지지 않고 살 수 없다는 것이 분명해진다.

'영원한 회귀'와 관련해 등장한 니체의 신화는 위임자와 반위임자와의 천편일률적 담론으로서의 역사로부터 벗어나려는 시도이며, 초인보다 상위에 두려는 모든 (기독교적이거나 헤겔적인)목적론의 종류를 부인하려는 시도이다. 초인은 그 자체가 위임자이자 목적이다. 문제는 우리가 역사적 지식을 어떻게 '생의 기여'와 관련하여 정립

---

47) KG. V 3, 75.

하느냐는 것이다.

우리는 역사를 생의 목표로 삼으려고 애써야 한다. 모든 위임자를 거부하고 자신 스스로가 대상이 되려는 주체는 더 이상 관습적이고 일관되게 흐르는 담론의 테두리에서 묘사될 수 없으며, 신화적인 순환에서만 가능할 뿐이다.

나아가 니체는 사건과 시간의 흐름을 연속되는 역사와 관련시킨다. "신화는 항상 지나간 사건과 관련된다. 세계 창조 전 혹은 완전히 이전 시간 속에서, 혹은 시간 전에."[48] 이런 역사성을 지닌 니체의 '영원한 회귀'는 후기 현대주의의 디오니소스적 신화로서 역사의 천편일률적 연속성을 분쇄시키려는 시도이며, 고대 그리스의 신화적 시대와 비역사적인 시대를 재건하려는 시도이며, 근대 역사의식으로부터 벗어나려는 시도이다.

역사 저편의 그런 신화적 공간에서 힘에의 의지에 의해 고취되며, 역사 의식적 초인이 정주해 있다. 그 초인은 유일한 자로서 추락과 멸망에서 벗어나게 하는 존재이다. 크노트(R. Knodt)는 '초인'과 '힘에의 의지'를 영원한 회귀의 신화와 연결시킨다. "그러므로 영원한 회귀와 힘에의 의지의 실험적인 행위와의 연결은 필연적이다. 영원한 회귀의 사상에 따르면 … 근본적으로 권위가 요청되어서는 안 되기 때문이다."[49] 즉 위임자와 대상은 자신을 역사성 바깥에 세우게 하며, 다이내믹한 힘을 제공하는 주체 속으로 사라진다. 동시에 힘에의 의지는 초인의 능력 자체를 가능하게 하는 본질적인 '방법'으로 나타난다. 개별적 주체는 타자(자연, 낯선 문화, 여성성, 이방인, 소수자 등)

---

48) Cl. Levi-Strauss, *Strukturale Anthropologie*, (Frankfurt a.M. : Suhrkamp, 1969), 229.

49) Reinhard Knodt, *Friedrich Nietzsche. Die ewige Wiederkehr des Leidens. Selbst-verwirklichung und Freiheit als Problem seiner Ästhetik und Metaphysik*, (Bonn : Bouvier, 1987), 143.

를 배제하거나 억압하는 것 없이 자신의 한 지체로서 더불어 형성해
가야 한다. 그런 타자는 모든 대화에 있어 전제와 근거이기 때문이다.

4) 주체와 세계의 중재 : 운명애(amor fati)

니체는 피안적 형이상학에 맞서, 인간을 차안에 있는 존재로 고양
시키는 형이상학을 지지한다. 이런 입장은 근본적으로 인간의 모호
한 구조와 관련해 있으며, 세계와 연결됨과 동시에 거리를 두게 한
다. 무엇보다 세계와의 관련성에 방점을 찍는다. 하지만 그런 관련
성은 세계를 긍정하는 그리스 사상에서처럼 세계는 일관되게 짜 맞
추어진 질서가 아니라, 무질서하며 '무의미한 놀이'에 터를 잡고 있
다. 따라서 이 놀이에서 인간은 "행하는" 존재가 아니라 "행해지는"
존재이다. 그런 세계의 존재구조와 더불어 인간을 중재하려는 시도
또한 행해진다.

그런 중재는 "amor fati(운명을 사랑하라)"에 관한 니체의 사상에
서 잘 나타난다. 운명에 관한 사랑은 자신을 고양시키는 사건 속에
서 주체성을 세계와 철저하게 중재하려는 시도이다. 그러나 그런 운
명에 관한 긍정은 '역설적' 개념으로 드러난다. 그 개념에 인간이 자
신의 자유를 양도한다는 뜻도 내포해 있다.

인간은 자신의 무의미한 주변으로부터 자유롭기 때문이다. "철학
자가 도달할 수 있는 최고의 상태는 다음과 같다. 디오니소스적 현
존에 이르는 것, 이에 대한 나의 형식은 'amor fati(운명애)'이다."50)
여기서 디오니소스적 현존에 이른다는 것은 인간은 이미 이렇게 혹
은 저렇게 얽혀 있어서 무관심이 지나가 버린, 즉 이미 중재되어 있

---

50) KG. Ⅷ 3, 288.

다는 사실을 뜻한다. 인간은 그렇게 연결된 존재, 자기 자신을 고양시키면서 중재된 존재, amor fati이다.

그런 자기고양은 니체의 비극과 희극의 허무주의 국면과 맞닥뜨린다. 우리가 생존해 있음을 애석해하는 비극의 허무주의는 '데카당스(퇴폐)'의 산물이다. 그러나 그것은 망치로 철학하는 희극의 허무주의로 고양되어야 한다. 니체는 그렇게 허무주의자로서 극단적인 형태의 길을 열어가는 행동하는 자이며, 자신의 독특한 신적인 생각을 드러내는 허무주의자이며, 이리저리 헤매고 다니면서 자신을 고양시키는 허무주의자이다. 우리가 "고양된다는 것"은 '반복의 영원한 회귀'의 주변에 둘러싸여 있다는 것을 인식하는 것이다.

포스트모더니즘이 주체성의 죽음에 대한 이념으로 채워진 실험적 놀이와 비교될 경우, 이런 파괴운동은 사건 자체를 통해 주체의 완전한 무력화의 가능성을 보여주며, 주체는 이런 사건이 일어난다는 형태에서만 자신의 위치를 차지한다. 새로운 가치를 창출해 가는 자들의 힘에 대한 설명보다 주체의 확실성의 무력화에 대한 이념이 더 힘을 얻는 현실이지만, 주체성의 완전한 무력화에 대한 이런 이념은 단순화되고 일방적이라는 사실 또한 간과해서는 안 된다.

이런 이념을 갖고서는 해체된 세계의 위치와 상태를 인식하지 못한다. 그것은 단순히 주어진 것과 자신 스스로 확신하는 자아에 의해 획득된 획일화된 정보와 근거에서는 올바른 해결책을 찾을 수 없기 때문이다. 하지만 주체성 자체의 파괴 내지 해체는 자신을 비롯해 세계를 혼란과 무질서 속으로 빠뜨리게 한다. 힘과 무능, 확실성과 모호성의 양면성을 지닌 인간의 주체성은 자신과 세계와 맞닥뜨리는 갈등을 증거 하지만, 그 속에서 새로운 해결책 또한 모색된다.

2장
미셸 푸코(Michel Foucault, 1926-1984):
삶의 예술품으로서 주체성

푸코는 데카르트, 칸트 및 헤겔의 동일성과 통일성 및 보편성을 토대로 한 근대 철학의 주체사상에 메스를 가하면서 역사성과 시대적 상황성을 기반으로 한 새로운 주체를 제시한다. 이를 위해 그는 먼저 주체 형성의 역사를 15세기 이후 르네상스와 17·18세기 고전주의, 19·20세기의 근대로 구분하여 주체의 계보학을 확립한다. 그는 이런 개개 시대 인간의 주체 형성을 주도한 '에피스테메(episteme)'에 주목한다. 에피스테메는 일정한 시기에 각종 지식과 학문의 체계, 인식, 실천, 문화 등을 가능하게 하는 숨겨진 질서로서 담론적 실천을 결합하고 창출하는 관계들의 총체라 할 수 있다. 이에 따라 푸코에게 진리란 서구 전통 철학에서 플라톤 이래 오랫동안 유지해 온 이데아에서 찾은 것이 아니라, 이 세상의 지평에서 구하는 상황적이며 상대적인 개념으로 소개한다.

무엇보다 푸코의 주체성 이해를 위해 다음의 진술에 주목할 필요가 있다. "첫째, 우리는 인식의 대상으로서 자체적으로 구성되는 진리와 관련하여 우리 자신에 대한 역사적 존재이다. 둘째, 우리는 타자에게 영향을 미치는 주체로서 자신을 구성하는 권력의 영역과 관련하여 우리 자신에 대한 역사적 존재이다."[51]

이 진술에서 푸코는 자신의 인식분석을 위해 사용했던 고고학의 개념이 계보학의 개념으로 대체되었다는 사실이 눈에 띈다. 이것은 그의 계보학의 방법에 고고학적 방법을 포함시키며, 상황화를 통해 이를 재구성하는 포괄적 방법이라 여겼기 때문이다.[52] 본 장에서 주체와 관련하여 푸코에 의해 형성된 중심축을 탐색하려 한다면, 이 계보의 구조 설정에 주목할 필요가 있다.

푸코의 후기 작품에서 주체와 관련하여 자신의 작품을 재해석하려는 경향이 두드러지게 나타나지만, 그의 작품의 초기 또는 중간 창작 시기를 고려할 때, 분기점이 있음을 부정할 수 없다. 푸코의 작품에서 구조적이며, 실용적이고, 단편적이며, 완성되지 않은 '동일성' 작업에 대한 표상을 표현하는 내용들이 바로 그런 분기점이다. 이런 분기점에서 주체가 해체되는 것처럼 보이지만, 실제로는 그의 작품에 암시적으로 스며들어 있기 때문에 푸코 작품의 해석자들은 다른 문체수단을 동원해 그것을 명확하게 엮으려 했다. 이런 현상은 특히 뒤라스(Marquerite Duras)의 *La Maladie de la Mort(죽음을 가져오는 병)*[53]에서 강하게 나타난다. 이를 바탕으로 이제 주체에 대한 푸코의 사상을 본 장에서 구체적으로 논해 탈주체성의 또 다른

---

51) Michel Foucault, "Zur Genealogie der Ethik : Ein Überlick über laufende Arbeiten", in : H. L. Dreyfus und P. Rabinow, *Michel Foucault. Jenseits von Strukturalismus und Hermeneutik*, (Weinheim : Beltz Athenäum, 1994), 275.

52) cf. M. Foucault, *Die Ordnung des Diskurses. Inauguralvorlesung am College de France*, (Frankfurt a.M. : Suhrkamp, 1977), 133.

53) Marquerite Duras, *La Maladie de la Mort. Die Krankheit Tod*, (Frankfurt a.M. : Fischer Verlag, 1992).

한 면을 보게 될 것이다.

1. 포스트모더니즘의 '동일성' 구상

포스트모더니즘의 대표적 개척자 중 한 명인 리오타르(Lyotard)가 '대중 담론'의 시대가 지나갔다고 선언한 이후,54) 동일성 개념은 르네상스를 따르고 있거나 새롭게 정의된다. 거의 모든 인문학에서 이러한 사상에 대해 새롭게 사유하거나 재구성하려는 시도가 발견된다.55) 무엇보다 동일성에 맞서 "자기 해체"라는 모토는 잘못된 확실성으로부터의 해방을 뜻한다.

> (중략) 사유, 질서, 이성, 진리의 사슬에서, 그리고 그것들의 세계구상의 전체주의에서 … 주체의 중심화, 통일성과 전체성의 해체는 다양한 독립적인 삶의 양식, 사유 행위, 행동 기초의 해방을 위해 환영받을 만하다.56)

이 같은 진단에 푸코 역시 동의한다. 그러나 동일성 개념에 대한 이해는 일반 학문 영역에서 통용되는 것과는 다르다. 이 모토를 따르는 게르겐(K. Gergen)의 "파편화된 자아"57) 또는 코이프(H. Keupp)의 "짜깁기 동일성(patchwork identity)"58)의 새로운 이론은 근대 동

---

54) Jean-Francois Lyotard, *Das postmoderne Wissen*, (Wien/Graz : Boelau, 1986), 13.

55) cf. M. Foucault, *Archäologie des Wissens*, (Frankfurt a.M. : Suhrkamp, 1973), 73.

56) Klaus-Jürgen Bruder, *Subjektivität und Postmoderne : der Diskurs der Psychologie*, (Frankfurt a. M. : Suhrkamp, 1993), 139.

57) K. J. Gergen/R. Davis, *The social construction of the person*, (New York : Springer, 1985).

58) Heiner Keupp, "Identitätsverlus oder neue Identitätsentwürfe", in : R. Zoll(hrg.), *Ein neues kulturelles Modell : zum soziokulturellen Wandel in Gesellschaften Westeuropas und Nordamerikas*, (Opladen : Westdeutscher Verlag, 1992).

일성 이론의 한계에 깊이 천착해 있다. 그들의 동일성 개념은 '자유'와 관련하면서 근대사상의 기초를 흔들 수 있었다. 그것은 다음의 표준적 잣대에서 드러난다. '좋은' 것과 '옳은' 것이 무엇인지, '성공적인' 동일성 작업이 무엇인지를 정의하는 '외적' 평가의 관점이 정형화된 획일성에 있는 것이 아니라, 때로 암시적이며, 때로 명시적인 다양성 속에서 존재한다.59) "나는 먼저 권위가 있고 본질을 이루는 주체가 없으며, 어디에서나 볼 수 있는 보편적인 형태의 주체가 없다고 생각한다. 나는 그런 주체에 대한 개념에 매우 회의적이고 적대적이다."60)

푸코는 고정된 규칙과 본질적인 목적을 제시하려는 모든 학문적 사상을 거부한다.61) 그렇다면 '객관적인 지식'을 위한 그러한 규칙과 규범에 의존하지 않는 동일성에 대한 푸코의 구상은 어떤 것인지, 그리고 이런 구상의 목표점은 어디를 향해 있는지? 이에 대한 답을 "지식", "권력" 및 "주체성"의 세 가지 중심축을 중심으로 추적해 볼 것이다.

지식, 권력 및 주체성의 세 가지 중심축은 푸코의 대표적 작품을 비롯해 그의 수많은 인터뷰에서 반복적으로 소개된다. 그러나 그는 이 세 가지 중심축 중에서도 주체성에 초점을 맞춘다. "지식과 권력이 아니라 주체가 나의 연구의 일반적인 주제이다. 물론 지식과 권력에 대한 분석은 불가피하다."62) 이런 진술은 "세 가지 종류의 존재론", 그

---

59) 그러한 접근 방식은 결국 동일성의 "통일성"을 초래하지 않는 정도이다.

60) M. Foucault, *Von der Freundschaft als Lebensweise*, (Berlin, 1985), 137.

61) M. Foucault, *Der Mensch ist ein Erfahrungstier : Gespräch mit Dudo Trombadori*, (Fankfurt a. M. : Suhrkamp, 1996), 84.

62) M. Foucault, "Das Subjekt und die Macht", in : H. L. Dreyfus/P. Rabinow, *Michel Foucault. Jenseits von Strukturalismus und Hermeneutik*, 2. Auflage, (Weinheim : Beltz Athenäum, 1994),

중에서도 "역사적 존재론"63)에 기반한 "삶의 예술(Lebenskunst)"로서의 동일성 개념을 이해하기 위해 보다 자세한 설명이 필요하다. 이와 함께 푸코는 지식과 권력 기술에 대한 계보 분석에서 그 원칙과 본질적 조건을 발견하려 했다. "따라서 나는 나의 첫 번째 연구에서 어느 정도 남겨둔 주체의 문제를 다시 소개하고, 역사 전반에 걸쳐 그 경로나 어려움을 추적하려 했다."64) 이제 지식, 권력 및 주체성을 기반으로 하는 푸코의 동일성 구상이 어떻게 진행되는지 살펴보도록 하자.

1) 지식

푸코는 지식의 구성에 관한 분석에서 '삶의 학문'과 더불어 주체의 실체화(대상으로서 주체)를 추적한다. 지식을 다루는 작품에서 그는 "인식의 구성, 즉 고정된 주체와 객체 사이의 관계의 구성을 역사적 뿌리에서 파악하며, 인식을 가능케 하는 지식의 활동을 추적한다."65) 이를 통해 어떻게 사람들이 대상에 대한 인식의 과정으로 진입하는지, 동시에 견고하고 결정적인 위치를 점한 주체로 구성되

---

243. 이뿐만 아니라 푸코가 동일성과 관련하여 주체성의 중요성을 얼마나 강조했는지 다음의 진술에서도 잘 드러난다. "푸코는 주체를 찾기 위해 주체를 해체하고 주체와 이별한다. … 주체가 스스로를 발견하고 이해할 수 있기 위해, 푸코는 모든 형태의 주체성에 대항하여 행동하는 것이 아니라 실체화의 동일성 강요에 저항한다." Matthias Rüb, "Das Subjekt und sein Anderes. Zur Konzeption von Subjektivität beim frühen Foucault", in : Ethos der Moderne. Foucaults Kritik cer Aufklärung, (Frankfurt a.M./New York : Campus, 1990), 189.

63) 여기서 "역사적 존재론은 '지식을 가진 주체로서 우리가 어떻게 구성되는가'를 다루는 고고학과, '권력 관계를 행사하기도 하고 그 앞에 복종하기도 하는 주체들인 우리가 어떻게 형성되는가'를 보여주는 계보학, 그리고 '행위의 도덕적 주체로서 우리가 어떻게 구성되는가'를 탐색하는 계보학으로 이루어진다." 윤효녕 외 3인, 『주체 개념의 비판 - 데리다, 라캉, 알튀세, 푸코 -』, (서울 : 서울대학교출판문화원, 1996), 163.

64) M. Foucault, "Andere Räume", in : hrg. von Karlheinz Barck, Peter Gente, Heidi Paris & Stefan Richter, Aisthesis. Wahrnehmung heute oder Perspektiven einer anderen Ästhetik, (Leipzig : Reclam Verlag, 1990), 134.

65) M. Foucault, Der Mensch ist ein Erfahrungstier, 52.

느지를 설명한다.66)

이 분석에서 푸코는 서구 학문을 설명하며, 나아가 그것이 특정 합리성과 특정 이성의 구성에 있어 어떻게 영향을 끼쳤는지를 밝히며, 이와 더불어 주체가 자신으로부터 거리를 두게 하여 대상으로 구성됨으로써 인식론적 규범으로서의 역할을 드러낸다. 무엇보다 역사적 존재론에 있어 그는 "우리가 지식의 주체로서 구성되는 진리와 관련하여 우리 자신"에 관심을 갖는다.67) 이렇듯 푸코에게 주체성 개념은 '진리' 혹은 '진실'과 밀접하게 연관되어 있다.

> 푸코에 있어 주체성과 진실의 문제는 그의 철학적 사유를 이해하는 데 중요한 지점이 된다. 푸코 철학에 있어서 주체의 문제는 늘 진실과 함께 이해된다. 어떤 경우에는 진실이 주체를 규정짓게 하거나 혹은 주체가 진실을 통해서 새롭게 변형되기도 한다. 푸코의 철학은 인간 주체가 어떻게 진실 놀이들 안으로 들어오게 되었는지를 밝혀내는 작업이다.68)

그렇게 푸코는 인식과 진리의 역사를 설명하고, 규칙과 더불어 담론을 구성하기 위해 특정한 학문적 실행 방법을 소개한다. 그 담론은 특정한 대상 영역을 규정하게 하고, 동시에 이런 대상을 인식할 수 있는 이상적 주체의 자리를 확고히 한다.69) 따라서 주체는 "현재 또는 미래의 삶에 대한 인식 또는 해방과 규정이 도출될 수 있는 지속적인 본질의 핵심을 포함하며, 비역사적 사실이 아니다."70) 이런

---

66) 같은 책, 52.

67) Michel Foucault, "Zur Genealogie der Ethik", 275.

68) 안현수, "푸코 후기 철학에서 '주체성'과 '진실'의 문제", 『동서철학연구』 제62호(2011), 192.

69) M. Foucault, *Der Mensch ist ein Erfahrungstier*, 71.

70) C. Hendrik. Hafiz, *Subjektivierende Unterwerfung oder Ästhetik der Existenz*, (Berlin : unveröffentlichte Diplomarbeit, 1997), 56.

통찰력은 학문적 인식을 그것의 상대성에서 정확하게 이해하게 하고, '경험'에 의한 변화 가능성으로 이끌어 간다.

푸코는 "인간들이 존재하는 그대로가 아니라, 그들이 존재할 수 있는 것, 그들이 어떻게 다르게 살고, 행동하고, 생각하고, 사회적 관계를 형성할 수 있는지"[71]에 관심을 갖는다. 그는 새로운 "위대한 담론"의 공식화에 관심을 갖지 않는다. 그는 사람들이 어떻게 자신의 각자 삶을 형성하고 형성할 수 있는지, 즉 개별적 삶의 모습을 주제로 삼고자 한다.

이러한 고고학적 분석에 기초하여 푸코는 권력 분석에서 사유의 혁명을 일으키는 주제에 이른다. "푸코는 인간을 인식하고 정의하기 위해 항상 사회적 규범을 재설정하거나 재생산하기 때문에 인문학의 진술을 불신한다."[72] 즉 "(중략) 지식의 적용, 생산, 축적은 그것들을 분석해야 할 복합적인 관계를 유지하는 권력의 메커니즘과 분리할 수 없다. 프랑크푸르트학파가 이미 커다란 지식체계의 형태가 종속효과를 갖는다는 사실과, 통치기능을 행사한다는 사실을 확립시켰다."[73] 이렇게 지식은 권력과의 관계를 간과할 수 없다.

2) 권력

학문은 "인식하면서"[74] 특정 현실을 낳는 데 도움을 제공한다. '인식'에서 학문은 권력 메커니즘을 통해 확립되고 통합되는 사회적

---

71) Urs Marti, *Michel Foucault*, (München : Beck Verlag, 1988), 2.

72) 같은 책.

73) M. Foucault, *Der Mensch ist ein Erfahrungstier*, 111.

74) 푸코에 있어 "인식"과 "지식"의 개념적 차이를 자세히 알려면, 다음을 참고하라. M. Foucault, *Der Mensch ist ein Erfahrungstier*, 52.

규범을 확립시킨다. 동일성 강요가 한 예이다. 그러나 푸코는 지배가 특징인 억압하는 권력에 관한 표상에만 관심이 있는 것이 아니다. "여기서 분석해야 할 '권력'은 개인 또는 그룹 간의 관계를 활성화시킨다는 사실을 특징으로 한다."[75] 푸코의 경우, 권력은 "파트너 간의 관계"[76]이며, 상호작용적 관계의 특징을 갖는다. 그의 모든 작품에 있어 권력이라는 용어는 행동의 효과에 대한 은유로서 지배의 차원과 더불어 역할을 한다.

> 그러나 권력 행사는 단순히 개인 또는 집단 파트너 간의 관계를 의미하는 것이 아니라, 다른 행동을 변화시키는 특정 행동의 영향력 방식을 의미한다. 그러므로 글로벌화하거나 거대화하는 확산, 집중 또는 분산 형태로 존재하는 권력과 권력의 소재 같은 것은 없다. '한편'이 '다른 편'에게 행사되는 권력이 있을 뿐이다. 권력은 행동(actu)에서만 존재한다.[77]

그러므로 권력은 수행되는 행동의 순수한 특성을 갖는다. 모든 상호 관계에 있어 권력은 재생되며 실행된다. 그러나 이 관계의 파트너 중 누구도 권력이 될 만한 것을 소유하지 않는다. 권력은 행동에서 활성화되며, 실현 및 재생되는 것이다.

그런 권력에 관한 이해는 행동으로서 권력의 행사가 항상 상대방의 행동을 유발하고, "행동하는 주체의 태도를 각인시킨 가능성의 분야에서 작동하기" 때문에 관계의 변화 가능성을 내포한다.[78] 이것은 권력이 행사되어 상대방이 잠재적으로 억압하는 것을 피할 수 있

---

75) M. Foucault, "Das Subjekt und die Macht", 251.

76) 같은 책, 251.

77) 같은 책, 254.

78) 같은 책, 255.

는 방식으로 반응할 수 있음을 의미한다. 이것은 동시에 스스로 차별화할 수 있는 가능성을 발견하고 실현함으로써, 그리고 자신의 방식을 개발하고 구현할 수 있게 함으로써, 스스로를 구성할 수 있음을 의미한다. 파트너와의 관계로서 권력은 그런 의미에서 역동적이며 생산적이다. 즉 주체와 같은 실체를 만들어 행동 능력의 의미에서 행동할 수 있게 한다.

> 그러므로 권력의 관계는 그 권력관계 없이는 존립할 수 없는 두 가지 요소를 기반으로 한다. 따라서 (그것에 영향을 미치는) '타자'는 끝까지 행동의 주체로서 인식되고, 보존되며, 권력관계 이전에 가능한 답변, 효과 및 발명의 전 분야가 시작된다.79)

그러므로 지배 관계를 포함하는 권력관계는 항상 자신을 변화시킬 수 있는 기회를 제공하는 정도에 따라 평가되어야 한다. 권력관계에 있어 개인은 "(중략) 두 가지 의미에 있어 주체가 된다. 한편으로 행동의 주체이고, 다른 한편, 권력 당국의 눈에 있어서 주체이다. … 푸코는 양 측면의 구성과정을 주체화되어 가는 굴복 내지 주체 형성과 권력관계의 하나 안에서의 굴복으로 이해한다."80)

이것은 주체가 권력 행사에 의해 지배당하고, 동시에 행동의 기회를 얻기 위해 적극적으로 이런 현상에 지배받는 것을 의미한다. 따라서 "권력 과정에 있어 운동의 형태로 등장한 주체는 주체 형성과 개별자의 동일성의 변화 가능성과 역사성을 의미한다."81)

---

79) 같은 책, 255.

80) Hendrik. Hafiz, *Subjektivierende Unterwerfung oder Ästhetik der Existenz*, 58.

81) 같은 책. 이에 덧붙여 푸코는 다양한 변화 가능성에도 주목한다. "나는 효과적인 권력 수행의 메커니즘을 파악하기 위해 노력했으며, 그것과 관련된 사람들을 행동, 저항 및 반란을 통해 이러한 권력 관계에서 벗어나게 하고, 그들을 변화시킬 수 없었기 때문에 나는 그렇게 했다." M. Foucault, "Das Subjekt und die Macht", 117. 푸코의 권력과 주체의 관계를 보다 자세히

3) 주체성

푸코의 작품에 있어 주체성 부분은 개인이 억압과 규범화에서 벗어나게 해주는 '탈주점'에 중점을 둔다. "이 자율성은 개인 내에서나 본질에서 그 기원이 있는 것이 아니라, 주체 형성이 개개인의 역사적 맥락에서 이루어지는, 즉 주체의 형태가 채워지는 방식으로 선택되는 것이다."[82]

이를 보여주기 위해 푸코는 고대 그리스와 헬레니즘으로 역사적 여행을 떠난다. 오늘날 우리의 삶의 현실을 형성하고 유익을 제공하는 주체성의 형태에 도달하기 위해, 그는 그런 역사적 현실을 대조적인 배경으로 삼는다. 왜냐하면 "다른 사람들이 다른 시간에 제기한 다른 문제에 대한 해결책에서 문제에 대한 해결책을 찾지 못하기 때문이다."[83]

이 방법으로 푸코는 자신을 주체화라고 칭하거나, 그것을 '윤리' 또는 '미학'으로 정의하며, 나아가 그것을 각자의 자기 관계로 표현한다. 여기서 자기 관계를 분석할 수 있는 네 가지 측면, 즉 "윤리적 실체(Substanz)", "복종 방식", "(자아 완성의 형태로서)윤리적 업무", "윤리적 목적론(Teleologie)"이 제시된다. 윤리적 실체는 "도덕적으로 안내하는 나 자신 혹은 나의 태도의 측면 또는 일부"[84]를 설

알려면, 다음의 논문을 참조하라. 김진웅, 「푸코의 권력과 주체」, 『사회와 역사』 제103집 (2014), 401-418.

82) Hendrik. Hafiz, *Subjektivierende Unterwerfung oder Ästhetik der Existenz*, 58. 여기서 "선택"은 양자택일 중에 선호하는 것을 결정하는 것이 아니다. 이런 양자택일은 지식, 권력 상황에서 발생하며, 이것에 의해 제한된다. 그럼에도 불구하고 개인은 이러한 순간 속에 있기 때문에 선택은 임의적이지 않다. "선택하는 것"은 또한 인지과정을 통해 결정하는 것뿐만 아니라 행동 내에서, 그리고 행동을 통해 기회에 따라 선택할 가능성을 실현시키는 것을 의미한다.

83) Michel Foucault, "Zur Genealogie der Ethik", 268.

84) 같은 책, 275.

명해 준다. "사람들이 자신의 도덕적 의무를 인정하도록 요청받거나 자극받는 방식과 종류"85)는 개인의 복종 방식을 나타낸다. "자기 형성의 행위 혹은 금욕"86)은 개인이 윤리적으로 행동하기 위해 사용하는 수단을 목표로 한다. 여기서 '자기 시험'에 대해서도 언급될 수 있다. 윤리적 목적론은 주체화의 메커니즘의 목표를 나타낸다.

이 중에서 마지막 견해는 자기 관계의 다른 세 가지 측면에 영향을 미치고 바꿀 수 있는 것으로 밝혀진다. "기술과 목적 사이에 완벽하고 일관된 관계가 없다. 서로 다른 목적론에서 동일한 기술을 찾을 수 있지만 선호하는 관계가 있으며, 각 목적마다 선호하는 기술이 있다."87)

이러한 인식을 바탕으로 푸코는 주체성에 대한 개념과 '존재의 미학', 그리고 자기 관계로서 윤리를 향한 관점으로의 전환을 정당화한다. 푸코의 경우, 언급된 네 가지 범주는 역사적으로 발생된 모든 주체성의 형태를 인식하고, 그것의 개개 실제 형태를 상호작용을 통해 역사적으로 만들어진 사실성을 이해하기 위해 이것들의 처음 두 계보적 존재론, 즉 지식과 권력의 실제 형태와 관련시킬 수 있는 분석 도구를 형성한다. 이러한 관점에서 자아는 "고정된 본질의 핵"으로서 여겨지는 것이 아니라 역사적 상황을 다루는 형태로 변화를 거듭한다. 따라서 주체는 실체가 아니라 형식이며, 무엇보다 이 형식은 항상 그 자체와 동일하지 않다.88) "이러한 주체성에 관한 푸코의 기본적인 논점은 근대 서구의 주체철학이 내포하는 '주체의 본질주

85) 같은 책, 276.
86) 같은 책, 277.
87) 같은 책, 280.
88) M. Foucault, *Freiheit und Selbstsorge*, (Frankfurt a.M. : Suhrkamp, 1985), 18.

의적 및 보편주의적 관점'과 '자기 인식'을 강조하며 주체를 대상화시키는 관점에 대한 도전이다."[89]

2. 세 가지 존재의 미학

미셸 푸코의 지식, 권력 및 주체성에 대한 역사적 분석은 생동적 현실에 대한 설명으로 적용될 수 있으며, 인간의 주체성에 대한 새로운 개념으로 이어질 수 있다. 이 세 가지 축은 모두 임의적인 것[90]으로 통합된다. "우리 모두는 임의적인 것에 속해 있으며, 그것 안에서 행동한다."[91] 임의적인 것에서 우리는 가시적인 것과 진술의 축으로서 지식, 힘의 축으로서 권력, 주체화로서 주체성을 만난다. 처음 두 가지를 통해 이 임의적인 것은 "보는 것을 형성시켜 보게 하고, 말하는 것을 형성시켜 말하게 하는" 능력을 얻는다.[92]

따라서 이것은 특정한 역사적 장소에서 가능한 '초월적' 대상을 야기할 수 있는 지식과 진술을 결정한다. 이런 상황에서 권력의 축은 그렇게 구성된 현실의 안정성에 대한 보증을 나타내며, 오는 것과 가는 것, 보는 것과 말하는 것 일체를 관리한다.[93] 마지막으로 푸코의 모든 관심에 초점을 맞춘 주체성의 축이 있다. 그것은

---

89) 김진웅, 「푸코의 권력과 주체」, 407.

90) 물론 임의적인 것의 개념을 역사적 차원을 위해 사용하는 것도 정당하지만, 본 연구와 관련해서는 그것을 현재의 상황으로 이해하는 것이 더 유용할 것이다.

91) Giles Deleuze, "Was ist ein Dispositiv?", in : hrg. von F. Ewald & B. Waldenfels, *Spiele der Wahrheit. Michel Foucaults Denken*, (Frankfurt a.M. : Suhrkamp, 1991), 159.

92) 같은 책, 154.

93) 같은 책, 154.

(중략) 전체의 공간이 새로이 구성되어 권력이 최종적인 윤곽을 규정하는 것을 방지하기 위한 차원을 형성할 수 있다. 주체화의 축은 임의적인 것에서 주체성의 생산이고 과정이다. 그것이 임의적인 것을 허용하거나 가능하게 하는 한 창조될 수 있다. 그것은 탈주를 감행하는 축이다. 그것은 이전의 모든 축을 벗어나, 그것으로부터 자신을 형성해 간다. 자아는 지식이나 권력이 아니다. 그것은 개인 혹은 단체와 관계하고 구성된 지식의 유형뿐만 아니라, 고정된 힘의 관계로부터 벗어나 있는 개별화의 과정이다.94)

이런 상황을 기반으로 하여 푸코는 주체성 자체를 근본적으로 거부한 것이 아니라는 사실이 분명해졌다. 왜냐하면,

(중략) 인간은 자신의 역사 과정에서 결코 자신을 구성하는 것을 멈추지 않았기 때문이며 … 무한하고 다양한 일련의 다른 것들에서 상이한 주체성을 구성하는 것을 멈추지 않았기 때문이다. 이런 주체성은 결코 끝나지 않을 것이다. … 인간은 끊임없이 주체성을 대상으로 구성하고, 유보시키고, 동시에 변화·변형시키는 과정에 진입해 있다.95)

오히려 주체성은 세 가지 차원의 기존 관계를 인식하고 순응해야 하지만, 결코 뛰어넘을 수 없는 상황을 잘 알고 있으며, 자신을 성찰하는 삶의 예술을 통해 '존재의 미학'96)을 구성하고, 자유를 획득해 나가는 주체로서 자신을 생각하는 것이 중요하다. 따라서 '예속되고' 동시에 '자유로운' 이중적 주체이다.97) "(중략) 주체가 상징적 체계로 형성되었다고 말하는 것만으로는 충분하지 않다. … 그것은 실제적이고 역사적으로 분석 가능한 관행으로 구성된다. 상징적 체계를

---

94) 같은 책, 155.

95) M. Foucault, "Das Subjekt und die Macht", 85.

96) M. Foucault, *Die Sorge um sich*, (Frankfurt a.M. : Suhrkamp, 1986), 317.

97) Matthias Rüb, "Das Subjekt und sein Anderes", 199.

사용하면서, 동시에 교차하는 자아 구성의 기술이 존재한다."98)

푸코가 새로운 주체성 개념을 제안하는 것은 자기 관계의 형태로서 "존재의 미학"이다. 즉 객관적인 척도에 종속될 수 없는 주체성의 형태이다. 왜냐하면 "그것은 개인과 관계하며 실존에 해당하는 결정이기 때문이며",99) "더 이상 지식과 권력의 영역에 의해 매개된 것으로 생각될 수 없는 주체성의 한 형태이기 때문이다."100) 또한 주체성에 대한 이런 사고방식은 자기 관계의 네 가지 관점에 근거한다. 그래서 푸코는 '좋은 삶'에 대한 지침이나 모형을 제공하지 않고 다음과 같이 설명한다. "모든 사람이 참여할 수 있지만, 아무도 그렇게 할 필요가 없다. 즉 원하는 경우에만 모든 사람이 참여할 수 있어야 한다."101) 이것은 개인적인 결정이며, 상황에 순응하는 우리 자신의 경험에서 비롯된 결정이다. 따라서 개인적인 경험이 출발점이자 동기가 된다.

또한 "자신에 대한 염려와 돌보는 것"은 일종의 자기 통치이다. 즉 "다스리는 자가 다스림을 받는 자를 이끄는 것처럼 자신을 이끌어야 한다."102) 아마도 이런 이중 의미로 인해 리더십 개념을 특정 권력관계와 더불어 파악하는 데 매우 적합할지 모른다. '리더십'은 다른 사람들을 '인도하는' 행위이며, 다소 개방된 분야에서 행동하는 자기 태도의 방식이다. 권력 행사는 리더십과 더불어 여러 가지

---

98) Michel Foucault, "Zur Genealogie der Ethik", 289.

99) 같은 책, 283.

100) Hans-Herbert Kögler, "Fröhliche Subjektivität. Historische Ethik und dreifache Ontologie beim späten Foucault", in : *Ethos der Moderne. Foucaults Kritik der Aufklärung*, (Frankfurt a.M./New York : Campus, 1990), 204.

101) 같은 책, 222.

102) Michel Foucault, "Zur Genealogie der Ethik", 284.

가능성을 창출한다.103) 그러므로 "자신에 대한 염려"는 또한 "다른 사람들을 위한 염려"를 포함한다. 개인은 사회 조직체 바깥에 사는 자율적인 존재가 아니기 때문이다.104) 그 속에서 살아가는 모두가 타자를 '자유롭고 자율적인 주체'로 인정할 수 있는 사회적 환경만 이 '존재 미학'의 전제 조건이 될 수 있다.

여기서 윤리적 실체는 개인의 몸과 관련된다. 즉 그것은 "인정받으며 품위 있고 아름다운 존재"에 이르기 위해 윤리적 목적론으로 구성된 자기규정을 몸으로 따르는 방식이다.105) 윤리적 업무는 "자율적 실천과 규칙 적용으로 구성된다. 어떤 상황에서, 어떤 시점에 가장 적합한지 아는 것이 중요하다. 이 형태로 자신을 알고 지배할 수 있는 것은 성공적인 존재를 위한 전제 조건이다."106) 그러므로 "존재의 미학"은,

> "(중략) 사회와 권력으로부터의 금욕을 요구하지 않지만, 그것의 영향을 성찰하기도 하고 물리치기도 한다. 그러므로 존재 미학의 모델은 세상 주변에 있는 틈새에서 자신을 돌볼 수 있는 자급자족의 모델로 생각하지 않아야 한다. 이것은 주체가 대부분 이익사회에서 권력관계의 산물이며, 끊임없이 그 영향에 노출되어 있다는 것을 의미한다. 따라서 '자신을 돌보는 것'은 정치적 상황에서 자신을 성찰하는 것을 의미한다."107)

---

103) M. Foucault, "Das Subjekt und die Macht", 255.

104) 그러나 어떤 의미에서 푸코에게 '바깥'은 '안'과 유기적 관계로서 의미를 갖는다. "바깥은 안과 대립되는 외부가 아니라, 하나의 사회체나 담론의 유효성이 작동하는 한계 지점이다. 바깥은 고정되지 않고 권력 관계에 따라 달라진다." 강미라, 「주체에 대한 푸코와 바깥의 사유」, 『현대유럽철학연구』 제53집(2019), 3.

105) Hans-Herbert Kögler, "Fröhliche Subjektivität", 206. 특히 '몸'은 푸코에게 권력과 관련하여 큰 의미를 갖는다. 참고. 이정우, 「미셸 푸코에 있어 신체와 권력」, 『문화과학』 제4호(1993), 95-113.

106) Hans-Herbert Kögler, "Fröhliche Subjektivität", 206.

107) Hendrik. Hafiz, *Subjektivierende Unterwerfung oder Ästhetik der Existenz*, 64.

3. 삶의 예술품으로서 자아[108)

  푸코의 다음의 진술이 우리의 주목을 끈다. "자아가 우리에게 주어지지 않는다는 생각에서 나는 하나의 실질적인 결과만 이끌어낼 수 있다고 생각한다. 우리는 예술작품으로 자신을 만들어야 한다."[109) 푸코 사상의 전문 해석자들은 그의 동일성을 다음의 사유 방식으로 적용시킨다. "우리가 존재하는 그대로를 해체시키는 것이 중요하고, 완전히 다른 무언가를 창조하고 혁신하는 것이 중요하다."[110) 여기서 혁신은 의식적이든 무의식적이든, 의도적이든 아니든, 질문을 제기하게 하고, 자신을 새로이 사유하고, 자신의 동일성 작업을 "창조적 행위"[111)로서 이해하고, 자신과 타자와의 관계를 구축하려는 사유 방식이자 행동 방식[112)으로 이해된다. 더구나 혁신개념의 기초는 개인적인 경험과 실제 삶이므로, 동일성 작업은 자기 관계에 대한 반성적인 형태와 현세대에 대한 의식으로 상황에 관여된 것으로, 발생된 것이 그대로 발생하는 것으로 이해된다. 이는 예측

---

108) 이 용어는 고대 그리스 이래 위대한 서양사상의 전통 중 하나였던 삶의 예술을 연상시킨다. cf. Wilhelm Schmid, *Wer war Michel Foucault?*, (Frankfurt a.M. : Suhrkamp, 1996). 이것은 삶, 즉 존재 자체를 포함한다. 또한 예술의 개념과 관련하여 "예술의 결정적인 작품은 당신 자신이며, 자신의 삶이며, 자신의 존재"이기 때문에 우리와 우리의 삶과 다른 관계를 허용하는 사고방식에 초점이 맞춰져 있다. 또한 예술 혹은 예술작품의 개념은 스스로 디자인해야 할 창조적인 행위와 작업해야 할 재료를 연상시킨다. cf. Michel Foucault, "Zur Genealogie der Ethik", 283.

109) 같은 책, 284.

110) M. Foucault, *Der Mensch ist ein Erfahrungstier*, 84.

111) Michel Foucault, "Zur Genealogie der Ethik", 274.

112) 이런 맥락에서 사유는 표현과 성찰만을 뜻하는 것이 아니다. "사유는 행위이자 도약이며, 가장 바깥으로 나간 것이며, 긴장으로 가득 찬 암흑이다." M. Foucault, "Der Ariadnefaden ist gerissen", in : hrg. von Karlheinz Barck/Peter Gente, Heidi Paris & Stefan Richter, *Wahrnehmung heute oder Perspektiven einer anderen Ästhetik*, (Leipzig : Reclam Verlag, 1990), 409. '사유'에 대한 이런 이해는 중요하며, 사고, 의식, 의사 결정 및 성찰에 대해 이야기하는 텍스트를 이해하려면 지속적으로 현재화해야 한다. 즉 실존적 적용성을 염두에 두라는 말이다.

할 수 없는 삶의 조건에서 가설로 형성된 자신의 삶의 체계를 현실로 실현시키기 때문이다.

뿐만 아니라 동일성 작업은 매일 새로운 생산, 생성 및 이미 사용된 것에 수정을 가하는 것이지만, 학문적 사고에서 명시적 역할을 하는 일은 거의 없다. 그래서 주체성에 관한 수많은 사유 방식을 생각할 수 있지만, 중요한 것은 그것이 살아 움직인다는 사실이다. 즉 그것은 추상적인 것이 아니라 사람들이 매일 새롭게 창출해 내는 현실이다.

1) 지혜의 물질

우리는 물질과 더불어 존재와 실존, 그리고 몸을 목표로 삼는다. "예술품의 재료로서 삶(bios)에 대한 표상은 매력적이다."[113] 삶 자체가 중심에 있다. 즉 "살아 움직여지는 삶은 삶의 행위를 통해 수행된다."[114] 바로 이런 점에서 "자신을 향한 관심"에서 형성된 행동과 자신과의 관계가 전체 삶을 지배할 정도로 중요하다. 그러므로 그것은 "예술품으로 만들기 위해 삶과 자아를 형성하는"[115] 지속적인 작업이다. 그것은 또한 자신과 환경이라는 두 가지 형태를 통해 실현되는 자신의 행동에 끊임없이 질문을 제기하는 것을 의미한다.

한편 이런 '성찰'은 자신이 하는 일의 한계와 맞닥뜨린다. 다른 한편 자신의 한계에 직면한 개인은 '아름다운 존재'를 형성하기 위해 자신에게 주어진 다양한 전제들을 토대로 숙고의 숙고를 거듭함으로써 스스로를 실현시켜 나갈 수 있다. 그런 전제들과 더불어 세운

---

113) 같은 책, 272.

114) Wilhelm Schmid, *Wer war Michel Foucalult?*, 73.

115) 같은 책, 74.

목적이 결정적이다. 개인이 행동해야 하는 추상적 규준은 없다. 개인의 뜻만으로도 인간 활동의 기초를 동일성 작업으로 설정하는 평가 기준을 드러낸다. 여기서 개인적인 뜻(Sinn)은 진공 상태에서 발생하는 것이 아니라, 문화와 사회에서 끊임없이 새로이 생겨나는 기호와 지시와의 관계에서 발생한다. 따라서 "존재의 미학"의 주체인 개인에게는 삶의 고유한 의미를 발견하고 실현하기 위해 다음의 활동이 필연적이다.

> 하나는 지식을 움직이고, 결정하고, 확정 짓는 관계를 밝히고 이해하기 위한 작업이며, 다른 하나는 자신을 위해 본질적인 것으로 보이는 것까지 다양한 경험을 추론하고, 필요 없는 짐을 버리기 쉽게 하고, 단순화시키고, 없앨 것은 없애려고 노력하고, 자기 존재의 기본 특징, 개인 스타일의 특징이 무엇을 수행해야 하는지를 다루는 '실존적 추론'이 그것이다.116)

푸코가 설명하는 것처럼, 이는 '이중적 존재' 내지 '이중적 주체'를 인식하는 것에 관한 것이자 추론 목적으로 고려할 수 없는 배제 대상117)에 관한 것이며, 행동할 수 있고, 이것과 공개적으로 마주하여 자신을 유지하는 것을 의미한다. '이중적 주체'는 행동과 관련한 추론을 통한 배제 및 이에 대한 지식에서, 구성된 것과 자기 구성에서, 복종됨과 자기 복종에서 발견된다. 자신의 존재에 대한 이런 견해를 통해서야 비로소 자기 자신에게 영향을 끼쳐 구조 내에서 자신을 타자로 만들 수 있는 것이 가능해진다.

---

116) 같은 책, 74.

117) 이것은 자아의 필수 조건인 타자에 관한 것이다. 타자가 없으면 아무도 자기가 될 수 없다. 추론이라는 주제도 이런 의미에서 이해되어야 한다. 특히 행동에 있어 추론은 항상 필요하다. 핵심적인 질문은 어떻게 추론하느냐이며, 타자를 시선에서 놓치지 말아야 한다는 점이 중요하다.

2) 타자 현실화의 가능성으로서 예술

'예술'은 삶의 예술의 주체에게 자신을 의식하게 하며, 기본적으로 자신으로 향하게 하는 형성 작업이다. 즉 자신을 공간과 시간의 특정 시점과 삶의 재료에 집중시키며, 먼저 체현시키는 가운데 우연적으로 주어진 집단을 향해 있다.[118]

이렇듯 예술의 개념은 개인의 행동을 의미하며, 이것을 통해 구성되고, 형성되며, 동시에 이것을 통해 삶의 '놀이'에 참여한다. 이것에 있어 무엇보다, "할 수 있음(가능성)이 중요하다. 예술은 가능성을 열고 기술을 사용하는 것으로 구성되어 있기 때문이다."[119] 슈미트(M. Schmid)에 따르면, 개인의 가능성은 다음의 다양한 영역으로 나누어진다. 첫째, 창의적인 영역, 둘째, 규칙을 기반으로 한 기술적 영역, 셋째, 기획과 세련의 영역.

첫 번째 영역의 가능성은 다양한 자기 도구를 가진 다양한 기술을 통해 실현될 수 있다. 한 예가 크리스테바(J. Kristeva)의 상호 텍스트화의 개념에서 발견되듯이, '반복'의 가능성이다.[120] 이 기법은 반복의 시작점으로 간주될 수 있는 기원이 없으며, 반복 그 자체에서도 변화의 순간이 오고 완전히 새로운 무언가가 만들어질 수 있다는 점에서 상황을 재현한다. 반복적인 행동은 결코 같은 인지적 배경에 대항하여 같은 사회-역사적 정황에서 발생하지 않는다. 즉 자신의 삶을 실현시켜 나가는 모든 인간은 기존의 변화에 잠재적으로 관여

---

118) 같은 책, 74.

119) 같은 책, 74.

120) 이런 맥락에서 생각은 재현과 성찰만을 의미하지 않는다. "생각은 행위, 춤, 가장 바깥에 위치한 측면, 긴장으로 가득 찬 어두움이다. 이것은 재현에 대한 철학의 종결이다." M. Foucault, "Der Ariadnefaden ist gerissen", 409. 생각에 대한 이런 이해는 중요하며, 생각과 의식, 결정, 성찰에 관해 언급한다면, 텍스트 이해를 위해서 지속적으로 현재화시켜야 한다.

하고, 기존의 것을 파괴하거나 창조할 수 있다. 그러니 이런 운동은 이전 것을 잊어버리고 해체시킨다. 이같이 이해되는 반복은 이전 추론의 지양을 통해 다시금 영향을 끼치는 자리가 제공되면서, 이전 것의 해체인 동기이자 새로운 것을 창출하는 동기이다.

또 다른 가능성은 자기 관계의 기술로서 '성능(Performance)'이다. "일상생활 중에 타자에게 공간을 마련해 주는 것은 예술과 삶의 경계가 해소되는 인상을 줄 수 있다. 물론 그것은 타자의 몸짓(표현)을 정교하게 할 수 있으며, 몸 자체를 타자에게 옮겨가게 할 수 있다."[121] 우연적으로 행해질 수 있는 가능성을 통해 '성능'은 상황을 재미있고 창의적으로 처리하는 방법과, "관찰할 수 없는" 순간들, 즉 내가 통제할 수 없는 순간에 나타나는 타자에게 항상 열려 있으며, 다시 소환될 수 있고, 결과를 구성하는 순간이 될 수 있다. 때문에 '성능'은 실험 개념과도 관련이 있다. 이것은 푸코가 자주 사용하는 표현인 "l' expérience(경험)"을 생각나게 한다. 실험(Experiment)[122]의 유사언어이며, 프랑스어 "l' expérience"의 경험은 푸코가 모든 인간 행동의 기회와 위험의 차원을 설명하는 방법이다. 모든 행동은 잠재적으로 실패할 수 있기 때문에, 가능한 모든 혁신에서 상실의 순간이 숨어 있다.[123] 여기에 언급된 기술은 상상할 수 있는 유일한 기술이 아니며, 다양성과 가능성을 설명하기 위한 것이다. 모든 행동은 잠재적으로 기술될 수 있다.

따라서 가능성의 두 번째 영역은 각 기술의 현실적 전환을 나타낸

---

121) Wilhelm Schmid, *Wer war Michel Foucalult?*, 76.

122) 이런 맥락에서 "실험"은 학문적 개념보다 일상적인 개념에 더 기초한 것으로 이해된다.

123) 그러나 이것은 또한 손실로 인식되는 실험의 결과가 새로운 혁신의 출발점이 될 수 있음을 의미한다.

다. 여기서 "나는 이것을 할 수 있다."는 것은 단순한 가능성을 넘어 수행된 실천, 방법 및 기술에 대한 이념의 실현 내지 구체화를 내포한다. 그러나 "나는 이것을 할 수 있다."는 것 자체가 행동이 상황에 의해 불가능하다거나 새롭게 구성하여 다른 것으로 변경시키는 것을 의미하지는 않는다.

마지막 세 번째 영역은 각 기술의 개별 형태 및 정교함을 나타낸다. 물론 이것은 위에서 언급한 지식 작업, 즉 세계와의 관계에서 자신을 인식하고 변화 가능성을 꼼꼼히 생각해 보거나, 또는 그것들과 마주해서 변형시키거나, 개방성을 유지하고 행위를 통해 그것을 파악하고 전달해 줄 수 있기 위해 "존재하는 그대로의 것"에 대한 자세한 지식을 획득하는 것을 전제한다. 그러나 이것은 기술에 관한 다양한 방법을 생각해 볼 수 있고 체험해 볼 수 있는 단지 예에 지나지 않을 뿐이다.

따라서 삶의 예술로서의 동일성이 동일성과 비동일성의 통일성을 기회이자 위험으로 간주한다면, 이전에 설정한 전제 시스템이 낡아서 더 이상 인식되지 않아 새롭게 다가올 변화를 위해 변형시킬 수도 있음을 의미한다. 따라서 형식의 설명을 넘어 구체적인 것에 이르게 하는 동일성 개념은 의문의 여지가 있다. 일상에서 발견될 수 있는 변화의 가능성은 오늘날 모든 사회적, 경제적 및 정치적 틀에서 존재하기 위한 전제 조건이다. 이러한 변화와 새로운 것은 다음의 동일성의 예측 불가능성을 특징짓는 것으로 파악된다.

변화는 모델으로 생각되듯이, 전체적으로 일직선으로 상승할 수도 있지만, 특정 관점에서 한 걸음 뒤로 물러선 것처럼 보일 수도 있다. 이런 맥락에서 변화는 새로운 것을 창조하는 것을 의미한다. 어떤 일이 일어날지, 어떻게 변할지는 실제로 예측할 수 없다. 그럼에도 불구하고 관련 인물이 자신을 둘러싼 다양한 자원을 가지고 '올바른 삶'으로 안내하고, 자신과 같은 사람으로 구성할 수 있는 동일성을 발생시킨다.

> 주체는 교대할 수 있고, 변할 수 있으며, 근본적으로 다를 수 있으며, 삶의 파편과 모순적 경험으로 구성되며, 콜라주와 몽타주이다. … 그것은 복수의 자아이며, 아마도 그것은 새로운 태도와 관점을 얻을 수 있는 능력에 대한 그의 민감성과, 까다롭고 비판적인 판단의 전제 조건을 설명하는 깨진 동일성일 것이다. 따라서 주체의 완전한 해체가 질문되는 것이 아니라 새로운 방식으로, 그 구성은 타인과 다른 것을 위한 여지를 남겨둔다. 같은 동일성이 아니라 주체의 폐쇄성이 아닌 변하는 형태이다.[124]

동일성에 대한 "통일성"을 요청하는 것은 불가능하다. 이런 요청은 우리의 머리에서 생각될 수 있지만, 그러나 우리의 행동에는 현존하지 않기 때문이다.

> 불용성 아말감의 행동과 끊임없이 변화하는 결과는 예술품의 작업을 진행시키며, 삶의 예술의 경우, 자체적으로 전체 삶의 지속을 주장하고, 인생의 끝에서 여전히 단편적으로 남아 있는 작품을 생성 속에서 파악하게 한다. … 더 이상 삶의 일에서 모순을 배제하는 것이 아니며, 피상적인 의미에서의 성공에 관한 것이 아니며, 결코 '완료'에 관한 것도 아니다. 실패는 이 작품의 구성요소가 될 수 있다. 삶과 자아의 형성에 있어 필연적으로 성공이나 완벽을 가져와야 한다고 믿는 것은 잘못된 가설이다. 예술과 삶의 예술에 있어 성공과 실패는 근본적으로 동일함으로 목적을 달성해야 한다는 강요에 자신을 맡기지 않아야 한다.[125]

---

124) Wilhelm Schmid, *Wer war Michel Foucalult?*, 75.

125) 같은 책, 75.

무엇보다 우리가 이 장에서 보여주려 한 것은 설명된 메커니즘과 기술이 실제 삶의 요소라는 것이다. 중요한 것은 그것을 가시적이고 사용 가능하게 만들고, 이론적 지식에 추가하고, 양자에서 유익한 종합명제(Synthese)[126]를 만들어내는 것이다. 그래서 동일성은 임의성을 배제하지 않으며, 결정론적으로 생각될 수 없다. 예술은 자발성[127]을 기반으로 하며, 영감을 받고 상황에 처한 개인적인 결정이다. 예술은 우리보다 한 발 더 앞서간 것처럼 보인다.

---

126) 모순이 이런 구상에서 발전을 위한 유익한 출발점으로 이해되기 때문에, 종합명제의 개념 자체가 여기서 모순의 폐지를 의미하지 않는다.
127) 선택 개념과 마찬가지로, 여기서 자발성은 상황에 따라 스스로 결정하거나 결정하게 하는 가능성을 의미한다.

3장

자크 데리다(Jacques Derrida, 1932-2004): '차연'의 주체성

이 장에서 주체를 '흔적'으로 규정하는 데리다를 소개할 것이다. 보편성, 동일성 및 중심의 해체는 프랑스 현대철학을 중심으로 하는 포스트모던 사상에 있어 가장 중요한 특징 중의 하나일 것이다. 이런 현상은 무엇보다 데리다에서 명확하게 나타나는데, 그는 동일성으로 포섭될 수 없는 요소들을 찾으려 한다. 그는 가령, 파편, 흔적, 경계가 모호한 존재들, 인사이드에서 배제된 아웃사이드에 초점을 맞춘다. 이런 것들은 보편성과 객관성을 지향하는 학문의 세계에서 소외된 것들이며, 낯설고 탈선한 것들이다.

데리다가 정립한 새로운 주체성은 바로 '낯선 것', 중심에서 벗어난 '주변적인 것', '그림자', 명시적인 것이 아니라 '암시적인 것'을 통해 사유된다. 그러한 것들이 어떻게 중심에서 벗어나 주변으로 밀려났는지, 그래서 흔적과 재로 남게 되었는지를 탐색해 보는 것이 주체에 함의한 데리다의 주된 출발점이다. 그러한 해체를 통하여 새로운 주체성의 문제가 제기된다. 이렇게 데리다의 주체는 중심이 아닌 주변, 동일성이 아닌 차이, 통일성이 아닌 균열과 틈을 통해 사유할 것을 요구한다.

이처럼 전통 형이상학과 전통 주체사상에 대한 데리다의 비판은 그의 전체 철학에 중심적 위치를 점한다. 무엇보다 그는 전체성을 기반으로 한 데카르트의 코기토 사상에 비판적 시각을 나타낸다.[128] 칸트의 선험철학에서 보여준 것처럼, 주체가 근·현대 철학에 구심점 역할을 했다면, 데리다와 그 이후 세대에 있어 그런 주체 중심적 사상과 현존사상의 탈구조 현상이 나타난다. 그 중심에 전통적 주체 이해에 대한 비판과 기호개념이 자리하고 있다.

데리다의 그런 주체에 대한 비판 중심에 반인문주의적 주체성 형성에서 나온 비도덕적 특성이 아니라 현존, 선험성, 합리성 및 자율성 등을 기반으로 한 '자기의식'으로서 주체가 놓여 있으며, 그는 그와 같은 사상을 악의 기원으로까지 간주한다. 따라서 데리다의 주체에 대한 비판은 자신의 형이상학 비판에 이미 내포되어 있다. 데리다는 주체를 중심으로 모든 사물을 이해하려는 사상을 해체시키려 한다. 물론 그는 주체성과 자기의식의 현상을 그렇게 단순하게 거절하지는 않지만, 그것을 망상으로 설명한다.

이제 주체에 대한 데리다의 그런 비판과 그 결과를 보다 구체적으로 추적해 보도록 하자. 먼저 첫 번째 단계에서 데리다가 주로 비판하는 주체성의 기본 속성을 현상학자인 후설(E. Husserl)의 의식주체 사상을 중심으로 드러낸 다음, 두 번째 단계에서 그것의 해체를 추적하는 것이 바람직할 것이다. 이를 위해 주체 중심사상과 현존

---

128) cf. Jacques Derrida, *Die Stimme und das Phänomen. Ein Essay über das Problem des Zeichens in der Philosophie Husserls*, übers. v. Jochen Hoerisch, (Frankfurt a.M. : Suhrkamp, 1979), 90. 이후 SP로 약칭.

사상에 대해 제기된 논쟁이 주된 역할을 할 것이다. 세 번째 단계에서는 이런 비판에 대한 결과, 즉 비판에 의해 새롭게 정립된 그의 독특한 주체성과 자기의식의 현상이 드러날 것이며, 이를 통해 데리다의 주체개념의 윤곽이 보다 자세히 드러날 것이다.[129]

1. 자기현존과 자기촉발

데리다의 주체 개념과의 논쟁 중심에 '자기의식'이 자리한다. 여기서 눈여겨볼 점은 후설의 '의식' 이론인데, 이는 데리다의 자기인식 문제와 관련되며, 자신의 초기 작품인 *Die Stimme und das Phänomen(목소리와 현상)*[130]에 기초한 첫 번째 토론의 주제이기도 하다. 데리다는 이 작품에서 후설의 기호이론과 의식이론 사이에서의 관계와 결과를 추적한다. 이것은 후설의 현상학적 연구를 넘어 데카르트를 지나 칸트에 이르기까지 전통에 관련한 사실[131]과 근대 철학적 패러다임의 결과에 맞서 비판적 적용성을 낳게 한다.[132] 따라서 이 장에서 데리다의 주체에 대한 해체사상을 본격적으로 다루기에 앞서 데리다의 근대적 주체사상 비판에 근본적인 동기를 제공한 후설의 '의식' 구상을 다섯 가지로 나누어 추적해 볼 것이다.[133]

---

129) cf. Robert M. Strozier, *Saussure, Derrida, and the Metaphysics of Subjectivity*, (Berlin : De Gruyter, 1988), 188.

130) 이 책은 한국어로 번역·출간되었다. 자크 데리다/김상록 역, 『목소리와 현상』, (서울 : 인간 사랑, 2006).

131) J. Derrida, *Auslassungspunkte. Gespräche*, übers. v. Karin Schreiner u. Dirk Weissmann, (Wien : Passagen Verlag, 1998), 271, 276. 이후 AP 약어 사용.

132) cf. SP, 67, 77.

133) 후설 사상에 대한 데리다의 비판을 자세히 알려면 다음의 책을 참고하라. Höflinger, Jean-Claude, *Jacques Derridas Husserl-Lektueren*, (Würzburg : Königshausen und Neumann,

1) 현존의 장소로서 의식

후설의 의식사상에 대한 데리다의 첫 번째 비판적 방향은 "의식이 현존의 장소"라는 사실에 있다. 이에 관한 경험은 "직관으로 주어진 대상의 가까움과 명확하고 활발한 직관으로 대상에 형태를 부여하는 시간적 가까움이라는 이중적 의미"[134]로 즉각적으로 일어난다. 따라서 현존은 의식의 경험을 위해 의식으로의 즉각적인 입장(入場)에 있어 시간적 본질을 규정한다.[135] 때문에 현존은 의식에게 시간적으로 완전히 가까이 있는 현재를 경험할 수 있는 것과 다른 무엇이 아니다. 이것은 의식의 "원형"을 형성하는 '지금' 이 '순간'의 현재에서 산출된다.[136] 그러므로 의식된 경험은 근본적으로 현재적이다. "현재에서 체험할 수 있는 것과 다른 경험이 존재하지 않는다."[137]

그런 이유로 현존은 다양한 내용을 산출하는 경험에 관한 보편적인 형태를 구성한다. 이로부터 세 가지 사실이 주어지는데, 첫째, 이념의 형태를 지닌 현존은 항상 자신과 동일시되며, 그런 것으로서 무한 반복된다.[138] 둘째, 현존은 그런 이념적 형태로서 자신의 내용에 대해 무한 반복성을 가능하게 하며 그 이념의 의미를 명확히 한다. "최종

1995); Völkner, Peter, *Derrida und Husserl. Zur Dekonstruktion einer Philosophie der Präsenz*, (Wien : Passagen Verlag, 1993). 이 외 국내 관련 문헌으로 다음의 논문을 참고하라. 이남인, 「데리다의 후설 비판」,『철학논구』20(1992), 21-50./홍경실,「『목소리와 현상』에 나타난 데리다의 후설 현상학 독해」,『철학과 현상학 연구』31(2006), 57-84./류의근,「데리다의 후설 분석에 대한 검토(Ⅰ)」,『철학연구』118(2011), 53-76./류의근,「데리다의 후설 분석에 대한 검토(Ⅱ)」,『철학연구』119(2011), 25-47.

134) SP, 58.

135) cf. SP, 114.

136) cf. SP, 115.

137) SP, 200. 여기서 "체험"은 즉각적이며 직접적으로 겪은 생생한 의식 과정이나 내용을 말하며, "경험"은 객관적 대상에 대한 감각, 지각, 내성 작용 전체를 이르는 말이다. 결국 경험은 직접성을 가진 체험을 성찰하는 가운데 얻은 결과물이라 할 수 있다.

138) cf. SP, 54.

근거인 형태는 이념성의 형태이며 … 이념의 이념성은 생동적인 현존이다."139) 그리고 세 번째는 데리다가 현상학적인 '원칙들의 원칙', 즉 체험의 '근원 지점'으로서 개개 '지금'의 가설에서 보여준 바 있듯이, 존재를 단순히 현존으로 파악할 수 있게 한다. 현존이 경험의 보편적 형태이자 선험적 삶의 형태라면, 존재는 현존하는 존재와 다른 무엇으로 생각될 수 없다. "다만 현존만이 존재할 뿐이며, 항상 현재만이 주어질 뿐이다. 존재는 현존의 현재이거나 변형이다."140)

현존의 개념이 보여주는 시간적인 가까움과 더불어 현존은 또한 의식과 마주해서 그것의 형식에 의해 가능해지며, 내적으로 얽혀 있는 대상의 내용적인 현존을 뜻한다.141) 완전한 의미 이해를 위해 대상 혹은 그것의 형태가142) 충족되고 생동적인 직관의 명백한 증거로서 드러날 경우, 그것은 순수하고 명확해진다.143) 물론 나누어지지 않고 동일한 현존은 외적인 것과 낯선 것에 대해 의식의 모든 관계가 중단될 경우에만 주어진다. 경험적 대상과 함께하는 현재성과 사실성의 전 영역은 우연성과 비명증성의 특성을 갖기 때문에 자기 동일성을 지닌 현존은 초월적이며, 그 결과 현재적인 특성과 공유하지 않는 이념적인 대상일 뿐이다. "이념성은 반복을 거듭하면서 현존의 지배이거나 혹은 구속이다. 그런 현존은 그것의 순수 형태에 있어 세상에 실존하는 것의 현존이 아니다."144) 같은 방식으로 존재

---

139) SP, 54.

140) SP, 108.

141) cf. 같은 책, 58.

142) cf. J. Derrida, *Randgänge der Philosophie*, übers. v. Gerhard Ahrens u.a., (Wien : Passagen Verlag, 1999), 178. 이후 RG로 약칭.

143) SP, 58.

144) SP, 58.

하는 현존의 의미는 의사소통의 목적을 위해 다만 의미만을 허용할 뿐, 본래적 의미에 있어 직관을 거절하는 물리적 기호에서 밝혀지는 것으로 축소된다.

> 사실 다른 사람의 말을 들을 때, 그것의 체험 그대로 나 개인에게 현존하지 않는다. 게다가 나는 타자 몸의 가시성, 그의 몸짓과 그의 고시(告示), 세계 내적인 소여성으로부터 본래의 직관, 즉 직접적 직관을 얻을 수 있다. 그러나 그의 경험의 주관적인 측면, 그의 의식 및 특히 그의 행동은 타자 자신, 또는 반대로, 나 자신과 나의 행동에 유용한 방식으로 직접적이며 본래적으로 현존하지 않는다. 따라서 거기서 돌이킬 수 없으며, 최종적인 경계가 눈에 띈다. 일단 타자의 경험이 물리적인 것을 지니는 기호를 수단 삼아 알려질 경우, 나의 것이 된다.145)

그 결과 완전한 현존은 순수 이념의 사유에 기반을 둔 언어에서 발견된다. 현존은 의식이 자신과 타자와의 관계에 있어 완전히 분리되며, "고독한 영혼의 삶"으로서146) 자신과의 내적 독백에 만족해하며, 자신의 의식의 내면성에 갇혀 있는 곳에서 발견된다. 거기가 의식의 현존의 장소이다.

2) 선험적으로 주어진 의식

명료한 직관 속에 있는 대상만이 의식에게 직접적으로 주어진 것이 아니라, 그 대상에 대해 의식 자체가 선험적으로 주어져 있다.147) 대상에 대한 의식의 경험에서도 의식의 자기지각 혹은 자기직관은 그 자체를 통해 수행된다. 따라서 의식 자체는 자신의 경험의 "생동

---

145) SP, 92.

146) cf. E. Husserl, *Logische Untersuchungen*, Bd.2, hrg. von Elmar Holenstein, (Den Haag : Martinus Nijhoff, 1984), 41.

147) cf. SP, 58. 132.

적인 현재"에서 완전하다. 왜냐하면 의식 자체가 온전하게 현존하며, 확실하며, 필연적이며, 경험으로 인한 내면성으로의 자기접근은 직접적으로 주어져 있기 때문이다. 그리고 "의식은 삶의 이행, 체험 및 경험의 자기현존이다. 이런 의식은 그 자체로 근접해 있기 때문에 결코 망상에 의해 이행될 수 없다는 의미에서 그 근거를 찾을 수 있기 때문이다."[148]

이런 자기현존은 의식의 핵심이자 현존의 토대를 이룬다. 현존의 기초는 다음의 두 가지 관점에서 자기현존이다. 체험이 현재적일 경우, 그 체험은 시간적 가까움으로서 현존에 기초해 있다.[149] 여기서 현존의 기초는 현존의 내용으로 구성되며, 직관의 가능성으로 이어진다. "현존을 통해 수행되는 자기인지 혹은 자기직관은 동시에 본래적인 지각 혹은 직관의 가능성을 확실하게 한다."[150] 여기서 자기의식은 자신과 자신의 행위를 온전하게 하는 현존으로서 자신의 의식을 스스로 조율하게 하는 자율이자 자유의 토대이며, 이런 자유에서 활동하는 의지와 임의성의 원천이며, 그런 자유를 결정짓는 힘의 출발점이다.[151] 그것은 단어의 의미를 조종하고 창출하고 통제하는 자기 의식적 주체이며, 자유롭고 의지로 가득 차 있기 때문이다.

따라서 의미와 그것의 표현은 의식의 "말하고자 하는 것으로서" 항상 최종적 결과로 규정된다. "표현은 자발적이며 결정적이며 온전하게 의식된, 그리고 의도된 드러냄으로 이해된다. 기호에 활력을 불러일으키는 주체의 의도성 없는 표현은 존재하지 않는다."[152]

---

148) SP, 113.
149) cf. SP, 113.
150) SP, 115.
151) cf. SP, 134.
152) SP, 85.

3) 자기촉발의 현재적 경험으로서 의식

물론 의식의 자기현존은 의식대상들의 현재성에 의존해 있다. 그것은 그런 대상들과의 관계에서만 구성될 수 있기 때문이다. 자기의식이 유일하게 현존을 보호해 주고 반복할 수 있게 하는 대상과의 관계에서 나타난다면, 그것은 성찰과 동일성의 사건으로서 자기의식이다. 의식은 자체의 행위와 체험으로 구성되어 있으며, 그 안에서 참되며, 이를 통해 의식 자체가 현재적이다.

그러나 의식은 근본적으로 의식 자체에 대한 성찰을 통해 현존하는 체험 자체이다.153) 그 자체로 존재하는 현존에 대한 의식의 그런 성찰로부터 - 시제적 즉각성과 내용적인 채움의 이중적 의미에서 - 자기의식이 발생한다. 이것이 "현존하는 것들의 현존"이다. 그러므로 자기의식은 대상의식의 구조에 적합하다. 의식은 자신의 대상과 다르지 않기 때문에, 의식은 "자기 자신을 통한 자기지각 혹은 자기직관"154)의 덕택이다. "그러나 인식이란 무엇인가? 의식이란 무엇을 의미하는가? 그것은 대부분 의견의 형태로, 수정과 함께 현재의 자기인식과 자기지각으로만 생각될 수 있다. 그리고 의식을 위해 유용한 것은 주체적 실존을 위해서도 유용하다."155) 자기 자신에 대한 의식은 자신을 객관화시키는 성찰에서 작용하며, 이를 통해 자신을 주체성으로 구성한다. 그리고 나서야 의식은 자아가 된다.

성찰하는 자기현존에 대해 특징적인 것은 우선 "시간적 구조"이다. 시간적 구조는 의식대상의 현존과 동일한 순간에 발생한다. 즉

---

153) cf. SP, 113.
154) cf. SP, 115.
155) RG, 45.

그것은 대상의식과 자기의식의 현존에 대한 성찰로서 '지금'이 '순간'의 지점에서 수행된다.156) 그럴 경우, '지금'은 의식의 '원형'을 표현한다. 모든 체험은 항상 동시적으로 체험 자체와 관련하거나, 자기를 의식하는 성찰과 관련하여 시제에 있어 절대적으로 현재적이다. 따라서 "체험의 자기현존은 지금으로서 파악된 현재에서 생성된다."157) 자기현존으로서의 현존을 통해 의식의 자기 자신과의 동일성이 보장된다.158)

자기의식이 자신의 의식의 대상들에서 발생한다면, 그것을 구성하는 '자기관계' 또한 자기촉발의 과정으로서 이해될 수 있다. 자신에게 현존하는 자신의 행위를 수단으로 의식 자체가 작용하며, 이를 통해 의식이 자기의식으로 성장한다. "의식은 순수한 자기촉발의 경험이다."159) 따라서 자기촉발 역시 경험에 관한 가능성의 조건과 마찬가지로, 경험의 보편적 형태에서 나온 결과이다.160) 또한 "자기촉발(affection)은 이미 이전에 자신으로 파악한 존재를 특징짓는 경험 형태가 아니다. 그것은 자신을 자신과의 관계로서 나타낸다."161) 이런 자기촉발이 주체성이라 일컬어진다.162)

4) 자기촉발의 매개로서 음성

의식의 자기현존을 구성하는 자기촉발은 음성을 매개로 일어난다.

---

156) cf. SP, 114.
157) SP, 114.
158) cf. SP, 114.
159) RG, 174.
160) cf. RG, 284. 따라서 자기촉발은 경험의 보편적 구조이자 경험의 조건이다.
161) SP, 140.
162) SP, 136.

그 결과 자기의식으로서 의식은 음성과 단어들의 '언어'에 기초해 있다. 물론 사실적이며 유성음적 내지 물리적인 음성이 아니라, 명확하게 들리는 조음(噪音)의 현상학적 음성이다. 의식이 "고독한 영혼의 숨결"의 내면에서 자기 자신과 내면적 독백으로 안내한다면, 여기서 언어의 물리적 사건은 부재하다.163) 의식의 자기현존은 서로 밀접하게 연결되어 있는 다음의 네 가지 근거로부터 음성에 주어진다.

첫째, 음성은 음성적 기표(記表)가 기의(記意)와 합쳐져서 소멸되기 때문에 현존의 보호자이다. 그러므로 이 단어는 "기의와 음성, 개념 및 투명한 표현의 기초적이고 불가분의 통일성"164)으로 경험된다. 의도 내지 말하려고 하는 것과 표현행위는 음성을 매개로 말하고, 행위를 정하는 주체에게 즉각적으로 획득되고 현존한다. 따라서 자기현존의 표시는 근본적으로 '외적'이다. 그 표시는 본래 목적이 없다. 내적 독백에서는 타자와 또 하나의 자기(alter ego)가 존재하지 않으며, 따라서 중재 역시 존재하지 않기 때문이다. 음성은 단지 비생산적으로 주체의 내적 자기관계에 합류하여 언어로 표출되기 전 감각층의 순수 재현으로서 기여하는 목적을 충족시키며, 이를 통해 그 감각층은 감각의 현존을 제거함 없이 개념적이고 보편적인 형태의 이념으로 변형시킨다.165)

음성에 나타나는 선험성은 항상 이념적인 기의 혹은 표현된 의미가 표현행위에 즉각적으로 현존하는 상황과 연관된다. 이러한 즉각적인 현존은 기표들의 현상학적인 몸체가 생성되는 순간 소멸된 것으로 보이는 사실에서 비롯된다. 이제 그 몸체는 이념의 요소로 귀속되는 것처럼 보인다. 그것은 현상학적으로 자신을 축소시키고, 자신

163) cf. SP, 66.

164) RG, 39.

165) cf. SP, 98, 101.

의 몸체의 불투명한 구조를 순수한 투명성으로 변형시킨다. 이런 감각적 몸체와 외부성의 소멸은 *의식을 위한* 기의의 즉각적 현존의 본래적 형태이다.166)

둘째, 의식은 자신의 말에서 시간적으로 근접해 있다. 이것은 무엇 때문에 음성적 기표가 기의에서 드러나는지에 대한 이유이다. 의식이 말을 하는 순간에서 영향을 미치며, 의식은 그 말을 현재에서 "생동적으로" 수용하는 동시에 자신의 표현 의도를 이해한다. 의식은 음성을 통해 지금의 순간에서 성찰하는 가운데 자신과 관계한다. "의식은 내가 말하는 동안, 내가 시간 속에서 나를 동시적으로 지각하는 그런 조작의 음성적 본질에 속한다. 나의 숨결을 통해 활기를 띤 표현은 나에게 절대적으로 근접해 있다."167)

셋째, 의식은 자신의 내면성에서 벗어나는 일 없이 자신을 객관화시키고, 이를 통해 자신에게 영향을 미치는 유일한 방식에서 주체에게 음성을 허용한다. 이것은 음성적 기표들의 명료성을 위한 근거이다. 자기주시와 자기접촉이 외부적인 것과 낯선 것을 자기촉발의 운동으로 몰아가며, 이런 것을 자기의식의 정립을 위해 쓸모없는 것으로 만들며, 말을 하는 가운데 자신을 지각하는 것에 있어 그런 외적인 것과 낯선 것과의 모든 관계는 중지된다. 자신에게 말을 하고 그 말을 듣는 자기촉발은 보는 것, 느끼는 것과 다르면서 공간적 지시로 이행하지 않는다. 그러므로 자기촉발은 노출에 의존하지 않지만, 자기접근이 가능한 자신의 몸 안에서만 일어난다.

마지막 넷째, 자신에게 말을 하고 그 말을 듣는 자기촉발은 이념과 보편성의 중재로 두 가지 방식에서 작동된다. 한편으로 음성에

---

166) SP, 133.
167) SP, 134.

의해 지명된 대상들이 객관적인 이념을 보편적으로 간주하게 하고, 기의들이 끝없이 반복될 수 있는 동일적인 것으로 간주하게 한다. 이것들은 "모든 세계 내적이며 경험적인 것에 의존하지 않음으로써 현존의 형태에서 그 현존의 재현에 대한 보편적이며 경계선을 갖지 않는 가능성을 열어둔다."[168] 이를 통해 그것들은 완전히 주체의 통제하에 존재하게 된다. 다른 한편 음성적 자기촉발은 순수성의 근거라는 차원에서 이념적이며 보편적인 형태를 형성한다. 주체가 외적인 상태에 의존하지 않고 자신의 내적인 음성적 자기촉발을 원한다면, 언제든지 반복할 수 있다. 음성은 주체에 대해 완전히 자유롭게 처분할 수 있게 하는 실체로서, 그것의 자발성을 주체에게 완전히 내맡긴다. 이 점에서 음성은 주체의 자유의 표현이다. "연쇄되고 무방비 상태의 본질조차도 여전히 이런 내적인 자발성인 음성이 마음대로 조절한다."[169]

그러나 그것은 먼저 기의의 이념을 근거 짓는 음성의 이념이다. 현존하며 동일적인 형태 속에서 끝없이 이어지는 그것의 반복성이 음성의 투명성에 의해 보장받기 때문이다.[170] 그러므로 주체에게 음성과 더불어, 음성을 통해, 자유롭게 처분할 수 있는 대상으로서 기

---

168) SP, 131.

169) RG, 288.

170) cf. SP, 159. "완전한 자기현존은 개인의 다양한 현재적인 것들을 통해 감각이 자신의 이념을 구성하는 것과 동일한 것으로 생각될 수 있는 것을 가능하게 한다. 자기 현존적인 주체성과 같은 그런 다양한 현재적인 것들에 있어 상호주체성의 공간이 특정한 관점으로 그려지지만, (다른 현재적인 것들의)절대적 타자성이 부정되지 않는 특성을 지닌다. 감각이 다른 주체들을 위해 동일한 대상의 이념 이전에도 감각은 동일한 주체의 다른 순간에 속한다. 그래서 상호주체성은 특정한 방식에 있어 우선 나와 나 사이, 나의 생동적인 현재와 그런 것과는 다른 현재 사이, 즉 극단적인 타자성에도 불구하고 나의 것에 속하는 절대적으로 다른 기원들과 절대적 기원 사이에 비경험적 관계이다." J. Derrida, *Husserls Weg in die Geschichte am Leitfaden der Geometrie. Ein Kommentar zur Beilage Ⅲ der "Krisis"*, übers. v. Rüdiger Hentschel u. Andreas Knop, (München : Wilhelm Fink Verlag, 1987), 114. 이후 HG. 약칭으로 사용.

의가 주어진다. 따라서 대상의 이념이 음성에 의존해서, 그것에 완전히 자유롭게 처분할 수 있게 되는 것처럼 보일 경우, 음성은 주체의 지배를 위한 도구이다. 이렇게 "음소는 현상을 지배하는 이념의 상태로 접어든다."171)

음성을 조절하는 이념의 그런 형태로부터의 조화는 말하는 가운데 자신을 지각하는 것에서 "단수적 자기촉발"을 형성한다. 주체는 음성을 통해서 이념에서 자신과 관계를 맺을 수 있다. 따라서 주체는 자신으로부터 온전히 자율적으로 자기의식을 구성할 수 있다. 그 결과 자기의식은 말하는 가운데 자신을 지각하는 것에 대한 경험과 다른 무엇이 아니다. 따라서 음성 그 자체가 의식이다. "이런 보편성은 구조적으로 근거를 지으면서 음성 없이 의식이 가능하지 않다는 조건을 갖는다. 음성은 보편성의 형태에 있어 '더불어 존재'이자 '더불어 의식(con-science)'이다. 음성은 의식이다."172)

5) 시간성과 역사성 속에 있는 의식

의식은 다른 모든 것과 마찬가지로, 시간 속에 존재하며 역사적으로 존재한다. 의식은 후설이 항상 강조했듯이, 모든 것에 침투해 있는 역사성을 지니며, 무엇보다 자아 자체이다.173) 그러므로 근본적으로 의식에 동일한 특징이 존재하지 않으며, 시간 속에서 흘러가는 경험의 물결이자 의식의 물결로서 이해하는 것이 유용하다.174) 시간

---

171) SP, 134.

172) SP, 137.

173) HG, 162.

174) 따라서 주체성은 개념으로 파악될 수 없다. "그것은 후설이 이미 이전에 직접적이며, 명료하며, 엄밀한 것으로 손에 넣을 수 없는 것으로 증명한 주체성이었다. 근본적인 주체성은 말할 수 없다." HG, 109.

속으로 밀어 넣는 '지금'의 주변에 자리 잡은 파지(Retention)와 예지(Protention)의 변증법적 협력은 의식에서 이루어진다. 그러므로 개개 항목별로 현존하는 지금에 있어 지나간 지금과 이로 인해 동기부여 된 미래에 대한 초안이 함께 제공되며, 그 계획에 있어 지나가기 이전 지금과 그것의 초안이 함께 제공된다. 이런 지금과 그것의 파지로부터 동기부여 되어 바로 미래가 된 순간에 대한 초안 역시 함께 제공된다.175)

여기서 문제가 되는 것은 이런 운동의 통일성에 대한 지식과 시간을 통한 그 지식의 동일성에 대한 보증이 즉각적으로 제공되지 않는다는 점이다. 그것은 본질적으로 시간적이며, 유한하며, 한계를 지닌 의식으로부터 파악되지 않기 때문이다. 따라서 의식은 목적론적으로 구성된다. "충만한 현존은 규정을 위해 '더불어 의식' 속에서 절대적인 자기현존으로서 무한성을 갖는다."176) 이런 무한성은 항상 제공되는 의식에 사실적으로 비친 비현존과 같은 모든 것을 우연적인 것으로 간주하며, 무한에 이르게 하는 완전한 자기현존의 이념을 위한 선취로 넘어감을 허용한다.

상술(上述)한 후설의 의식에 대한 데리다의 소개는 자신의 주체성 형성, 무엇보다 후설의 자기의식에 대한 비판적 작업을 통해 주체의 해체 작업으로 이어진다.

---

175) cf. HG, 181.
176) SP, 163.

2. 주체의 해체

데리다에 의하면 형이상학적 전통의 예증적인 의미를 지닌 자기 의식에 대한 후설의 모델은 음성을 통해 유지된 순수 사유의 기호학적 감각 단계의 전제에 기초해 있으며, 자기의식인 의식의 자기관계 역시 그것의 내면에서 발생한다. 현재적 순간인 '지금'은 대상인식과 자기인식을 즉각적으로 발생시키는 의식의 '원형'으로서 그런 전제에 기초해 있다. 감각에 대한 파악과 자기관계가 '지금'에서 일어난다면 낯선 것의 중재를 배제시킨다. 이를 통해 순수성과 내면성이 확실해진다. "자기현존은 기호를 매개로 어떤 무엇을 알게 하는 것을 막기 위해 현재의 통일성에서 일어나야 한다."177) 그러므로 의식의 결정적인 순간은 의식의 현존적인 특성에 있다. "그러므로 의식에게 주어진 특권은 현재를 인정하는 것이다."178)

데리다의 전통적인 의식의 해체는 바로 이 점에 맞춰져 있다. 따라서 전통적으로 이어져 온 의식의 사유화, 자율성 및 기원성의 속성을 해체시키는 비기원성, 비현존성 및 차이의 동기들을 의식의 '현존'에 적용시키는 것이 그에게 중요했다. 결국 그는 이를 통해 기호가 의식의 내면에 정주하며, 순수하고 전(前) 기호학적 자기의식의 테제가 될 수 없다는 사실을 보여주려 했다. 또한 그는 언어의 내적 필연성과 사유의 선험성에 있어 언어의 내면성을 거절한다.179)

전통적인 형이상학적 의식개념에 대한 데리다의 비판은 구조주의적 기호구상 전체에 함의되어 있다. 감각이 기표들의 다양한 놀이에

---

177) SP, 115.
178) RG, 45.
179) cf. HG, 93.

대한 부수적인 효과라면, 그 감각은 사유를 위해 불가결하다. 따라서 '차연(differance)'이 의식으로부터 거리를 유지하는 것이 아니라, 역으로 "선험성이 차연일지 모른다."180)는 사실의 조건이다. 데리다는 의식의 원형으로서 '지금'을 다음의 네 가지 측면에서 대비시킨다.

첫째, 데리다는 선험적 형식으로서 시간을 통한 의식의 통일성은 칸트적 의미의 이념의 형태에서만 의식에게 제공된다는 사실을 논증한다. 이것은 결국 현상학을 위해 의식을 선험적 의식으로서 인식하게 하고, 현상학의 근거를 이루는 "생동적인 현존"을 빼앗아 버리는 문제점을 노출시킨다. 통일성은 이념으로서 단순히 형식적인 것에 불과하며 내용적으로 현존이라 할 수 없다. 이런 통일성을 위해서는 선험적이며 초시간적인 관점을 필요로 할지 모른다. "따라서 그런 것으로서 시간의 현상화를 가능하게 한 그런 통일성은 칸트적 의미에 있어 하나의 이념에 불과하다."181)

의식 자체로는 실질적으로 의식되지 않으며, 그 의식의 자기현존은 무한적으로 보류되는 무엇이며, 자신을 끝없는 활동 속으로 몰아가게 한다. 따라서 사실적이며 이념적인 의식 사이에 무한한 차이가 존재한다. 의식은 자신의 최종적인 근거와 맞서 끝없이 펼쳐지는 유보적인 상태에서 존재한다.182)

---

180) HG, 203. 데리다에게 "차연은 동일성이나 의식 같은 철학의 기초개념보다도 더 '근원'적인 것으로서 한편으로 동일성을 구성해 주는 것이면서도 다른 한편으로 그와 같은 공리적 토대를 불가능하게 하는 시·공간적 차이성과 작용을 말한다. 차이성이 근원적이라 함은 이른바 자기 동일성을 갖고 있다고 하는 요소가 실은 다른 요소들과 다르고 그 요소들을 거치시킴으로써 비로소 존재성 내지 현존성을 갖는다는 말이다. 따라서 데리다의 차연의 논리에 입각하여 보며, 자기 동일적 현존이란 당초부터 타자와의 변별적 관계에 의하여 가능해진 것임을 알 수 있다. 현존이 최초의 토대가 아니라 시공간적 차이 작용 내지 변별 작용, 즉 차연이 더 근원적인 원리인 셈이다." 윤효녕 외 3인, 『주체 개념의 비판 - 데리다, 라캉, 알뛰세, 푸코 -』, 18-19.

181) HG, 182.

182) cf. HG, 202.

이런 비현존과 차이가 의식의 자기현존으로 몰아간다. 왜냐하면 자기촉발에 순수성, 보편성 및 객관성을 보장하는 대상의 이념성도, 그것의 통일성도 이런 방식으로 제공되지 않기 때문이다. 시간에 의한 의식의 통일성은 대상에 대한 무한한 반복성의 이념을 보증할 뿐이다. 의식의 통일성이 단순한 이념에 불과하다면, 그 이념은 결국 칸트적 이념으로 여겨진다.[183]

순수한 형이상학적 신뢰에 맞서 자기의식 자체의 채움으로부터 분리시키는 비현존과 무한한 차이는 유래될 수도, 축소될 수도 없다. 역으로 그것을 채운 자기현존의 이념은 칸트적 의미에서의 이념으로 비춰질 뿐이다. "미래의 선취는 절대적 위험의 형태에서만 가능하다."[184] 따라서 목적(Telos) 혹은 끝은 본질적으로 열려 있다. 비현존과 차이는 축소될 수 없을 뿐만 아니라, 의식에 관해 명료하게 밝힐 수 있는 가능성도 아니다. "현존의 박탈은 경험의 조건, 즉 현존의 조건이다."[185] 따라서 완전한 자기현존은 무한한 미래의 이념에 자신을 내맡기지 않는다. 본질적인 것은 그 이념의 실재적 비현존성에 있다.

둘째, 데리다는 '지금'의 자기현존은 이념적 형태로서 끝없이 반복할 수 있어야 한다고 주장한다. 이런 사실로부터 현재의 이념적 형태는 먼저 그것의 반복성(iterability)을 통해 구성되며, 그 결과 현

---

183) cf. HG, 160. "후설에 있어 이념적인 것은 언제나 칸트적 의미에서의 이념의 형태에 기대어 있는 것으로 생각되기 때문이다."

184) RG, 15.

185) 같은 책, 285. 그러므로 그것은 "사유하는 것(res cogitans)", 즉 불멸의 실체로서 주체의 규정 안에 있는 형이상학으로부터 배제된 죽음과의 관계인데, 그 죽음은 현존과 이념성의 존재의 규정을 가능하게 한다. "내가 존재하는 그대로의 자아로서 자기 자신을 나타내는 것은 근본적으로 가능한 자신의 사라짐과의 관계와 다른 무엇이 아니다. 따라서 나는 다음과 같이 말할 수 있다. 나는 죽어가는 존재이다." SP, 108.

존의 반복에 대한 가능성이 형성된다. 물론 반복의 가능성이 그것의 본질을 구성하는 것으로 축소될 수 없으며, 필연적인 것으로서 현존에 속해 있다면 반복의 운동에 내포된 '차연'은 그 현존 속에 내재되어 있다. 따라서 현존은 차연적 반복 운동에 기인해 있기 때문에 근원으로서 무익하며, 동일성을 배제하기 때문에 통일성을 지향하지 않는다.

셋째, 데리다는 의식을 구성하는 자기성찰이 차이를 전제한다는 점을 강조한다. "자기촉발은 음성의 활동으로서 자기현존을 깨뜨리는 순수한 차이를 전제한다."186) 그리고 성찰의 과정에 있어 두 가지 축이 다음과 같이 구별된다. 하나는 전(前) 의식적 내면성이고, 하나는 성찰에 있어 그와 같은 것의 객관화이며, 따라서 전 의식적 의식이 자신을 그 의식과 동일시한다. 이를 통해 의식은 자기 의식적 주체로서 자신을 구성한다. 그러므로 성찰을 통해 자신을 발전시킬 경우, 그 의식은 구별된다. 때문에 그 의식은 그것 자체로서 더 이상 존재하지 않으며, 자신의 대상으로서 부가적으로 존재할 뿐이다. 그것은 차이가 없는 자기현존에 대해 더 이상 말하지 않도록 하게 하며, 의식과 성찰을 가능하게 하는 그 의식의 객관화 사이에서 차연과 더불어 자신에게 다가오게 한다.

넷째, 데리다는 현존적 '지금'의 순간에 후설이 언급한 일시성의 운동을 제시하는데, 이로부터 현존이 개개(각 항목별)의 근원이 될 수 없고, 시간의 흐름 속에서 계속되는 파지와 예지의 협력에 대한 부가적인 효과라는 결과를 도출시킨다. 따라서 '지금'은 자기촉발의 한 형태로서 규정될 수 있다. "기원점, 즉 근원적인 인상(느낌) 자체

---

186) SP, 140.

가 이미 순수한 자기 촉발이다."[187] 왜냐하면 지금은 바로 지나간 지금과 곧 오게 될 지금의 영향을 근거로 그것의 내적인 것에 있어 지금이 되기 때문이다. 이런 영향이 지금이 이어서 다가올 지금을 야기시키는 한 촉발과 다른 무엇이 아니다.

현존은 상이한 시간 운동에서 발생하고 자기촉발로 구성되는 가운데 결과적으로 차연에서 벗어날 수 없으며, 따라서 동일성을 증명해 보일 수도, 자신의 내면으로 돌아갈 수도 없다. 현존 속에 있는 공간, 외부, 타자 및 낯선 것 등은 축소될 수 없다. 상이성, 반복성, 일시성 등과 같은 비현존성이 순수 사유의 현존에서 입증된다면, 그것의 기호구조가 드러나게 될 것이다.

현존을 구성하는 비현존들 사이에서의 상이한 관계는 감각을 발생시키는 관계 외에 다른 어떤 것과도 일치하지 않기 때문이다. 만약 순수 사유에 감각단계가 존재한다면, 그것은 무시간적인 것이 아니라 시간적 감각을 내포하고 있다. 이런 시간성은 자체로 무시간적일지 모르는 감각을 펼치지 않는다. 감각이 표현되기 전, 그것은 점차로 시간적으로 형성된다.[188] 그러나 선험적 경험이 시간적이라면, 그것은 먼저 일시성에서 자신을 구성하고, 그 결과 차연으로 내던져져 낯선 것, 타자들은 언어와 그것의 기호로부터 선험적으로 구성된다.

> 후설이 인정했듯이, 이런 감각이 시간적 본성이라면, 그것은 결코 단순한 현재가 아니라 언제나 흔적의 운동, 즉 기의(signification)의 질서와 연관되어 있다. 그것은 항상 자신으로부터 체험을 위한 표현 단계로 접어든다.[189]

---

187) SP, 141.
188) SP, 140.
189) SP, 142.

그러므로 표현되기 전 감각 단계는 언제나 표현 단계로 넘어가게 되며, 양 단계의 연루는 근원적이며 분리될 수 없다. "따라서 감각이 존재할 경우, 기호 또한 존재한다. 우리는 오직 기호에서만 생각한다."[190] 이런 이유로 의미 또한 "말하려고 하는 것", 재현 혹은 한 특정한 의도의 표현으로서 규정될 수 없다. 의도 자체는 그 의도를 기호적으로 되게 하는 반복성을 통해 구성되며, 그 의도는 쪼개어지고 그것의 채움이 박탈당한다.

언어와 의식이 서로 나누어질 수 없다면, 사유 속으로의 글의 출현 역시 피할 수 없으며, 사유에 있어 차연의 영향도 저지될 수 없다. "사유의 내면성에서 이미 작동되고 있는 내적 말 속에 이미 글의 가능성이 주어져 있기 때문이다."[191] 기의에 대한 유성음적 기표들의 명료성은 허구이다. 그것에 근간을 두고 있는 것은 의식의 신화일 뿐이다.[192]

3. 주체의 의의 및 중요성

앞서 살펴보았듯이, 후설의 의식에 대한 데리다의 비판은 다음의 두 가지 사실에 주목하게 한다. 첫째, 의식은 기호 사용에 의존하거나 그 자체가 기호적인 방식으로 구성되어 있다는 점이며, 둘째, 이로 인해 의식은 현존의 장소가 될 수 없다는 점이다. 데리다의 의식에 대한 비판은 의식 전반에 나타나는 특징을 해체시켜 근·현대 형

---

190) RG, 87. 이렇듯 데리다에게 사유는 기호적으로 구성되어 있다.

191) SP, 139.

192) cf. RG, 285.

이상학의 기초를 흔들어 놓을 만큼 자기의식의 현상 전체를 거부하려는 것이 아니다.

그가 의식에 대해 말하려고 한 것은 상이한 관계에 관한 체계로부터 자기의식을 이해해야 한다는 점이다. "우리가 필요로 한 것은 이념, 의미, 감각 및 관계의 효과를 다르게, 즉 상이한 체계에 따라 규정하는 것이다."193) 데리다는 자기의식의 이론 자체를 발전시키지 않았으며, 그의 관심 밖이었다. 그럼에도 불구하고 자기의식과 주체에 관한 데리다의 주요 특징은 후설에 대한 비판과 더불어 그의 몇몇 작품에 산발적으로 흩어져 있는 의식과 주체의 문제에 대한 주석에서 읽힌다.

데리다가 후설에 대한 비판에도 불구하고 그를 신뢰하는 것은 그런 자기의식을 하나의 성찰의 과정으로 이해했다는 점이다. 따라서 자기의식이 자신을 자신의 대상들과 다르게 인식하지 않으면서 자신을 향하도록 한다면, 자기의식은 그 대상들에 따라 자신을 조정할 수 있게 된다. 그러므로 자기의식은 대상의식에 관한 특별한 형태일 뿐이다. 자기의식은 근본적으로 두 가지 단계에서 수행되는 과정에서 발생하는데, 첫 단계에 있어 무의식적 내지 전 의식적이며, 내적 의식이 드러나며, 자신의 지각에 반영되며, 이런 성찰에 있어 자기 자신을 대상으로 삼는다. 그리고 그 대상과 더불어 무의식적 의식이 마침내 두 번째 단계에서 자신과 동일시하며, 이를 통해 자신을 자기의식 내지 주체로서 구성 짓는다.194)

---

193) J. Derrida, *Position. Gespräche mit Henri Ronse*, Julia Kristeva, Jean-Louis Houdebine, Guy Scarpetta, übers. v. Dorothea Schmidt u. Mathilde Fischer, (Wien : Passagen Verlag, 1986), 131.

194) cf. M. Frank, *Was ist Neostrukturalismus?*, (Frankfurt a.M. : Suhrkamp, 1984), 303. 여기서도 주체가 필연적이기 때문에, 주체는 이제 주체화 과정의 첫 번째 부분, 즉 자기 의식적 주체가 자기의식과 주체로, 엄밀한 의미에서 자아로 여겨지는 동안, 무의식적 단계까지도 포함한다.

그러므로 주체화 운동의 시작에서 일종의 자극을 흡수하는 의식이 존재한다. 따라서 의식은 자체로 의식되지 않으며, 아직은 무의식적 내지 전 의식적 의식이다. 때문에 의식은 자체로 현존하지 않으며, 특정한 방식으로도 존재하지 않는다.

> 의식은 결코 자체로 현존하지 않으면서, 그 근원도 존재하지 않는다. 그것은 그 어떤 누구를 위해서 거기에 있지 않다. … 명명될 수 없으며 자격 요건을 갖지 않는 이런 근원은 사실 규정될 수 있는 특징을 가질 수 없다. 그 근원은 세상에 존재하지 않으며, 결코 현존하지 않기 때문이다.195)

주체화 과정의 첫 번째 단계가 일어날 수 있기 위해 다음의 두 가지 종류의 운동을 필요로 한다. 첫째, 의식은 필연적으로 대상과 구분 지어야 한다. 의식은 자신을 대상으로 삼는 동시에 이런 대상이 드러나야 하기 때문이다. 의식이 있는 곳에 타자 역시 있으며, 소리가 있는 곳에 귀 역시 있다.196) 둘째, 의식이 자신을 대상으로 삼고 이런 대상을 자신과 구분 짓기 위해 의식은 가령, 말하기를 통해 자신의 말을 듣는 자기촉발에서처럼 자신을 위해 자신을 경험할 수 있게 해야 한다. 의식은 객관화시키는 우회로 없이 자체로 자신을 인지할 수 없다.197) 의식은 또한 경험과 의미에 대한 가능성의 조건으로서 기능하는 "차연"의 체계와도 맞닿아 있지 않다.

> 주체가 언어적 다양성의 체계와 관계를 맺을 경우에만 말을 하게 될 뿐이다. 그리고 주체가 차연의 체계로 진입할 경우에만 (일반적으로 말하기 혹은 기호들을 통

---

195) RG, 289.
196) cf. RG, 306.
197) cf. RG, 297.

해) 의미를 가질 뿐이다. 이런 뜻에서 말을 하거나 의미를 갖는 주체는 언어적 혹은 기호적 차연 없이 자체로는 말을 하거나 의미를 지닌 것으로 현존하지 않을 수 있다.198)

자기표현의 경우, 의식은 이전에 있었던 체계의 사용에 의존한다. 그래서 의식은 진술들을 표현하는 단어와 특정 문화적 공간에 존재하는 기존 언어에서 특정 차이점을 가진 단어를 구성할 수 있는 구문을 취한다. 하지만 이것은 단어들에 의미를 부여하는 소위 "차이놀이"이다. 따라서 의식은 진술의 의미를 결정하는 주체가 아니라 체계에 순응하는 속성을 가진다. 말하는 순간, 그 차이는 단어에 침투하여 주체에서 그 의식을 훔쳐낸다.

> 내가 말하는 순간부터 내가 찾은 단어는 단순히 단어이기 때문에 더 이상 내게 속하지 않는다. 그것들은 원래의 방식으로 반복된다. 말하는 사람의 이름에 침투하는 이 차이는 아무것도 아니며, 잃어버린 것이다. 순간적이며 본래적인 박탈의 구조는 말이 없으면 숨을 쉴 수 없다.199)

그러므로 언어에서 단어를 취하는 의식은 이 단어로부터 형성된다. "말해진 단어가 도난당했다. 언어가 도둑맞았으므로 말해진 단어도 도난당했다."200) 자율적인 기표들과 마주하여 주체의 "말하려고 하는 것"이 거절당하고, "행동하는 것 대신에 고통을 겪으며", 언어 체계에 의존되어 있다. 이것으로부터 자신을 파악하려는 의식의 노력은 가능성의 조건으로서 차이의 운동에 완전히 내맡겨져 이로

---

198) RG, 45.

199) J. Derrida, *Die Schrift und Differenz*, übers. v. Rudolphe Gasche', (Frankfurt a.M. : Suhrkamp, 1997), 271.

200) 같은 책, 272.

부터 결정되며, 그것의 변화에 의존한다. 여기서 차이는 변형된 의식으로 자신의 이미지가 각인되어 있다. 따라서 의식은 원래의 표현이 아니라 차연의 체계에 의해 규정된 "언어의 변형된 반향"201)만을 드러낼 뿐이다. 차연의 체계를 통한 의식의 이런 수용은 자신에 대한 성찰 역시 실패한다는 사실이다. 여기서 성찰의 문이 폐쇄되어 있는데, 그 이유는 다음과 같다. 첫째, 차연의 체계가 주체 혹은 의식의 이미지를 다시 되돌려 버린다는 전제로 인해 주체는 자신의 이미지에서 자신을 결코 인식할 수 없게 된다.

둘째, 동일시하는 잣대의 결핍으로 인해 다양한 종류의 규정들에 의존함으로써 의식의 귀환은 성공할 수 없다. 이것은 왜곡된 이미지와 자신을 동일시할 수 있기 때문이다. 이로 인해 의식은 자기 자신과 동일시되는 것 대신에 차연적 체계의 산물로 간주된다. 따라서 의식의 자기관계는 고유한 주체가 사라지는 '자기탈주'로 변화된다. 의식은 결국 무의식으로 남게 된다.

셋째, 의식이 자신의 이미지에 의해 영향을 받고 수정된다는 사실로 인해 계속되는 분할을 경험하게 된다. 자신을 말하고 듣는 의식은 더 이상 말하는 의식 자신과 동일하지 않다. "내가 나에게 어떤 것을 말하면, 내가 말한 그것은 영향을 미치고, 그런 경향이 계속되고, 내가 나에게 말할 것을 수정한다. 그것이 바로 근원이다."202) 이렇듯 의식은 자신의 이미지를 성찰을 통해 끊임없이 분할시켜 나간다. 의식이 성찰 전과 후가 다르기 때문이다. 따라서 자신의 이미지를 초월해서 자신을 찾으려는 의식의 모든 시도는 실패로 돌아간다.

---

201) cf. J. Derrida, *Dissemination*, übers. v. Hans-Dieter Gondek, (Wien : Passagen Verlag, 1995), 368.
202) RG, 308.

결국 이미지와의 동일시는 의식의 통일성을 구성하는 것이 아니라 분할의 다양성에 영향을 미친다.

넷째, 고유한 것이 아닌 이미지와 함께함으로써 내적이며 무의식적 의식 자체는 사라진다는 사실로 인해 상황이 복잡하게 얽히게 된다. 무의식적 의식을 자극하고 변화시키는 이미지 자체가 실재를 구성하는 근원이 되기 때문이다. 따라서 근원은 파악할 수 없게 되며, 귀환을 가능하게 할지도 모르는 지점이 그 근원과 함께 사라진다.203)

의식은 시간적으로 존재하며, 이에 따라 경험과 사유 속에서 '차연적' 일시성의 운동에 의존한다. 차연이 본래적이며 의식은 언제나 분할된다. 따라서 의식 자신으로의 귀환은 불가능하며, 처분되었고, 쪼개졌고, 차이를 보이며, 현존하지 않으며, 엄격한 의미에 있어 자기의식 내지 주체로서 구성될 수 없다. 이러 차연의 비현존성은 주체 자체의 죽음과 관계하기 때문이며, 순수하고 차이가 없는 현존에 대한 희망, 즉 귀환에 대한 희망이 자신의 주체화와 대립각이 세워지기 때문이다. 그러므로 의식은 자기현존과 이중 관계를 유지한다. 그런 이중관계는 달성하고자 하는 것과, 결코 달성할 수 없을 뿐만 아니라 달성해서는 안 되는 것과의 관계이다. 물론 차연은 의식이 스스로 나타날 수 있게 하는 자기의식에 관한 가능성의 조건이자 또한 자신을 보존하고 이름을 지정할 수 있는 가능성을 제공하며, 효과적인 이상화를 통해 어느 정도의 안정성, 동일성 및 재동일성의 가능성을 열어준다.204)

---

203) cf. J. Derrida, *Grammatologie*, übers. v. Hans-Joerg Rheinberger u. Hanns Zischler, (Frankfurt a.M. : Suhrkamp, 1998), 65.

204) cf. J. Derrida, *Falschgeld. Zeit geben* I, übers. vo. Andreas Knop u. Michael Wetzel, (München : Wilhelm Fink Verlag, 1993), 36.

결과적으로 차연이 다음의 측면에서 명백해진다. 의식의 '대자적 존재'로서 주체성은 차연의 체계를 필요로 한다. 의식의 자기표현의 가능성은 먼저 기호와, 그것의 순서에 의해서만 작용하기 때문이다. 그러므로 차연의 체계는 주체화 형성을 위한 가능성과 불가능성의 양 조건을 지닌다. 따라서 주체성에 관한 가능성의 조건은 동시에 불가능성의 조건이다.

주체성이 불가능하기 때문에 주체성이 가능하다. 역으로도 마찬가지이다. 그것이 만들어지는 순간, 그것은 주변에서 사라지기도 한다. 차연은 "한 번의 유일한 움직임에서 의식적 주체성을 구성하고 동시에 소멸시키기 때문이다."205) 주체는 지금 이 순간까지만 나타날 수 있다. "우선 나는 처음에 나타났을 수도 있는 부분에 대해 언급하고 있다."206) 이런 즉각적으로 지각될 수 있는 것처럼, 보이는 것은 말해진 단어의 구조에 속한다. 그것은 "단어 자체의 생성 부분"이다.207)

주체는 말을 하는 가운데 자신의 현존을 확신하며, 차연의 체계에 의해 발생된 산물과 동일시된다. 이런 주체는 세 가지 측면에서 다음의 결과를 낳는다. 첫째, 보이는 '현상'이 구성된다. 둘째, 주체의 분할이 증가한다. 음성을 통해 성공한 것처럼 보이는 내면으로의 귀환은 결국 환상이며, 재획득은 기만이며, 자기촉발은 순수 사변에 불과할 뿐이다.208) 셋째, 주체는 차연의 운동과 변화로 양도된다. 물론 이런 변화는 항상 혹은 이미 변형된 자료에서 일어난다. 본래적 주체란

---

205) J. Derrida, *Grammatologie*, 275.

206) RG, 291.

207) cf. RG, 304.

208) cf. J. Derrida, *Dissemination*, 334.

존재하지 않기 때문이다. 따라서 주체에게 동일성도 실체성도 다가오지 않는다. 주체는 근본적으로 이런 차연의 체계에 의해 발생되고, 지속적인 변화에서 파악되는 산물 그 이상으로 간주되지 않으며, 자신과 동일시되지도 않는다. 그것은 은유 그 이상이 아니다.209) 이런 산물 이전 주체는 존재하지 않는다. 따라서 자아는 그 자체로 텅 비어 있는 피상이며, 보충되고, 그런 보충과 더불어 생성된다. 따라서 "주체의 고유성은 이런 재현하는 수용에 지나지 않는다."210) 주체는 자신의 투영성, 자신의 부정적인 것, 그 이상이 아니다.

요약하자면 첫째, 전통적인 의미에 있어 자기의식과 주체는 존재하지 않는다. 본래적인 것과 선험적인 것은 그 자체로 현존적 의식이 아니며 차연, 즉 결핍과, 이로부터 자라나는 현존에 대한 희망일 뿐이다. 둘째, 의식의 본질적인 비움을 야기하는 현존의 현상이 존재할 뿐이다. 자기의식과 주체는 경험과, 무엇보다 자신을 말하고 듣는 현상에 맞춰진 환상이다. 자기의식에 있어 오직 음성의 가상적인 투영성에 대한 경험만이 다루어진다. 음성이 의식이기 때문이다. 셋째, 자기의식은 차연의 영향이다. 차연의 체계가 주체성을 가능하게 혹은 불가능하게 한다. 따라서 주체는 차연의 체계에 의해 부가적으로 발생된 것과 다른 무엇이 아니다. 넷째, 이에 따라 자기의식은 피할 수 없는 부작용이거나 시간적이며, 차이를 보이며, 따라서 촉발을 일으키는 구조에 대한 인식의 '현상'일지 모른다. 다섯째, 차연의 효과로 주체는 복잡한 시스템으로 구성된 네트워크의 결과이며, 대부분 반복 불가능한 시스템 조합의 우연한 결과라는 의미에서

---

209) cf. RG, 300.

210) J. Derrida, *Grammatologie*, 315.

개별성에 가깝다. 마지막 여섯째, 차연의 영향으로 주체는 그것의 운동과 변화에 종속되며, 이미 그 자체로 차이를 보인다. 그러므로 주체는 동일성이나 실체성을 보여주지 않는다. 어느 정도의 안정성과 영속성은 기껏해야 "존재하지 않음", 즉 의미에 대한 제한된 이념성으로 나타난다. 그것은 결코 안정되지 않고 불안정하다. 자아는 결코 자신 안에 존재하지 않으며, 그 자체와 동일하지도 않다. 결과적으로 의식적 자아의 효과에 대한 이념적이고 순수한 형태는 존재하지 않는다는 사실이다.[211]

---

211) 데리다의 주체성과 차연의 관계를 국내의 다문화 사회에 적용시킨 글로써, '낯선 자' 혹은 '이방인'에 시선을 집중하여 새로운 주체성을 제시한 다음의 논문을 참고하라. 서용순, 「이방인을 통해 본 새로운 주체성에 대한 고찰」, 『한국학논집』 50(2013), 275-302.

III부

상호주체성

영어에 있어 접두사 'inter'는 라틴어의 'inter'에서 유래하며 '○○
의 사이'를 의미하는 까닭에 "intersubjectivity"는 '간(間)주체성'이라
고 번역되는 경우도 많지만, 그 접두사는 또한 '상호(相互)'라는 의
미도 지니기 때문에 '상호주체성'이라고 번역된다. 이 말은 개개의
주체들이 각각의 고유성을 지니고 있지만, 상호 간의 교류와 소통,
그리고 공감을 통해 '우리'를 형성하는 하나의 상호 관계를 가리킨
다. 그 관계는 인간 간의 사회관계를 근거 지울 뿐만 아니라, 사물의
객관성의 기저를 이루는 것으로서 후설(E. Husserl)의 현상학에서 특
히 중요한 역할을 감당하였다.[1]

　　현상학자인 후설은 하나의 주체를 초월하여 다수의 주체에 공통
적으로 나타내는 것을 상호주체성이라 정의하였다. 객관적 지식이
실재하지 않는다는 점에서 공유된 지식만이 존재하고, 이는 '상호주
체성'이라는 용어로 표현된다. 즉 상황에 대한 공유된 이해가 상호
주체성을 만들고, 이러한 상호주체성에 입각한 행위는 사적이고 개
별적인 생각과 이해를 초월하여 한 사람이 다른 사람과 하나가 되는

---

1) 이남인, 『후설의 현상학과 현대철학』, (서울 : 풀빛미디어, 2006), 38-97 참고. 이 외에 다음의
　　책을 참고하라. Joseph J. Kockelmans, *Edmund Husserl's Phenomenology*, 임현규 역, 『후설의 현상
　　학』, (서울 : 청계출판사, 2000).

행동이라 할 수 있다. 그리고 언어 등의 상징체계를 통한 협의 과정을 통해 상호주체성의 기반이 마련된다.

이런 뜻의 '상호주체성'을 다루는 3부에서는 후설과 하버마스의 타자 중심적인 주체성과 메를로-퐁티의 신체 중심적인 주체성을 비교해 가면서 현대사회에서 새롭게 정착될 수 있는 열린 주체의 윤리와 사회적 소통의 문제에 관해 논의해 나갈 것이다. 후설과 하버마스의 타자, 메를로-퐁티의 신체에 있어서 이런 개념들 사이에서 양립할 수 있는 철학적 착상과 공동체의 새로운 인식을 위한 상호주체성이란 무엇인가? 이 질문에 대한 답을 먼저 상호주체성 개념의 창시자인 후설을 통해 추적해 볼 것이다.

1장

에드문트 후설(Edmund Husserl, 1859-1938): 상호주체성의 현상학

후설의 철학에 있어 상호주체성은 자신의 현상학의 모든 본질적인 요소가 이 속에 담겨 있기 때문에 가장 중요한 개념 중 하나이다. 물론 상호주체성 개념이 후설 철학의 중심점에 있다는 것을 의미하지 않는다. 그러나 이 개념이 중요한 이유는 사회 전반적인 영역에 있어 다층적이며 다의적으로 적용되기 때문이다. 그중에서도 뜨거운 감자로 부각되는 특별한 이유는 20세기 초반 무렵부터 다양하게 적용되는 상호주체성 개념이 후설의 현상학에서 그 뿌리를 갖기 때문이다.

본 장에서 다룰 내용은 후설의 상호주체성의 사상 중, 무엇보다 '초월적 현상학'에 집중할 것이다.[2] 먼저 후설 사상에 있어 '자아론'이 소개될 것인데, 이것은 자신의 초월적 자아수용과 자기관계의

---

2) 후설의 상호주체성의 현상학은 크게 세 가지, 즉 '존재론적 현상학', '초월적 현상학' 및 '상호주체성의 형이상학'으로 구별된다. "후설은 단 한 가지 유형의 상호주관성의 현상학만을 발전시킨 것이 아니라, 서로 구별되는 다양한 유형의 상호주관성의 현상학을 발전시켰는데, 상호주관성의 존재론적 현상학, 상호주관성의 초월적 현상학, 상호주관성의 형이상학 등이 그것이다." 이남인, 「상호주관성의 현상학-후설과 레비나스」, 『철학과 현상학 연구』 18(2001), 27.

'원초적' 특성에 맞춰져 있다. 이 두 가지 요소가 후설의 초월론적 상호주체성에 관한 이론의 토대로서 의미를 지니며, 그것의 이론적 대상인 '다른 자아'로서의 규정에서 드러난다. 이와 관련하여 본 장 내용의 전반적인 기반은 현상학적인 분석에 따른 결과물이다. 그래서 본 장은 의식의 '노에마적'3) 측면에 집중할 것이며, 무엇보다 노에마적 대상들로서 경험하는 인간에 관한 후설의 이해가 소개된다.

후설에게 상호주체성의 초월적 이론은 마르틴 부버(Martin Buber)의 '대화'에 맞춰져 있다. 따라서 후설의 초월적 상호주체성과 대화 사이에 '타자로의 진입(Zugang zum Anderen)'에 관한 질문이 제기된다. 자아에 의해 타자가 '낯선 자아'로 이해될 경우, 그런 타자의 규정은 자아의 고유한 원초적인 자기이해에 근간을 두고 있다. 바로 이런 이해가 '나'와 '너'의 동일한 출처를 주장할 근거이다.4) 초월적 상호주체성의 이론은 타자의 자명한 존재의 수용 여부를 결정짓는 것이 아니라, 오히려 경험하는 모든 것이 새로운 의미를 낳는 상관개념(Korrelat)의 원리로 작용한다. 그 경우 타자의 구조는 자신의 의식 활동을 통해 밝혀진다.

그런데 의식의 초월적 해석은 상응하는 경험대상의 묘사와 더불어 시작된다. "출발점은 그때그때 주어진 대상을 필연적으로 요구하는데, 성찰로 인해 그때그때 의식 상태로 환원되는 대상이다."5) 후설은 이런 의도된 대상을 '초월적 토대'6)라 칭한다.

---

3) '노에마'는 후설의 현상학에서 의식작용에 의해 형성된 인식 대상을 이르는 말이다.

4) cf. Michael Theunissen, *Der Andere. Studien zur Sozialontologie der Gegenwart*, (Berlin : De Gruyter, 1977), 4.

5) Edmund. Husserl, *Cartesianische Meditationen und Pariser Vorträge*, ed. S. Strasser, (Den Haag : Martinus Nijhoff, 1950), 87. 이후 CM으로 약칭 사용.

6) '초월적 토대'에 대해서 보다 자세히 알려면 다음을 참조하라. CM, &21 "Der intentionale

무엇보다 후설은 인식론적이고 노에마적인 상관개념의 분석에 있어 '노에마적인 것'에 보다 큰 의미를 부여한다. 의미를 불러일으키는 동기는 의도된 대상에서 발견되며, '인식대상'의 해석을 위한 기초를 제공한다. 그러므로 경험에 관한 적절한 묘사는 의미를 창출하는 의식과정의 분석을 위해 결정적인 역할을 한다.

1. 자아주체(Ichsubjekt)로서 경험하는 인간의 규정

후설은 인간의 경험을 『이념들 I』에서 상세히 기술한다. 그는 이 작품에서 인간이 어떻게 일상적 삶에서 자신과 타자, 세계를 경험하는지 분석한다. 이 분석에 있어 특별히 눈에 띄는 것은 타자의 규정이 처음부터 자아론적으로 각인된다는 점이다. 이것은 '자아담론'과 일상적 삶에서 형성된 '나' 자신에 관한 설명에서 드러난다. 후설은 타자에 관한 설명을 '나'로부터 출발하며, 타자와 관련된 것을 자기 경험으로 간주한다. "나 자신에게 유효한 것은 나의 주변에 존재하는 다른 모든 사람들을 위해서도 내가 알고 있는 그대로 유효하다."[7]

후설에 따르면 주체는 자신을 '주변'과의 마주 보기(Gegenüberstellung)에서 발견한다. 이렇듯 그는 자기인식으로부터 타자 또한 그렇게 주어진다는 논점을 발전시켜 나간다. 그런 방식으로 행해진 타자의 규정은 처음부터 자기 앎의 적용을 통해 밑그림이 그려지기 때문이다.[8]

Gegenstand als transzendentaler Leitfaden", 87.

7) E. Husserl, *Ideen zu einer reinen Phänomenologie und phänomenologischen Philosophie. Erstes Buch*, hrg. von Elisabeth Ströker, (Hamburg : Felix Meiner Verlag, 1992), 60. 이후 Ideen I.으로 약칭 사용.

8) 무엇보다 구르비취(Gurwitsch)는 일상적 삶에 있어 인간의 사회적 특성을 강조한다. 동료와의 만남과 더불어 주어진 '있음'의 구조에 관한 그의 분석은 사회적 환경의 묘사와 더불어 행해진

타자를 단순히 현상적으로 주어진 것이 아니라, 자기이해에 근거하여 이론적으로 규정하려는 것은 상호주체성 이론을 위해 적절하다. 후설에게 타자는 (자아)주체로서 규정되면서 일상적 삶에서 구체적으로 경험된다. "나는 인간을 경험하는 존재로서 이해하며, 내가 나 자신과 하나이듯이 타자들 역시 주체로서 받아들여 그들의 일상적 환경과 관련시킨다."9) 이런 규정의 이론적 근거는 다음과 같다. 우리의 일상적 삶에서 주어진 주변을 자기 주체의 주변으로 전제한다면, 상호주체성 이론이 가능해진다. 이렇듯 상호주체성은 '자아 주체'로서 먼저 자기구조의 이론이 형성되고, 이후 타자로의 이차적인 이론형성이 이루어진다.

그런데 후설의 그런 묘사에 있어 내가 보고, 나와 말하고, 함께 듣고, 함께 일하는, 다시 말해 직접적으로 나와 마주해 있는 인간들과 그들의 주체로서의 규정 사이에 긴장이 조성된다. "내가 나 자신과 하나이듯이", 타자가 (자아)주체라는 논지는 타자를 단순히 현상적으로만 묘사하는 것을 피하게 한다.10) 즉 그는 내가 그를 발견하는 그대로 규정되지 않는다.

환언하면 (자아)주체의 묘사는 "주체-주변"구조에서 나온 결과물이라 할 수 있다.11) 주변 혹은 환경은 -후설은 양 개념을 교호적으로 사용한다.- 자아의 다양한 의식행위와 관련한 인식 영역에 해당된다. 인간이 하나의 세계이며 동일한 세계에서 발견된다는 것은 자

다. cf. Aron Gurwitsch, *Die mitmenschlichen Begegnungen in der Milieuwelt*, (Berlin : De Gruyter, 1976), 49.

9) Husserl, Ideen Ⅰ, 60.

10) 같은 책, 60.

11) 이에 대해 후설은 인간은 "(자아)주체로서, 자연적 환경과 관련하여 경험한다."고 진술한다. 같은 책, 60.

연스러운 의식에 속한다. 그러나 인간은 주체와 관련한 수많은 환경에 관해 더 이상은 알지 못한다.

후설은 (자아)주체로서 인간의 자아론적 규정에 관점과의 관련성과 주변 환경 및 주된 특성을 덧붙여 설명한다.12) 자아주체의 본질은 주체 주변의 중심에서 발견되며, 중심은 모든 경험이 자아와 관련해 있다는 사실에서 드러난다. 물론 그 경험은 처음부터 주체의 주변에서 중심적 위치를 점하는 것은 아니다. 나는 주변의 것들을 다양한 측면에서 자연스럽게 인식하지만, 그것들이 자아 중심적 현상들을 소유하지 않았다는 사실을 알게 된다. 나는 모든 인간이 대상들을 직접적으로 보고 있으며, 건드리며, 움직인다는 사실을 인식한다. 그러나 그런 것들이 특정한 관점에 맞추어진 현상을 통해 묘사된다는 표상을 나는 갖지 않는다. 인간의 자연스러운 의식은 '여기'라는 고정된 특정 장소에 묶여 있지 않다는 확신에서 생성된다. 인간은 자신이 머물 장소를 때와 상황에 따라 변경시키기도 하는데, 이는 자연스러운 세계가 어느 누구에게도 의존되어 있지 않기 때문이다.

중심의 특징은 타자의 단순한 직관으로부터가 아니라 인식론적 자기이해로부터 유래된다. 경험세계는 나를 중심으로 이루어진 것도 아니요, 타자 중심으로도 아닌 자연스러운 관점에서 주어진다. 이와 관련하여 "모든 인간의 개개 주변에 동일한 세계를 갖고 있다."13)는 후설의 진술은 이미 자아론적으로 각인된 세계인 것처럼 여겨진다. 자아가 세계를 근본적으로 자신과 관련되어 있다는 점을 인식한다면, 세계는 다만 자아에서 확장된 것으로 이해될 뿐이다. 이에 비해

---

12) cf. E. Husserl, *Zur Phänomenologie der Intersubjektivität. Texte aus dem Nachlaß. Erster Teil(1905-1920)*, ed. Ⅰ. Kern, (Casa editrice : Springer Verlag, 1973), 111.

13) 같은 책, 117.

자연적 관점에서 보자면, 인간은 자신 주변에 동일한 세계를 소유한 것이 아니라, 그냥 세상 속에 머물고 있으며 살아가고 있다. 이런 두 가지 다양한 항목은 세계의 자연적 의식과 세상을 향해 자아중심적인 인식론적 관점 간에 차이를 드러낸다.

　자연적 삶에서 자아주체가 방향설정의 한 축으로 이해한다는 후설의 견해는 '자연적이며', '자아중심적인' 관점에서 나온 것이다. 우리가 이런 관점을 받아들인다면, 타자들이 본래 나와 마주한 것도 아니며, 자아 주변의 중심점으로 나타난 것도 아니라는 사실이 명백해진다. 한마디로 자연적 의식은 자아 중심적이 아니라, 사회적 특징을 본질로 갖는다. 그것은 자아주체와 마주하여 개체화된 다수의 표상에 근거한 것이 아니다. 그러나 그것은 자아 중심적 위치에서 벗어나 있지 않다.14) 사회와 관련하여 살아가는 인간은 그가 속한 사회 속에서 자신의 인간화가 이루어지며, 따라서 사회와 관련짓지 않은 개별자는 존재할 수 없음이 입증된다.

2. 경험에서 정립된 자아

　타자에 대한 원초적 경험이 자아주체로서의 규정에는 아직 이르지 못했다는 것이 전술한 내용의 요지이다. 이번 주제에서는 경험대

---

14) 핑크는 표상하는 주체로서의 자아 이해가 상호주체성 이론을 위해 부정적인 결과들을 낳는다는 사실을 보여준다. 그런 이해는 표상하는 낡은 자아로서의 타자 이해로 이끌기 때문이다. 그것은 더 이상 인간들의 상호적 존재로 이해하는 것을 가능하지 않게 한다. 이를 통해 공동체는 다수의 자아 사이에서 표상에 적합한 종류의 상호 관계로 환원된다. 결국 핑크의 의도는 이런 토대에서 공동체의 존재론적 규정을 얻기 위해 사회성의 현상학적 분석을 수행하는 데 있다. Eugen Fink, *Existenz und Coexistenz*, in Gesamtausgabe Bd.16, hrg. von Stephan Grätzel, (Freiburg : Karl Alber Verlag, 2006), 37.

상인 '인간'과 인식대상인 '자아주체' 사이에서 형성되는 차이가 내가 나 자신을 일상적 삶에서 어떻게 발견하는지와 관련하여 드러날 것이다. 이를 위해 후설의 『이념들 I』에서 드러난 일상적 삶에서 보여준 '세계묘사'에 초점이 맞춰진다. 후설은 이를 "일상적 삶 속에 있는 인간"으로 묘사하여 전개하는데,[15] 이런 이중적 이해 방향은 후설 분석의 첫 번째 국면에서 그 정당성이 발견된다. 그는 그것을 학문적으로 증명하기 전, 먼저 자아의 관점으로부터 관찰하기 시작한다.

인간은 자신을 일상적 삶 속에서 '인간' 자체로서 발견한다. 이런 규정은 다음의 묘사에서 나타난다. "나는 나를 본질적으로 타자들과 구분 짓지 않는다. 내가 그들과 '동일하다는 것'이 나에게 의식된다." 이런 견해는 형식적으로 보자면, 타인들이 나와 동일하다는 논지와 동일시되지 않는다.[16] 언뜻 보면 양 문장에서 관찰자가 동일하게 보일 것 같지만, 그러나 주의 깊게 살펴보면, 한 관찰자의 다른 견해가 나타난다. 첫 번째 문장의 경우, 관련을 맺는 축으로서 내가 나와 비교되는 타자를 꾸준히 받아들인다. 그에 비해 두 번째 문장의 경우, 그때그때의 규정을 이끄는 출발점으로서 나 자신을 받아들인다. 그런데 첫 번째 문장은 나는 나를 한 사회적 본질로 이해하는 경우이다. 그에 비해 두 번째 문장의 '자아론적 관점'은 타자들에 관해 추론하

---

15) cf. Ideen Ⅰ, §27 "Die Welt der natürlichen Einstellung Ich und meine Umwelt."

16) 뢰비트(Löwith)는 "더불어 세계(Mitwelt)"의 기술에서 이런 두 가지 다양한 관찰을 세심하게 구분 하지 않는다. 그는 주장하기를, "그 어떤 다른 무엇과의 차이에 있어 타자들은 나 자신이 그렇듯이, 존재의 같은 종류와 방법으로 거기에 있음을 통해 특징지어진다. 그들은 다르면서도 다르지 않고 나와 같다." K. Löwith, *Das Individuum in der Rolle des Mitmenschen*, in : Sämtliche Schriften, Bd. Ⅰ, hrg. von K. Stichwort und M.B. de Launay, (Stuttgart : Kohlhammer, 1981), 65. 또한 그는 자신의 작품 여러 곳에서 "더불어 인간"을 "나와 같은 것"으로 규정하면서, 자기인식과 자기규정을 본질적으로 전제한다.

는 가운데 자아주체로서의 나 자신의 원초적 이해로 이끈다.

전술한 후설의 묘사는 이제 두 번째 관찰 방법으로 우리를 안내한 다. 그의 자아분석에 따르면, 모든 자기규정은 타자들의 경험에 근 거해 있고, 이를 통해 사회적으로 각인된다는 관점을 중시한다. 한 개별자가 타자들처럼 태도를 취하고, 그들과 공동으로 행동하고 소 통할 경우, 한 개별자의 행위들은 '인간적'이다.[17]

그런 의미에서 삶의 '심리적' 상태 또한 사회적으로 규정된다. 나 는 타자와 똑같이 그렇게 '생각하고', '경험하고', '느낀다.' 이것은 나의 삶의 심리적 상태의 내용이 타자의 내용과 같다는 것을 뜻하지 않는다. 내용이 아니라 나의 의식체험의 방법이 사회적으로 각인되 어 있다는 뜻이다. 그것은 나 자신의 본질에 속한 것으로서 나에게 다가오지 않는다. 오히려 그것은 타자와의 '더불어 삶'이 그렇듯이, 그들에 대한 나의 직관의 토대에서 형성된다. 인간 간에 이루어지는 만남에서 내가 깨달아지고 형성되는 것으로서의 감정과 체험들이 나의 개별성 자체 안에 존재하지 않는다.

나의 '코기토(cogito)'의 전체 내용이 사회적으로 각인되어 있듯 이, 모든 활동을 담지 하는 나의 몸 또한 사회적 특성을 지닌다. 타 자들이 그런 것처럼, 나 역시 걷고, 달리며, 몸의 지체들을 움직이게 한다. 그런 신체활동들이 나를 위해 의미를 갖는다. 개별적인 모든 것은 나를 위해서나 타자를 위해서 고정된 부동성이 아니라, 시시각

---

17) 쉬츠(Schütz)는 삶의 세계를 일상적 관점의 상호 관계로 해석한다. 그는 삶의 세계가 처음부 터 개인적인 것이 아니라 상호 주체적임을 보여주려 한다. 그것은 공동경험의 세계이다. 그는 삶의 세계를 학문화되기 이전으로 이해하며, 인간이 공동으로 행동하는 일상적인 현실성의 영역으로 이해한다. "전체성 안에서 자연세계(Naturwelt)와 사회세계(Sozialwelt)로 이해되는 삶의 세계는 나와 우리의 상호적 행위의 목적 영역이자 무대이다." A. Schütz, T. Luckmann, *Strukturen der Lebenswelt*, Bd Ⅰ, (Frankfurt a.M. : Suhrkamp, 1979), 28.

각 변하는 유연성을 갖는다. 때문에 모든 인간이 가진 개별성과 고유성은 온전히 파악되지 않을 뿐만 아니라, 언어적으로도 온전히 표현되지 않는다. 언어 또한 사회적으로 중재되기 때문이다. 나는 타자들이 사용하는 그런 언어로만 말할 수 있을 뿐이다.

인간으로서, 그리고 자아주체로서 이루어진 자기이해는 물적 세계와 사회적 세계를 향해 취하는 나의 태도에 따라 차이를 형성한다. 나는 세상 속에서 나를 인간으로서 발견하며, 물적 세계와 다른 인간들 사이에서 현존하는 것으로 발견한다. 전체성으로서 세계는 나와 대립해 있지 않다. 세계는 주체로서의 이론적인 자기이해와 관련하여 규정된다.

일상적 삶 속에서 형성된 자아 자신에 관한 해석은 사회적 본질과 밀접한 관계를 맺는다. 내가 나 자신으로부터 사회적인 것과 연결되어 있다는 사실을 깨닫는 순간, 나는 필연적으로 타자들과 연결되어 있다는 사실 또한 깨닫는다. 자기구성에 관한 인식론적 설명은 자기규정을 형성시킨다. 그런 규정은 타자들에 관한 나의 경험의 단순한 추상의 결과로 나온 것이 아니다. 자기인간화와 더불어 형성되는 자기구성은 나의 사회화와 필연적으로 연결되어 있다.[18] 그러나 그렇게 획득된 인식론적 관점은 자연적 관점과 동일시되어서는 안 된다. 후설에 따르면 자연적 관점에서 살아가는 인간을 자아주체로서 규정할 경우, 그런 위험이 도사리고 있다.

---

18) 일레이(Eley)는 후설의 상호주체성 이론의 출발점을 형성하는 고립(독)된 자아로서 *ego cogito* 로의 귀환을 문제점으로 지적한다. 후설이 만약 나의 주체성으로부터 출발하고 타자들을 도외시한다면, 그는 인간이 타자를 필연적으로 필요로 하다는 사실을 더 이상 증명할 수 없을 것이다. 일레이는 후설의 자아론적 구상을 형성시키는 장소를 자본주의적 경제와 사회에서 발견할 수 있다고 주장한다. cf. L. Eley, *Die Krise des Aporie in der transzendentalen Phänomenologie Edmund Husserls*, (Den Haag : Martinus Nijhoff, 1962), 22.

자아주체는 오로지 인간으로서 자신의 자연적 의식을 분석할 수 있는 인식론적 관점을 드러낼 뿐이다. 그런 관점은 다시금 인식의 대상으로 만들어질 수 있다. 그런 대상화는 자아주체로서의 특징과 함께 자신을 실현시켜 나간다. 후설이 상호주체성 이론의 출발을 자아주체로서의 자기이해에서 수행하면서, 타자의 경험을 그런 자기이해의 토대로 삼는다. 후설의 그런 이해가 인간의 자아론적 구상의 근간을 형성한다.

3. 자아론적 개념들

1) 타자들

후설의 상호주체성에 있어 초월론적 토대규정은 시간의 흐름에 따라 변한다. 그의 활동 초기 국면에서는 '자아-주체' 내지 '자아-인간'을 초월론적 토대로 삼는다. 그러나 그의 대표적 작품인 『데카르트적 성찰』 이후에는 '타자'의 표현이 그의 현상학에서 전문용어로 자리 잡는다.[19] 그렇다면 그는 타자를 어떤 대상으로 생각했는가? 그것은 경험하는 인간 자체인가, 아니면 다른 초월론적 자아인가? 후설은 이 물음에 명확한 답을 제시하지 않는다.[20] 즉 경험대상으로서 "타자"의 의미가 낱낱이 드러나지 않는다는 말이다.

어떤 인간도 타인일 수 있지만, 그러나 단순히 타인으로 머물러 있을 수는 없다. 오히려 타자는 어떤 무엇과의 마주 서기에서 의미

---

19) cf. CM, 122.
20) cf. M. Theunissen, *Der Anders*, 139.

를 갖는다. 달리 말해 타자는 독립된 개체로서가 아니라 한 짝을 구성하는 것에서 본질적 의미를 갖는다.

　단순히 선호하는 타자와의 '더불어 엮음'을 통한 한 짝의 형성은 하나를 이루기에는 아직은 충분치 않다. 선호하는 한 쌍과의 첫 번째 관련 안에서 이루어진 두 번째 규정은 타자로서 두 번째 부류를 파악할 수 있게 해준다. 첫 번째 부류의 관찰은 타자로서 두 번째의 의미를 정립시키기 위해 필연적이다. 대상에 대한 그런 규정은 이해를 위해 중요한 의미를 지니며, 결국 그것은 상호작용의 대상인 '타자'를 통해 이루어진다. 인간은 처음부터, 즉 원초적 직관의 영역에서는 타자로 규정될 수 없다. 인간은 직관 영역을 넘어서 '이해'의 수행을 통해 타자의 규정에 이른다.

　인간은 자연적 의식(natuerliches Bewußtsein)상태에서는 정돈되지 않은 삶을 살아갈 뿐이다. 인간은 본질적으로 자신만이 아니라 대상들과 관계해야 한다. 대상들과 관계없는 삶의 태도는 정돈되지 않은 채, 여기저기 널브러져 있는 삶으로 비칠 뿐이다. 하지만 타자를 타자로서 규정하기 위해 먼저 자신이 선호하는 한 쌍을 향해 있다. 이런 선호의 공간에 후설은 자아를 관계를 형성하는 관계점(Bezugspunkt)으로 지정하는데, 이는 모든 인간을 타자로 규정하기 위해서이다.

　하지만 그런 지정은 자칫 자아론적으로 자연적(본성적) 생을 곡해시킬 가능성이 있는 것처럼 여겨진다. 이런 연유로 후설은 자신의 상호주체성 이론을 위해 끌어들이는 모든 대상을 단순한 인간으로서가 아니라, '자아주체'로서 '자아' 내지 '타자'로 특징짓는다. 이런 용어들은 현실적으로 자기관계의 근거를 제공한다.[21] 자아주체의

의미가 자아주체로서 자기이해에 기인하듯이, '타자'에 관한 규정
또한 암시적으로 자기 자신과의 원초적 관계를 내포한다.22)

'타자'에 대한 지금까지의 분석과 '경험'하는 인간으로서 묘사의
적실성은 후설의 구상에 있어 그 의미를 다만 '자기 자신과의 관계'
와 '자기 자신의 배제'로부터 생성된다는 사실에 있다. 정돈되지 않
은 채, 병렬되어 있는 직관의 삶에 있어 자기 관계는 본질적이지 않
기 때문에 타자로서 인간규정의 본질적인 의미를 간과한다.

인간은 '타자'로서 나와 나와의 관계에서뿐만 아니라 다른 모든
타자들과의 관계에서 규정된다. 심지어 나는 나 자신을 타자들로 이
해할 수 있다. 이런 다양성을 지닌 관점은 모든 규정이 자아론적 관
점으로부터만 생성될 수 없다는 사실을 보여준다. 따라서 나는 나를
다른 인간들과는 다른 한 인간으로서 이해하면서 다양한 방식에서
그들과 구별할 수 있다. 나는 나를 점차적으로 타자들과의 관계 안
에 있는 타자로서 이해한다. 즉 나의 개체화의 토대 다지기가 그들
로부터 나의 차이에서 형성된다.23)

이렇듯 자기관계가 자기규정뿐만 아니라 타자규정을 위한 유일한
척도이다. 사회적으로 각인된 의식에 있어 '나'와 같은 인간들이 아
니라, 그들과 같은 '나'가 보다 더 적절할 것이다. 첫 번째 사유비교

---

21) 후설의 상호주체성 이론에 관한 이론적 근거로서 원초적 자기관계는 다음 주제에서 설명될
   것이다.
22) 이에 대해 후설의 다음의 진술을 참고하라. "첫 번째 도화선은 우리에게 어의(語義)로서 다른
   자아인 타자가 제공될 수 있다. 노인은 노인자아에게 말하는데, 여기서 말하는 자아는 나 자
   신이다." CM. 140.
23) 뢰비트(Löwith)는 더불어 사는 세상 속에서 타자들과 나 자신의 차이는 먼저 나 자신으로부
   터가 아니라 상호 간에서 생겨남을 강조한다. K. Löwith, *Das Individuum in der Rolle des
   Mitmenschen*, 65. 그런 차이를 통해, 그들은 다양한 관점에서 서로를 비교하게 된다. 나아가
   뢰비트는 다음의 주장을 펼친다. "타자로서 타자들을 위한 본래적인 차이의 원천은 나 자신
   이다. 타자들은 다만 나와의 차이 속에서 '타자'이거나 나와 동일하다." 같은 책, 68.

에 있어 관계를 형성하는 포인트가 나 자신 안에 있다면, 두 번째는 타자들에게서 정립된다. 본질적으로 우리의 의식으로 이루어진 삶의 의미는 자아론적 삶과 사회적 삶에서 발견된다.

2) 경험에 근거한 자아

인간의 묘사에 있어 "타자"의 용어 사용은 경험대상으로서 적합한 것은 아니다. 후설은 자아론적 관찰 방법을 위해 타자로서의 인간을 자기관계의 기초로 정한다. 이런 근거로부터 "타자"라는 표현이 자아론적 토대개념으로 사용된다. 물론 이런 용어의 사용이 다양한 해석을 낳게 하는 논쟁의 중심에 있지 않지만, 경험하는 인간의 묘사를 위해 적절한지 의문이 제기될 수 있다.

이에 대해 후설은 전문용어 "타자적 자아"를 다양한 대상들과 관련하여 사용한다. 그에게 '초월론적' 자아는 경험에 근거한 자아와 정신물리학적 자아, 영혼적 자아, 인격적 자아, 원초적 자아와 더불어 관찰된다.[24] 후설은 그런 개념들이 같은 대상과 관계하지 않기 때문에, 그 개념들을 엄격하게 구분한다. 그런 개념들이 다양한 차이로 구성되어 있다는 것은 후설의 초월론적 현상학이 그때그때의 관심에 따라 달라지기 때문이다. 따라서 그는 경험하는 인간의 묘사를 위해 자아의 개념을 '경험에 근거한 자아'의 의미로 사용한다. 이 경우 후설은 자아를 하나의 세계적 현상으로 설명한다. 이와 더불어 그의 초월론적 상호주체성 이론에 있어 다른 초월론적 자아에 관한

---

24) 브뢰크만(Brökman)은 후설에게 자아로서의 자아론적 구성 동기들이 다양하게 그려진다는 사실에 주목한다. 이것은 자아 묘사를 위해 현상학적 분석이 어떤 단계의 결과로 나타나는지, 아니면 어떤 관점의 결과로 이루어지는지에 달려 있다. J. M. Brökman, *Phänomenologie und Egologie*, (Den Haag : Martinus Nijhoff, 1963), 168.

질문이 중심을 이룬다. 이번 주제에서는 '경험에 근거한 자아'가 논의되었다면, 다음 주제에서는 '초월론적 자아'가 다루어질 것이다.

'경험에 근거한 자아'에 관한 후설의 개념은 사실 명확하지 않다. 그가 자아를 '세계적 현상'으로 이해한다면, 이런 용어와 더불어 세상 속에 등장하는 인간들을 묘사하려 했을 것이다. 후설은 '자아' 자체와 '인간' 사이를 엄격하게 구분한다. "자아 자체는 경험이 아니라 경험하는 자아이며, 행위가 아니라 행위를 수행하는 자아이며, 한 특성이 아니라 특성을 자신의 것으로 삼는 자아이다."25) 후설은 이런 경험하는 자아와 행위를 수행하는 자아를 결코 한 인간으로 이해하지 않는다. 이것은 "나이지만 한 다른 나이며, 낯선 나가 모든 몸에 속해 있다."26)는 그의 진술로부터 명확해진다. 몸에로의 나의 귀속성에 관한 표현에서, 그러한 자로서의 인간과 모든 행위수행의 주체인 자아 사이에서의 차이가 부각된다.

그럼에도 불구하고 후설은 대상성의 어떤 한 종류가 '자아'로서 그려질 수 있는지 명확하게 규정할 수 없었다.27) 후설은 자아로서 타자들의 규정을 정당화하기 위해 계속되는 언어적 논의에 기댄다. 인간이 자신으로부터 '자아'를 말한다는 전제로부터 자신의 자아가 다음과 같이 표현된다. "우리 중 각자는 '내'가 말하며, 그렇게 자아로서 말하면서 자신을 알게 된다. 그런 것으로서 그는 자신을 발견한다."28) 후설이 자신의 논문에서 '인간'이라는 표현을 피했다는 사

---

25) E. Husserl, *Zur Phänomenologie der Intersubjektivität.* 113.

26) 같은 책, 115.

27) 후설이 자아를 현상학에 병합시키도록 움직인 동기가 다음의 작품에서 자세히 묘사된다. J. M. Brökman, *Phänomenologie und Egologie.*

28) E. Husserl, *Zur Phänomenologie der Intersubjektivität,* 112.

실에 주목해야 한다. 그것 대신에 자아론적 묘사로의 전환을 가능하기 위해 "개개인 모두"라는 표현이 부각된다. 인간은 경험에 적합하기 위해 구체적인 인간이, 그리고 그가 행한 것을 느끼고, 체험하고, 진술할 수 있다는 사실을 말해야 한다. 개별자는 자신의 다양한 행위들을 언어적으로 표현하기 위해 인칭대명사인 "나"를 사용한다.[29]

그러나 '자아'로서 자신을 발견하는 결론을 이런 인칭대명사로부터 끌어와서는 안 된다. 자아가 여러 가지를 수행하는, 즉 걷고, 서고, 울고, 웃으며, 참된 것을 받아들이고 생각하는 것이 아니라, 유일하고 구체적인 개별자가 하는 것이다. 자기 자신에 대한 모든 설명은 자아와 관련된 것이 아니라 그의 인간적 현존과 관련된다.

인칭대명사에 대상들을 병렬시키는 이유는 명사로서의 인칭대명사에 주목하려는 데 있다.[30] 대명사인 '나'는 명목상으로 현존하는 '나'를 암시한다는 후설의 확신이 그런 배경에서 설명된다. 인칭대명사인 '너', '너희들', '그들' 등과 관련하여 일치하는 '너'와 '너희들', '그들'은 존재하지 않는다. 대명사인 "나"는 이런 규칙으로부터 어떤 예외도 낳지 않는다.

대명사는 명사가 아니기 때문에 대명사 자체가 대상을 지칭할 수 없고, 단지 한 이름을 단순히 대변할 수 있을 뿐이다. 인칭대명사는 어림잡은 한 인격 내지 인격들의 모음을 대변한다. 물론 인칭대명사

---

29) 같은 책, 112.

30) 벵브니스트는 자신의 책 『일반 언어학의 문제(Probleme der allgemeinen Sprachwissenschaft)』에서 대명사의 본질을 분석한다. 그는 한 이름의 사용과 인칭대명사의 사용 사이를 엄격하게 구분한다. 이름은 지속적이며 객관적인 개념과 관련된다. 이에 반해 '나'의 사용요청은 지시단계를 형성하지 않는다. 왜냐하면 이런 요청과 동일시되어 관련될 수 있는 나와 같이 정의된 객체가 존재하지 않기 때문이다. 벵브니스트에 있어 '나'는 언어의 범주이며, 하나의 화법일 뿐이다. 자신과 관련되는 실재는 유일하며, 다만 담론의 실재일 뿐이다. E. Benveniste, *Probleme der allgemeinen Sprachwissenschaft*, (München : List Verlag, 1974), 281.

의 역할은 그런 대표성의 기능에만 축소시킬 수는 없다. 인칭대명사에 있어 본질적인 것은 다른 인간들과 말하는 자의 다양한 관계를 인칭대명사를 통해 드러낸다는 사실에 있다. 인칭대명사의 사용은 화자 자신의 관점으로부터 그의 사회적 환경 속에 존재하는 모든 관계들을 화자에게 결정 내리게 하는 것을 가능하게 한다.

그런 상호 인간적 관계들의 다양성은 언어에서 인칭대명사의 구조로 형성되어 있다. 자기 자신과의 관계 또한 인간과 인간의 관계에 속해 있다. 이런 자기관계는 언어에서 대명사인 "나"를 통해 드러난다. 따라서 "자아"는 개별자가 자기 자신에 대해 어떤 것을 전달하는 데 도움을 제공하는 한 단어에 지나지 않을 뿐이다. 자아가 자신의 생에 일어나는 어떤 무엇을 전하려면, "나"의 형태를 취해야 한다. 자아가 대명사인 "너"를 필요로 하다면, 한 다른 인간에게 향하게 되는데, 그는 단순히 한 사람의 '너'로 이해되지 않는다. 한 인간의 정체성을 밝혀주는 다수의 인간들과의 관계는 언어에서 "우리"라는 대명사를 통해 표현된다. 그에 반해 그를 한계 짓는 타자들과의 관계는 "너희들" 형태의 사용에서 표현된다.

모든 인칭대명사는 구체적으로 말을 거는 인간들을 지시한다. 대명사 "내"가 자아와 관계한다는 의미는 자아를 '의인화' 혹은 '인격화'한다는 뜻을 내포한다. 또한 '의인화'한다는 것은 한 존재자가 언어적 표현과 일치한다는 견해에 근거해 있다. 인칭대명사의 의인화는 자아에게만 적합한 것은 아니다. 그것은 "너", "우리"라는 그때그때의 상호주체성의 구상의 목적에 따라 확장된다. 그 결과 "우리-공동체(Gemeinschaft)"가 단순히 인간들의 공동체가 아니라, 상호 소통하는 자아의 다수로 이해된다. 그런 "우리-공동체"를 분석의 출발점으로 삼으려는 상호주체성의 모든 이론은 자아론적 관점을 넘어서지 못한다. 나아가 상호주체성 이론은 자아론적 관점을 인간의 '이익사회(Gesellschaft)'로까지 확장시켜 나간다.

4. 상호주체성의 이론적 근거로서 자아론적 관점

1) 타자를 초월하는 자아에 관한 질문

후설은 『데카르트적 성찰』 이후, 경험하는 인간의 가치만을 설명하려 애쓰지 않는다. 그 대신에 그는 다른 '초월적' 자아의 의미를 찾으려 애쓴다.[31] 이런 변화는 다른 연구 영역을 수용함으로써 관찰하려는 주제의 단순한 변화인지, 아니면 다른 초월적 자아의 주제 삼음에 심오한 동기가 있는지, 이런 질문에 대한 답을 찾아보도록 하자.

먼저 다음의 사실이 포착된다. 초월성을 풀어줄 실마리로서 한 특정한 인간이 인식론적 차원에서 눈에 들어온다. '인식론'이 의미를 형성하는 모든 경험에 기여하지만, 인식론적 소여성의 영역에서 다른 초월적 자아에 대한 발견은 요원할 뿐이다. 이런 어려움은 인식론적이며 존재론적으로 제시된 내용이 의식을 분석하기 위한 현상학적 요청과 일치하지 않는다는 사실에 있다.[32] 그래서 그의 상호관계성에 관한 분석에 있어 긴장이 형성되는데, 다른 초월적 자아가 인식론적 해석에서 생겨나는 긴장이다. 그러므로 후설은 그런 자아와 관련한 분석을 변경시켜 다르게 진행할 것을 강요받는다. 이를

---

31) cf. CM, 69.

32) 원초적 경험 영역에 있어서는 세계화된 초월론적 자아로서의 타자가 출현한다는 그 어떤 흔적도 존재하지 않는다. 이런 견해는 고유한 초월적 자아의 세계화에 관한 논점에 근거해 있다. cf. E. Husserl, *Zur Phänomenologie der Intersubjektivität*, 372.

위해 그는 상관개념으로서의 다른 초월적 자아를 위해 '감정이입 (Einfühlung)'을 제시한다.

이와 더불어 후설은 그런 변동으로 자신을 몰고 간 이유를 질문 형식을 취해 설명하려 한다. 즉 다른 초월적 자아가 정해져 있지 않다면, 그런 자아에 관한 질문은 경험에 근거해 있지 않다. 그 질문은 단순히 '인식론적' 문제에 불과할 뿐이다. 후설 현상학의 자아론적 관점의 근거는 고유한 초월적 자아의 증명에 따른 존재에 관한 주장에 있다.33) 이런 입장은 상호주체성의 이론 형성을 위해 매우 중요한 질문에 해당한다.

후설에 따르면, 상호주체성 이론은 초월적 자아가 의식의 영역에 있어 유일한 자아인지, 아니면 다른 자아에 관한 경험 또한 존재하는지에 대해 답을 제시해야 한다.34) 그는 그런 질문을 유아론을 반대하는 배경으로 삼는다. 나아가 후설은 그것과 관련하여 '초월적' 유아론을 언급하는데, 그가 인간의 '홀로 존재'에 반대하기 때문이다. 오히려 이런 논의에 있어 자신의 초월적 자아의 유일성과 다른 자아의 가능성이 다루어져야 한다.

여기서 초월적 자아의 존재에 관한 논점에 보다 집중해야 할 필요가 있는데, 이는 자아의 '홀로 존재'에 대한 항변과 다른 자아의 증명에 관한 요구를 공식화하기 때문이다. 다른 자아에 관한 질문을

---

33) 스트뢰커(Ströker)는 후설에 있어 '나'의 초월적 자아의 수용이 "임의적인 관점"이라는 비난에 대해 논박한다. cf. E. Ströker, *Husserls transzendentale Phänomenologie*, (Vitorio : Klosterman, 1987), 138. 후설의 그런 수용은 나의 체험에 관한 분석에 근거해서 그런 초월적 자아에 이르렀다는 점을 드러낸다.

34) 사르트르(Sartre)는 자신의 논문 「자아의 초월성(Die Transzendenz des Ego)」에서 초월적 자아의 후설식 구상에 대해 비판하기를, "초월적 자아는 실존의 정당성을 갖지 않는다. … 초월적 자아는 의식의 죽음이다." J. P. Sartre, *Die Transzendenz des Ego, Philosophische Essays*, (Hamburg : Reinbeck Verlag, 1982), 45.

통해서가 아니라, 초월적 자아의 존재에 관한 질문 제기를 통해 초월적 유아론과의 논쟁의 끝을 발견할 수 있다.

후설은 자아에 관한 학문으로서의 '자아론'의 배경에 보다 집중하려 한다. 그의 『데카르트적 성찰』의 네 번째 성찰에 있어 자아론은 초월적 자아의 고유성에 관한 질문과 더불어 전개되고, 다섯 번째 성찰에 있어서는 단자론적(單子論的) 상호주체성에 관한 질문으로 넘어간다. 자아론의 이런 진행은 자아의 존재에 관한 후설의 관심사를 보여준다.35) 초월적 현상학은 유아론의 혐오에서 벗어나게 하기 위해 필연적으로 해결해야 할 과제로서 묘사된다. 후설이 초월적 자아의 다양한 문제를 자세히 다루려는 두 번째 이유는 초월적 '나-공동체'의 도식을 통해 객관성을 지닌 의미본질을 해명할 수 있다는 그의 견해에 있다.

이어지는 논의에서 '다른 초월적 자아'에 관한 질문이 다루어진다. 후설에게 이런 주제는 초월적 시대의 결과로서 생겨났다. 그것은 "초월적 주체성의 환원이다. … 또한 한 다른 초월적 주체성에 관해 보다 의미심장한 말이 언급될 수 있는가?"36) 이런 질문의 출처는 다른 초월적 자아의 '소여성'에 관한 논점에서 찾을 수 있다. 이를 위해 후설은 다음의 견해를 피력한다.

> *낯선* 주체성은 나에게 … 간접적이며, 본래적으로 주어진 것이 아니지만, 그럼에도 주어졌고 *경험한다.* … 낯선 것으로서 낯선 것은 본래 감정이입을 통해 주어질 수 있을 뿐이다. 그런 의미와 *경험*에 있어 본래적 소여성은 같은 것이다.37)

---

35) cf. CM, 121.

36) E. Husserl, *Theorie der phänomenologischen Reduktion*, in Gesammelte Werke, Bd. Ⅷ : Erste Philosophie (1923/24), Zweiter Teil, ed. R. Boehm, (Den Haag : Martinus Nijhoff, 1959), 173.

37) 같은 책, 176.

"자아 내부에서 내재적으로 구성되는 존재의 특징"으로서 이해되는 그런 초월성이어서는 안 된다.38) 초월성의 이런 개념은 다만 의식에서 구성되는 본성에 적합할 뿐이다. 그러나 다른 초월적 자아는 본성에서 발견되는 것이 아니라, 그 본성과 마주하여 다시 초월적으로 되기 때문에 초월성은 한 다른 의미에서 파악된다. "다른 자아의 초월성이 초월적 주체성 내에서 내재적 존재의 특징을 갖는다."는 논지는 간접적으로 유아론의 항변을 새롭게 정립시킨다. 그러므로 고유한 초월적 자아의 외적 영역을 배제하고 다른 자아의 참된 초월성을 주장하는 것은 어불성설이다.39)

전술한 사실로부터 알게 되는 후설의 초월성은 다음 세 가지 종류로 구별된다. '고유한 초월적 자아', '그것으로부터 구성된 본성', 그리고 '다른 초월적 자아의 참된 초월성.' 여기서 우리가 다른 초월적 자아에 눈을 돌린다면, 초월성 영역의 확장이 가능해지며 지속된다. 그런 확장은 고유한 자아로부터 상호성을 위해 분리된다. 이와 더불어 우리는 초월적 자아가 존재한다는 것과 동시에 다양한 초월성을 전제해야만 한다.

후설은 다른 초월적 자아의 소여성과 관련하여 영혼으로서 자기세계화 내지 자기객관화의 구상에서 다음과 같은 견해를 밝힌다. "나의 영혼이 나의 초월적 자아의 자기객관화라는 사실이 초월적 설명을 통해 나에게 확실하고 자명하다면, 낯선 영혼 또한 낯선 초월적 자아를 다시금 제시한다."40) 이런 논의는 후설이 경험의 길에서

---

38) 후설은 다음의 방식으로 초월성을 규정한다. "초월성은 자아 내에서 내재적으로 구성되는 존재 특징이다. 생각할 수 있는 모든 의미와 존재, 그것이 내재성을 의미하는지 혹은 초월성을 의미하는지는 초월적 주체성의 영역에서 드러난다. 그 외에는 모순이다." CM, 32.

39) cf. E. Husserl, *Zur Phänomenologie der Intersubjektivität*, 8.

40) E. Husserl, *Formale und transzendentale Logik. Versuch einer Kritik der logischen Vernunft*, in

아직도 다른 자아에 이르지 못했다는 사실을 보여줄 뿐이다. 다른 초월적 자아의 소여성과 관련하여 진술된 모든 사상들은 후설이 그런 자아를 '인식론적' 방식으로 구성하는 규정으로 인도한다.

후설의 초월적 상호주체성의 이론은 종종 비판에 직면한다. 이런 항변은 후설 자신에게 의식되는데, 그것은 자신의 다섯 번째 "성찰"의 결론에서 잘 드러난다. "그러므로 현상학적 해석은 현실적으로 형이상학적 구성과 동일한 것이 아니며, 개방된 것도, 닫힌 것도 아니며, 전수된 전제들을 가지고 이론화한 것도 아니다."41) 자연적 경험 영역에서도, 그리고 초월적 경험 영역에서도 다른 초월적 자아가 발견되지 않는다는 사실은 다른 초월적 자아가 다만 '이론적인 것'과 '구조'에서 주제로 삼을 수 있다는 사실에서 나온 결과일 것이다.

2) 타자의 의미구성을 위한 자아론적 토대로서 자기관계

앞의 주제에서 다른 초월적 자아의 문제는 자신의 자아의 존재에 관한 주장에 근거해 있다는 것이 제시되었다. 본 주제에서는 후설의 상호주체성 이론에 관한 자아론적 관점의 첫 번째 특성이 소개될 것이다. 이어지는 설명은 이런 관점의 두 번째 특성을 주 내용으로 삼을 것인데, 이것은 타자의 의미구성에 관한 모든 질문을 위한 바로미터기로서 작용한다.

먼저 후설의 상호주체성 이론에 있어 근본적 역할을 하는 '차이'가 소개된다. 나의 삶 속에서 겪게 되는 모든 경험은 결국 나의 나됨의 가치를 발산시킨다. 이런 논지를 따라가다 보면 후설 현상학의

Gesammelte Werke, Bd. XVII : ed. P. Janssen, (Den Haag : Martinus Nijhoff, 1974), 246.
41) CM, 177.

큰 수확을 담아낼 수 있다. 그는 주장하기를, 존재하는 것에 내포된 나를 위한 모든 의미는 그 의미의 '무엇'에서 나온 것이거나 혹은 현실성 속에 있다는 뜻은 "나의 의도된 삶 *속에서* 혹은 *삶으로부터* 발생한다."42) 후설은 이런 견해를 의도하는 대상의 구성으로부터 규정한다. 그것은 해석이 의도하는 '의식 분석'의 주된 과제이며, 어떻게 "나 자신으로부터" 수행된 의미 창출이 가능한지를 설명하려는 것이다.43)

의미 창출에 있어 근본 차이는 한편으로 선호하는 대상들과 관련하며, 한편으로 경험하는 다른 인간들과 관련된 "나 자신으로부터" 설명된다. 후설에게 본질의 차이는 다양한 통각의 방법에서 뚜렷하게 나타나지 않는다. 오히려 의미 획득의 한 다른 종류의 '구조'가 그 차이에 기초를 이룬다. 실제적인 인식대상의 가치는 정향적(定向的)으로 맞추어진 통각에서 형성된다. 그것은 방식으로 보자면, 그것의 수행자인 나 자신으로부터 유래한다.

후설은 자신의 상호주체성 이론에 있어 타자의 의미는 단순히 정향적으로 맞추어진 수행에서 구성된 것이 아니라, 원초적 '자기관계'에 근거해 있다는 사실로부터 출발한다. 이런 논점에 있어 그의 이론의 자아론적 관점의 두 번째 특성이 표현된다. 후설에 따르면 자기관계는 자기의식을 획득하기 위해 자기 자신과 자아의 역관계에서 구성되는, 즉 자기인식과 자기관찰 내지 자기성찰에서 구성된다. 그것은 경험대상들과 마주하여 발생하는 의식적 삶과의 역방향에서 일어난다.

---

42) 같은 책, 123.
43) cf. 같은 책, 176.

자아론적 관점의 본질적 특성으로서 원초적 자기관계는 후설 현상학에 있어 확고한 구성요소에 속한다. 그에게 초월적 추론이 어떻게 형성되며, 그리고 단계적 고양의 순서가 어떻게 진행되는지 앞서 살펴보았다. 계속해서 상호주체성의 윤곽을 위해 자기관계로부터의 출발이 어떤 결과를 초래하는지를 살펴볼 것이다.

후설이 초월론적 입문으로서 인식론적 분석을 위해 취한 대상들의 규정은 이미 원초적 자기관계를 전제한다. 전술한 바 있듯이, 그것은 '자아-주체', '심리 물리학적 자아', '경험적 자아', '자아-인간들' 등으로 특징지어진다. 이런 용어들은 고유한 자아의 자기인식에 기반을 두고 있다. 일반적 개념인 '자아'가 자신의 토대를 오직 자기관계에서 가진다면, 자아로서 타자의 묘사는 자신으로부터 유래한다는 것은 당연한 논리적 귀결이다.

후설에게 "낯선(이방적) 체험"의 문제가 다른 자아로서 상호주체성 이론의 대상들의 규정을 통해 전면에 등장한다. 이런 문제 또한 심리적으로 주어진 낯선 것에 뿌리를 둔 것이 아니라, 자신의 영혼적인 경험에 뿌리를 두고 있다. 이와 더불어 타자의 의미는 자기경험 안에 내포된 것의 전이를 통해서 형성된다.

후설은 원초적 자기구조의 정당성과 다른 자아의 2차적 의미창출을 위한 그것의 필연성을 입증하기 위해 다양한 추론들을 제시한다. 그는 타자들의 경험과 그 경험에 기초한 가치형성의 과정을 '원초적 추론'으로 특징짓는다. 그의 연구 초반부에서는 유아론적 주체에 관한 추론을 다루었다면, 『데카르트적 성찰』 이후에는 타자의 경험 없이 자기구조를 설명하는 데 있었다.[44] 물론 이런 방식의 추론은 구

---

44) 후설은 유아론적 주체에 관한 추론을 "Ideen Ⅱ"에서 주로 수행한다. 그런 추론은 "유아론적

체적인 초월적 의식의 삶 속에서 그런 과정이 가능하지 않다는 사실을 암시할 뿐이다.

타자의 가치를 원초적 자기구조에서 끌어오려는 시도는 간혹 후설 자신에게 의미심장한 것처럼 여겨진다. 이것은 잘 알려진 그의 다음의 진술에서 나타난다.

> 자아의 자기구조가 이미 공간화 된 본질로서, 그리고 심리 물리학적 본질로서 매우 어두운 주제라면, 그것은 자아 안에 '한 다른 심리 물리학적 자아가 다른 한 영혼'과 더불어 어떻게 구성되어 있는가라는 보다 더 어둡고 곤혹스러운 수수께끼 같은 질문일 것이다.45)

원초적 자기관계는 타자들에 관한 본래적 의미창출을 해명하려는 과제 앞에 새롭게 놓이게 된다.

3) 상호 주체적 의미형성을 위한 토대로서 자기언어화

상술한 바 있듯이 상호 이해의 의미는 자기인간화의 과정에서 형성된다. 이 과정에서 인간의 고유한 경험이 어떻게 구성되는지에 대한 질문이 제기된다. 그런 경험은 인간의 주체적인 의식을 통해 형성되는가, 아니면 상호 주체적 근거에 기인하는가? 이런 질문은 존재에 대한 규정에 있어 상호 주체적 경험이 어떤 역할을 하며, 그리고 이런 경험이 의식 속에서 의미의 단계적 형성과정에서 어떤 역할을 하는지를 보여주려는 데 있다.

세계" 구조의 가능성과 "유아론적 관찰"에서 드러나는 자기구조를 입증한다. Ideen I, 144. "다섯 번째 데카르트적 성찰"에서 인용된 고유성의 영역에 관한 추론은 낯선 것의 경험을 배제시키고, 고유한 것의 영역에 도달하려는 것에 맞추어져 있다. 후설은 이런 "원초적 세계"를 "원초적 자아"의 의식수행의 상관개념으로 의미를 부여한다. cf. CM, 137.

45) E. Husserl, *Formale und transzendentale Logik*, 246.

다양한 사회적 행동방식의 전수(傳受)는 자기 자신을 구성해 가는 모든 개별자에게 다른 사람들에게 인지되는 세계를 그대로 경험하게 한다. 물론 이런 과정은 보이는 사물들이 "무엇인지를" 규정할 수 있을 정도로 충분한 것은 아니다. 우리는 그 사물들과의 단순한 '실천적인' 교류를 통해 그것들이 의미하는 바와 성격과 특성을 알수 없다. 존재하는 것에 대한 개개 규정이 주체적이지 않으며, 그리고 관찰된 것에 대한 단순한 설명조차도 이루어지지 않는다.

　　인간은 자신으로부터 홀로 언어를 생산해 낼 수 없으며, 앎을 위해 관계를 맺게 하는 언어적 표현들의 단순한 획득조차도 가능하지 않다. 이것은 원초적으로 있는 그대로 인식된 것들에 관한 모든 규정들이 인간 자신의 업적이 아님을 보여준다. 오히려 타자들에게 직관적으로 포착된 사물들이 어떻게 규정되는지를 아는 것이 우선이다. 개별자가 언어습득을 통해 그런 규정들을 전수받아 경험하는 대상들과 그 규정들과의 관계를 바로 알게 되면서, 그 규정들에 관한 지식을 전할 수 있게 된다.

　　인간이 타자들이 본 것과 자신이 본 것이 동일하다는 사실을 의식하지 못했더라면, 그는 타자들의 규정들을 주체적으로 경험하는 것과 관계하지 않을 수 있다. 역으로 이것은 또한 타자들을 위해서도 그대로 적용된다. 그들이 만약 자아와 동일한 것을 본 것이 확실치 않다면, 그들이 인식한 것을 그에게 바르게 전달하지 못했을 수도 있다. 이런 두 가지 경우들은 개별자의 '주관적' 경험의 영역들이 처음부터 '상호 주체적'으로 주어졌다는 사실을 명확히 한다.46)

---

46) 란트그레베(Landgrebe)는 인식론적 영역의 상호 주체적 구성의 가능성을 제시한다. 그는 쉬츠(Schütz)와 구르비치(Gurwitsch) 간의 편지 교환의 서문에서 '상호 주체적' 인식(Noemata)에 관한 그들의 입장을 표명했다. 쉬츠는 구르비치의 그런 제안을 거절하는데, 상호 주체적 인식

개개 경험이 먼저 타자에 의해 언어적으로 행해진다면, 그것은 어떤 것을 규정하려는 '의도된' 경험일 수 있다. 타자들이 다양한 사물들과 도구 등을 가지고 인간과 어떻게 관계 맺는지 개별자에게 보여주면서 실천적 규정들이 정립된다. 인식된 것이 명명된다면, 그것은 언어적으로 형성된다. 개개 통각은 그런 과정을 통해 의도하는 특성들을 유지시켜 나간다. 타자의 말이 개별자 자신의 이해 없이는 무의미한 것으로 들려오며, 그에게 나타나는 현상들에 관한 사회적 규정 없이는 바르게 인식될 수 없다.

인식된 것의 언어적인 중재는 자신의 주관적 '세계관'에 담겨 있는 상호 주체적 특성을 명확히 한다. 상호 주체적인 것은 단순히 자신의 의식 안에서는 의미를 갖지 못한다. 그것은 주체들 간에 이루어진 상호 이해에서 나온 결과이기 때문이다. 따라서 초월적인 의식 분석을 위해 '자신의' 경험세계가 모두를 위해 어떻게 가치가 형성되는지를 설명할 과제가 주어진다. 이것은 단순히 전달을 통해서가 아니라 자신의 언어화의 과정에서 형성된다.

그런데 언어습득을 통해 상호 주체적으로 중재된 '자신의 고유한' 세계의 의미 형성에 관한 논의가 여기서 한 어려움에 직면하게 된다. 개별자가 처음에는 언어를 알지 못하여 지시하는 몸짓의 의미를 이해하지 못할 때, 타자의 말들이 직관된 것들과 어떤 관계를 맺고 있는지 설명되어야 한다. 그런데 여기서 한 질문이 제기된다. "그것에 관한 진술이 어떤 무엇과 관련되어 있는지를 어떻게 알게 되는

(Noema)을 "목조 같은 철"로 여기기 때문이다. 그에 반해 란트그레베는 이런 문제는 '언어'를 고려해 본다면, 해결될 수 있다는 점에 주의를 환기시킨다. 만약 인식이 사유된 것으로 이해된다면, 언어는 사유된 것의 표명과 더불어 상호 주체적 가치를 갖는다. 그런 표명은 언어공동체로부터 나오기 때문이다. cf. A. Schütz, A., *Gurwitsch, Briefwechsel 1939-1959*, (München : Wilhelm Fink Verlag, 1985), 228.

가?"47) 만약 사회적 규정들이 인식된 사물뿐만 아니라 스스로 체험한 것들, 그리고 느꼈던 것들과 관련된 것들이라면 그런 질문은 절정에 달하게 될 것이다. 여기서 자신이 원초적으로 체험한 것을 손에 넣을 수 없다는 자아론적 이해는 타자로 인해 이것이 어떻게 인식되고 규정되는지 의문에 휩싸이게 된다.48)

타자들이 이미 이해하고 알고 있는 것은 초기 단계에서 개별자에게 알려져 있지 않다. 자기 자신과 세계를 인식하기 위해서 개별자는 자신이 본 것과 체험한 것들을 타자가 정립한 규정들과 관련시키는 법을 배워야 한다. 언어가 현존하는 것으로서가 아니라 인간의 발달과정 속에서 점차적으로 구성된다는 사실이 인지된다면, 이런 과정은 이때에야 비로소 설명된다. 개별자는 출생부터 타자가 행한 것을 알지 못하기 때문에, 타자의 진술을 완전히 이해하지 못하거나 낯선 것으로 곡해하기 십상이다. 그것이 먼저 음향적으로 소리를 발하게 되어 의미를 이해할 때 비로소 '말들로' 전환된다. 이런 통각이 개별자에게 하나의 의도된 특성을 알려줌으로써 이해할 수 있게 되며, 어떤 무엇과 관련된 것으로써 드러난다. 이렇듯 "인간의 세계이해는 자신의 언어이해로 덮여져 있다." 개별자가 "모두를 위해" 가

---

47) 본래 인간은 타자의 지시하는 몸짓을 이해할 수 없고, 그것 자체를 수행할 수도 없다. 인간은 지시적인 행위와 말들이 무엇과 관련되어 있는지를 알지 못한다. 그것과 관련한 경험하는 것의 언어관계를 설명하려는 근거가 충분히 제시되지 못한 채, 진행된다. 예를 들어 볼나우(Bollnow)는 "가리키려는 능력"이 인간 본성에 선험적으로 속해 있다는 사실로부터 출발한다. cf. O. F. Bollnow, *Der Mensch und seine Sprache*, (Stuttgart : Kohlhammer, 1963), 20. "가리키는 것에서 - 오른손의 집게손가락에서 가장 명확하게 - 나는 흔히 주변으로부터 한 특정한 사물을 부각시키며, 그것이 그러한 것으로서 고립된 채 눈에 들어오는 동시에, 내가 주목하는 타자의 시야로 향한다. 이제 양자로부터 그것을 동일한 것으로 파악하게 된다." 같은 책, 21.

48) 비트겐슈타인(Wittgenstein)은 이런 어려움을 자신의 논문 "Philosophische Untersuchungen(철학적 탐구들)"에서 부각시킨다. L. Wittgenstein, "Philosophische Untersuchungen", (Frankfurt a. M. : Suhrkamp, 1977), 26, 32-35, 256. 이와 더불어 그는 유아론에 대해 비판적으로 논의하고, 그런 배경에서 감수성과 상응하는 이름이 어떻게 발생하는지 질문을 제기한다. 같은 책, 243.

치를 지닌 인간의 경험세계 속에서 점점 성장해 가고 언어와 더불어 신뢰를 구축해 가면서, 상호적으로 지경이 넓혀지고 심화되고 변화되어 간다.[49]

자신의 언어 구성과 상호 관계적으로 얽혀 있는 자신의 경험세계의 규명은 본래 무의미한 것으로 들려지는 음향 소리와 현상적으로 나타나는 것 자체에 기반을 두고 있다. 이런 기반은 처음에는 경험 대상과 말과 관련된 특성을 갖지 않는다.[50] 개별자가 최소한 언어를 알기 전에는 들려오는 인간의 소리가 어떤 무엇을 지시한다는 사실을 알 수 없다. 이런 소리들이 눈으로 볼 수 있는 현상들과 동시적으로 나타난다면, 그런 현상들과 더불어 이해되고, 협력하게 되고, 따라 하게 된다. 그래서 가령 어린아이는 다른 사람들과 동물들이 내는 모든 소리를 따라 한다.

그런 언어는 처음에는 소통하는 의미를 갖고 있지 않다. 그것은 연합시키는 관계에서 생성되는 소리의 단순한 반복과 발생으로 구성되어 있다. 점차적으로 형성되는 이런 음소(音素)들의 의미는 미리 주어진 것들이 어떻게 이해되며, 음향적인 것들과 어떻게 연결되어 있는지에 달려 있다. 어린아이는 처음에 수많은 그런 "소리 말"을 배우지만, 그러나 그런 것들이 무엇을 뜻하는지는 알지 못한다. 또한 성인들의 설명 역시 어린아이에게 단지 조금 도움을 줄 수 있

---

49) 쉬츠(Schütz)는 세계와 언어적 유형 사이에서의 관계를 제시한다. 그에게 언어는 주관적 세계 경험을 특정한 방식으로 정돈시키는 인식의 유형적인 체계로서 간주된다. 그것은 수많은 세대에 걸쳐 겹겹이 쌓이고, 보증되고, 확증된 유형구성과 변화의 결과들을 내포하고 있다. A. Schütz, *Strukturen der Lebenswelt*, 282. 쉬츠는 언어습득을 통해 한 사회에서 과거에 중요하게 여겨졌던 것이 개별자에게 전이된다는 사실 또한 강조한다. 물론 그는 언어를 수단으로 하는 주관적 경험 영역의 상호 주체적 형성이 어떤 방식으로 가능했는지는 보여주지 못했다.

50) 자기언어화는 소리뿐만 아니라, 무엇보다 인식된 것과 들린 것 사이에 맺어진 '관계'의 형성으로 구성된다. 피아제(Piaget)는 이런 과정을 "듣는 것과 보는 것의 협력"으로 특징짓는다. cf. J. Piaget, *Das Erwachen der Intelligenz beim Kinde*, (Deutscher Taschenbuch Verlag, 1992), 89.

을 뿐이다. 그들이 사용하는 단어들의 의미를 아직도 알지 못하기 때문이다. 그러므로 어린아이의 원초적인 언어습득은 자신이 경험한 것을 '구상적으로' 표현함과 동시에, 그것에 상응하는 단어를 말하는 것에 달려 있다. 보이는 것과 음향적으로 들려오는 것 사이를 연결시키는 관계를 형성하도록 타자들이 도움을 제공한다.[51]

타자의 태도 또한 이런 연대로 이끄는 '척도'이다. 타자들은 이미 언어를 이해하기 때문에 어린아이가 진술하려는 소리가 무엇과 관련되는지를 먼저 보게 된다. 그들이 이런 관계 혹은 진술을 잘못 발견한다면, 반복을 통해 그 잘못을 수정할 것이다. 그런 수정은 어린아이의 관점으로부터 모방하기 위해 동기를 부여하는, 계속해서 되풀이하는 음향으로서 보인다. 단순한 소리와 함께 되풀이되는 "주고-받기" 게임은 객관적인 것에 관한 의미전달을 아직도 지니고 있지 않다. 상호 주체적 형상으로서 세계의 '공동'구성이 그 단계에서는 중요하게 다루어지지 않으며, 모두에게 가치를 지닌 것으로서 자신의 경험 영역의 의미창출의 전 단계에 해당될 뿐이다.

자신의 고유한 세계구성이 주관적 통각 가능성에 달려 있다 할지라도, 그 구성은 다르게 경험하는 사람들을 통해 각인된다. 그런 타자들의 경험이 특별한 방식으로 개별자에게 대상들을 볼 수 있는 길을 제시하면서, 동시에 주관적 현상 영역의 형성에 기여한다. 그런 타자들의 경험은 개개인에게 '사회적으로 가치가 있는 것'을 입증함과 동시에 진술로 표명된다.

개별자의 주관적 경험 형성에 있어 타자의 행위들이 교육적으로 개입된다. 묘사하고, 눈으로 확인하고, 보여주는 것과 같은 행위는

---

51) cf. J. Piaget, *Sprechen und Denken des Kindes*, (Cornelsen Verlag, 1994), 20.

개개인들에게 '주의'를 환기시키게 한다. 그 주의는 한 사회에서 중요하게 여겨지는 모든 대상들과 관련되며, 질적인 면에 맞추어져 있다. 또한 그런 주의는 진술되는 언어로 표현되며, 나아가 그 언어적 표현은 현상적으로 나타나는 것과의 관계를 통해 주관적 세계관이 형성되는데, 그것은 역사적이며 문화적인 공동사회로 전수되는 세계관이다.52)

타자들이 그런 세계관을 사람들에게 보여주어 규정짓게 한다면, 그것은 상호 주체적으로 꾸며진 자신의 의식으로 인도된다. 상호 주체적으로 형성된 그런 구성은 인식되는 사물뿐만 아니라 자신의 심리현상과도 관계한다. 발생적 관점으로 보면, 자신이 겪게 되는 체험들은 '자신을' 체험하는 것이며, 타자들에게 알려지게 된다. 가령 "내가 생각하고", "내가 참되게 수용하고", "내가 기뻐하는" 것과 같은 체험의 표현들이 명명되는 어떤 암시도 자신 속에 내포하고 있지 않기 때문에, 체험된 것과 그것의 표현들과의 관계는 직접적일 수 없다. 그 관계는 타자들의 중재로 성립된다. 그들 자신이 체험한 것을 언어적으로 표명하면서, 다양한 체험의 종류를 자신의 의식에서 가지런히 배열시킨다. 의식의 그런 사회적 배열을 통해 자신이 체험한 것들이 모두를 위한 가치형성으로 변모해 간다. 자신의 마음을 객관화시키는 그런 과정은 되풀이되는데, 인간이 체험한 것을 표명하는 것과 연대적으로 연결시키면서 그렇게 된다. 그런 기반 위에서 질적으로 동일한 어떤 무엇을 체험하자마자, 인간은 그 체험에서 벗

---

52) 베른슈타인(Bernstein)은 자신의 책 *Studien zur sprachlichen Sozialisation(언어적 사회화에 대한 연구)*에서 한 사회단체의 담론방식과, 그 속에서 이루어지는 개개인의 세계경험 사이에서 형성되는 관계를 소개한다. 그는 관계를 보편적 의미를 띠고서 사회적으로 확장되는 어린아이의 사고 형성의 입문으로 이해한다. B. Bernstein, *Studien zur sprachlichen Sozialisation*, (Düsseldorf : Bertram Verlag, 1974), 145.

어나 자유롭게 전달할 수 있게 된다.

　모두에게 가치를 지닌 다양한 종류의 규정들이 자신의 마음에서 이루어지는 의미 형성에 영향을 끼친다. 개별자 자신과 타자들을 규정하는 경험은 사회적 기반을 둔 자기이해를 위해서 중요한 역할을 한다. 그런 규정은 개별자가 타인의 태도 방식에 영향을 미치게 한다. 그것에 관한 인간의 진술은 자신의 내적 인식에 근거를 둔 것이 아니라, 다양한 인간적 태도에 기반을 둔 사회적 규정 방식에 기인한다.

　환언하면, 자신의 경험세계의 형성은 상호 주체적인 것으로서 역사적이며 문화적으로 상호 영향을 주고받은 것이다. 그런 형성은 세대를 이어 전수된 인간세계에 현재적으로 영향을 끼친다. 인간의 자기 인간화는 동시에 자기 사회화이다. 따라서 개개인은 구체적으로 사회·문화적 인간으로 발돋움하게 되고, 인간 세대의 사슬 안에서 한 지체로 성장해 간다.

2장
위르겐 하버마스(Jürgen Habermas, 1929-): 의사소통적 행위이론

'의사소통적 행위'를 중심축으로 상호주체성을 펼치는 위르겐 하버마스를 이 장에서 소개할 것이다. 하버마스는 선험적 유아론에서 벗어나려 했음에도 불구하고 여전히 유아론의 잔재를 가진 후설과 하이데거의 반(半)주체중심적인 철학을 의사소통적인 행위이론을 통해서 완전히 극복하려 한다.

'소통적 이성'이란 철학의 전통에서 말하는 목적론적 절대이성이 사회적 이성, 즉 "상호 주체적 합의"를 위한 잠정적 이성으로 치환된 것을 말한다. 또한 이와 같은 이성의 치환이 주체와 관련하여 갖는 함의는 절대적 의식주체의 죽음이 주체 자체의 죽음으로 치닫는 것이 아니라, 언화 행위(Sprachakt)를 수행함으로써 밖의 것에 합의하는 형식인 사회적 내지 상호 주체적 행위 주체로 치환되는 것을 말한다. 키에르케고어가 주체의 내면성을 회복하고자 하는 데 비해 하버마스는 오히려 의사소통의 모델을 내세워 근대적인 주체철학의 딜레마를 극복하고자 한다. 인식하는 주체에 주목했던 하버마스는 이후의 『의사소통 행위이론』에서 상호주체성의 패러다임 속에 주체를 재구성하고자 한다. 이것은 문장형식에 대한 분석인 의미론적 차원을 넘어서 대화 상황과 언어사용, 화자의 역할 등에 주목하는 '화용론적' 차원이다.

하버마스는 이러한 소통적 행위이론을 통해 선험적인 주체에 의존하는 대상인식의 패러다임을 언어능력과 행위능력을 갖는 주체들 사이의 상호 이해라는 패러다임으로 대체하기를 원했다. 그런 패러다임이 본 장에서 구체적으로 다루어질 것이다.

1. 소통과 주체

하버마스의 전 작품에 관한 연구결과의 배경에 있어 '의사소통' 패러다임이 눈에 띈다. 그가 소통에 관해 언급한다면, 무엇을 의도했는지에 초점을 맞추어 해명할 과제가 주어진다. '소통'은 그의 전체 이론구상에 있어 핵심개념이며, 그의 많은 대표적 작품에 있어서도 늘 등장하는 개념 중 최고의 개념이라 할 수 있다. 그러나 그는 그 개념에 형식적으로나 내용적으로 의미하는 것의 정의를 명확하게 내린다는 것에 어려움을 갖고 있었다. 때문에 인접한 문제 제기와 개념들을 조사·분석함으로써 의사소통과 관련된 개념을 정립하는 것이 유효할 것이다.

이에 따라 의사소통의 개념의 의미와 외적 성향을 중점적으로 살펴보되 먼저 하버마스가 강조한 '상호작용', '소통적 능력', '소통적 합리성' 및 '소통적 행위'에 초점을 맞추어 의사소통과 가까운 개념으로 좁혀가면서 본 의미를 추적해 볼 것이다. 이에 대한 결과는 소통에 관한 첫 번째 '개념정의 시도'에 해당될 것이다.

이와 관련해 먼저 소통개념의 의미가 하버마스의 사상에 있어 어떤 위치를 점하는지, '담론윤리(Diskursethik)'와 사회(Gesellschaft) 이론에 관한 그의 구상 내에서 전개될 것이다. 또한 빠트릴 수 없는 접근은 하버마스에게 소통과 주체의 떼려야 뗄 수 없는 필연적 관계이다. 하버마스에 있어 소통이 주체를 어떻게 규정하는지, 그리고 소통과 주체를 위해 한편으로 언어가, 한편으로 상호주체성이 어떤 역할을 하는지가 보다 명확히 제시될 것이다.[53]

여기서 관심을 끄는 질문은 하버마스에 있어 소통과 주체성의 '관계규정'에 관한 것이다. 소통은 자체로 정확한 개념분석을 요하는 특성을 갖는데, 이는 그 개념의 대중성 때문만이 아니라 다양한 의미론적 특성을 갖기 때문이다.[54] 또한 그 개념에 대한 연구결과는 철학 분야뿐만 아니라 신학 분야에서도 다의적으로 지대한 영향을 끼쳤기 때문이다.[55] 그리고 하버마스는 자신의 소통개념을 그 개념 속에 함의된 주체성의 구상을 통해 각인시킨다. 왜냐하면 "주체들 자체는 언어능력과 행위능력을 지닌 주체들에 대한 상호 교환적 인정의 행위와 관련해서 형성되기 때문이며, 주체들의 소통적 능력,

---

53) 상호주체성의 철학자들, 그중에서도 하버마스는 '상호주체성' 혹은 '상호주관성'을 오늘날 가장 중요한 철학적 개념 중의 하나로 여긴다. "하버마스 역시 주관성에서 상호주관성으로의 패러다임 전환을 '우리 시대의 고유한 철학적 업적'으로 평가한다." 정대성, 「하버마스 철학에서 상호주관성 개념의 의미」, 『해석학연구』 17(2006), 190.

54) cf. Roland Burkart, *Kommunikationswissenschaft. Grundlagen und Problemfelder. Umrisse einer interdisziplinären Sozialwissenschaft*, (Wien-Köln : Böhlau Verlag, 1983), 11.

55) 하버마스의 상호주체성이 신학 분야에 영향을 끼친 대표적 국내 문헌으로는 다음과 같다. 김용해, 「서양의 현대성과 탈종교화 : 하버마스와 가톨릭교회를 중심으로」, 『신학과 철학』 35(2019), 171-198./조성호, 「하버마스의 의사소통행위이론과 서번트 리더십의 상관관계 연구」, 『신학과 선교』 41(2012), 113-143./최경환, 「하버마스의 공론장 개념과 공공신학」, 『기독교철학』 19(2014), 189-221./오승성, 『하버마스와 민중신학 : 개혁신앙적 민중신학을 향하여』, (서울 : 동연, 2013)/김진, 「하버마스와 테러시대의 정치신학」, 『철학연구』 103(2013), 123-156. 외 다수.

즉 그들의 언어능력과 행위능력은 주체들로 형성되기 때문이다."56)
따라서 소통에 관한 질문은 주체성에 관한 질문을 동반한다.

1) 상호작용

"한 개념은 여러 개념들에 둘러싸여져 있다." 이 표현은 하버마스
의 소통개념을 잘 드러내는 핵심적인 문구에 해당된다. 하버마스는
수많은 행위자의 행동계획이 상호 간 협력으로 행위들이 애초부터
어떻게 자아와 연결될 수 있는지, 그 해결점을 '상호작용'에서 발견
한다.57) 따라서 상호작용은 다양한 행위자들의 개별적 행위로부터
개개 행위들이 한 '그물망(Netz)'으로 연결되어 있다는 사실을 드러
낸다. 하버마스는 행위자들의 개개 행위들의 그런 연결을 일컬어
'상호작용'이라 칭한다.

이렇듯 상호작용의 능력은 전체성을 배제함 없이 개별자로부터
발전해 간다. 또한 상호작용 능력의 그런 발전은 '자아-정체성'의 발
전 속으로 녹아 들어간다. 하버마스에 따르면, 그런 발전과정은 분
리되거나 차이 나는 식으로 나타날 수 없다. 상호작용적 능력의 발
전이 내적 관계를 통제할 수 있는 시스템을 구축할 수 있다는 가설
로부터 출발하기 때문이다.58) 상호작용의 능력을 특징짓는 것, 즉
개인의 능력으로서 복합적인 상호작용에 참여하는 것은 정체성 발
전에 관한 하버마스의 관점에 있어 중심적 위치를 점한다. 왜냐하면

---

56) Jürgen Habermas, *Reflections on the Linguistic Foundation of Sociology : The Christian-Gauss-Lectures*, (Princeton University Press, 1973), 77.

57) J. Habermas, "Handlungen, Sprechakte, sprachlich vermittelte Interaktionen und Lebenswelt", in : ders. *Nachmetaphysisches Denken, Philosophische Aufsätze*, (Frankfurt a.M. : Suhrkamp, 1992), 68.

58) J. Habermas, "Überlegungen zur Kommunikationspathologie", in : ders, *Vorstudien und Ergänzungen zur Theorie des kommunikativen Handelns*, (Frankfurt a.M. : Suhrkamp, 1984), 226.

상호작용의 능력을 갖춘 개인만이 사회구조에 참여할 수 있으며, 나아가 그런 사회구조의 구축과 지속에 기여할 수 있기 때문이며, 상호작용의 능력이 "또한 도덕적 의식의 발전을 위한 기초"이기 때문이다.59) 하버마스는 상호작용 능력의 체계적 토대를 인식론적 발전 및 언어적 발전과 관련하여 구축한다. "나는 이런 차원에 상응하여 인식론적이며 언어적이며 상호작용적인 능력을 구별할 것이다."60)

하버마스는 상호작용의 종류로서 '상징적으로' 중재된 상호작용과, '규범화된' 상호작용, 그리고 '언어적으로' 중재된 상호작용으로 구별한다. 이와 관련해 그는 계속해서 다음의 주장을 펼친다. "기성세대와 같은 계획들과 행위들이 자아의 행위들과 계획들에 연결되면 될수록 언어적으로 중재된 상호작용의 다양한 종류들이 그 결과로 나타난다."61)

이 외에 그는 어린아이의 도덕적 발전과 관련해 상호작용의 관례적 단계와 관례 이전의 단계에 관해 부가적으로 언급하기도 한다.62) 하버마스는 상호작용의 단계들을 언급하면서 도덕적 판단의 상이한 단계들에 근거를 제시하는 문제로 콜베르크(Kohlberg)와 논쟁을 벌이기까지 한다.63) 물론 상호작용의 단계와 다양한 종류에 관한 것이 아니라 상호작용과 의사소통 간의 체계적인 관계에 관한 논쟁이다.

사회가 제 기능을 발휘하려면 개개 행위의 협력이 요청된다. 이런

---

59) cf. J. Habermas, "Moralentwicklung und Ich-Identität", in : ders. *Zur Rekonstruktion des Historischen Materialismus*, (Frankfurt a.M. : Suhrkamp, 1976), 63-91.

60) J. Habermas, "Notizen zur Entwicklung der Interaktionskompetenz", in : ders, *Vorstudien und Ergänzungen zur Theorie des kommunikativen Handelns*, (Frankfurt a.M. : Suhrkamp, 1984), 191.

61) J. Habermas, *Handlungen, Sprechakte, sprachlich vermittelte Interaktionen und Lebenswelt*, 69.

62) cf. J. Habermas, "Moralbewusstsein und Kommunikatives Handeln", in : ders, *Moralbewußtsein und kommunikatives Handeln*, (Frankfurt a.M. : Suhrkamp, 1999) Kap. Ⅲ.

63) cf. 같은 책, 143.

협력은 제스처, 익살, 상징 등과 같은 비언어적 이해 형태와 더불어 언어적 이해를 첫 번째로 요청한다. 따라서 하버마스는 언어적으로 중재된 상호작용을 '협력의 메커니즘'으로 표현한다.64) 여기서 질문이 제기되는데, 그것은 언어적으로 중재된 상호작용과 소통적 행위가 서로 경계를 짓고 있는지, 아니면 같은 뜻으로 사용되는지에 관한 것이다. 이 질문에 바르게 답하려면 '소통적 행위'의 개념을 우선적으로 추적해야 한다.

2) 소통적 행위

> 소통적 행위의 개념은 … 언어와 행위능력을 갖춘 최소한 두 주체 간의 상호작용과 관계하는데, 그 주체는(동사 혹은 동사 외의 수단과 더불어) 상호 인격적 관계로 드러난다. 행위자들은 자신들의 행위계획과 그 계획에 따른 행위들에 일치하도록 조정하기 위하여 행위 상황에 관한 이해를 추구한다.65)

하버마스의 이런 주장을 언뜻 보면 소통적 행위에 있어 상호작용과 차이점이 없는 것처럼 여겨진다. 상호 인격적 관계가 제 기능을 다하게 하는 행위조정이 목적이다. 그러나 하버마스는 소통적 행위가 언화 행위를 통해 조정된 상호작용에 관한 한 특정한 유형에서 그것과 부합하지 않는 차이점이 존재한다는 점을 명확히 한다.66) 그렇다면 그런 차이는 어떻게 규정되는가? 소통적 행위가 상호작용에 관한 한 특정한 유형을 표현한다면 그것은 무엇을 통해 드러나는가?

소통적 행위의 특이점은 그 행위에 내주하는 '의사소통'에 있다.

---

64) J. Habermas, *Theorie des kommunikativen Handelns*. Bd.1 : Handlungsrationalität und gesellscaftliche Rationalisierung, (Frankfurt a.M. : Suhrkamp, 1981), 371.

65) 같은 책, 128.

66) 같은 책, 151.

이를 위해 행위들을 서로 조정하거나 연결시키는 것이 중요한 것이 아니라 언어를 의사소통의 매개체로서 사용하는 것이 중요하다. 이런 목표에 이르기 위해 "화자와 청자는 공동의 상황 개념에 합의하기 위해 해석이 행해지기 전 그들의 삶의 세계(Lebenswelt)의 지평으로부터, 동시에 객관적이고 사회적이며 주관적인 세계에 존재하는 그 어떤 것과 관계해야 한다."[67]

그러나 의사소통이 행위를 조정하는 메커니즘으로서 제 기능을 다하기 위해 특정한 가치를 요청하고 인정하는 것이 필요하다. 하버마스는 이 점을 모든 언화 행위를 위해 "피할 수 없으며 동시에 초월적으로 유용한 가치의 토대로서"[68] 표현한다. 모든 소통적 행위는 이러한 것에 반드시 관여해야 한다. 이런 가치의 요청은 '이해', '진리', '참된 것' 및 '진술의 정당성'에 관한 것들이다.[69]

소통적 행위를 실현시키는 기능들은 다층적이다. 그 기능들은 이미 언급된 의사소통의 측면에서 문화적 지식의 전달과 갱신에 기여하기 때문이다. "그것은 *행위조정* 측면에서 사회적 통합과 연대성 창출에 기여한다. 마침내 사회화의 측면에서 소통적 행위들은 인격의 정체성 형성에 기여한다."[70] 이렇듯 삶의 전개가 소통적 행위의 중심에 서 있는 의사소통으로부터 출발한다면, 인간의 삶의 보폭이 더욱 확대·발전할 것이다. 따라서 소통적 행위에 있어 언어가 압축

---

67) 같은 책, 142.

68) J. Habermas, *Überlegungen zur Kommunikationspathologie*, 233.

69) cf. J. Habermas, *Christian-Gauss-Lectures*, 81.

70) J. Habermas, "Erläuterungen zum Begriff des kommunikativen Handelns", in : ders, *Vorstudien und Ergänzungen zur Theorie des kommunikativen Handelns*, (Frankfurt a.M. : Suhrkamp, 1984), 594. 하버마스의 의사소통행위가 사회적 통합과 연대성 창출에 기여함을 잘 적용시킨 대표적 국내 문헌으로 다음의 논문을 참고하라. 김영필, 「하버마스 의사소통행위이론의 상호문화주의적 함의 - '한국적' 다문화교육모형 구축을 위한 하나의 대안 -」, 『철학논총』 제71집(2013), 3-27.

된 의사소통의 방편으로 사용되어야 하지만 일방적으로 기획되어서
는 안 된다.

3) 소통적 능력

소통적 행위를 성공시키기 위해 하버마스는 행위자에게 소통적
능력을 전제한다. 그는 그런 소통적 능력을 "잘 형성된 문장을 실재
성과 관련짓기 위해 의사소통의 준비를 잘 갖춘 화자의 능력"으로
표현한다.[71] 소통적 능력을 측정하는 방법은 청자가 화자의 진술을
이해하는지, 청자로부터 의도된 상호 인격적 관계를 함의하고 있는
지를 묻는 질문에 있다. 이를 위한 유용한 요소로 우리를 고양시키
는 '이해'와 '진리', '참된 것', 그리고 '진술의 올바름'이다. 그런 요
소들의 배경은 "근본적으로 상호 인격적 관계 정립 및 자기 설명의
정립과 묘사에 상응하는 화용론적 기능들을 떠맡는다는 점이다."[72]

이 외 소통적 능력이 단순히 언어적 능력을 넘어서야 한다는 점인
데, 이것은 문법적으로 잘못된 문장 형성에서 벗어난다고 소통을 성
공시킬 수 없기 때문이다. 화자 내지 행위자는 언화 행위를 통해 특
정한 사실을 기술하는 것이 가능해야 하며, 그리고 의도에 부합해야
하며, 무엇보다 자신의 상대자와 관계를 제대로 구축해야 한다. 하
버마스에 따르면, 그것은 "화자의 참여"를 전제한다.[73] 그것은 언화
행위에 관여된 자들이 "담론의 이중 구조를 이룩해야 하는데, 이는

---

71) J. Habermas, "Was heisst Universalpragmatik?", in : ders, *Theorie des kommunikativen Handelns*.
Bd.1 : Handlungsrationalität und gesellscaftliche Rationalisierung, (Frankfurt a.M. : Suhrkamp,
1981), 390.

72) 같은 책, 438.

73) cf. 같은 책, 429.

자신들의 소통을 다음의 두 영역으로 이끌어야 한다는 것을 뜻한다. 그들은 소통의 내용과 소통된 내용의 의미를 내포하는 거대소통 (Metakommunikation)에 일치시켜야 한다."74)

하버마스는 이념적 언화 상황 속에 있는 이념적 화자로부터 출발한다는 그런 견해에 동의한다. 이념적 언화 상황이 이후에 보다 자세한 관찰을 가능하게 하기 때문에, 그런 이념적 언화 상황에서 소통적 능력의 초안이 작성된다는 사실에 주목해야 한다. 하버마스에 의하면, 개개 상황 속에 존재하는 화자는 언어를 그런 의미에서 사용한다는 사실에서 출발하지 않지만, 그러나 자격을 갖춘 모든 화자는 그런 상황을 보편적으로 조성할 수 있는 능력을 갖추고 있어야 한다.75)

그렇게 자격을 갖춘 화자를 이끌어야 하는 규범체계의 재구성을 하버마스는 '보편적 화용론'이라 칭한다. 그것은 화자의 능력을 분석하고 성공적인 언화 행위의 전제 조건과 소통적 행위를 재구성하기 위한 과제를 제시한다.76) 상호작용에 관한 고려와 정체성 발전에 관한 고려, 그리고 행위이론과 담론윤리로서 윤리학의 구상에 관한 고려는 그런 화용론 위에 세워져야 하기 때문에, 그것은 소통적 행위의 이론발전을 위해 본질적이라 할 수 있다. 따라서 하버마스는 소통적 능력의 발전과 훈련에 이목을 집중시키게 하고, 발전 심리학적·철학적 도움으로 그것을 설명하려는 점을 의미심장한 것으로 간주한다.77)

---

74) J. Habermas, "Notizen zur Entwicklung der Interaktionskompetenz", 202.

75) cf. Rick Roderick, *Habermas und das Problem der Rationalität*, (Hamburg : Felix Meiner Verlag, 1989), 101.

76) cf. J. Habermas, *Christian-Gauss-Lectures*, 91.

77) cf. 같은 책, 65.

4) 소통적 합리성

하버마스의 소통적 이성개념은 소통적 행위개념에 천착해 있다. 이에 따라 그가 자신의 학문적 이해에 일치시켜 파악한 합리성 개념은 소통적 행위개념에 이미 함의되어 있다.

> 먼저 우리는 합리성을 오류를 범할 수 있는 지식을 획득하고 활용하기 위한 언어능력과 행위능력을 갖춘 주체의 기질이라 칭한다. 의식 철학적 근본개념이 지식을 오로지 객관적 세계에 있는 그 어떤 무엇에 관한 앎으로 이해하는 것에 활용되는 한, 합리성은 홀로 된 주체가 어떻게 표상 내용과 진술 내용에 맞춰져 있는지에 좌우된다. 주체 중심적 이성은 자신의 규범을 인식하는 주체, 목표에 따라 행동하는 주체와 그것을 가능케 하는 객체, 혹은 사실의 세계와의 관계를 조정하는 진리와 성공에 관한 척도에서 발견된다. 이에 비해 우리가 지식을 소통적으로 중재된 것으로 파악할 때, 합리성은 상호 주체적 인정을 목표로 삼는 가치요청에 맞추기 위한 판단 능력을 갖춘 참여자의 상호작용 능력에서 산출된다. 소통적 이성은 자신의 규범을 진술하는 진리와 규범적 정당성, 주체적 진리성과 미학적 조화에 관한 요청들에 직접적이거나 혹은 간접적 이행의 논쟁적 태도에서 발견된다.[78]

하버마스는 무엇보다 '소통적 이성'에 특별한 의미를 부여한다. 그것은 "언어능력과 행위능력을 갖춘 주체의 기질"이며 상대개념으로서 주체 중심적 이성과 마주해 있다. 이런 소통적 이성이 내용적으로 어떻게 규정되는지를 보다 명확하게 이해하기 위해, 그리고 하버마스가 이런 개념을 어떻게 발전시켰는지, 그 질문에 답을 찾는 것이 중요할 것이다.

우선 소통적 합리성이 한 개인의 주체적 능력이 아니라는 사실을 강조하는 것이 중요하다.[79] "그것(소통적 합리성)은 자신을 표상하

---

78) J. Habermas, "Ein anderer Ausweg aus der Subjektphilosophie : Kommunikative vs. subjektzentrierte Vernunft", in : ders, *Der philosophische Diskurs der Moderne*, (Frankfurt a.M. : Suhrkamp, 1988), 366.

79) cf. Hans-Ludwig Ollig, "Art. Vernunft : Verstand. D. Neukantianismus, Anthropologie, Existenzphilosophie,

고 행동하면서 객체와 관계를 맺거나 어떤 환경과 마주해 한계설정을 짓는 확고부동한 체계와 관계함으로 자신을 유지시키는 그런 주체로 확장되지 않는다."[80] 하버마스는 언어가 먼저이며, 부가적으로 나타나는 "순수 이성"은 중요하지 않다고 주장한다. 오히려 "삶의 세계의 구조에 있어서와 마찬가지로, 소통적 행위와 관련한 체화(體化)된 이성이 본래부터 중요하다."[81] 따라서 이성개념은 언어와 분리되지 않는다. 이와 함께 하버마스에게 합리성은 다만 상호 주체적으로만 생각될 수 있다는 사실이 주목된다. 합리성은 주체에 덧붙여진 고유한 특성이 아니라 소통, 그중에서도 상호 주체적 소통에서 발생된다.[82] 따라서 그런 소통의 개개 참여자들은 소통을 통해, 그리고 소통의 계속되는 진행 속에서 '더불어' 발전되며, 이를 통해 소통적 합리성은 그런 경험에서 설득력을 갖게 되며, 나아가 논쟁적 담론을 통해 동의를 산출해 낼 수 있게 된다. 무엇보다,

> 자신들의 주관적 이해에만 매여 있는 상태에서 벗어날 수 있으며, 공동체성의 덕택으로 이성적 동기가 부여된 확신에 이르며, 동시에 객관적 세계와의 일치와 그 객관적 세계와의 삶의 관련성인 상호주체성에서 확신을 가질 수 있다.[83]

이런 사실은 소통적 행위에 근간을 둔 전제들이 소통적 합리성과

Kritische Theorie, Theorien der Rationalität", in : ders, Ritter. Joachim u.a.(Hg), *Historisches Wörterbuch der Philosophie*, Bd.11. (Basel : Schwabe Verlag, 2001), 845.

80) J. Habermas, *Theorie des kommunikativen Handelns*, 533.

81) J. Habermas, "Ein anderer Ausweg aus der Subjektphilosophie : Kommunikative vs. subjektzentrierte Vernunft", 374.

82) cf. J. Habermas, "Rationalität der Verständigung. Sprechakttheoretische Erläuterungen zum Begriff der kommunikativen Rationalität", in : ders, *Wahrheit und Rechtfertigung. Philosophische Aufsätze*. (Frankfurt a.M. : Suhrkamp, 1999), 110-113.

83) J. Habermas, *Erläuterungen zum Begriff des kommunikativen Handelns*, 605.

함께 고려되어야 한다는 것을 내포한다. 이것은 한편으로 "소통을 목적으로 하는 이해를 구하는 조건에서 표현되는"[84] 합리성이 중요하다는 사실을 뜻하며, 한편으로 "상호 주체적 의사소통과 상호 인정"[85]의 테두리 내에서 가치를 지닌다는 것을 뜻한다. 따라서 소통적 합리성은 항상 고양(高揚)시키는 보편적 가치요청과 관계한다.[86]

소통적 이성은 상호 주체적 소통에서 발생하기 때문에, 그것은 본질적으로 절차적(prozedural)이다.[87] "합리성은 언어능력과 행위능력을 갖춘 주체들이 지식을 사용하는 것만큼 지식의 소유와 관계하지 않는다."[88] 그리고 합리성은 의사소통의 과정에서 절차적으로 드러난다는 사실이 밝혀지는데, 이는 합리성의 잠재성 자체는 의사소통적으로 맞추어진 행위에 매여 있기 때문이다. 이것은 언어가 의사소통의 기능뿐 아니라, 행위조정의 기능, 그리고 개인의 사회화의 기능을 성취시키며, 이를 통해 문화적 재생산, 사회적 통합, 그리고 사회화를 수행하는 매개체가 될 정도로 한 사회의 삶의 세계의 합리화로 치환시킬 수 있다.[89]

그러므로 하버마스에게 합리성은 완전히 상호 주체화된 것이며, 오로지 상호 주체적 과정에서 존재한다. 동시에 소통적 합리성은 개별적 측면으로 분할되거나 개별적으로 관찰되는 것이 아닌, 일치시

---

84) J. Habermas, *Handlungen, Sprechakte, sprachlich vermittelte Interaktionen und Lebenswelt*, 70.

85) J. Habermas, "Ein anderer Ausweg aus der Subjektphilosophie : Kommunikative vs. subjektzentrierte Vernunft", 377.

86) J. Habermas, *Theorie des kommunikativen Handelns*, 38.

87) cf. Hans-Ludwig Ollig, "Die Vernunft auf dem Prüfstand. Anmerkungen zur jüngsten Rationalitätsdiskussion", in : ders, *ThPh* 58(1983), 365.

88) J. Habermas : *Handlungen, Sprechakte, sprachlich vermittelte Interaktionen und Lebenswelt*, 67.

89) J. Habermas, *Theorie des kommunikativen Handelns*. Bd.2. : Zur Kritik der funktionalistischen Vernunft, (Frankfurt a.M. : Suhrkamp, 1981), 132.

키는 이성개념을 표현한다.

　환언하면 하버마스에게 소통은 언어로부터 어떤 무엇을 산출해 내는 수단이며, 나아가 상호작용의 형성과 정립, 그리고 계속해서 동의를 이끄는 수단이다. 이와 함께 소통의 개념으로 이해되는 자아 발달과 합리성 구상은 서로 밀접하게 관련되어 있다.

2. 사고의 중심에 있는 소통

　하버마스에게 소통의 개념이 어떤 의미를 갖는지 세 가지로 나누어 제시된다. 이 개념의 의미와 비중이 무엇보다 담론윤리학 및 사회이론과 관련하여 드러날 것이다. 이를 통해 소통개념이 보다 정교하게 드러날 것인데, 이런 작업을 위해 대부분 하버마스의 1차 자료에 의존할 것이며, 부가적인 설명을 위해 2차 자료 또한 활용될 것이다. 물론 중심적 텍스트는 하버마스의 소통적 행위이론에 관련된 것들이다.

1) 담론윤리와 소통

　하버마스에게 윤리란 소통하는 행위이론에 기반을 둔 담론윤리라 할 수 있다. 그는 화용론(話用論)적 근거들을 칼 오토 아펠(Karl-Otto Apel)과 더불어 다음과 같이 설명한다. 오늘날 세계는 역설적(paradox) 문제의 상황에 직면해 있다. 한편으로 보편적 윤리의 필요성이 더욱 시급해지는 때인데, 이는 인류가 학문과 기술의 눈부신 발전으로 전 세계가 윤리적 위험에 빠지게 되었기 때문이다. 인간 행위가 미치는 영향의 범위가 일상에서 존재하는 소집단의 영역, 즉 부부나 가족 혹은 이웃과 같은 가까운 범주들로 더욱 확대되어 간다. 전 인류의 운명이 개별적 행위와 맞닿아 있을 수 있게 되었다. 하버마스는 이런 사실로부터 소통하는 행위이론에 일반적으로 통용될 담론윤리의 근거를 구상한다.

담론윤리의 근본 사상을 소개한다면 다음과 같다. 담론윤리의 관심은 논쟁을 거쳐 도달한 모든 참여자의 동의인데, 이를 통해 규범의 근거가 세워지기 때문이다. 따라서 담론윤리는 과정의 윤리이며 고정불변한 관념적 윤리가 아니다. "실천적 담론은 정당성을 갖춘 규범의 산출을 위한 방법이 아니라 가설적으로 설정된 규범의 가치성의 시험을 위한 방법이다."90) 그러므로 담론윤리는 처음에는 내용이 비어 있고 형식적이다. 윤리구상을 고려해 볼 만한 주어진 상황에서 담론윤리가 보편적이며 균등을 초래할 수 있는 조건이 무엇인지 드러나야 하기 때문이다.91) 보편화(Universalisierung)의 원리와 담론 윤리적 원리가 담론윤리의 핵심을 형성한다. 하버마스는 보편화의 원리의 도덕적 논쟁에 있어 동의를 이끌어낼 수 있는 기능을 덧붙인다.92) 여기서 원리란 모든 규범에 유효한 조건을 충족시키는 것을 뜻한다.

이런 원리는 자유롭게 마주해 있는 담론의 모든 참여자에게 때와 상황에 따라 변화를 일으킬 수 있는 유연성을 위한 것이며, 보편타당한 규범을 인간의 소통에 제공하기 위한 것이다.93) 보편화의 원리

---

90) J. Habermas, "Moralbewußtsein und kommunikatives Handeln", 132.

91) cf. J. Habermas, "Erläuterungen zur Diskursethik", in : ders, *Erläuterungen zur Diskursethik*, (Frankfurt a.M. : Suhrkamp, 1991), 151.

92) cf. J. Habermas, "Diskursethik - Notizen zu einem Begründungsprogramm", in : ders, *Moralbewußtsein und kommunikatives Handeln*, (Frankfurt a.M. : Suhrkamp, 1999), 67.

와 담론 윤리적 원리가 여기서 등장하는데, 이것은 "규범만이 실천적 담론의 참여자로서 모든 사람의 동의를 구하는 가치를 필요로 하다는 것을 뜻한다."94) 이런 원리를 인정하는 가운데, 논쟁을 거듭하여 도덕적 규범의 기초로서 인정될 수 있거나 인정되어야만 하는 동의를 얻을 수 있는 능력이 담론에 주어진다. 이런 원리가 드러남으로써 담론의 핵심이 명확해진다.

이제 다음의 질문을 제기함으로써 다음 단계로 진행해 보자. 담론 윤리와 소통 사이에서 맺는 관계가 어떻게 묘사되는가? 하버마스에게 담론윤리는 다른 수단들을 가진 소통의 발전을 뜻한다.95) 담론은 소통적 행위에 해당하며, 앞서 언급한 가치요구들을 지양시킨다. 담론이론 속에 함의된 의미를 보다 명확하게 파악하기 위해 담론윤리의 전환점을 형성하는 다양한 주제들이 시야에 들어온다. 이를 위해 특히 주목해야 할 주제들은 '논쟁', '합의', '이상적 대화 상황', 그리고 '소통 공동체'이다.

(1) 논쟁과 합의

담론은 논쟁으로부터 활력을 띠게 된다. 하버마스에게 논쟁은 "정보, 근거, 전문용어들(내지 묘사의 교정을 가능하게 하는 새로운 어휘들)에 관한 가치매김과 새로운 교류를 위한 방법이다."96) 담론의 참여자들은 논쟁으로 점화된 경쟁상황으로 빠져드는데, 그 경쟁상황에서 중요한 것은 설득시켜 마침내 합의에 도달하는 것이다. 그러나

---

93) cf. J. Habermas, "Erläuterungen zur Diskursethik", 157.

94) J. Habermas, "Diskursethik - Notizen zu einem Begründungsprogramm", 103.

95) J. Habermas, *Moralbewußtsein und kommunikatives Handeln*, 141.

96) J. Habermas, "Erläuterungen zur Diskursethik", 164.

이런 합의에 의미를 부여하고 이 합의에서 정한 규범을 정당한 것으로 간주하기 위해, 참여자들이 무전제로 담론의 규정을 무시하고 논쟁에 빠트리게 하는 것은 적절치 못하다. "정당한 능력은 규범적 가치요청을 이행하기 위해 담론적 태도를 견지하는 것이며, 이런 능력은 소통적 행위에 뿌리를 둔 논쟁 덕택이다."[97] 논쟁에서 중요한 점은 다음의 진술에서 찾을 수 있다. "논쟁은 소통적 행위와 관계한다." 이런 진술은 보다 정확히 무엇을 뜻하는가?

규범의 정당성이 담론적 방법을 통해 획득된다면 합의를 목적으로 삼아야 할 것이다. 이를 위해 출처, 세계관, 문화, 삶의 형태, 그리고 가치설정에 있어 나타나는 모든 차이와 더불어 공동의 관련점이 존재해야 하며, 모든 불일치에서 추출되는 도덕적 관점이 존재해야 한다. 이런 도덕적 관점은 "상호작용을 일으키는 모든 참여자들이 소통할 경우, 그들은 항상 현존하는 구조 속에서 발견된다. 논쟁의 보편적인 화용론적 전제들은 담론윤리에서 보여주는 바처럼 그런 종류의 관점을 내포하고 있다."[98] 그리고 논쟁은 소통적 행위로 그 의미를 드러낸다. 이것은 논쟁이 소통의 형태로서 상호주체성을 목적으로 하는 합의를 끌어내기 위해 네 가지 가치요청, 즉 '의사소통', '진리', '진실', 그리고 '진술의 정당성'이 필요하다. 이와 함께 논쟁은 설득을 통한 합의가 목적이라 할지라도 항상 축소되지 않은 소통이어야 하며, 따라서 의사소통에 방향이 맞추어져야 한다. 마침내 모든 참여자들이 의사소통이 무엇을 위해 필요한지를 자신의 지식으로부터 얻는다면, 그 합의는 정당성을 갖고서 주변으로 확장될 것이다.

---

97) J. Habermas, *Moralbewußtsein und kommunikatives Handeln*, 175.
98) 같은 책, 174.

그러므로 논쟁의 목적은 '합의도출'이다. 그러나 논쟁의 힘으로 얻은 합의도출이 무엇으로 구성되는가? 이런 질문은 결국 합의의 근거를 제시하는 데서 그 답을 찾을 수 있다. 논쟁의 힘으로 얻은 합의 도출은 '일치'만을 목적으로 삼는 단순한 사실(Tatsache)에서 존재하지 않는다. 왜냐하면 일치의 사실(Faktum)은 단순한 논증과 더불어 일치에 이르기 위해 다른 수단들 역시 사용되어 논증하는 것의 목적으로서 설득과 영향을 끼칠 수 있는지에 대해 아무것도 설명해 줄 수 없기 때문이다. 하버마스는 담론에 있어 "보다 나은 논증의 고유한 강요 없는 강요"가 가치를 지닌다는 점을 지적한다.99) 이런 강요는 논리적이거나 경험적인 강요이어서는 안 되며, 오로지 "보다 나은 논증의 힘"을 통해 결정되어야 한다. 이런 힘을 하버마스는 "합리적 동기"로 표현한다.100)

(2) 이상적 대화 상황

논쟁으로 그 의미가 배가되는 담론은 소통의 한 형태로서 전제로 넘쳐나는 시도이며 각종 보장으로 인해 기반이 탄탄한 시도이다.101) 하버마스는 소통의 참여자들 중에서 상황을 고려하지 않고 행위 강요가 이루어지는 것을 첫 번째 위험으로 본다. 소통을 망치고, 심지어 소통이 더 이상 현실적 합의로 이끌어 내지 못하는 그런 위험으로부터 벗어나기 위해 하버마스는 한 규준을 찾는데, 그것을 "이상

---

99) J. Habermas, "Wahrheitstheorien", in : ders, *Vorstudien und Ergänzungen zur Theorie des kommunikativen Handelns*, (Frankfurt a.M. : Suhrkamp, 1984), 161. 하버마스는 한 논증의 형식적 구조와 관련지으면서 이 문제를 계속해서 해명하려 한다.

100) 같은 책, 161.

101) cf. J. Habermas, *Christian-Gauss-Lectures*, 122.

적 대화 상황(ideale Sprechsituation)"에서 발견한다.

이런 규준은 이성적인 것으로 기만적 합의로부터 구분시켜 주고 담론이 행위 강요로부터 규정된 것인지 판단하는 데에 도움을 제공한다. 이런 이상적 대화 상황은 항상 상반된 것과 마주치면서 현실성을 갖추게 된다. 이런 현실성은 하버마스가 이상에서 실재성을 측량할 수 있는 하나의 구상으로 이해됨으로써 "순순한 소통"을 형성하며, 모든 조건을 채우는 소통의 상황이다.102)

> 이상적 대화 상황은 … 체험적 현상도, 단순한 구성도 아닌 담론 속에서 피할 수 없이 상호적으로 수행된 시도이다. 이런 시도는 상반된 것이 되어서는 안 되며, 그렇게 될 수도 없다. 하지만 그것이 상반된 것으로 행해진다 할지라도 소통의 진행 속에서 조작 가능한 기능에 불과하다.103)

하버마스는 보다 명확한 설명을 위해 이상적 대화 상황을 위한 조건을 언급한다.104) 먼저 한 담론에 참여할 수 있는 잠재성을 지닌 모든 사람들은 담론을 개시하고 이끌기 위해 소통적 언어 행위를 수행할 수 있는 '동일한 기회'를 가져야 한다. 이것을 넘어서 "의미, 주장, 권유, 설명, 그리고 정당성을 세우고, 그것의 가치요구를 문제시하고, 근거를 세우거나 혹은 이의를 제기할" 동일한 기회가 모두에게 주어져야 한다.105) 그리고 담론을 위해 동일한 기회를 가진 화자에게만이 재현시키고 이렇게 혹은 저렇게 조정되는 언어 행위를 사용하도록 허락된다. 대화 상황을 이상적인 것으로 특징짓는 이런

---

102) cf. J. Habermas, *Kommunikatives Handeln und detranszendentalisierte Vernunft*, (Stuttgart : Reclam Verlag, 2001), 23.

103) J. Habermas, "Wahrheitstheorien", 180.

104) cf. 같은 책, 177.

105) 같은 책, 177.

조건은 담론의 참여자들 사이에서 비동일적인 것들을 피해야 하며, 힘에 의한 비동일적 분배 역시 피해야 한다.

이것은 강요를 동반해 이런저런 방식으로 조작을 도출해 낼지 모르기 때문이다. 이상적 대화 행위의 조건에서 합의를 이룬다면, 이것은 참된 합의로 간주해도 되며, 담론은 가치요청들이 해결된 것으로 간주할 수 있는 소통의 실재화로서 여겨도 된다. 따라서 이상적 대화 상황의 조건하에 있는 소통은 소통의 이상적 상(象)으로 묘사된다.

만약 상반된 것의 수용과 담론에서 이미 영향을 끼친 행위가 중요하다면 이상적 대화 상황을 고려해 볼 때, 우리는 그런 행위를 어떻게 생각해 볼 수 있는가? 먼저 이상적 대화 상황은 예견이며 가정이다.106) 하버마스에게 이것은 우리가 말을 한다면 이상적 대화 상황의 조건이 충족된 것으로 받아들여져야 하며, "단순히 허구적인 것이 아니라 현실적인 것임"을 뜻한다.107) 따라서 담론이 실제로 조건을 충족시키지 못하더라도 이 가정은 담론에 영향을 미치는 효과적인 현실이 된다.

결론적으로 하버마스는 이상적 대화 상황을 단순히 담론의 구조를 특징짓는 원리로 간주한다는 사실을 다시 한번 상기시킨다. "이상적인 화자의 성격"에 관한 것이 아니다.108) 담론에 참여한 사람들은 의사소통 능력이 있어야 하지만 이상화에 압도당해서는 안 된다. 이것은 이상적인 대화 상황이 유토피아가 아니라 모든 담론과정에 수반되는 원리임을 분명히 한다.

---

106) 같은 책, 180.
107) 같은 책, 181.
108) J. Habermas, *Christian-Gauss-Lectures*, 122.

(3) 소통 공동체

하버마스의 담론윤리는 소통 공동체의 개념과 함께 작동하는데,
이는 이상적인 대화 상황의 개념과 밀접한 관련이 있다. 소통 공동
체는 또한 "문화적으로 친밀한 특정 형태의 삶과 개별 교육과정을
고수하는 의미관점"109)과 더불어 공간적·시간적 및 사회적으로 무
제한적인 공동체의 자유로운 이념화이다. 그러나 하버마스에게 이상
화는 무의미하거나 유토피아적인 구상이 아니다. 소통과정이 비록
비이상적인 상황이라 할지라도 이상적인 조건에 가능한 가까이 근
접한 것에서 수행될 것을 지향한다.110) "무제한적이고 왜곡되지 않
은 담론의 구성은 불명료한 발전 성향을 더 밝은 윤곽으로 드러낼
의도로, 박편(薄片)으로 알려진 현대사회에 의존될 수 있다."111) 이
성이 항상 가까이 진을 치고 있어 이상은 이상으로 머물러 있을 뿐
이지 결코 도달할 수 없다는 것을 인식함에도, 이상에 대한 앎과 그
앎의 활용이 진정한 소통의 형태에 영향을 미친다고 하버마스는 주
장한다.

하버마스는 한계를 갖지 않는 소통 공동체를 담론윤리가 일어나
게 하는 초월적 화용론의 전제로 간주한다.112) 보편적 원칙과 담론
윤리적 원칙은 담론의 모든 잠재적 참여자들에게 적용되어야 한다.
그러나 하버마스는 다음의 두 가지 이유에서 소통 공동체의 개념에
많은 시간을 할애하지 않는다. 하나는 이 소통 공동체의 개념 자체
는 보편적 원칙과 담론윤리의 원칙에 기반을 두고 있기 때문이며,

---

109) J. Habermas, "Erläuterungen zur Diskursethik", 156.

110) cf. 같은 책, 160.

111) J. Habermas, *Theorie des kommunikativen Handelns Ⅱ*, 163.

112) cf. J. Habermas, "Erläuterungen zur Diskursethik", 161.

하나는 이상적인 대화 상황에 대한 전제가 이상적인 소통 공동체와 불가분의 관계를 맺고 있기 때문이다. 하버마스는 이상적인 대화 상황의 토대에서 그 원칙을 설명한다.[113] 그에게 무제한적 소통 공동체의 원칙은 "처음부터 언어적 소통의 시도에 내재해 있으며"[114] 그 구조를 특징짓는다.

2) 사회(Gesellschaft)이론과 소통

(1) 행위이론으로서 사회이론

소통 행위론이 수많은 철학적 질문을 다루는 이론적 개념이지만, 하버마스에 따르면 처음에는 사회이론의 필요성에 맞춰졌다.[115] 그 이론의 목표는 상호주체성 이론을 다루는 사회학적 행동이론을 설계하는 것이다. 하버마스는 사회철학적인 문제를 중요시하는 비평적 이론의 전통에서 자신을 바라보기 때문에 개별화된 주체가 아니라 자신의 주변을 에워싸고 있는 주체들과의 관계와 공동체 내지 공동사회(Gemeinschaft)와의 관계를 중요시한다.

그런 사회이론은 하버마스에게 소통적 행위를 본질로 여기는 사회적 행위이론이라 할 수 있다. 왜 그런가? 하버마스가 제기한 질문의 출발점은 사회적 행위의 가능성에 관한 질문이기 때문이다. 그것은 다음의 사실을 뜻한다. "사회적 행위가 어떻게 가능한지는 다음과 같은 다른 질문의 이면이다. 사회적 질서가 어떻게 가능한가? 이

---

113) cf. 이에 대해 자세히 알려면 다음의 책을 참조하라. Helmut Peukert, *Wissenschaftstheorie - Handlungstheorie - Fundamentale Theologie. Analysen zu Ansatz und Status theologischer Theoriebildung*, (Frankfurt a.M. : Suhrkamp, 1978), 280.

114) J. Habermas, *Moralbewutßtsein und kommunidatives Handeln*, 175.

115) cf. J. Habermas, "Erläuterungen zum Begriff des kommunikativen Handelns", 604.

런 질문에 답해야 하는 행위이론은 연장자가 자신의 행동을 자아의 행동과 연결시킬 수 있는 조건을 지정할 수 있어야 한다.”116) 따라서 하버마스는 개인의 행동을 조정하거나 서로 연결시켜 사회화를 가능케 하고 영향을 끼치는 매개체로서 '언어현상'에 주목한다. 그에게 사회적 삶의 과정은 언화 행위에 의해 매개되는 산출과정과 다르게 이해될 수 없기 때문이다. 이런 근거로부터 사회이론은 '소통' 이론이라 할 수 있다.

하버마스는 소통적 행위에 다음의 세 가지 기능을 부여한다. 소통적 행위는 “이해 …, 문화적 지식의 전통과 갱신의 기능적 측면에서 작용하며, 행동조정의 측면에서 사회통합과 연대성의 창출에 도움이 된다. 결국 사회화의 측면에서 소통적 행동은 개인의 정체성을 형성하는 데 도움이 된다.”117) 사회화, 의사소통 및 행동조정은 의심할 여지 없이 사회의 구축과 생존에 중요한 축이다. 하버마스는 이런 사상의 맥락에서 재생산, 통합, 사회화의 다른 과정에 대한 분석을 진행한다. 그 화룡점정은 '삶의 세계'와 '보편적 화용론의 언어모델'이다. 이 두 가지 요소는 언어와 행동의 상호 연관성을 보여주며, 따라서 소통적 행위의 이론으로서 사회적 이론의 본질을 보여준다.

(2) 삶의 세계

하버마스에 있어 사회의 구축과 유지를 위해 중심적인 것은 '삶의 세계'이다. 그는 사회를 “상징적으로 구성된 삶의 세계”118)로 이해

---

116) 같은 책, 571.

117) 같은 책, 594.

118) J. Habermas, *Handlungen, Sprechakte, sprachlich vermittelte Interaktionen und Lebenswelt*, 95. 하버마스의 철학사상에 있어 '삶의 세계'는 중요한 역할을 하며, 다양한 주제와 맥락에서 설명

한다. 삶의 세계의 배경지식은 개인과 개인으로 구성된 사회의 존속으로부터 이루어지는 사회화를 위해 본질을 이루며 필연적이다. 그렇다면 삶의 세계의 개념은 어떻게 이해되며, 언어, 소통 및 삶의 세계와의 관련성이 사회이론의 배경에 있어 어떤 위치를 점하는가?

삶의 세계의 개념은 언어, 사회, 개인 및 소통 등과 같은 다양한 주제들을 상호 관련시키는 돌쩌귀처럼 소통적 행위이론에서 중요한 역할과 기능을 갖는다. 왜냐하면 삶의 세계의 배경은 담론을 펼치는 모든 상호작용의 참여자들에게 무의식적으로 현존하는 배경으로 주어져 있기 때문이다. 삶의 세계는 공유된 삶의 세계에 속해 있는 자들이 공유하고 지식이 축적된 곳으로, "(중략), 참여자들이 입증된 상황의 정의를 활용하거나 합의하는 이해과정의 맥락이 이 형태로부터 형성된다."119) 따라서 삶의 세계는 모든 화자에게 유익이 되고 "자명한 또는 흔들리지 않는 신념의 저수지"120)로 이해된다. 동시에 이것은 화자가 삶의 세계의 이런 지평에서만 움직일 수 있다는 것을 뜻한다.121) 삶의 세계의 배경지식은 "자명한 배경가설과 순리적으로 통제된 기술의 초융합적인 형태"122)로 행위자들에게 제시되며, 이는 기질이나 성향이 아니기 때문에 선호에 따라 의도적으로 만들어지거나 의심될 수 없다.123) 그러나 모든 언화 행위에 대한 삶의 세계의 배경지식을 활용함으로써 소통의 참여자는 이 지식의 확장과 발

　　된다. 하지만 그의 삶의 세계의 개념을 니클라스 루만(Niklas Luhmann)의 시스템 이론과는 의도적으로 구별시켰다. 루만에 있어 삶의 세계의 개념은 사회 이론의 의미와 역할에 있어 단지 고려될 뿐이기 때문이다.

119) J. Habermas, *Theorie des kommunikativen Handelns II*, 191.

120) 같은 책, 189.

121) cf. 같은 책, 192.

122) J. Habermas, *Theorie des kommunikativen Handelns I*, 449.

123) 같은 책, 451.

전에 기여하게 된다.124) 따라서 하버마스에 의하면 삶의 세계는 소통적 행위로 인해 발생하는 의사소통, 행위조정 및 사회화의 과정을 통해 동시에 발생한다.125) 언어적으로 중재된 상호작용에서 등장한 행위자들은 우선 행동계획의 조정을 목표로 한다.

언어를 사용할 때, 삶의 세계의 배경은 항상 배후에 있으며 "합의의 형성여건"126)을 이룬다. 따라서 참여자들이 삶의 세계를 공유하기 때문에, 이런 배경에서 언어적으로 중재된 상호작용은 행위조정에 실질적인 도움을 제공하고 상호 주체적 관계를 구축할 수 있게 한다.

하버마스는 문화, 사회, 개별성의 구조를 삶의 세계의 구조적 구성요소라 칭한다. 소통적 행위가 문화지식, 사회통합 및 연대성의 산출과 개인의 정체성 개발과 갱신에 기여함으로써 문화, 사회 및 개별성의 구조가 이러한 과정을 통해 견고해지고 재현될 수 있도록 한다.127) 따라서 사회화된 개인들로 구성된 사회에 직관적으로 알려진 삶의 세계에 관한 배경지식의 역할은 매우 분명해진다. 항상 존재하고 동시에 끊임없이 재생산하는 삶의 세계는 언어적으로 중재된 상호작용을 통해 이루어지는 사회화를 위한 자원을 제공한다. 행위자들은 이런 삶의 세계를 상호 주체적으로 공유하며, 동시에 자신의 개성과 사회적 통합을 교육하는 역할을 한다. 사회는 "언어로 중재된 상호작용의 그물망"128)으로 구성되어 있다. 그래서 하버마스는 이것을 이해하기 위해 외부 관찰자로서 사회에 접근할 수는 없지만

---

124) cf. J. Habermas, "Erläuterungen zum Begriff des kommunikativen Handelns", 594.

125) J. Habermas, *Handlungen, Sprechakte, sprachlich vermittelte Interaktionen und Lebenswelt*, 96.

126) 같은 책, 97.

127) cf. J. Habermas, "Erläuterungen zum Begriff des kommunikativen Handelns", 594.

128) J. Habermas, *Handlungen, Sprechakte, sprachlich vermittelte Interaktionen und Lebenswelt*, 84.

"사회·문화적 맥락을 내부에서부터 개방해야 한다."고 주장하고, 상호작용의 참여자들에 의해 형성되는 의미작업과의 연결점을 발견할 수 있는 사회의 개념에서 시작해야 한다고 주장한다. 이런 첫걸음을 위해 삶의 세계의 개념이 제공된다.

(3) 보편적 화용론의 언어모델

하버마스에게 사회이론의 기본적 구성요소는 보편적 화용론의 언어모델 개념이다. 그런데 이 모델을 통해 사회구조를 설명하는 것이 중요한 것이 아니라 언어사용과 사회 간에 밀접한 관계를 보여주는 것이 중요하다. 하버마스에게 중요한 의미를 지닌 언화 행위이론은 이런 관계가 엮여 있다는 것을 보여주는 지점이기 때문이다.

언화 행위이론이 보편적 화용론의 본질적 관점을 형성하는데, 이는 보편적 화용론이 언어와 언어의 기능을 조사하기 때문이다. 언화 행위는 사회가 형성되는 장소로서 특징지을 수 있다. 언화 행위이론이 언어 발화의 수행 상태와 언화 행위의 생성력을 명확히 하기 때문이다.[129] 언어에서는 다음과 같은 행동이 일어난다. "나는 무언가를 말하면서 일을 한다."[130] 하버마스는 오스틴(Austin)의 사상과 관련시켜 그렇게 요약한다.[131] 개개인의 말하기 행동은 소통활동 이론의 기초이다. 보편적인 화용론 분석의 측면들 중 행위의 분석, 즉 언화 행위를 통한 대인관계의 생성은 사회이론과 관련하여 중요한

---

129) J. Habermas, "Was heißt Universalpragmatik?", 395.

130) 같은 책, 396.

131) 하버마스는 보편적 화용론의 발달에 있어 참고할 만한 많은 저자들을 끌어들인다. 그러나 그는 오스틴과 서울(Searle)의 연구를 넘어서, 특히 언화 행위이론과 관련하여 많은 부분을 다루지는 않는다. cf. J. Habermas, "Notizen zur Entwicklung der Interaktionskompenz", 200.

포인트이다.

이런 관점에서 볼 때, 사회는 소통적 행동과 대인 관계를 통해 형성되므로 언화 행위는 궁극적으로 전체 사회가 형성되는 매체로 볼 수 있다. 언화 행위이론과 그에 따른 보편적 화용론은 언화 행위이론이 주제화된 고차원적 질서로서 언화 행위에 의해 형성된 사회를 반영하는 역할을 한다. 가장 작은 단위에서부터 언화 행위의 분석을 통해 얻게 될 일치를 향한 단계는 하버마스에게 매우 직접적인 단계이다.132) 이것은 사회와 소통이 밀접한 관련이 있는 두 가지 주제임을 분명히 한다. 엄밀히 말하면, 이런 밀접한 특징 때문에 사람들은 한 가지 주제에 대해 말해야 할 것이다. 한 번은 외부에서 전체적으로 보고, 한 번은 내부에서 세부적인 것을 현미경으로 볼 때, 사회를 구성하는 개별적인 구조를 볼 수 있다.

3. 정체성, 주체성, 언어, 그리고 소통의 동일한 기원

이제 소통의 개념에 가까운 개념 분석과 의미 분석에 대해 살펴볼 것이다. 나아가 소통개념에 대한 주체 이론적 함의 또한 살펴볼 것이다. 상술한 바 있듯이, 하버마스에게 소통개념이 주체개념을 위한 정점이라는 사실이 분명해졌기 때문이다. 정체성(Identität)과 주체성(Subjektivität)은 항상 언어 및 소통과 관련하며 화자의 소통능력을 이해하는 것들이다. 이에 따라 본 주제에서 자아의 정체성의 형성에서 언어의 역할을 살펴본 다음, 소통에 의해 형성된 상호주체성과

---

132) 하버마스는 이와 관련하여 본질적 의미에서의 소통 또한 언화 행위를 넘어서지 않고서 동의어 방식으로 언화 행위와 소통의 개념을 보다 자세한 설명 없이 사용한다.

주체성 사이의 관계를 추적해 볼 것이다. 여기서 정체성, 상호주체성 및 주체성은 소통의 개념을 이해하기 위한 작업가설에 해당된다. 이 작업가설은 소통의 개념 위에 구성되어 있다.

1) 언어와 정체성

하버마스에 따르면, 언어의 매체는 자아의 정체성 발달에 있어 중심적인 위치를 차지한다. 자아는 항상 "삶의 구체적인 조건 아래서, 즉 삶의 세계의 상호주체성을 확립하는 언어의 사회화의 매체를 통해 형성된다."133) 자아의 발달과정은 경계 짓기의 과정이라 할 수 있다. 자아는 자신의 개별성을 확보하기 위해 여러 영역에 대한 사회화 과정에 있어 경계가 뚜렷해야 한다. 동시에 이 경계 짓기의 과정은 인간이 참여하게 되는 다른 발달 차원으로 통합된다. 하버마스는 이를 위해 '인지능력', '언어능력' 및 '행동능력'의 발달을 요청한다.134)

그러나 여기서 경계가 의미하는 것은 무엇인가? 하버마스는 경계의 다른 차원을 제시한다. 즉 경계는 "객관성, 규범성 및 상호주체성을 주장할 수 있는 것"135)과 마주하여 발생한다. 물론 인간은 인식할 수 있는 구조와 규칙 속에서 인식할 수 있는 것을 만나는 세상에서 자신을 경험하며, 언어로 표현된 상호주체성을 접하게 된다. 개인은 이런 것들과 마주하여 (상상하는)자신과 (실재)자신이 동일하거나 동일하지 않은 것으로 깨닫게 된다. 그런데 그가 자신에 대해 경계 짓는 매체는 언어이다. 그리고 이것으로부터 그는 자신을 한정

---

133) J. Habermas, "Notizen zur Entwicklung der Interaktionskompetenz", 192.

134) 같은 책, 192.

135) 같은 책, 194.

시키고, 결국 언어와 자신의 비동일성을 인정할 수 있게 된다.

하버마스는 이제 주체가 자신의 주체성에서 경계 짓는 사실을 언급하며, 그 맥락에서 자신의 주체성을 자신의 "내면의 본성"136)이라고 부른다. 따라서 주체가 자신을 판단할 수 있다는 의미에서 자기자신과 거리를 둔 관찰자의 역할을 수행하는 주체의 일이 사료된다.

따라서 자아는 언어를 통해 내·외부 환경에 경계를 정한다. 이것은 인지, 언어 및 행위능력의 발달과 결합된 개발과정에서 발생한다. 여기서 흥미로운 점은 하버마스가 자아가 발달하는 이 과정을 "자기발생과정"137)으로 간주하는 사실이다. 왜냐하면 "주제가 자신의 주변과 논쟁할 때에 비로소 주체로 형성된다는 것으로 우리 자신을 현실적으로 만들어가기 때문이며, 자아와 자아가 구성되는 경계체계가 마치 단일 발달과정에서 나온 것처럼 분명해지기 때문이다."138)

경계의 매개체인 언어를 통해서만 자아가 구성된다. 자아는 주변환경과 마주하여 자신을 분리하고 경계를 지을 때 발달한다. 따라서 자아발달은 언어능력 및 행위능력과 관련해 있다. "자아 *스스로가* 자신의 주체성을 제한하고 유지한다고 말하는 것은 성숙한 주체에 따른 것이다. 우리가 언어능력과 행위능력을 갖춘 주체에 관해 말할 때, 이는 통합적 역량을 의미한다."139)

하버마스는 또한 한 인간의 종(種)적, 숫자상의, 질적 동일성(**Identifizierung**)을 구별한다. 즉 그는 "한 개별 인간의 숫자상의 동일성, 말하고 행동할 수 있는 사람으로서 종적인 동일성, 그리고 삶

---

136) J. Habermas, "Was heißt Universalpragmatik?", 436.
137) J. Habermas, "Notizen zur Entwicklung der Interaktionskompetenz", 192.
138) 같은 책, 197.
139) 같은 책, 197.

의 개인사(史)와 특정 인격 등을 가진 특정인의 질적 동일성"으로 구별한다.140) 하버마스에 따르면, 사람이 숫자로나 종적으로 다른 사람에 의해 식별될 수 있는 전제 조건은 "한 인간이 시도하는 술어적인 자기식별"141)이다. 따라서 자신을 개별성으로 인식하여 자신에게 "나"라고 말할 수 있는 것은 인간의 능력이다.142) 동시에 그런 주장은 다른 사람들에 의해서도 자신의 개별성으로 인식하고 받아들이게 된다. "개별성의 의미는 첫 사람의 자서전적 관점에서 추론될 수 있으며, 나의 유일성을 가진 개인으로서, 말로 표현된 행위를 동시에 수행할 수 있는 것으로 인정될 수 있는 주장에 있다."143)

이와 더불어 순환적 과정으로서 "정체성은 대인관계를 통해서만 확보될 수 있으며, 상호 문화적 또는 국제법상의, 또는 친구, 가족 구성원 간에 맺어진 대인관계 등에서 발견되는 '인정'으로 나타난다."144) 궁극적으로 이러한 인정은 상호작용, 즉 상호주체성을 통해 발생한다. 이렇듯 정체성의 개념은 한편으로 개별화된 개인과 언어 사이의 밀접한 관계를 보여주며, 다른 한편 주체와 상호주체성 간의 관계와 개인과 타인 간의 관계를 직접적으로 지시한다.

2) 주체성과 상호주체성

이제 하버마스는 정체성 개념을 넘어 주체성 개념에 보다 가까이 다가선다. 왜냐하면 그는 언어의 매개체로 이루어지는 경계 짓기를

---

140) 같은 책, 155.
141) 같은 책, 156.
142) 같은 책, 161.
143) J. Habermas, "Die Einheit der Vernunft in der Vielheit ihrer Stimmen", in : ders, *Nachmetaphysisches Denken. Philosophische Aufsätze*, (Frankfurt a.M. : Suhrkamp, 1992), 184.
144) J. Habermas, "Überlegungen zur Kommunikationspathologie", 254.

통해 자신의 정체성을 형성하는 주체에 관해 계속해서 다루기 때문이다. 정체성은 타고난 것이 아니며, 개발되어야 한다. 언어가 필연적이라면, 이것은 상호주체성의 필연성을 동시에 내포한다. 왜냐하면 하버마스는 비트겐슈타인과 더불어 "홀로 있는 주체"가 규칙을 따를 수 없으며, 언어를 의미 있는 것으로 받아들여 사용할 수 있다는 이해를 따르기 때문이다.[145] 하버마스에 따르면, 주체성에 대한 모든 설명의 기초가 되는 이 상호주체성은 그 자체로 역설적인 관계가 내재해 있다. 하버마스의 주체개념을 바르게 이해하기 위해 이 역설적인 관계를 밝히는 것이 도움이 된다.

그가 상호주체성의 개념에 대한 그런 이해로부터 주체개념을 발전시키기 때문이다. 그는 주장하기를, "우리는 주체 자체를 … 언어능력과 행위능력을 갖춘 주체들의 상호성이 형성되었다고 먼저 가정해야 한다. 그들의 소통능력만이 그들을 주체로 형성하기 때문이다. 이런 관점에서 상호주체성이 역설적 관계로서 드러난다."[146]

주체와 상호주체성에 맺어진 역설적 관계는 다음의 사실에서 보다 구체적으로 드러난다. 주체들은 서로를 주체로 인식해야 한다. 즉 주체는 타자에게 주체와 동일한 지위를 부여해야 한다. 동시에 "상호인정의 관계는 서로의 동일성을 요구함과 동시에 자신의 절대적 다양성을 주장해야 한다. 이는 주체로 존재하기 위해 개별화에 대한 주장이 포함되어 있기 때문이다."[147] 따라서 주체로서 주체는 비동일성과 같은 정체성의 경험에서 동시에 경험한다. 이처럼 경계 짓기와 귀속의 경험이 없다면, 하버마스의 주체에 대한 개념은 불가능해 보인

---

145) J. Habermas, *Christian-Gauss-Lectures*, 75.

146) 같은 책, 77.

147) 같은 책.

다. 그는 인칭대명사의 사용을 언어적으로 분석함으로써, 주체들 간의 대화에서 이런 역설적인 관계가 지배한다는 것을 보여준다. 화자는 "자신에 대해 '나'라고 말해야 하며, 같은 방식으로 자신에 대해 '나'라고 말할 수 있는 다른 사람을 '너'로 부를 수 있다. 동시에 양자는 외부에 존재하는 자들, 즉 단순한 잠재적 대화참여자들('그'와 '그들'과 마주해서)과 마주하여 '우리'로서 한계를 설정한다."[148]

결과적으로 하버마스에게 언어이론에 근거한 주체개념은 상호주체성으로 출발하는 이론이다. 그에게 언어 사용은 유아론적이 아니라 상호 주체적으로 이루어지기 때문이다. 그는 주체성 분석을 위해 상호주체성을 끌어들이지 않는다. 오히려 상호주체성을 통해서 주체성을 설명한다. 주체는 언어로 생겨나고 삶의 세계의 구조에 천착해 있는 상호 인정을 통해 주체가 되기 때문이다. "소통으로 사회화된 주체는 제도화된 질서, 사회, 그리고 문화전통의 네트워크 없이 주체가 될 수 없었을 것이다."[149] 따라서 언어로 중재된 상호작용, 즉 의사소통을 가능하게 하는 능력이 주체를 주체로서 만들어간다.

하버마스에게 삶의 세계의 구상은 그의 주체개념과 밀접하게 관련된다. 언어능력과 행위능력을 갖춘 주체는 각 상황에 맞는 삶의 세계의 지평으로부터 내적 세계로 향해 있기 때문이다. 맥락에서 자유로운 세계관계는 존재하지 않는다.[150] 자아는 상호 주체적으로 나누어진 자신의 삶의 세계에서 발견된다. 때문에 삶의 세계는 개별적 주체로부터 구성된 것으로 이해되지 않으며, 자신을 개별적으로 가두어버린 조직도 집단도 아니다.

148) J. Habermas, *Christian-Gauss-Lectures*, 78.

149) J. Habermas, *Handlungen, Srechakte, sprachlich vermittelte Interaktionen un Lebenswelt*, 100.

150) J. Habermas, "Kommunikatives Handeln und detranszendentalisierte Vernunft", 23.

삶의 세계는 주체들의 개별화를 통해 발생한다. 동시에 이 주체들이 공동의 삶의 세계와 이런 세계로부터의 경계 짓기를 통해서 비로소 주체들로 되어 간다. "삶의 세계가 중심이 되는 소통의 일상적인 실천은 오히려 문화적인 재생산, 사회통합 및 사회화의 결합을 기반으로 하며, 이것은 이런 실천에 뿌리를 두고 있다."151) 삶의 세계는 개별화와 소통을 위해서 필요한 것일 뿐만 아니라 그것에 의해 형성되기 때문에, 주체개념은 삶의 세계의 맥락에서 단순히 직선적으로 설명될 수 없다. 때문에 삶의 세계는 그리 단순한 개념이 아니며, 복잡하게 얽히고설킨 개념이라 할 수 있다. 주체는 항상 그런 삶의 세계에 놓여 있으면서 동시에 그런 삶의 세계와의 논쟁에서 자신의 주체성을 형성해 간다. 여기서 언어와 주체성 간의 긴밀한 연관성이 분명해진다. 삶의 세계는 언어적으로 중재된 상호작용을 통해 구성되고 유지된다. 삶의 세계에 관한 배경지식은 모든 소통에 있어 본질적이다. 주체는 항상 언어로 중재된 삶의 세계 내에 존재하며, 이 언어로 형성된다. 그러므로 언어는 주체를 구성하는 핵심으로서 분명해진다.

마찬가지로 합리성은 언화 행위이론에 의한 소통적 합리성으로 이해되어야 한다. 하버마스는 이성이 "먼저 언어의 옷을 입은 순수 이성이 아니라는 것을 확신한다. 그것은 본질적으로 삶의 세계의 구조에 있어서와 마찬가지로, 소통행위와 관련하여 체화된 이성이다."152) 이런 식으로 하버마스는 개인의 주관적인 자산으로서 이성의 의식 철학적 패러다임을 포기한다. 삶의 세계의 구조 속에서 체화된 이성

---

151) J. Habermas, *Handlungen, Srechakte, sprachlich vermittelte Interaktionen un Lebenswelt*, 100.

152) J. Habermas, "Kommunikative vs. subjektzentierte Vernunft", 374.

은 오직 상호 주체적이기 때문이다. 이성은 "상호 주체적 인정에 근간을 둔 가치요청에 초점을 맞추려는 상호작용의 참여자의 능력"[153]에 의해 측정된다. 이처럼 하버마스에게 합리성은 소통적 합리성이다. 합리성은 언어와 언어 사용으로 발생하며, 언어는 합리성 없이 생각될 수 없기 때문이다.

하버마스에게 주체의 윤곽은 다음과 같이 그려진다. 자아는 소통을 통해, 소통 안에서 주체이며, 자아는 그 자체로는 주체가 될 수 없는 상호주체성에 기반을 두고 살아간다. 하버마스의 다음의 진술에서 이 점이 명확해진다.

> 상호 주체적 관찰로의 방향전환은 주체성과 관련하여 놀랄 만한 결과를 도출하는데, 그것은 나타난 바 있듯이, 자아를 중심으로 하는 의식이 즉각적이고 단순히 내재적이지 않다는 사실이다. 오히려 자의식은 상징적으로 중재된 관계를 넘어 바깥으로부터 안으로 향하는 도상에서 상호작용의 파트너를 형성시킨다. 그 경우 자의식은 상호 주체적인 핵심을 갖는다. 의식의 특이점은 주체성에 기반을 둔 매개체로서 언어에 대한 의존성을 증명하는 데 있다. 피히테(Fichte)와 마찬가지로, 자의식은 나 자신과 마주한 다른 자기와의 만남에서부터 발생한다.[154]

여기서 하버마스의 주체개념을 묘사하는 세 가지 중요한 점을 요약하여 소개한다면 다음과 같다. 첫째, 주체는 소통을 통해서만 주체이므로 상호주체성이 형성된다. 둘째, 주체의 의식은 즉각적이고 단순히 내적인 것이 아니며, 소통의 능력과 더불어 발생되는 상호작용을 통해 중재된다. 자의식은 주체성과 언어 간의 의존성에서 존재하기 때문에 상호주체성에서 형성된다. 셋째, 이런 의존성은 언어의

---

153) 같은 책, 366.

154) J. Habermas, "Individuierung durch Vergesellschaftung", in : ders, *Nachmetaphysisches Denken. Philosophische Aufsätze*, (Frankfurt a.M. : Suhrkamp, 1992), 217.

매개체로 중재되면서 주체성이 보다 견고해지며, 동시에 언어능력과 행위능력이 형성되는 데 큰 영향을 끼친다. 자아가 소통할 수 있을 때, 그리고 실제로 소통할 때 자아는 주체가 된다. 따라서 주체는 "소통하는 주체이다."

3장
메를로-퐁티(Maurice Merleau-Ponty, 1908-1961): 상호 몸성

존재의 우월성과 형이상학적 통합의 우선성 같은 하이데거의 해석은 메를로-퐁티에 의해 거절된다. 오히려 사실의 현존에 바탕을 둔 공생(共生)이 전면에 서 있다. 이를 위해 메를로-퐁티는 지각(Wahrnehmung)의 분석에서 시작하여 지각이 인식에 종속될 수 없음을 주장한다.

후설은 감각경험의 구조를 지각개념으로 통합하려고 이미 시도한 바 있다. 그러나 그는 경험 바깥에서 순수한 자아를 정의함으로써 몸성(Leiblichkeit)에 대한 의존성을 제거시켜 버리며, 나아가 사유는 더 이상 지각에 의존하지 않는다고까지 주장한다. 이에 반해 메를로-퐁티는 지각 내에서 몸성의 본질적 측면에서 자리매김하는 방법에 대한 접근을 추구한다. 그는 몸성의 특수성을 끌어내어, 결국 "몸성의 현상학"으로 이끌어간다.155) 따라서 다음과 같은 질문이

---

155) 메를로-퐁티에게 "신체성은 바로 사유의 원점이며 존재의 시작과 다름 아니다. 신체적 체험을 바탕으로 주체는 타자와 공실존(共實存, coexistence)의 존재이며 주체성은 실존적 익명성을 찾아가는 것에서 확장된다.", 윤대선, 「데카르트 이후 탈(脫)코기토의 주체성과 소통 중

전면에 등장한다.

몸성의 구성적인 의미가 어떻게 지각의 주체로 변경되는가? 어떻게 지각적 개념이 발생하는가?

멜레(U. Melle)는 자신의 박사학위 논문 "현상학적 관점에서의 지각의 문제와 그 변형"의 서문에서 근대 철학의 '지각'이해에 대해 잘 요약하여 소개해 준다.

> 근대 철학의 지각에 관한 철학적 질문은 의식에 의존적인 대상세계에 대한 신뢰의 정당성 문제와 가장 밀접하게 연관되어 있다. 물론 우리는 그런 대상에 관해 알아가기를 요구한다. 우리가 그 대상을 보고, 듣고, 접촉할 수 있기 때문이다. 학문의 세계에 있어서와 마찬가지로, 일상세계에서 시·공간적으로 확장된 세계에서 진행되는 과정과 사물, 그리고 결과에 대해 우리가 생각하는 모든 것, 말하는 것, 그리고 이론화시키는 것은 감각적 경험의 정당한 증거를 배제시키고 있음을 보게 된다.156)

이렇듯 근대 철학은 몸의 감각적 지각을 밀어내고 그 자리에 사유하는 의식을 정위시킴으로써 인식과 행위의 토대로 삼는다. 반면 메를로-퐁티는 인간의 사유하는 정신이나 의식이 아니라 몸성에서 사유의 기초와 존재의 출발점을 발견한다. 따라서 인간의 몸주체는 대상세계를 사유하는 정신으로서 이성의 위치에서 판단하지 않는다. 즉 그에게 몸은 단순히 물리적 신체가 아니라, 체화된 공동체를 구성하는 중심축으로서 타자와 '더불어' 사회를 이끄는 추동력으로서 작용한다.

근대 철학의 선구자인 데카르트와 달리 코기토의 생각하는 주체

심의 주체윤리 - 레비나스와 메를로-퐁티의 타자이해를 비교하며 -」, 『철학논총』 제75집 (2014), 166.

156) Ullrich Melle, *Das Warhnehmungsproblem und seine Verwandlung in phänomenologischer Einstellung*, (Den Haag : Nijhoff, 1983), 1.

가 아니라 지각하는 주체가 소통의 기초이자 주체의 정체성을 사유하게 하는 근원이다. 나아가 몸성에 기반한 지각이 주체와 타자를 잇게 하는 교두보로서 상호주체성의 초석을 형성한다. 이제 이런 메를로-퐁티의 몸성에 바탕을 둔 상호주체성의 또 다른 면을 추적해 보도록 하자.

1. 후설의 몸성의 초월적 개념에 대한 비판

후설은 자신의 현상학에서 감각적 경험의 구조를 지각의 개념으로 통합시키려는 시도를 감행한다. 우리는 지각하면서 감각적 대상들에 맞춰져 있으며, 이로 인한 지각체험은 사실적 내용뿐만 아니라 의도된 내용을 소유하고 있다. 그러나 후설은 자신의 첫 번째 현상학적 추론이 한계에 부딪히는데, 이는 성찰을 통해 지각에서 개별적이며 유아론적 주체로 되돌아가 맺어진 관계는 자신의 타자로의 넘어감을 불가능하게 한다. 이런 후설의 한계성을 지적하는 메를로-퐁티에 따르면, 낯선 경험 혹은 낯선 지각은 성찰하는 자아뿐만 아니라 경험하는 자아를 유익하게 한다. 그러므로 "세계로의 넘어감"은 몸적이며, 감각적이며, 지각하는 주체에 의존한다.

후설은 몸의 초월적 구성을 위해 타자의 경험 또한 필요로 하다는 점을 의식하지만, 다만 개별적 몸의 경험하는 '감정이입'을 통해 이룰 수 있었다. 결국 이것은 몸성에 의존되어 있음을 뜻하지만, 그러나 그는 존재론적으로 접근하여 순수 자아를 경험 바깥에서, 감각적 지각에 더 이상 의존하지 않는 '사유'로 정의한다. 따라서 몸은 경험 영역을 위한 전달수단일 뿐이다. 때문에 몸과 자아는 분리된 것으로 간주되며, 이에 따라 후설은 몸을 순수 자아로 편입시켜 구성시킨다. 그러므로 그의 초월적 구성은 일단 몸과 자아의 연결을 전제하지만 다시 거부해 버리는 모순에 빠진다.

이에 비해 메를로-퐁티는 후설의 그런 초월적 몸개념을 넘어서려 한다. 그의 원리는 의식이 몸에서 시작하며, 이에 대한 분석은 지각의 주체로서 몸으로 안내한다. 결과적으로 그에게 지각은 세계로 나아가는 출발점이자 진리로 들어가는 관문이다. 메를로-퐁티는 후설의 현상학에서 모순을 인지한 프랑스의 여러 현상학자 중 한 사람이다.157)

그러나 그는 어떤 누구보다 현상학에 대한 관심을 멈추지 않고 현상학의 근본을 더욱 연구하여 그 본질을 찾으려 노력하였다. 그는 현상학을 다양한 현상들의 본질, 가령 지각의 본질과 의식의 본질을 찾는 것이라 여긴다. 동시에 그는 모든 본질은 실존에서, 인간과 세계에 관한 이해는 사실성(Faktigkeit)에서 찾아야 한다고 주장한다. 때문에 메를로-퐁티는 그의 주저인 『지각의 현상학』158)에서 주장하기를,

> 현상학은 자연적 관점을 이해하려는 초월적 철학이며, 세계는 양도할 수 없는 현재 속에서 모든 성찰이 이루어지기 전 '이미 거기에' 존재한다는 사실을 가르치는 철학이며, 순수한 관계를 추구하는 것을 목표 삼아, 마침내 그것을 철학적 원리로 삼으려는 사상이다. 현상학은 '엄격한 학문'으로서의 철학과는 어느 정도 거리를 두지만, 그럼에도 시간과 공간, 그리고 '삶'의 세계에 관한 의식이다.159)

여기서 메를로-퐁티는 "철학은 다만 삶의 세계를 해석한다."는 하

---

157) 후설과 메를로-퐁티의 '지각'에 대한 차이에 대해 보다 자세히 알려면, 다음의 책을 참고하라. 이남인, 『(후설과 메를로-퐁티) 지각의 현상학』, (파주 : 한길사, 2013).

158) Maurice Merleau-Ponty, *Phänomenologie der Wahrnehmung*, (Berlin : De Gruyter Verlag, 1966), 이후 PdW로 약칭 사용.

159) PdW, 3.

이데거의 주장에 어느 정도 영향을 받은 것처럼 보인다. 그는 자연과학과 인문학을 통해서 내가 존재하는 그대로 파악되지 않는다는 점을 강조한다. "-학문을 통해서도 그렇지만- 나는 항상 세계로부터 알게 되며, 나의 시야에 들어오는 것으로부터 알게 되며, 모든 학문의 상징들에 침묵을 지키지 않는 세계경험으로부터 알게 된다."160)

이런 근거로부터 학문은 삶의 세계에 근간을 두고 있음을 알게 된다. 학문의 존재의미는 결코 경험세계에 이를 수 없는데, 이는 학문적 진술이 경험의 설명이기 때문이다. 때문에 메를로-퐁티에게 "사태 자체"에 관한 현상학적 소급은 모든 인식에 선행하는 세계에 관한 소급이다. 물론 그런 사고는 후설이 자신의 초월적 현상학의 테두리 내에서 실천한 의식의 이상적 추론과는 구분된다. 데카르트와 칸트 역시 주체와 의식을 세계와 관련지으려 하지 않았다.

메를로-퐁티는 세계가 감각과 대상의 지각 측면과 같은 합명제의 나열로부터 끌어오려는 모든 시도를 거부한다. 감각과 현상은 분석의 산물이 될 수 없기 때문이다. 오히려 그것은 그런 산물에 선행한다. 성찰로 이루어진 분석은 순수한 주체성에서 벗어나 있다. 따라서 성찰은 의식의 시작을 무디게 하는 것처럼 불완전한 채로 남아 있다. 이에 반해 메를로-퐁티는 현실을 묘사하지만, 그것을 구조화시키거나 구성화하지 말 것을 제안한다.

그는 현실을 묘사하는 것을 "지각"이라 칭한다. 그에게 현실에 대한 인식은 이렇게 저렇게 얽히고설킨, 그러나 잘 정돈된 그물이지 환영이 아니다. 우리는 세계와의 만남의 테두리 내에서 일어난 인상을 꿈으로부터 생겨난 인상과는 구분할 수 있기 때문이다. 따라서

---

160) PdW, 4.

세계는 인간이 그 구성 원리를 미리 알고 있는 대상이 아니다.

이런 사고과정에서 메를로-퐁티는 다음의 결론을 내린다. "만약 내가 학문뿐만 아니라 일반적인 이해의 도그마를 남겨둔 채 나 자신에게로 되돌아간다면, 나의 발견은 내적 진리의 거처가 아닌 세상에 전유된 주체일 것이다."[161] 지각이 의미적으로 그렇게 바뀌었다고 이해되면, 다른 사람들의 지각에도 영향을 미치게 된다. 후설에게 타자는 "다른 나이지만" 불안한 역설에 해당되는 존재이다. 타자가 자신의 개별성을 절대적으로 여긴다면, 자아는 자기 자신에게 속해 있을 뿐이다. 만약 그렇다면, 타자는 공허한 단어로 남아 있을 뿐이다.

메를로-퐁티는 이 같은 사실을 비판적으로 받아들여 다음과 같이 공식화한다. "오히려 그것은 내 생각 자체를 관련 없는 사실로 인식하고, 나 자신을 '세계로의 존재'로 발견함으로써 모든 종류의 관념주의를 배격한다."[162] 이러한 사유과정은 메를로-퐁티가 지각을 단순히 진술에 의한 것이거나 추측으로서만 파악하지 못하게 한다. 그는 우리가 진리 속에 거한다는 단순한 사실에 자신의 뿌리를 내릴 수 없다고 주장한다. 그에게 진리로 들어가는 관문이 사유가 아니라 '지각'에 있기 때문이다.[163]

메를로-퐁티는 몸성과 관련하여 '분석적 사유'를 토대로 삼는다

---

161) PdW, 7.

162) PdW, 10. 메를로-퐁티의 "세계로의 존재(Etre-au-monde)" 개념의 의미에 대해 보다 자세히 알려면, 다음의 글을 참조하라. 한자경, 『자아의 연구』, 264-275. 또한 메를로-퐁티에게 'cogito'는 후설과는 달리, "생각하는 주체가 아닌 지각하는 주체에 의해 행해지는 것이며 이 때 인간은 세계와 역사 속에서 삶의 지각행위를 통해 타인과 소통할 수 있는 주체의 정체성을 사유할 수 있게 된다." 윤대선, 「데카르트 이후 탈(脫)코기토의 주체성과 소통 중심의 주체윤리」, 167.

163) 메를로-퐁티에게 있어 '지각'과 '사유'의 관계성에 대해 보다 자세히 알려면 다음의 논문을 참고하라. 박신화, 「메를로-퐁티의 『지각의 현상학』에 나타난 철학개념」, 『철학사상』 46(2012), 227-257.

면, 자연과학과 철학에 대한 이해의 근간은 뿌리째 흔들리게 됨을 경고한다. 칸트가 자신의 철학에 적용시키는 뉴턴의 물리학에서 '필연적 조건'을 우선시한다. 하지만 메를로-퐁티가 주창한 '세계로의 존재'에서 인간은 '즉각적'이며 '직접적'으로 반응한다. 예를 들어 몸은 실재로 중요한 상황에서 종종 의지를 지닌 사유 없이 반응한다. 즉 자연과학과 철학의 기본 이해에 있어 이전의 객관적인 경험이 발생하지 않는다는 사실이다.

2. '생리학'과 '심리학'의 범주 내에서 몸성의 분석

메를로-퐁티는 "Ideen II"에서 슈타인(Stein)의 입장을 받아들여 자신의 몸성의 기초적 분석으로 활용한다. 하지만 몸이 우리에게 지속적으로 현존하며, 우리와 떨어지지 않은 채 붙어 있다는 몸의 특수성에 관한 슈타인의 주장에 퐁티는 이의를 제기하며, 동시에 고전적 생리학뿐만 아니라 고전적 심리학에 의문을 제기한다. 슈타인이 "Ideen II"에서 소개한 몸의 이중적 감성능력의 주요 특성을 퐁티는 몸과 영혼의 일치를 새롭게 정립하는 동기로 받아들인다.164) 이런 동기는 그의 몸성의 분석에 있어 중요한 요인으로 작용하며, '생리학'과 '심리학'으로 나뉘어 작용한다.

1) 신경 생리학에 있어 인과적 사고

고전적 신경 생리학에 있어 유기체를 대상으로 파악하는 것이 핵

---

164) cf. Margaretha Hackermeier, *Einfühlung und Leiblichkeit als Voraussetzung für intersubjektive Konstitution*, (Hamburg : Verlag Dr. Kovac, 2008), 259.

심적 사항에 속한다. 그 유기체 활동의 토대는 자극과 그 자극의 수신인, 그리고 그 수신인과 지각하는 것의 직접적인 의존에서 찾을 수 있기 때문이다. 그러나 메를로-퐁티는 자신의 작품『지각의 현상학』에서 인간의 몸에 대한 이런 표상은 현대 신경 생리학에서 변화되었음을 지적한다. "우리는 자극과 지각의 명확하고 객관적인 관계를 고수해 왔으며, 심리생리학은 '평범한' 인과관계의 유형을 유지해 왔다.

하지만 현대 생리학은 그러한 유형에서 벗어나 있다."165) 신경 생리학 내에서는 신경 센터의 손상이 개별 감각을 작동하지 못하게 하는 대신, 오히려 관련기능의 '탈분극'을 일으키는 것으로 밝혀진다. 신경조직의 본질적 기능은 분극이다. 그것은 초점이 '자극-반응 사슬'에 더 이상 매어 있지 않고 기본 자극의 자발적 조직의 방식에 있다는 것을 의미한다. 메를로-퐁티는 이 분석을 다음과 같이 공식화한다. "따라서 심리물리학 과정은 '평범한' 인과성의 유형이 아니며, 뇌는 피질단계 이전에 일어나는 '형성'의 장소가 되며, 자극이 신경계에 미칠 때, 자극과 유기체의 관계에 즉시 영향을 미친다."166) 이것은 신경 생리학 전반에 걸쳐 초등 자극의 중요성이 자극 사이의 조직과 형성에 유리하게 유추된다는 것을 의미한다. 이것은 감각적인 자질과 지각의 영역에 있어 결정적인 요소이다.

'자극'에 대한 이해가 바뀌듯이, 성찰은 더 이상 맹목적인 과정으로 해석될 수 없다. 이것은 상황의 의미에 해당되며, 의지적 사고와는 독립된 반응에서 존재한다는 것을 보여준다. 우리의 '세계로의

---

165) PdW, 97.
166) PdW, 99.

존재'는 이러한 '객관 이전(präobjektiv)' 견해의 방식으로 전개된다. 그러므로 메를로-퐁티에 따르면, 그것은 결코 의식의 행위로 축소될 수 없다. '객관 이전'의 견해는 오히려 생리적인 것과 심리적인 것 사이의 가교이다.

> 그러므로 우리가 '생리적인 것'과 '심리적인 것'을 서로 연관시킬 수 있게 하는 것은 하나와 다른 하나가 실존 속에서 통합된다는 것이며, 더 이상 즉자적 존재와 대자적 존재로 구분되지 않는다는 사실이다. 오히려 양 영역은 하나의 세계를 향한 의도된 극을 향하고 있다.[167]

이것은 과정 자체와 데카르트 학파의 생리학에서 나타나는 '사유하는 존재'의 공존은 더 이상 유지될 수 없다는 것을 의미한다. 따라서 연결시키는 존재, 즉 실존은 몸의 생리적 관찰에서 이미 나타난다. 퐁티는 이처럼 몸의 심리적 측면에서 자신의 분석을 이어나간다.

2) 고전적 심리학에서 몸의 경험

몸이 지속적으로 존재하고 아무도 그것으로부터 멀리 떨어질 수 없기 때문에 대상으로서 의자와 마찬가지로, 지각의 종류와 방법의 토대 위에서 몸을 대상으로 여기는 것은 메를로-퐁티에게 가능하지 않다. 그러나 고전적 심리학은 대상으로서의 몸을 말하고 있다. 그러나 몸이 본질의 실체로서 구성될 수 없기 때문에 외적으로는 대상과 같다. 몸은 체질의 수단이자 세상과 소통하는 수단이기도 하다.

물론 이것은 세계 자체의 개념이 더 이상 결정된 대상들의 총합으로 이해될 수 없는 결과를 낳는다. 몸은 "같은 방식으로 이미 결정

---

167) PdW, 112.

론적 사고에 끊임없이 존재하는 우리의 모든 경험의 잠재적인 지평이다."168)

무엇보다 메를로-퐁티에게 몸의 이중 감각과 정서적 감각의 속성은 몸을 대상으로 여기는 것을 불가능하게 만든다. 두 손을 마주쳤을 때, 나는 두 개의 물체가 나란히 놓여 있는 것을 감지하면서, 하나 안에 두 가지 종류의 감각을 경험하지 않는다. 양손이 "건드려지거나" 혹은 "건드리는" 기능에서 양자택일을 가능하게 하는 두 가지 의미의 유기체가 중요하다.

이로부터 메를로-퐁티는 다음의 결론을 내린다. "따라서 몸은 자신 스스로가 외부로부터 인지기능을 수행한다는 개념에 놀랐으며, 접촉하는 자로서 자신을 만지려고 하고, 따라서 일종의 자신에 대한 '성찰'을 그려내고, 이것은 몸을 다른 모든 사물들로부터 구분하기에 충분하다."169) 운동이 단지 합리적인 담론의 관점에서 결정될 수 있는 것은 거의 없다. "나는 자신의 몸을 이용하여 외부 물체를 움직이면서 한 곳에서 다른 물체를 옮기고 다른 곳으로 이동시킨다. 나는 몸 자체를 간접적으로 움직이며, 객관적인 공간의 한 지점에서 그 몸을 찾지 못하고 다른 곳으로 인도한다."170)

메를로-퐁티는 심리학자들이 그런 몸의 고유성들을 구조적 동기로 보지 않았다고 지적했다. 따라서 그들은 몸의 근본적인 관념을 전환시킬 수 있는 문제를 인식하지 못했다. 나의 지각의 불완전함은 '사실적으로만' 이해되었다. 즉 그것은 감각기관의 조직에서 비롯된 것이다. 그것은 삶의 실행에서 발생하지만 의식에서는 사라진다. 따

---

168) PdW, 118.
169) PdW, 118.
170) PdW, 119.

라서 몸과 영혼의 일치는 인식의 출발점이지만, 인식의 결과에서 제거되는 '사실적으로만' 이해된다.

그러나 메를로-퐁티에게 '사실'의 그러한 개념은 변화를 겪는다. "모든 특수성을 지닌 사실적 심령은 객관적 시간과 외부 세계의 발생이 아니라 우리 자신이 영구적인 행동이나 기원이며, 자신 내부에서 자신의 과거, 몸, 그리고 자신의 고유한 세계를 끊임없이 모이게 하는 하나의 사건이다."[171]

또한 메를로-퐁티에게 몸과 영혼의 일치는 의식 자체의 가능성이다. 그러므로 그는 지각의 대상이 무엇인지, 스스로에게 묻는다. 그에게 의식 혹은 경험의 존재는 세계, 몸, 그리고 타자들과의 내적인 소통을 의미하며, "그것들과 더불어 존재"이지, "그것들 중에 존재"는 아니다.

3) 의도적인 '우회'

메를로-퐁티는 계속해서 신경계 질환에 대해 자세히 다룬다. 그는 현상들에 대한 타당한 지적 분석을 거절하며, 심지어 그것을 단순한 현상들의 나열로 간주할 뿐이다. 그는 더 이상 물질과 분리된 의식을 알지 못한다. 그는 언어적·지각적 내용과 그것에 제공된 형식, 그리고 이를 움직이는 기호 기능과의 관계를 밝혀내기 위해 노력한다. 이 기능은 형식을 내용으로 축소시키거나 자율적 형태에 내용을 포함시키지 않는다.[172] 상징적인 기능은 원인이 아니라 자연의 선물로서 보는 것에 의존하며, 이를 위해 정신이 사용되도록 부름을 받

---

171) PdW, 122.
172) cf. PdW, 154.

는다. 이처럼 자연의 선물 없이 정신은 존재할 수 없다. 이런 형식과 내용의 변증법은 이성의 사실과 우연을 실존에서 끊임없이 반영하도록 유도해 간다.

병리학적 사례에 대한 연구는 메를로-퐁티에게 의식이 심리학적 사실의 총합이 아니라고 결론 내리게 한다. 물론 환자들에 대한 관찰에서 모든 병리학적 손상이 의식 전체에 영향을 미친다는 사실이 밝혀졌다. 메를로-퐁티는 인간이 보기 때문에 인간이 정신이라거나, 역으로 인간이 정신이기 때문에 인간이 본다는 결론을 내리지 않는다. 그에게 본다는 것과 정신적인 것은 유사한 것이다. 때문에 그는 몸의 근육 운동을 본래적 의도성으로 이해할 수 있었다. 의식은 본래 "내가 무엇을 생각하는 것(ein 'Ich denke zu...')"이 아니라, "내가 할 수 있다(ein 'Ich kann')"는 것이기 때문이다.

> 보는 것과 움직이는 것은 우리의 대상관계의 특수한 방식이며, 이 모든 경험에서 한 가지 기능이 표현된다면, 내용의 급진적인 다양성에 영향을 미치지 않는 실존의 움직임인데, 이는 '내가 생각한다'는 것의 통치의 종속에 연결되는 것이 아니라, '세계'의 상호 일치를 향한 그들의 지향에 의해 연결되어 있기 때문이다.[173]

메를로-퐁티에게 보다 명확한 예는 '도구들의 학습'이다. 그는 하나의 습관에 익숙한 것을 지식도 아니요, 그렇다고 육적 활동도 아닌 학습의 형태라 칭한다. 이것은 움직이는 의미의 근육 운동적 파악이다. 습관을 얻기 위해 필요한 것은 지식이나 육적 행위가 아닌 학습의 형태이다. 이것은 동시에 운동 의미의 동기 획득이다. 이에 따라 일반적으로 "이해" 및 "몸"이라는 용어를 수정해야 한다. "이

---

173) PdW, 166.

해는 의도와 수행 사이의 합의를 경험하고, 우리가 목표로 삼고 있는 것과 주어진 것 사이에 합의를 경험하는 것이다. 그리고 몸은 세계에 정박해 있는 우리의 닻이다."174)

그러므로 이해가 의식과 마찬가지로 몸에 의존해 있다면, 세계로의 관문은 몸 없이는 결코 가능하지 않다. "몸은 세계를 얻기 위한 우리의 수단이다."175) 이것은 메를로-퐁티의 감각산출에 직접적인 영향을 미쳤다. 즉 감각은 더 이상 보편적 의식에 의해 구성되는 것으로 이해될 수 없다.

환언하면 고전 신경 생리학에 의해 이해되는 바와 같이, 자극과 지각 사이의 객관적 인과관계의 개념이 포기되면, 이것은 광범위한 결과를 초래한다. 근대 신경학의 인식은 개별적 자극이 의미를 갖는 것이 아니라, 신경계의 본질적인 기능이 그들 사이의 자극의 다양성과 자연스러운 조직이라는 것이다. 따라서 자극에 대한 반사는 더 이상 맹목적인 과정으로서 이해될 수 있는 것이 아니라 '상황의 감각'에 해당한다. 의식과 의지적 사유가 작용하기 전에도 우리의 세계와의 관계는 이 '객관 이전'적인 수준에서 시작된다. 자극에 반응하는 우리 몸의 지속적인 존재는 우리가 세상과 소통할 수 있게 하고 관계의 수단이 된다. 자극을 조직하고 감각을 감지하는 몸체는 더 이상 대상 자체로 볼 수 없다. 몸에서 관계가 시작된다. 몸은 접촉하는 자인지 또는 접촉되는 자인지 여부를 인지하기 위해 '인지기능'을 수행해야 한다. 따라서 몸과 영혼의 일치는 이미 현실 세계에서 일어나고 있다. 그러나 이 일치는 인식에서 다시 중단되는 것이

---

174) PdW, 174.
175) PdW, 176.

아니라, 몸과 영혼의 일치가 먼저 의식과 인식을 가능하게 한다.

그러므로 의식은 자신의 질료로부터 분리된 채 이해되지 않는다. 따라서 형태는 질료에 의존하며, 그 안에 기초를 세운다. 그러나 감각은 그럼에도 불구하고 원인으로서 간주되지 않는다. 가령 본다는 것은 자연의 선물이며, 정신을 사용하도록 부름 받은 것이다. 자연의 선물 없이 정신은 결코 존재하지 않는다. 따라서 감각의 지각과 정신의 존재는 유사한 것으로 이해되어야 한다.176) 즉 몸의 근육운동이 본래적 의도성이 된다. 따라서 이해는 의식에 있어서와 같이 몸에 의존해 있으며, 의도와 수행 사이에서 합의의 경험이다.

3. 지각의 주체

몸에 대한 이러한 변화된 이해는 새로운 지각 이론을 필요로 한다. "나는 분명히 생각 속에서 집 전체 위를 날아다닐 수 있다고 상상하거나 그 기본 계획을 종이에 그릴 수 있지만, 그럼에도 불구하고 나는 여전히 몸적 경험의 중재 없이 대상의 일치를 파악하기를 원하지 않는다."177) 메를로-퐁티는 세계의 경험은 우리 몸을 통해서만 가능하다는 점을 자신의 분석의 중심에 세운다. 이제 몸이 더 이상 대상이 아니라 표현의 단위로 이해되면, 이 구조는 또한 감각적인 세계와 소통해야 한다.

---

176) 따라서 "정신과 신체는 각각 다른 실체가 아니라 상호 통합적인 구조를 형성하고 있거나 이런 구조의 내부와 외부는 본질적으로 다르지 않다는 것이다. 또한 신체는 단순히 해부학적 대상도 아니고 기계적인 메커니즘을 실행하는 것으로 그치는 것이 아니라 바깥 세계와 부단히 교류하면서 신체-세계를 유기적인 관계에서 선취해 나가는 존재의 중심이다." 윤대선, 「데카르트 이후 탈(脫)코기토의 주체성과 소통 중심의 주체윤리」, 173.

177) PdW, 239.

메를로-퐁티는 이 대상을 몸적 경험으로 이전하는 것이 또한 반대를 야기시킨다는 사실을 알고 있다. 이러한 반대에 대응하기 위해 그는 지각의 주체를 분석한다. 지각한 것이 몸이라면, 지각의 주체는 자연적 자아로 변하게 된다.

> 객관적 사고는 지각의 대상을 무시한다. … 지각하는 주체는 이러한 것들의 장소이며, 철학자는 먼 땅의 동물세계를 묘사하는 것처럼 감각과 그 토대를 묘사한다. 그 스스로 지각하는 것을 생각하지 않고 스스로 지각하는 주체이다.[178]

이와 함께 메를로-퐁티는 감각의 현상으로 다시 되돌아가고자 한다. 그는 감각이 상태나 특질(Qualität)이 아니며, 상태의 의식도, 특질의 의식도 아닌 것으로 입증된 귀납적 심리학의 '충동'을 채택한다. 때문에 감각에 관한 새로운 해석이 요구된다. 감각에는 운동 감각, 심지어 색 감각이 수반되는 것으로 알려져 있다. 감각이 닫힌 상태로 이해된다면, 그러한 연결은 이해될 수 없을 것이다. 즉 지각과 운동의 측면이 서로 소통한다. 메를로-퐁티는 이것을 우리가 세계에 적응시키는 기본 원칙으로 삼으며, 이와 함께 그는 "세계로의 존재의 다양한 폭"[179]에 대해서도 언급한다.

메를로-퐁티에게 이런 '세계로의 존재'는 감각적인 표현, "감각은 문자적으로 성찬(Kommunion)이다."[180]라는 성례전적 묘사에서 지금까지 통례적 삶에 적합한 의미와 완전히 다른 차원을 갖는다. 즉 성찬에 임하는 자가 성찬에 열려 있다면, 성찬예식에서 신의 임재가

---

178) PdW, 244.
179) PdW, 247.
180) PdW, 249.

영향을 미치는 것과 같은 이치다. 때문에 감각은 주체로서 세상의 충동에 개방되어 있고, 그것이 현재적이거나 통합되어 있는 경우에만 가능하다. 이것이 메를로-퐁티가 '감각'에 대한 본래의 가치를 되돌리고 싶어 하는 이유이다. "보거나 듣고, 인상을 내던진 채 당신의 인식을 생각에 포함시키려 할 경우, 다음과 같은 진술이 발생할 것이다. 그것은 내 눈으로 볼 수 있고, 아니면 내 귀로 듣고, 무의미한 것이다."181) 눈과 귀는 참으로 세상적인 것이기 때문에 주체성의 영역을 열 수 없다는 것이다.

이처럼 메를로-퐁티는 '즉자적 존재'와 '대자적 존재'의 차별화에 의문을 제기한다. '즉자적 존재'와 '대자적 존재'는 사물 세계의 감각을 공유하며, 모든 몸적 체화(體化)로부터 절대적 비존재로서 절대적 주체성에서 벗어나 있다. 반면 메를로-퐁티가 감각을 성찬식 또는 공존으로 이해한다면, 이것은 지각주체가 감각하는 주체가 된다는 것을 의미한다. 이 방법으로 더 이상 특질을 대상으로 보는 것이 아니라, 주체에 공감하고 자신의 것으로 만들 수 있는 실존하는 것의 방식으로 가능해진다.

칸트는 선험적 인식이 경험 이전에는 식별할 수 없다는 것을 보여주었지만, 메를로-퐁티는 선험적 진실과 사실적 진리를 구분할 수 없다고 주장한다. 인식의 시작이 경험, 즉 우리의 사실 세계에 대한 개방성이라면, 그러면 세상이 무엇인지, 세상이 무엇으로 존재하는지를 구분하는 것이 더 이상 가능하지 않다. 따라서 메를로-퐁티는 주지주의에 있어 성찰이 공허한 주체를 낳는다는 결론에 이른다. 그에게 본래적 지각은 비명제적이고, '객관 이전'의 것이고, '의식 이

---

181) PdW, 250.

전'의 경험이기 때문이다.

환언하면 객관적인 사고에 속하는 절대 주체성은 퐁티에게 절대적 비존재이다. 그것은 지각의 주체와 단절시킨다. 그러나 몸이 세계로의 문을 열어 접근하게 되면, 지각주체가 다음과 같이 변한다. 절대 주체에서 감각하는 주체로. 이것은 세계와의 관계를 공존시키는 것이다. 지각의 주체는 "타자와 함께하는 존재"이며, "감정이입하는 존재이며", "자신을 전치시키는 존재"이다. 이것은 또한 세계에 관한 표상을 변화시킨다. 이것은 더 이상 '완성되어 주어진 것'으로 이해할 수 있는 것이 아니라, 자신의 지각이 이러한 완성된 세계상에 의문을 제기할 수 있는 것이다.

4. 주체와 타자

주체에서 타자로 어떻게 도달할 수 있을까? 이를 위해 극복해야할 몇 가지 문제점이 포착된다. 한편으로, 자연적인 것과 역사적인 것의 얽힘을 어떻게 풀어나갈 수 있는지에 관한 것이다. 다른 한편, 타자에 이르기 위해 지각하는 주체에게도 해당되겠지만 자아를 위해서도 어려움에 직면한다.

"(중략) 어떤 의미에서 모든 대상은 먼저 색상, 감정 및 청각적 특성으로 구성되어야 하는 자연적 객체이며, 내 삶 속으로 다가와야 한다."[182) 메를로-퐁티의 경우, 역사와 자연의 얽힘은 지각의 수행을 통해 주어진다. 자연이 개인의 삶에 스며드는 것처럼, 행동이나 태

---

182) PdW, 398.

도 또한 문화세계의 형태로 작용한다.

문화는 도구, 컴퓨터, 식칼과 같은 대상에서 표현되기 때문에, 이런 것들은 다시 지각의 자연으로서 획득된다. 따라서 이런 대상은 더 이상 '주변', 즉 물질적 세계가 아니라 인간의 활동으로 표시된다. 그러나 대상의 이런 두 측면은 타자로의 현실적 전환을 보장하지 않는다. 타자가 대상인 포크를 집어 들면, 나는 그가 그것을 먹기 위한 도움의 도구로 사용할 것이라는 사실에서 출발한다. 내 자신의 경험으로 이것을 알고 있기 때문이다. 따라서 타인의 행위는 항상 내 것으로부터 이해된다. 이런 형태의 자기인식은 의식으로 해석된다.

이와 대조적으로 메를로-퐁티는 '너'의 형태에서 시작하여 세계에서 의식을 파악하려 한다. 즉 그는 타자의 몸성으로부터 출발한다. 이것은 물론 객관적 사고의 도움으로는 불가능하다.

> 타자의 몸은 나 자신의 것과 같이 정주해 있는 것이 아니라, 양자는 생각하거나 혹은 구성하는 의식의 단순한 대상이거나, 인간들과 나 자신은 경험하는 존재로서 작동하는 단순히 메커니즘의 날개일 수도 있다. … 나의 의식, 내게 포괄적이며 경험의 전체 시스템과 상관관계가 있는 모든 것이 결코 또 다른 의식을 겪을 수 없다.[183]

그러므로 메를로-퐁티는 내 몸과 세계가 대상이라고 생각하지 않는다. 몸과 세계가 서로 소통하는 경험체계는 의식에 의해 구성될 수 있는 것이 아니라 불완전한 상태로 남아 있다.

메를로-퐁티는 타자의 몸에서 시작한다. 몸은 행동의 운반자이기 때문에, 모든 문화적 대상의 첫 번째에 해당된다. 행동의 지각으로

---

183) PdW, 400.

타자의 지각이 시작되는 이점은 '내적인' 경험이나 유사성으로 시작하는 것이 아니다. 내적인 경험은 내가 타자 자신의 슬픔과 분노를 경험할 수 있음을 의미한다. 그러나 이것은 몸의 비동일성 때문에 불가능하다. 유사성은 타자가 나의 옛 자아로 변한다는 것을 의미한다. 그러나 그는 더 이상 "타자"가 아니라 두 번째 자아가 된다.

> 다른 의식의 추론은 나의 것과 상대방의 감정표현을 비교하고 식별하는 것에 기초하고, 나의 표정과 나의 심리적 사실 사이의 특정 관계의 인식에 기초하여서만 가능하다. 그러나 그러한 진술에 타자에 대한 인식이 선행되어 가능하게 하는 것이지, 그 타당성을 구성하는 것이 아니다.184)

즉 내가 그것을 체험하듯이, 내 의식과 내 몸과의 내적 관계가 형성되어 있고, 내가 바깥에서 보듯이, 내 몸과 타자의 몸 사이에도 내적 관계가 형성되어 있다. 때문에 타자는 체계의 완성을 위해 필연적으로 필요하다. 그러므로 타자의 필요성에 대한 증거는 내가 나 자신에게 투명하지 않다는 사실에 있다. 따라서 지각하는 자아에게 우선순위가 주어지지 않는다. 타자의 'cogito'는 심지어 나 자신의 'cogito'를 가치절하 시킨다. 따라서 나와 타자, 양자 모두 내재적으로 '사유하는 존재'가 아니라, 그들의 세계에 의해 가려진 존재들이다.

메를로-퐁티는 동일한 세상에서 의식 소통을 이해하는 법을 배울 것을 우리에게 요청한다. 이것은 세계를 내 관점에서 볼 때, 타자가 포함되어 있지 않다는 것을 의미한다. 내 관점에는 명확한 한계가 없다. 오히려 내 관점은 자연스럽게 타자의 관점으로 미끄러져 움직인다. 둘 다 하나의 세계에 모여 있기 때문이다. 이것으로부터 메를

---

184) PdW, 403.

로-퐁티는 사회적인 것이 의식되어 가는 것보다 선행한다고 결론짓는다. 그럼에도 불구하고 그것은 하나의 대상으로 이해되어서는 안되며, 우리의 존재 차원으로 이해되어야 한다.

사회적이고 자연적인 세계에서 시작해서 초월적인 것은 새로운 이해를 경험한다. 그것은 "본질적 성취의 총체가 아니라, 초월성의 기원이 일어나는 불명확한 삶인데, 그 기원은 이런 나와 하나 안에서 갖는 근본적인 모순을 소통으로 치환시켜 인식을 가능하게 한다."185) 그러므로 타자와 나의 연결은 객관적 사고의 도움으로 가능한 것이 아니다. 몸과 세계가 상호 소통하는 경험의 시스템은 의식으로부터 구성될 수 없다. 나 자신에 관한 나의 지각은 불완전하고, 세계에 관한 나의 관점이 타자의 관점을 미리 포함시킬 수 없다. 따라서 타자는 체계의 완성을 위해 필연적으로 필요하다.

자신의 지각하는 자아의 우선순위가 포기되고, 타자의 'cogito'에 동일한 위치가 주어질 때에만 동일한 세계에서 의식의 소통을 이해하는 것이 가능하다. 이것은 존재과정에서 일어나는 사회적 맥락이 이 공통의 세계를 가능하게 한다는 것을 의미한다.

5. 상호주체성

메를로-퐁티에게 상호주체성은186) 지각 영역에서 시작되며, 단순히 부가적으로 구성되는 것이 아닌 주체성을 의미한다. 지각은 시각

---

185) PdW, 417.

186) 메를로-퐁티는 인간의 몸을 주체의 토대로 보기 때문에, 때때로 상호주체성을 '상호몸성 (Zwischenleiblichkeit)'으로 표현한다.

적이며, 시각적인 것은 일치를 향한 지각 내에서 서로 융합된다. 고유한 지각은 항상 시각적인 것에서 발생하며, 수많은 시각적인 것이 존재한다. 이것은 지각이 유한하다는 것을 의미하며, 항상 그때그때 실현되는 것보다 더 많은 가능성을 포함한다. 이런 지각의 유한성은 동일한 대상인 타자에 접근하려는 개방성을 허용한다.

그렇다면 이런 다수로부터 어떻게 일치로 되돌아오게 하는가? 메를로-퐁티는 자신의 관점과 다른 관점의 끊임없는 병합에 대해 이야기한다. 가다머(Gadamer)는 이런 일치를 '지평융합'이라 칭한다. 그리고 레비나스(Levinas)는 그 일치를 인간의 얼굴에서 발견한다. 얼굴은 전적 타자의 흔적이다. 또한 레비나스에게 몸성에 따라 붙는 불명확성은 타자와의 관계를 위한 토대이다. 그것은 감성의 신체적 구조에 근거해 있다. 레비나스는 상호주체성을 위해 다음의 결론에 이른다. "심리적 공동체는 상호주체성을 위한 이유가 될 것이며, 직접적으로 주어지지 않고, 재구성에 의해 생산되는 지적인 소통의 심리학을 위한 토대로서 기여한다."[187]

나아가 그는 이 진술을 타자에 대한 인식이 부족한 것이 아니라, 타자로부터 자신이 받아들여졌다는 긍정적인 특성으로 간주한다. 이를 바탕으로 해서 우리는 상호 세계(Zwischenwelt)의 두 단계에 관해서도 언급할 수 있다. 먼저 지각과 경험의 영역으로서 '동거'이며, 다음으로 대화 혹은 공동 행위의 영역으로서 '협력'이다. 대화 혹은 담화에서 나와 타자 사이에 공통의 토대가 형성되며, 대화경험이 형성된다.

---

187) Emmanuel Levinas, "Über die Intersubjektivität, Anmerkungen zu Merleau-Ponty", in : Metraux A., Waldenfels B.(Hrsg.), *Leibhafte Vernunft*, (München : Wilhelm Fink Verlag, 1986), 52.

메를로-퐁티는 후설의 현상학에서 나타난 모순을 수정·보완하며 자신의 현상학을 창안한다. 즉 자신의 현상학에서 세계와의 유연한 관계를 추구하고, 이를 철학적으로 표현하기를 원한다. 그러므로 그는 지식에 선행하는 세계, 즉 성찰 이전의 세계로 되돌아가기를 원한다. 그것은 성찰로 이루어진 분석의 산물이 아니다. 때문에 그는 현실성의 묘사를 위해 '분석', '구조', 또는 '본질'이라는 용어를 보다 적게 사용하고 '지각'을 즐겨 사용한다. 견고한 그물로서의 지각은 세계와의 만남을 꿈과 구분할 수 있기 때문에, 지각의 시작점은 주체이다. 그러나 '지각주체'는 고립된 것으로 이해되지 않고 내적 진리를 만들어낸다. 그것은 세계와 접촉하는 주체이다. 따라서 타자와의 낯선 경험은 주체가 생각하는 것보다 훨씬 덜 위협적이다. 세계와 연결된 주체는 오히려 상호 주체적인 주체이다.

메를로-퐁티에게 현상의 필연적 조건은 원인에 있다. 이 원인은 내부가 아니라 많은 행위를 동반한 외부에서 비롯된다. 누군가가 나를 공격하면, 반사적으로 피하게 된다. 이것은 사고가 시작되기 전, 몸이 반응한다는 것을 뜻한다. 이것은 신경 생리학의 인과적 사고를 넘어선다는 결과를 보여준다. 전술한 바 있듯이, 이중감각과 정서적 감각은 몸을 대상으로 파악하는 것을 불가능하게 한다. 이에 따라 메를로-퐁티는 새로운 개념의 몸성을 창출해 낸다. 첫째, "세계로의 존재"는 '객관 이전'의 방식으로 이루어지며, 의식의 유일한 행동이 아니다. 따라서 성찰은 더 이상 맹목적인 과정이 아니라 상황의 감각에 해당한다. 둘째, 몸은 지각의 도구이므로 대상으로 구성될 수 있는 것이 아니라 대상의 구성에 참여한다. 셋째, 따라서 의식은 몸, 타자, 그리고 세계와 내면적으로 '더불어' 소통한다. 그것은 "그것들과 더불어 있는 존재"이지 "그것들 중에 있는 존재"가 아니다.

결과적으로 이 새로운 개념의 몸성은 또한 '주체'에 대한 다음의 변화된 이해를 요구한다. 지각하는 몸이기 때문에 지각의 주체는 자연적 자아로 바뀐다. 감각하는 자아만이 자질을 파악할 수 있는데, 성찰에 기반을 둔 절대적 주체에는 불가능하다. 따라서 비성찰적 경험이 메를로-퐁티에게 본래적 지각인 셈이다. 따라서 지각주체가 절대적 주체 대신 감각하는 주체로 파악될 경우, 타자와 주체의 관계에 변화가 일어난다.

여기서 문제는 타자에게 접근이 어떻게 가능하냐는 것이다. 인간은 문화적 대상과 그 대상에 대한 태도에서 자신을 표현하고, 이것을 다시 외부에서 인지할 수 있기 때문에 자연과 역사의 얽힘이 지각에 의해 주어진다. 행동 내지 태도의 수반자로서 몸은 모든 문화적 대상의 첫 번째이다. 따라서 몸을 넘어 자아와 타자 사이의 얽힘 또한 가능하다. 나의 의식과 내가 체험하는 그대로인 내 몸, 그리고 내 몸과 타자 사이의 내적 관계는 같은 세계에서 일어나는 의식의 소통이다. 그러나 이런 관계는 의식으로 구성되지 않으며, 지각 자아는 어떤 종류의 우선순위가 있는 것이 아니라 타자에 의존한다. 타자는 시스템 완성에 필연적이다.

따라서 자아와 타자는 그들의 내재성에 함축된 "사유하는 존재"보다는 오히려 그러한 세계를 넘어선 본질이다. 사회적인 것은 의식에 선행한다. 그러므로 메를로-퐁티에게 의도성은 표상의 의도성이 아니라 의도를 가진 행동이다. 그는 지각을 "몸으로 대상과 더불어 존재" 또는 "세계 안으로의 존재"에 기반을 둔 세속적인 대상의 파악으로 여긴다.

환언하면 메를로-퐁티는 무엇보다 자기관계와 타자관계에 집중하는데, 그 관계는 몸과 몸의 만남으로 맺어진 관계이다. 따라서 몸성은 항상 타자의 요구에 반응하며, 응답하는 몸성이다. 결국 자기관계는 타자와 관련하여 상호 주체적으로 실현될 수 있다. 무엇보다 우리는 메를로-퐁티의 주체와 상호 주체 이해를 토대 삼아 오늘날 한국사회에 만연되어 있는 '갑질 문화'의 적폐를 청산하고 다문화시대에 요구되는 공동체의 가치를 보다 확장시켜 논의해 나갈 수 있을 것이다.[188]

---

188) 이를 위해 다음의 논문을 참고하라. 권택영, 「교감 이론으로서 메를로퐁티의 '상호 엮임'」, 『영어 영문학』 57(2011), 581-598./한우섭, 「메를로-퐁티 윤리학을 위한 제안-<신체-살-존재론>이 <존재론적 윤리학>이 되기 위한 해석의 조건-」, 『철학과 현상학 연구』 88(2021), 69-116.

IV부

상호주체성의
기독교윤리학적 변용

본 저술의 핵심 주제라 할 수 있는 4부 "상호주체성의 기독교윤리학적 변용"을 다루기 위해 지금까지 '주체성'을 필두로 '탈주체성'을 지나 '상호주체성'에 이르기까지 그 변천 과정을 주요 철학가들의 사상을 중심으로 모색해 보았다. 이 핵심 주제에 이르기 위해 어쩌면 지난한 과정이라 여겨지지만 피할 수 없는 필연적 과정으로 사료된다. 상호주체성이 어느 날 하늘에서 뚝 떨어진 고립된 영역에서 분출한 것이 아니라 다양한 경로와 과정을 거쳐 산출된 결과물이기 때문이다.

이제 본 4부부터는 상호주체성의 기독교윤리학적 변용의 본격적인 작업이 시작될 것이다. 이를 위해 상호주체성을 기독교윤리학과 접속시킨 많은 학자들이 있겠지만, 그중에서도 종교개혁자인 칼뱅, 철학과 신학의 경계를 넘나들며 실존주의의 대표적 학자로 알려진 키에르케고어, 행동하는 신학자의 아이콘으로 불리는 디트리히 본회퍼, 그리고 타자윤리학자로 알려진 레비나스를 중심으로 전개해 볼 것이다. 이들의 상호주체성이 신학, 그중에서도 기독교윤리학에 어떻게 변용될 수 있는지 추적하다 보면 현시대(특히 한국사회의)를 피폐시키는 주요 요인들이 드러나게 될 것이며, 그 대안으로 상호주체성이 당위성과 필연성을 가진 채 명확하게 부각될 것이다.

1장
장 칼뱅(John Calvin, 1509-1564):[1)]
하나님의 형상

오늘날 한국사회는 '갑질' 문제로 시끄럽다. 신문을 비롯한 각종 언론매체는 연일 갑질 사건을 앞다투어 쏟아낸다. '갑질'이라는 말은, 갑(甲)과 을(乙)로 표현되는 한국사회의 계약 관계에서 생겨난 은어이다. 일반적으로 계약 관계에서 주로 돈 주는 쪽을 '갑', 돈을 받는 쪽을 '을'이라고 한다. 예를 들어 대기업과 하청업체, 사장과 종업원의 관계가 바로 갑과 을의 관계라고 보면 된다. 갑을 관계는 선택에 의한 관계이지만, 많은 경우 을은 상대적인 약자에 해당된다. 그래서 평범한 인간관계도 어떤 옷을 입느냐에 따라 누군가는 갑이 되고 누군가는 을이 되며, 누군가는 어깨를 펴고 누군가는 움츠리게 된다.

'갑질'이란 이러한 막강한 '갑'들이 상대방과 자신의 입장을 이용하여 볼썽사나운 진상을 부리는 행위를 말하는 은어이다. 그런데 지

---

1) 본 장은 다음의 논문집에 실린 글을 수정, 보완하였음을 미리 밝혀둔다. 장호광, 「칼뱅의 타자와 상호주체성에 대한 인식 : '갑질'로 물든 한국 사회 문제의 해결 방안을 위하여」, 『한국개혁신학』 제47집(2015), 42-67.

난 2014년 연말 동안 우리 사회를 들끓게 했던 '땅콩 회항' 사건으로 조현아 전 대한항공 부사장이 구속되며 있는 자들의 '갑질'이 우리 사회를 들끓게 했다. 태어나면서부터 금 숟가락을 입에 물고 태어난 특별한 로열패밀리라는 황당한 망상 속에 살아온 자들의 교만과 아둔함의 극치를 보여주는 저급한 갑질이다. 어느 사회나 힘을 가진 갑들의 갑질의 횡포가 존재한다. 단지 갑질의 정도에 따라서 사회의 수준을 가늠하게 된다.

최근에는 '갑질'에 이어 '을질'이라는 신조어가 또 다른 화두가 되고 있다. '을질'이란 '을'로 불리는 사람들이 '병', '정' 등 더욱 사회적 지위가 낮은 약자에게 횡포를 부리는 행위를 일컫는 말이다. 한국사회의 조직체가 온통 이런 먹이사슬 관계로 구성되어 있는 듯하다. 군대 폭행 치사, 아파트 경비원에 대한 언어폭력, 학교 왕따 문제, 직장 성추행, 장애인과 노약자에 대한 범죄, 비정규직에 대한 말도 안 되는 횡포 등은 모두 지위, 권력, 재물, 힘, 성별 등을 매개로 한 을질의 또 다른 모습이다. 을질의 모습은 이뿐만이 아니다. 아파트의 지역에 따라 차별이 이루어진다. '임대아파트'에 사는 학생을 '임대 애들'이라고 부르며 같이 섞이기 싫다는 뜻을 노골적으로 내비치는 말도 서슴지 않는다.

심지어 목사의 갑질도 화두가 되고 있다. 한 백화점 여성복 매장에서 VIP 손님이었던 목사가 직원을 1시간 넘게 무릎 꿇리게 하는 갑질 행세를 해 많은 사람들의 공분을 사고 있다. "목사도 갑질? 종교인이 용서도 모르나", "목사는 자신이 무릎 꿇고 기도해야지 남의 무릎을 꿇리는 직업이 아니다." 등 갑질 목사의 행태를 비난했다.[2]

---

2) 뉴스엔넷, "1년에 수천만 원씩 옷 사는 'VIP목사' 논란", 『뉴스엔넷』 (2015년 2월 4일). 2015년

본 장은 이렇게 일그러진 작금의 한국사회의 상황에서 '갑질'과 '을질'로 물들게 한 원인을 먼저 분석해 보고, 그 해결 방안을 종교 개혁자인 장 칼뱅의 상호주체성의 사상에서 찾고자 한다. 물론 칼뱅은 '상호주체성'이라는 개념을 직접적으로 사용하지 않았다. 그 당시 그런 용어 자체가 존재하지 않았기 때문이다. 그러나 칼뱅이 그런 용어를 직접 사용하지 않았지만 그의 작품에서 상호주체성에 해당하는 사상을 발견할 수 있을 것이다. 그런 발견을 위해 상호주체성을 먼저 개념적으로 소개할 것이며, 그 후 그 개념의 사상을 '나·너·그분', 그리고 '나·너·사랑'으로 구분해서 구체적으로 다루어 볼 것이다. 이를 통해 칼뱅의 타자에 대한 인식과 상호주체성의 사상이 어떻게 '갑질'로 점철된 오늘날 한국사회의 문제점을 해결할 수 있는 대안이 될 수 있는지가 명확해질 것이다.

1. '갑질'로 물든 한국사회의 원인 분석

　　한국언론진흥재단이 20-60세 국민 1천 명을 대상으로 진행한 최근 설문조사에 따르면, 국민 100명 중 95명이 한국사회에서 '갑질' 문제가 심각하다고 생각하는 것으로 나타났다. 95%의 응답자는 '한국이 다른 나라보다 갑질 문제가 더 심각하다'는 데 매우 동의(44%)하거나 동의하는 편(51%)이라고 밝혔다. 갑질이 '모든 계층에 만연해 있다'는 응답은 77%로 '일부 계층에 해당된다(20%)'와 '몇몇 개인에 해당된다(3%)'를 크게 앞질렀다. 재단은 "국민은 한국에서 갑

　3월 3일 접속.

질이 유독 심각하고 사회 모든 계층에 만연한 고질적 병폐라고 보고 있다"고 분석했다.

가장 심각한 갑질은 정치인·고위공직자 및 재벌의 갑질인 것으로 나타났다. 갑질이 '매우 심각하다'에 대한 응답은 재벌 64%, 정치인 및 고위공직자 57%, 고용주 및 직장 상사 46% 순이었다. 응답자 자신이 갑인지 을인지 묻는 말에 대해 85%는 '나는 을이다'라고 답했다. 85% 중 '항상 을이다'는 17%, '대체로 을이다'는 68%였다. '항상 갑이다'라는 응답은 1%에 불과했다. 또 '다른 사람들에게 갑질한 적이 있는가'라는 문항에 대해 18%만 '전혀 없다'고 응답했다. 그리고 갑질 한 적이 '자주 있다'와 '약간 있다'를 합한 비율은 41%로 조사됐다.3)

이런 분석을 살펴보면 계층 간 차별이 우리 사회에 얼마나 만연되어 있는지가 명확하게 드러난다. 계층 간 차별은 우리 사회뿐 아니라 거의 모든 나라에서 나타나는 공통된 현상이다. 그런데 문제는 정도가 다른 나라에 비해 우리 사회가 상당히 심하고 뿌리 깊이 박혀 있다는 데 있다.

여하튼 우리 사회에서 갑질이라는 용어가 만연하고 있는 현상은 시민의식이 성숙하게 됨에 따라 불평등한 사회현상에 대한 불만의 표출이 예전과 달리 가속 내지 증폭하고 있다는 반증이기도 하다. 갑질에 대한 끊임없는 논란은 갑의 횡포에 대한 사회 전반의 견제 내지 감시적 심리가 작용하여 어느덧 사회적 담론으로 자리 잡고 있다.

그러나 갑질에 대하여 흥분하고, 비난하고, 분노하는 데 그쳐서는

---

3) 연합뉴스, "국민 95% '갑질 문제 심각, 재벌·정치인·공직자", 『연합뉴스』 (2015년 1월 26일). 2015년 2월 17일 접속.

안 된다. 차분하게 갑질의 근본적 원인을 찾고 이를 개선하려는 진지한 노력이 꾸준히 이루어져야 한다. 갑질은 사회 곳곳에서 파상적으로 일어나는 현상이므로 법적으로 그 해법을 찾는 데는 한계가 있다. 갑질의 원인을 다양한 차원에서 찾을 수 있겠지만, 무엇보다 '소통(communication)과 배려의 부재', '승자독식과 약육강식의 사회 분위기', 그리고 '과도한 경쟁의식' 등에서 찾을 수 있다.

오늘날 갑질로 물든 우리 사회를 들여다보면 과연 인간의 평등과 존엄성의 가치를 수호하고자 하는 의지가 있는 사회인지 의심하지 않을 수 없다. 우리 사회에 만연된 갑질에 대한 우려가 현실로 확인되었기 때문일 것이다. 나아가 출신과 소득이 바로 계급이 되는, 근대 이전 계급사회를 능가하는 사회 양극화 현상에 대한 분노일 것이다.

이렇듯 한국사회에 만연한 갑질의 끊이지 않는 이유를 다양한 차원에서 찾을 수 있겠지만, 무엇보다 갑들의 '공감능력 결여'에서 찾을 수 있다. 공감할 줄 모르는 사람은 타인의 삶, 그들의 고통과 슬픔을 이해할 수 없다. 공감할 줄 모르는 사람은 아무리 많은 충고와 비난에도 아랑곳하지 않는다. 그들은 구성원들의 충고와 비난을 약자들, 패배자들의 탄식에 불과하다고 믿기 때문이다. "우리가 너희를 향하여 피리를 불어도 너희가 춤추지 않고 우리가 곡하여도 너희가 울지 아니하였다."(눅 7 : 32) 타인을 공감하지 못한 그들의 요지부동한 교만과 자만심을 꾸짖고 계시는 예수님의 말씀이다.

바로 오늘 우리 사회의, 소위 있는 자들, 갑에 대한 예수님의 질타이다. 그리스도인은 사랑하는 사람이다. 그리고 사랑하는 사람은 공감하는 사람이다. 남의 기쁨에 즐거워하고 남의 슬픔에 우는 사람이다. 그리스도인은 무릎 꿇린 사람, 내쫓긴 사람, 그래서 슬퍼하고 고통에 빠진 사람을 같은 마음으로 공감하고 공명하는 사람이다.

다음으로 우리 사회에 만연된 갑질의 원인으로 지나친 '능력지상주의'이다. 능력은 주로 학력과 학벌에 의해 결정된다. 그런데 고학력과 좋은 학벌은 주로 부모의 경제력에 의해 결정된다. 학력과 학벌의 세습은 능력주의 사회가 사실상 이전의 귀족주의 사회와 다를바 없다는 것을 웅변해 준다.

이런 한국형 '세습 자본주의'를 바꾸는 것이 주된 개혁의제가 되어야 하겠지만, 우리 사회에 만연되어 있는 '사소한 차이에 대한 집착'도 성찰의 대상으로 삼을 필요가 있다. 수능 점수 몇 점이나 정규직·비정규직의 능력 차이는 사소한 것임에도 우리는 그런 차이에 엄청난 의미를 부여하면서 그에 따른 차별에 찬성하는 것을 정당한 능력주의라고 믿는 경향이 있기 때문이다.

마지막으로 우리 사회 갑질의 병리현상의 주요 원인으로 지나친 '경쟁의식'이다. 현재 노르웨이 오슬로대학에서 한국학을 가르치는 박노자 교수는 그의 책 『비굴의 시대』에서 과도한 경쟁의식으로 물든 우리 사회의 일그러진 단면을 다음과 같이 잘 지적해 준다.

> 우리의 국시는 아마도 두 가지인 듯하다. 하나는 '아무도 믿지 말라'는 것이고 또 다른 하나는 '무조건 경쟁에서 이겨라! 2등은 아무도 기억하지 않는다'일 것이다. 경쟁주의의 복음을 학교나 언론만이 전도하는 것도 아니다. 종속형 신자유주의 사회에서 낙오자가 각오해야 할 끔찍한 운명을 익히 잘 아는 부모는 가정에서부터 경쟁 전사를 키운다. 아이가 밖에서 맞고 집에 오면 부모는 폭력의 부적합성이나 폭력 방지법에 대한 이야기보다 '너는 왜 안 때렸나?'와 같은 질문을 먼저 한다. 승자 독식의 사회, 2등을 그 어떤 안전망도 위안도 없는 사회에서는 비폭력주의 따위는 거의 바보짓으로 취급된다. 그런 가훈을 익히 접해온 아이가 나중에 윤 일병을 잔혹사하게 만드는 괴물이 될 확률이 얼마나 높은지 그 부모는 과연 알고 있을까?[4]

---

4) 박노자, 『비굴의 시대』, (서울 : 한겨레출판사, 2014), 225.

심지어 중·고등학교 식당에서 아이들의 성적순에 따라 줄 서기 한다고 한다. 어릴 때부터 경쟁으로 내몰리는 어린아이들의 학교교육의 실상을 잘 드러내 주는 사례이다. 경쟁에만 매몰되어 있는 우리 사회에서 나와 가족 외에는 관심사가 없다. 경쟁의 세계에서는 타자가 들어설 자리가 없다. 이제 이런 갑질과 을질로 물든 우리 사회를 구할 대안으로 종교개혁자인 칼뱅의 상호주체성에서 찾고자 한다.

2. 칼뱅의 상호주체성

본 장은 앞 장에서 드러난 우리 사회의 갑질의 문제를 해결할 방안으로 칼뱅의 신학에서 나타난 상호주체성을 소개하고자 한다. 이를 위해 먼저 상호주체성이 무엇을 뜻하는지 개념적으로 살펴볼 것이며, 그 바탕 위에서 타자에 대한 인식과 상호주체성이 어떻게 그의 신학사상에서 전개되는지 구체적으로 살펴볼 것이다.

1) 상호주체성의 개념

상술한 바 있듯이, 상호주체성의 개념을 처음 도입한 후설의 사고 방식은 객관적 세계의 자명성에서 출발하는 것을 거부하고자 하는 다양한 입장의 사람들에게 커다란 영향을 주었다. 철학의 영역에서는 주로 사르트르(J. P. Sartre)와 메를로-퐁티, 사회학의 영역에서는 슈츠(Alfred Schutz) 등이 그러한 영향을 받은 사람들이다.[5]

---

5) 이들의 상호주체성의 사상을 자세히 알려면 다음의 책들을 참조하라. J. P. Sartre, *Das Sein und das Nichts* (Hamburg : Reinbek, 1998); Maurice Merleau-Ponty, *Phenomenology of perception*, 류의근

자아가 타자를 만나 대화를 나눌 때 이미 자아 안에 타자의 현존을 혹은 타자 안에 자아의 현존을 경험하게 되며, 이를 상호주체성이라 한다. 즉 나는 나 아닌 다른 의식과의 연대, 의식들의 공동체로부터 이해된다. 이 연대의 경험으로부터 의식 밖의 대상들이 자신의 고유한 자리를 가지는 "세계"라는 지평이 열린다. 후설은 결국 초월성에 대한 근원적인 탐구를 통해서 상호주체성의 토대를 발견한다.

사실 '상호주체성'을 명확하게 개념적으로 정의하기란 쉽지 않다. 이 개념은 다양한 학문적 분야, 그중에서도 해석학과 심리학, 사회학, 철학, 신학, 교육학, 인식론적 이론과 윤리학 등의 분야에서 다양한 뜻으로 적용되기 때문이다.6) 그럼에도 각 분야에 공통적으로 통용되는 상호주체성의 뜻은 '상호 간 인정'이다. 무엇보다 인간의 자기이해를 위해 상호 간 인정은 본질적인 측면에 해당한다.7)

또한 주체들 간의 상호 인정은 자의식의 발전을 위해서도 필수적 요소이다. 자아가 타자와의 상호 주체적인 사귐과 소통이 부재하다면 자신의 정체성(identity)을 바르게 파악할 수 없기 때문이다.

어쨌든 상호주체성의 이론에 따르면 자아는 타자와의 관계 안에서 그리고 관계를 통해서 발전된다. 이 말은 독립된 자아란 존재하

역,『지각의 현상학』, (서울 : 문학과 지성사, 2002); 김광기,『이방인의 사회학』, (서울 : 글항아리 출판사, 2014); Pierre Thevenaz, *De husserl e merleau-Ponty : Qu'est-ce que la phenomenologiee*, 심민화 역,『현상학이란 무엇인가? 후설에서 메를로퐁티까지』, (서울 : 문학과 지성사, 1995).

6) '상호주체성'의 개념이 심지어 정신의학계에서도 환자의 치료를 위해서 사용된다. 이에 대해 자세히 알려면 다음의 책을 참고하라. 손진욱,「자기심리학과 상호주관성 이론에서의 치료자-환자 관계」,『정신분석』제16집(2005) : 13-27.

7) 이에 대해 자세히 알려면 다음의 책을 참조하라. A. Lailach-Hennrich, *Ich und die Anderen. Zu den intersubjektiven Bedingungen von Selbstbewusstsein*, (Berlin/New York, 2011); Axel Honneth, *Unsichtbarkeit. Stationen einer Theorie der Intersubjektivität*, (Frankfurt/Main : Suhrkamp, 2003), 71-105. 여기서 '인정'이란 개념은 '동의하다', '알다', '받아들이다', '이해하다', '공감하다', '인내하다', '높이 평가하다', '깨닫다', '동일시하다', '신뢰하다' 등의 다양한 뜻이 포함되어 있다. Jessica Benjamin, *Die Fesseln der Liebe*, (Frankfurt a. Main : Fischer Taschenbuch Verlag, 1993), 19 참고.

지 않으며 타자와의 만남과 교류 속에서 형성된다는 뜻이다. 순수한 개인이란 존재하지 않으며 반드시 상호주체성의 구조에서 주체가 형성된다는 뜻이기도 하다. 그런 뜻은 무엇보다 프랑스의 철학자 에 마뉘엘 레비나스(Emmanuel Levinas)의 사상에서 보다 명확히 드러난다. 레비나스는 상호주체성의 개념을 자신의 윤리적 사상에 적용시킨다.[8]

레비나스에 따르면 상호주체성은 우선 자아와 타자와의 분리, 즉 '홀로 있음'에서 출발한다.[9] 여기서 분리는 자아의 내면성, 즉 자아의 개별화를 의미한다. 나와 너의 분리는 상호주체성의 윤리적 관계를 위해 절대적으로 요구된다고 주장한다. 왜냐하면 타자를 자아 안에 강제적으로 흡수시키거나 통합시킴으로써 자기 지배적인 경향을 띨 수 있기 때문이다. 따라서 자아의 폭력성을 피하기 위해 타자의 고유성과 다름을 인정해야 한다.[10]

그런데 문제는 자아와 자아들 사이의 분리가 이처럼 유지되어야 한다면 이들 사이의 상호 소통이 어떻게 가능한가이다. 또한 자기보 존성을 지닌 이기주의적 존재가 어떻게 타자의 타자성을 빼앗지 않고 타자와의 관계가 가능한가이다. 즉 자아와 타자 사이에 분리를 유지하는 동시에 연결시키는 윤리적 관계 형성이 어떻게 가능한가이다. 레비나스에 따르면, 타인으로서의 타자는 어떤 경우에도 나에게로 통합시킬 수 없는 내면성, 절대적인 다름, 절대적인 타자성을

---

8) 우리나라에서도 레비나스의 상호주체성을 철학이나 윤리학 분야는 물론이고 신학 분야에 적용시킨 논문이 있다. 대표적인 논문으로 다음과 같다. 황덕형, 「신학적 과제로서의 레비나스 현실이해」, 『한국조직신학논총』 Vol.18(2007) : 203-233.

9) Emmaneul Levinas, *Ethique et Infini*, 양명수 역, 『윤리와 무한』, (서울 : 다산글방, 2000), 67-78 참고. 레비나스에게 타자란 자아의 외부성, 자아 밖의 존재하는 것을 총칭한다. 타자는 구체적으로 사물세계, 다른 사람, 신의 관념 등으로 구분할 수 있다.

10) 김연숙, 『레비나스 타자윤리학』, (고양 : 도서출판인간사랑, 2002), 84-93 참고.

지녔고, 아울러 이 같은 타자성을 존중해 주는 관계에서만 타자와의 올바른 관계가 가능해진다.[11]

이 물음에 대한 레비나스의 답은 '타자에로의 초월'과 '타자를 향한 열망'에서 찾는다. 그에 따르면, 인간은 안으로 향하여 자기중심적 내면성을 유지하는 존재인 동시에 밖으로 향하여 타자를 향한 존재이다. 그러므로 자기중심적 내면성을 지닌 자아성으로부터 다른 자아를 향하여 초월해 간다. 이 같은 초월, 자아로부터 타자에로의 초월, 나로부터 타인에로의 초월이야말로 올바른 관계형성의 계기라 할 수 있다. 타자에 대한 열망과 타자에로의 초월이야말로 자아가 타자를 대상화하여 자아 안으로 포섭하고 자기화하고 장악하고 동일시하는 방법과 구분된다. 이 같은 초월적 관계에서 타자의 근본적 다름, 타자성은 절대적으로 보존되며 존중받을 수 있다.[12]

레비나스는 이 같은 상황을 '가까움(proximite)'의 개념으로 설명한다. 가까움은 타자를 완전히 자기화하는 통합이나 타자에 대해 완전히 무관한 분리와는 다른 방식으로 타자와 관계 맺는 방식이다. 타자의 가까움은 타자에 대해서 무심할 수 없이, 자기의 동일성 속에서 편안히 거할 수 없이, 타자의 어려움과 이웃의 고난을 방관할 수 없는 자아성을 뜻한다. 타자에게 향하고 접근하면서 타자와 가까워지는 영혼의 상태이다.[13]

레비나스는 이기적 자아로부터 윤리적 자아(그리스도인에게는 '거듭난 자아'로 칭함)로의 전환을 통해 형성되는 주체성을 '동일자

---

11) Emmaneul Levinas, *Totality and Infinity*, trans. Alphonso Lingis, A., (Nerherlands : Kluwer Academic Publishers, 1991), 183. 김연숙, 『레비나스 타자윤리학』, 96에서 재인용.

12) Emmaneul Livinas, *Totality and Infinity*, 33-35. 김연숙, 『레비나스 타자윤리학』, 110에서 재인용.

13) 김연숙, 『레비나스 타자윤리학』, 110-117 참고.

안의 타자'로 나타낸다. 그것은 내가 타자의 호소와 요청을 받아들이면 받아들일수록 내 안에 타자의 크기가 커져가고 그에 비례하여 타자에 대하여 더욱 큰 책임을 느끼면서 커져가는 윤리적 자아를 의미한다.14)

요컨대 이웃에 대한 책임과 열망이야말로 주체의 주체성이자 고유성이다. 타자의 요청에 응답하는 자아의 고유성은 타자에 의해 사로잡히는 존재와 고통 받는 상처에서 가능해진다. 여기서 상처는 타자가 요구하는 도덕적 요청의 부담 속에서 고통 받는 이, 타자에 의해 고무된 자아를 뜻한다. 윤리적 자아는 이웃에게 다가가며 대가를 바람이 없이 응답한다. 그리고 이 같은 과정에서 어느 누구도 대신할 수 없는 자아의 고유성이 발생한다. 가까움에서 타자에 의해 사로잡힌 자아의 고유성, 그것은 동일자 안의 타자이다. 그것이 바로 나이고 다른 이에 사로잡힌 나이다.

자아의 자기동일성보다는 타인이 더 우선적이라는 데에 윤리적 의식의 본질이 있다. 자아는 타인과의 관계를 통해서만 비로소 자아일 수 있기 때문이다.

환언하면 자아는 단지 타자를 지각함으로써 수용할 수 있을 뿐이다. 내가 타자를 수용할 때 타자는 더 이상 나의 존재를 위협하는 침입자가 아니라, 내면의 닫힌 세계에서 밖으로의 초월을 가능하게 해주는 유일한 접촉점이 된다. 우리가 타인들과 함께 살기를 주장하기

---

14) 참고. 같은 책, 196-203. 레비나스에 의하면 서양철학은 존재자의 근원이 무엇인가에 초점을 맞춘 형이상학적 존재론과 존재자의 본질을 그대로 파악하고자 하는 인식론의 역사였으며, 그 중심에는 인간의 주체적 자아가 있었다. 그는 이러한 자아중심적인 존재론과 인식론을 거부하고 윤리학이 그보다 더 우선한다고 주장한다. 그는 "나는 생각한다. 그러므로 나는 존재한다."는 데카르트의 명제에서 단적으로 나타나는 '생각하는 나' 대신 '윤리적인 나'가 모든 논의의 중심에 있어야 한다고 생각했다. 자아의 자기동일성이 타인의 타자성에 근거한다는 사실에서 새로운 윤리의 가능성이 열린다고 주장한다.

이전에 먼저 타인의 절대타자성이 긍정되어야 한다. 그럴 때 비로소 타인은 극복의 대상이 아니라 함께 살아야 할 상생(相生)의 존재자로 다가온다. 타인의 얼굴은 상생을 요구하는 하나님의 목소리로 우리에게 다가온다.

이제 앞서 언급한 상호 주체적 사상이 칼뱅의 신학사상에서 어떻게 나타나고 있는지 두 가지 주제, '나·너·그분', '나·너·사랑'으로 구분해서 살펴보려 한다. 비록 칼뱅이 '상호주체성'의 개념을 직접적으로 사용하지 않았지만, 앞서 소개한 후설이나 레비나스의 사상보다 훨씬 더 풍성함과 심오함이 그의 사상에 묻어나 있음이 이 장을 통해 드러나게 될 것이다.

2) 나·너·그분

앞 장에서 소개한 '상호주체성'을 몇 가지 단어로 요약해서 표현하자면 '소통'과 '상생', '공감'과 '상호 인정' 등이다. 이런 단어들이 나타내고자 하는 것은 나와 너의 관계를 주체와 인격이나 가치에 있어서 차이가 나는 객체의 관계가 아니라, 주체와 주체의 관계이다. 과거에 주인과 종의 존재가 사회적으로 용인되었던 것은 나와 너의 관계를 주체와 대상, 혹은 객체로 규정했기 때문이었다. 때문에 인간 간에 차별, 남녀 간의 성차별과 사회적 계층 간에 차별이 공식적으로 가능했었다. 그런 차별화가 억압과 착취, 무시, 승자독식, 약육강식, 상대적 박탈감 등을 낳게 하였다. 이에 반해 '상호주체성'은 나와 너의 관계를 비록 자라온 환경과 배운 지식이 다르며, 가진 재산에 차이가 있다 할지라도 인격이나 가치에 있어서 동등함을 뜻한다. 상호주체성의 그런 의미가 무엇보다 칼뱅의 신학사상에서 보다 명료하게 나타난다.

그런데 칼뱅의 상호주체성에는 앞서 살펴본 후설과 레비나스와는 다르게, 나와 너의 관계에 삼인칭 대명사인 '그'가 첨삭된다. 칼뱅에 따르면 인간 간에 진정한 소통과 상생, 공감과 상호 인정이 본질적으로 불가능하다. 왜냐하면 인간은 본질상 진노의 자녀로서 그 어떤 선한 일도 행할 수 없을 정도로 '전적으로' 타락해 있기 때문이다. 인간 자체로부터 어떤 희망도 찾을 수 없으며 오직 하나님의 자비하심과 사랑의 손길을 통해서만 선한 삶이 가능해진다. 따라서 칼뱅에 있어 상호주체성이 성립하려면 자아와 타자 사이에 반드시 그분, 즉 하나님이 개입해야 한다. 이제 그런 독특한 칼뱅의 상호주체성을 자세히 살펴보도록 하자.

칼뱅은 그리스도인을 이 세상에서 홀로 외로운 투쟁을 하며 살아가는 고독한 자로 표현하지 않았다. 오히려 그는 그리스도인은 개별자로서 다른 사람들과의 관계 속에 존재함을 피력했다. 이 세상에는 그리스도인이든 비그리스도인이든 나 홀로 존재, 즉 천상천하 유아독존(天上天下 唯我獨尊)이란 있을 수 없다. 반드시 사람들과의 관계 속에서 존재한다. "우리는 이웃들과 관계를 맺고 있으며 그 어떤 보편적 유익을 위해 이 세상에 태어났다."[15] 무조건적인 사랑으로 선택하셔서 우리를 개별자로 세우셨던 하나님은 타자와 공동체를 형성하도록 우리를 부르셨다. 왜냐하면 하나님 자신도 홀로 존재하시는 분이 아니라 관계성 속에, 즉 성부와 성자 그리고 성령과의 관계 속에 존재하시기 때문이다.

---

15) Ioannis Calvini, *opera qua supersunt imnia*. hrsg. von Wilhelm Baum, Eduard Cunitz et Edward Reuss, 59 Bd. (Bruanschweig-Berlin, 1863-1900), 37.340. 이후 C.O.로 약칭 사용.

따라서 자신의 형상대로 우리 인간을 지으셨다는 것은 우리를 관계 속에 존재하도록 지으셨다는 것을 뜻한다. 우리가 그렇게 관계 속에 존재해야 한다는 것은 모두가 이웃의 도움과 수고가 필요하다는 의미 또한 내포되어 있다.16) 기독교는 불교나 다른 종교에서처럼 세상을 등지고 초야에 묻혀 도를 닦는 단독자로서 삶을 추구하는 종교가 아니다. 예수님 역시 광야나 겟세마네 동산에서 사람들과 독립된 채 홀로 계시지 않으셨다. 제자들과 유대 백성들과 함께 머무셨고 공동체의 삶을 사셨고 또한 그렇게 살도록 가르치셨다. 따라서 그리스도인의 삶은 항상 사람들과의 만남 속에서 이루어지는 관계성을 추구하는 삶이라 할 수 있다. 이렇듯 칼뱅은 인간의 관계성의 본질을 인간을 만드신 하나님의 관계성에서 발견한다.

관계성 속에 존재하는 인간의 그런 본성으로 인해 하나님은 우리에게 자신만을 사랑하도록 명하지 않으셨다. 하나님께 대한 사랑은 이웃에 대한 사랑에서 증명된다. 하나님을 사랑한다면서도 이웃을 사랑하지 않는다면 진정한 하나님 사랑이 아니다. 역으로 이웃을 사랑한다면서도 하나님을 사랑하지 않는다면 이 또한 거짓된 사랑이다. 따라서 칼뱅은 우리에게 가르치기를 "우리가 바른 삶을 살려면 온전히 하나님만을 바라보아야 하며 우리를 그분께 맡기며 그분께 우리의 경외심을 표해야 한다. 그리고 우리에게 주신 모든 것들은 이웃의 행복을 위해 사용하라고 주셨다."17)

칼뱅에 의하면 우리가 이 땅에 태어난 목적은 우리 자신이 아니라 우리의 이웃을 위한 희생적 삶에 있다. 때문에 우리가 자신만을 위

16) C.O. 36.108.
17) C.O. 33.30.

해 살아간다면 사나운 짐승보다 못한 삶이다. 이렇듯 칼뱅은 자아의 삶의 의미를 타자를 위한 희생적 삶에서 찾는, 상호주체성의 진정한 대변자라 할 수 있다. 칼뱅은 타자를 위한 섬김 자체가 하나님을 위한 섬김이라 주장하지 않았지만 성경이 하나님을 향한 섬김에 관해 말씀하고 있다면, 이것은 이웃을 향한 섬김을 암시하고 있다. "곤궁한 자를 도와주고 봉사하는 기독교적 사랑은 그 어떤 거창하게 꾸며진 예배보다 더 귀한 것이다."18)

그러므로 칼뱅의 상호주체성을 윤리학적으로 적용해서 개인윤리와 사회윤리 중 어느 것이 더 중요하냐고 그에게 묻는 것은 무익한 질문에 해당된다. 그에게 개인윤리는 사회윤리 속에 포함되어 있기 때문이다.19) 따라서 그리스도인은 타자에 속해 있다는 연대의식을 가짐과 동시에 타자를 섬기는 자임을 배워야 한다. 성경 말씀은 우리를 하나님과 이웃에게 연결시킨다. 우리가 하나님을 섬긴다는 것은 우리의 이웃에게 인간적인 호의와 사랑을 보여줌으로써 입증해야 한다. "우리에게 아직도 낯선 자가 있을지 모르지만 우리는 함께 속해 있다. 그것은 우리가 하나님의 형상으로서 동일한 근거와 근원을 가지고 있기 때문이다."20) 타자는 하나님의 형상으로서 우리에게 거룩한 존재이다.

또한 칼뱅에 따르면, 하나님은 우리의 이웃 안에서 우리에게 다가오신다. 그리고 그리스도께 대한 우리의 믿음은 우리의 이웃들이 요구하는 것을 들어줄 수 있는 준비하는 마음에서 더욱더 성장한다.

---

18) C.O. 48.303.

19) W. Kolfhaus, *Vom christlichen Leben nach Johannes Calvin*, (Ansbach : Buchhandlung des Erziehungsvereins Neukirchen Kreis Mörs, 1949), 330.

20) C.O. 50.251.

"억압받는 자를 향한 동정심이 나에게 없었더라면 하나님께서 베푸신 은혜를 나는 가질 수 없었을 것이다."21) 반면에 "내가 이웃을 무시했더라면 하나님께서는 나를 심한 고통 속에 빠뜨렸을 것이다."22)

칼뱅에 있어서 우리가 이웃을 위해 무엇을 할 수 있을까라고 자신에게 묻지 않는 것은 하나님을 무시하는 행위에 해당된다. 왜냐하면 이웃은 우리에게 주어진 윤리적 현실성을 의미하며 그 안에서 우리는 하나님의 뜻과 마주치기 때문이다.23) 우리가 우리의 이웃을 하나님 안에서 사랑할 경우에야 비로소 이웃에 대한 사랑이 바르게 행사될 수 있다. 하나님의 형상(imago Dei)은 "공동체와의 거룩한 연합이다."24)

또한 이웃과 맺는 연대성은 자신에게 유익과 가치를 가져다주는 사람만을 친구로 삼는 이기심에서가 아니라 모두를 다 포함시키는 사랑에 근거해야 한다. "이생에서 한 번 존재할 뿐이며 우리들 사이에 존재하는 모든 차이에도 불구하고 우리는 한 근원에서 나왔으며 우리 모두의 아버지 되신 한 분 하나님을 향해 우리의 목적을 세워나가야 한다."25) 하나님의 사랑이 서로 간의 사랑의 뿌리이며 가능성이다. 심지어 원수에게조차 하나님께서 허락하신 선이 있음을 인정해야 한다. 그래서 칼뱅은 "만약 내가 이웃에 해를 끼친다면 그것은 하나님의 형상에 대한 공격이다."라고 말하기까지 한다.26)

여기서 아름다운 영혼 안에 담겨 있는 순수한 인간성이 중요한 것

---

21) C.O. 34.31.
22) C.O. 29.730.
23) C.O. 33.309.
24) C.O. 37.328.
25) C.O. 28.16.
26) C.O. 27.204.

이 아니라 이웃을 섬기기 위해 하나님으로부터 부름 받았다는 것을 아는 영혼이 중요하다. 우리의 하나님은 또한 우리 이웃의 하나님이기 때문에 우리는 이웃에 속해 있다. 우리는 이웃과의 연대의식을 가져야 한다. "우리는 본 적도 없는 자들을 위해서도 기도해야 한다. 왜냐하면 그들은 우리와 관계를 맺고 있기 때문이며 우리와 마찬가지로 하나님의 형상을 따라 창조된 이성적인 피조물이기 때문이다."[27] "만약 우리가 두 사람 사이에 싸우는 모습을 본다면 우리 주 예수 그리스도께서 값없이 피 값으로 사신 두 영혼들이 멸망의 길로 달려가고 있음을 봄으로써 우리의 마음이 동요되어야 한다."[28]

칼뱅의 상호주체성은 어떤 특정한 지역이나 시대에 얽매인 한계성을 지닌 특성이 아니라 모든 시대와 지역 그리고 상황을 아우르는 보편적 특성을 지닌다. 왜냐하면 국가적이며 민족적인 차이 자체가 싸움을 위한 어떤 이유가 되지 않기 때문이다. 이방인들 전체가 우리의 이웃들이다.[29] "우리 모두에게 인간으로서 관계를 맺고 있다는 의식이 사라지는 곳에 문화와 도덕이 이리저리 요동치게 된다."[30] 하나님과 우리의 관계는 이웃을 향한 우리의 태도에 의해 결정된다.

일반적 의미에서 상호주체성은 '나와 너' 사이에서만 성립하지만 칼뱅에 있어서는 '나와 너'뿐만 아니라 3인칭 단수형인 '그'라는 지시대명사가 상호주체성의 핵심적 위치를 점한다. 아리스토텔레스(Aristoteles, B.C. 384-322)의 철학사상에서 알 수 있듯이 자기 자신

---

27) C.O. 27.329.

28) C.O. 27.564.

29) Ioannis Calvini, *Institutio religionis christianae* [...] triplici forma ediderunt Wilhelm Baum, Eduard Cunitz et Eduard Reuss (Braunschweig, 1869), Ⅲ.45.613.

30) C.O. 26.69.

312 상호주체성(Intersubjectivity)과 기독교윤리학

에 만족하는 개인주의와 개별적인 자기 완전성을 지향하는 이념은 칼뱅의 상호주체성에서는 전혀 찾아볼 수 없는 낯선 사상이다. 칼뱅은 공동체에 방해 요인으로 작용하는 개인주의를 거부했다. 개별성의 참된 의미는 개별성 자체의 힘과 실재성이 공동체에서 나온다는 사실을 깨닫는 데 있다. 나와 너 사이에서 이루어지는 동질성은 하나님과의 관계를 통해 성립된다. 타자와의 연대성 속에서 자신의 정체성을 발견하지 못한 자는 그리스도를 자신의 스승으로 깨닫지 못한 자이다.31)

칼뱅에 따르면 그리스도인은 자신의 민족이 처한 어려움과 함께하는 연대의식을 가져야 하며 개별성에 대한 지나친 주장을 삼가야 한다. 칼뱅은 개별적 책임성과 자립성에 이의를 제기하지 않았지만, 개개인 모두의 특별한 위치와 소명을 공동체성 속에서 가져야 한다고 주장한다. 개별자와 공동체 사이에서 존재하는 연합이 허물어져서는 안 된다는 것이다. 왜냐하면 양자 모두는 하나님의 빛 속에서 드러나야 하기 때문이다. 개별자와 공동체는 유기적 관계 속에서 자신의 존재 근거를 가지게 된다. 우리 모두는 머리 되신 예수 그리스도의 지체이며 상호적 관계 속에 연결되어 있다.32) 내가 너를 섬기는 것은 네가 나보다 인격이나 학식, 명예나 소유물이 많아서가 아니라 하나님의 통치와 섭리 앞에서 동일한 가치와 인격을 가지고 있다는 사실 때문이다.

이렇듯 칼뱅의 상호주체성은 철저하게 성경 말씀에 입각해 있으며 개인적이면서도 사회적인 특성을 지닌다.33) 그러므로 우리는 하

---

31) C.O. 47.310.

32) C.O. 24.724.

33) E. Brunner, *Der Mensch im Widerspruch*, (Zürich : Zwingli Verlag, 1965), 465.

나님을 알지 못하는 우리의 이웃을 하나님께 인도해야 하며, 형제가 잘못된 길에 들어선다면 바른길을 걷도록 인도해 주어야 하며, 절망 속에 빠진 이웃에게 손을 내밀어 도움을 제공하며 위로해 주어야 하며, 경제적인 어려움에 빠져 있다면 꾸어주는 그런 노력을 기울이기 위해 하나님으로부터 부름 받았다. "부자들은 가난한 자들을 무시해선 안 되며 가난한 자들은 자신들의 위치와 상태에 맞는 삶을 살아야 한다. 그래서 부자와 가난한 자들은 하나님의 손길을 이 세상 속에 세우게 하며 그분의 은혜를 통해 이 세상을 돌보는 그런 자로서 삶의 태도를 지녀야 한다."34)

칼뱅은 세상을 아름답고 평화롭게 만들 수 있다는 낙관론을 펴지 않았다. 하나님의 질서를 이 땅에 세우며, 이를 위해 그리스도인들이 최선을 다해 섬기며 봉사하는 것에 만족해야 한다. 자신의 삶 속에 이웃 사랑을 실천하는 것은 칼뱅의 상호주체성에 있어서 핵심적 사상이다. "도움을 필요로 하는 형제들이 우리와 마주칠 경우, 그들은 하나님에 의해 우리에게 인도된 자들이다."35)

우리는 이웃에게 영적이며 물질적인 도움의 손길을 내밀어야 할 정도로 빚진 자들이다. 주님께서 우리에게 주신 선물은 우리의 장롱 속에 숨겨두라고 주신 것이 아니라 모든 자를 섬기라고 주신 것이다.36) 억압 받고 소외되고 가난한 자들 역시 하나님의 일을 수행하기 위해 보내심을 받은 자들이다. 만약 우리가 가난한 이웃들에게 도움의 손길을 내밀지 않는다면 우리의 모든 경건은 헛되며 하나님이 기뻐 받으시지 않는 삶의 태도일 뿐이다.37)

---

34) C.O. 36.62.

35) C.O. 23.252.

36) C.O. 32.524.

심지어 우리의 신앙에 방해를 일삼는 자라 할지라도 우리는 있는 힘을 다해 그들에게 다가가 그리스도의 육체에 연합시키려고 노력해야 한다. 왜냐하면 우리는 그들이 아직 유효적 소명(effectual calling)의 때가 이르지 않은 지체로서 간주해야 하기 때문이다.38) 불신자라는 이유만으로 그들에게 비난을 퍼부어서는 안 된다. 사랑의 의무 역시 어떤 상황 속에서도 멈추게 해서는 안 된다. 큰 슬픔에 젖어 애통하는 자를 본다면 그를 위로해 주어야 한다. 용기를 잃어버린 자를 만난다면 그에게 새로운 용기를 가질 수 있도록 격려하고 위로해 주어야 한다. 세상적 일로 근심과 염려에 싸여 절망 속에 있는 자를 만난다면 그들에게 이 세상의 일에 매어 있지 말 것을 권유하며, 나아가 하나님을 의지하고 신뢰하도록 복음을 전하며 그런 염려와 근심에서 벗어나도록 힘을 다해 도와주어야 한다.39)

그러나 그런 자들을 진실한 마음으로 도와주기 위해서는 이웃의 아픔을 우리의 마음속에 공유해야 한다. 그러므로 타자를 위한 우리의 책임은 자기 자신이 누려야 할 행복보다 훨씬 더 크고 넓은 것이다. 단순히 도움을 제공하는 것에 불과하지만 그 속에 이웃을 향한 구원의 뜻이 숨어 있다.

칼뱅의 상호주체성에 있어서 우리가 주의해야 할 점은 타자에 대한 사랑이 자아의 자율적인 결정을 통해 이루어지는 것이 아니라는 사실이다. 왜냐하면 인간의 자아는 다음과 같은 두 가지 특성을 지니고 있기 때문이다. 첫째, 자기 자신을 모든 것의 중심에 위치 지우려는 이기적인 특성과, 둘째, 모든 자아는 다른 모든 자들 위에서 지

---

37) C.O. 34.560.
38) C.O. 23.438.
39) C.O. 46.550.

배하고 군림하려는 매우 위험스러운 경향을 지닌 특성이다. 칼뱅의 신학에서 하나님 중심적인, 즉 하나님과의 관계가 제일 중요한 것으로 부각되며 그런 바탕 위에서 이웃과의 관계가 성립된다. 따라서 우리가 소외된 자들이나 억압받고 착취당하는 자들과 가난한 자들에게 도움의 손길을 펼친다 할지라도 진심 어린 사랑으로 행하지 않을 경우 그것은 위선이며 하나님께서 기뻐 받지 않으신다.[40]

3) 나·너·사랑

나와 너, 자아와 타자의 관계를 주체와 객체의 관계가 아니라 주체와 주체의 관계, 즉 자라온 환경과 문화가 다르고 얼굴이 다르며 가진 소유물에 차이가 있을지라도 하나님 앞에서 우리 모두는 동일한 인격과 가치를 지닌다는 뜻이 담긴 상호주체성이 온전히 성립하려면 '사랑'이 전제되어야 한다. 이 사랑은 하나님으로부터 발원한다.

칼뱅에 따르면, 선한 사역 내지 사랑의 사역을 위한 첫 번째 길은 우리가 주님께 속해 있다는 인식에 있다. "우리가 하나님을 인식할 수 있는 길로 들어서면 설수록 형제를 향한 사랑이 우리 안에서 점점 자라나게 된다."[41] 이웃 사랑은 하나님 사랑을 위한 시금석(probatio)으로서 의미를 지닌다.[42] 이로부터 우리는 더 이상 우리 자신을 위해 사는 것이 아니라 우리의 전 삶을 그분의 뜻인 하나님 사랑과 이웃 사랑에 맞추어 살아야 한다는 결론에 이르게 된다. 이 것은 요한 일서 3장 16절에 대한 다음과 같은 주석에서 보다 분명해

---

40) C.O. 30.143.
41) C.O. 38.388.
42) C.O. 31.144.

진다. "우리가 노력해야 하는 것은 우리의 삶과 죽음을 첫째로 하나님을 위해서 다음으로 이웃을 위해 드려져야 한다는 사실에 초점이 맞추어져야 한다."

하나님과 우리의 관계를 규정하는 핵심적 내용은 바로 사랑에 있다. "우리의 관심사는 먼저 하나님께 온전히 속해 있다는 것이며 다음으로 정직과 공의로 이웃을 대하는 것과 우리가 선을 베풀 수 있다는 것을 이웃에게 증명해 보이는 것이다."[43]

칼뱅은 자신의 교회 성도를 향해 다음의 사실 또한 가르쳤다. "우리는 하나님께 자신을 맡겨야 하며 우리 자신을 부인해야 하며 우리 이웃과 더불어 순결함 속에서 변해야 한다."[44] 그러나 우리의 이웃 사랑이 단지 인간에 대한 편애(偏愛)로 나타나서는 안 된다. 잘생긴 자든 못생긴 자든 부유한 자든 가난한 자든 유식한 자든 무식한 자든 모두 다 하나님 앞에서는 동일한 인격과 가치를 지니고 있다. 이웃 사랑은 차별화된 사랑이 아니라 동일하게 여기는 사랑을 뜻한다. 이뿐 아니라 칼뱅은 교회 성도들을 향해 "참된 하나님 사랑과 (Caritas) 이웃 사랑의 원천은 하나님을 향한 사랑에 있다."라고 설교한다. 그리고 그리스도께서 세운 교회에서만 참된 섬기는 사랑이 발원하며, 그런 사랑은 모든 사회적 사랑의 발로가 된다.

심지어 칼뱅은 이웃에 대한 사랑 없는 믿음은 참된 믿음이라 할 수 없으며 "이웃에 대해 불의를 행치 않는다 할지라도 하나님을 무시하는 것이다. 우리의 인간성조차 어떤 가치도 지니지 않게 된다."[45] 이웃 사랑 없는 하나님 사랑은 엄밀한 의미에서 하나님을 사랑한다 말

---

43) C.O. 51.314.
44) C.O. 30.114.
45) C.O. 42.330.

할 수 없는 것이다. 우리는 하나님을 경외하라고 배웠는데, 그런 배움 속에 담긴 뜻은 우리가 이웃에 대해 비인간적이거나 혹독하게 대해서는 안 된다는 것이다. 하나님을 향한 우리의 사랑은 그분을 향한 경외심으로 나타나야 하며 그분을 향한 경외심은 이웃에 대한 사랑으로 증명되어야 한다.[46]

사람들 간에 행해지는 사랑은 칼뱅이 베드로전서 3장 7절에 대한 주석에서 부부간의 사랑과 관련하여 강조한 바 있듯이 우리는 자신의 동반자에 대한 경외심 또한 가져야 한다. 남편은 자신의 아내의 인격을 존중해야 한다. 왜냐하면 상대방을 무시함으로 하나님께서 맺어준 결합을 깨뜨려서는 안 되기 때문이다. 사랑이 현실화되기 위해서는 경외심과 연결되어야 한다. 타자에 대한 사랑은 하나님께 대한 사랑과 경외심에서 출발하며, 역으로 하나님께 대한 사랑은 인간을 향한 사랑에서 입증되어야 한다. 즉 하나님께 대한 사랑은 인간에 대한 사랑과 분리시켜 생각할 수 없다는 말이다.[47] 여기서 칼뱅은 사랑에 대한 원리를 "모든 계명은 하나님 사랑과 이웃 사랑으로 표현될 수 있다."는 성경 말씀(마 22 : 37-40)에 전적으로 일치시킨다. 하나님과의 관계가 바로 서려면 인간들 간에 행해지는 사랑이 바로 서야 한다.[48]

칼뱅은 교회 공동체를 위해 어떠한 질문도 다음과 같은 질문보다 더 중요하지 않다는 것을 깨달았다. 하나님을 향한 사랑이 우리의 마음에서 어떻게 발견되고 느껴지게 되는 것인가? 이에 대한 답은 교회에 사랑이 충만하느냐 그렇지 않느냐에 달려 있다. 교회 안에서

---

46) C.O. 27.37.
47) C.O. 50.251.
48) C.O. 47.314.

행해지는 예배가 단순히 형식적이며 의식에 그치는 것이 아니라, 하나님과 성도들 사이와 성도와 성도 사이에 사랑의 띠로 견고하게 묶여 있음으로 드려질 때에야 비로소 그 예배를 하나님께서 기뻐 받으신다.[49] 이에 따라 칼뱅은 우리를 향하신 하나님의 사랑과 은혜를 증거 하며 하나님을 향한 우리의 사랑이 이웃을 향한 사랑 안에서 나타날 것을 강하게 주장하였다. 하나님을 향한 신앙심과 열정은 단지 예배의식에서만 나타나는 것이 아니라 우리의 삶 속에서 열매를 맺는 행위로 드러나야 한다는 것이다.

칼뱅은 본성적으로 우리 안에 사랑이 있다는 견해를 받아들이지 않는다. 사랑은 하나님 안에 있으며 그분의 말씀과 부르심 안에 그 토대를 가진다. 이는 칼뱅의 신학사상에서 드러나는 사랑에 대한 핵심적 사상이다. 사랑의 토대가 그러하기 때문에 사랑은 단순히 친절을 베푸는 행위에서나 도움의 손길을 필요로 하는 자들에게 도움을 제공하는 것으로 이해되는 것이 아니라 먼저 마음이 자리를 잡은 다음, 그러한 마음이 우리의 모든 행위를 지배하게 된다. 때문에 우리의 사랑이 자발적인 마음에서 우러나와 이웃을 섬기며 돕지 않는다면 그 사랑은 진정한 사랑이 아니다. 그리스도인의 사랑은 단순히 친절을 베푸는 것에서뿐 아니라 함께 영향을 주고받으려는 의지로서 표현되어야 한다. 하나님은 우리의 순결한 마음을 우리가 가진 재능이나 재물을 가지고 타자를 얼마나 잘 섬길 수 있느냐 하는 마음과 행위에서 판단하신다. 순결한 마음은 반드시 삶을 통해 드러나야 하기 때문이다.

사랑 없이 율법을 가르치거나 행하려 한다면, 이 땅에 어떤 선한

---

49) C.O. 45.252.

것이나 의로운 행위도 존재할 수 없다. "사랑 없이 행하는 모든 것은 하나님께 아무 가치가 없으며 그분을 불쾌하게 만들 뿐이다."[50] 올바른 사랑은 온갖 종류의 감언이설(甘言利說)과 아첨을 멀리하며 잘못된 열정으로 덧입혀져 사람들에게 상처를 입히는 행위로부터 방어막의 역할을 한다.

칼뱅 신학의 위대성은 성경 말씀에 의거해 가르친 뛰어난 교리에만 있는 것이 아니라 하나님과 그와의 실질적인 관계, 즉 그의 교리와 삶이 일치하는 것을 보여주는 실천적 행위에 있다. 그의 신학은 중세기의 사변적 이론이나 사상이 아니라 종국적으로 그리스도인의 삶을 지향하는 실천적 학문이다. 칼뱅의 살아생전, 특히 프랑스 종교개혁 운동에서 가장 박해를 일삼았던 자 중의 한 사람은 카롤리(P. Caroli)였다. 그는 다양한 측면에서 교회개혁을 불가능하게 만들었던 장본인이었다. 그러나 그는 칼뱅의 진심 어린 간청에 의하여 교회 공동체에 받아들여졌다. 물론 칼뱅은 그에게 그리 큰 신뢰를 보내지 않았지만 파렐에게 보낸 다음과 같은 글을 통해 그의 관용과 용서하는 마음이 얼마나 큰지를 보여준다. "우리가 그를 다시 받아들인 후, 그를 붙들어 두어야 한다. 당신이 모든 친절을 동원해 그를 향한 공격을 멈춘다면 그것이 가능해질 것이다."[51]

이처럼 칼뱅은 자신의 종교개혁의 노력에 방해만 일삼는 자라 할지라도 비난을 퍼붓는 것이 아니라 사랑과 관용을 베풀었으며, 심지어 하나님의 일꾼으로 사용하기 위해 최선의 노력을 아끼지 않았다. "우리가 보기에 무가치한 자들이며, 심지어 우리의 도움을 남용하는

---

50) C.O. 49.428.
51) C.O. 10b. Nr. 188.

자들이라 할지라도 우리는 곤경에 처한 자들에게 도움의 손길을 펴는 일을 멈추어서는 안 된다. 우리가 '능동적 사랑'의 신실한 제자라면 우리의 마음이 공의(aequitas)로 가득 차게 해야 한다."52)

칼뱅은 하나님과 이웃뿐만 아니라 하나님께서 만드신 창조물, 그 중에서도 동물에 대한 사랑까지도 놓치지 않고 언급한다. 다시 말해 우리 그리스도인들은 동물에 대해서도 인간에게 하는 것처럼 사랑으로 대해야 한다는 것이다. 이렇게 하는 것이 하나님의 뜻이기 때문이다. "자신의 말과 소를 거칠게 다루는 자는 이웃을 돌보지 않는 자와 같다. 우리를 섬기기 위해 하나님께서 우리에게 허락하신 동물들을 박해하거나 거칠게 다루는 인간들은 야만적이다."53) 순수한 인간성과 형제 사랑은 우리 그리스도인의 삶을 풍성하게 만든다. 이것이 바로 하나님께 기쁨으로 드리는 산제사이다.(롬 12 : 1) 이웃 사랑은 하나님의 뜻이며 창조행위 속에 그 뿌리를 가지고 있다. 사랑 없는 공동체는 파멸의 길로 빠지게 된다. 사랑이 멀어져 가는 곳에는 하나님의 통치 또한 멀어져 간다. 사랑의 섬김 속에 있는 우리의 삶은 그리스도와 그분의 말씀에 연합된 삶이다. 이렇듯 칼뱅의 상호주체성은 사랑을 전제한다. 상호주체성을 위한 핵심적 개념인 상호인정과 소통, 공감과 연대의식을 가능하게 하는 근원적 능력이 사랑에 있기 때문이다.

칼뱅의 독특한 상호주체성을 요약한다면, 그의 상호 주체적 사상은 '타자를 받아들임'에서 형성된다. 때문에 그리스도인의 삶은 자신의 고유한 세계를 가지면서도 타자와의 연대성을 통해 이루어져

---

52) C.O. 39.190.
53) C.O. 28.32.

야 한다. 우리의 이웃으로서 타자는 하나님이 자신을 드러내시는 장소이다. 주체성은 타자에게 비친 하나님의 빛을 통해 발아되기 시작한다. 하나님은 타자 속에 자신을 은폐하는 방식으로 드러내신다. 타자는 그 속에서 하나님이 자신을 드러내시는 하나님의 가면이다. "가면"을 의미하는 라틴어 "persona"에서 알 수 있듯이 타자는 하나님의 가면이다. "(중략) 너희가 여기 내 형제 중에 지극히 작은 자 하나에게 한 것이 곧 내게 한 것이라. … 이 지극히 작은 자 하나에게 하지 아니한 것이 곧 내게 하지 아니한 것이라."(마 25 : 40, 45)

이것은 자아에 대해서도 적용된다. 자아는 하나님의 가면이다. 하나님은 자아 속에 자신을 은폐하는 방식으로 드러내신다. 타자를 거부하는 것이 하나님을 거부하는 것이라면, 자아를 감추고 살아가는 것은 하나님 없이 살아가는 것과 마찬가지이다. 따라서 인격적인 사람은 타자를 인격적으로 인정해 준다. 이런 의미에서 인격적이라는 개념과 상호주체성이라는 개념은 동의어일 수 있다. 그리고 여기에 사랑의 본질이 있다. 진정한 상호주체성은 사물 속에서 세계를 보고 타자 속에서 하나님을 보는 사랑에서 완성된다.

오늘날 한국사회에 만연해 있는 갑질의 횡포를 멈추게 하려면 두 가지 과제를 동시에 수행해야 한다. 수평적 연대에 기반을 둔 공동체성 회복과 진정한 권리와 책임을 함께 절감하는 의미의 개인을 완성하는 것이다. 이 세상에는 '남'이라는 것은 없다. 일반 동물과 달리 인간은 군중 동물이다. 혼자서는 생존할 수 없으며, 타자와 소통하지 않고는 성장할 수도 없다. 인간의 특징이라면 언어 구사 능력이다. 언어는 철저히 사회적이며, 인간을 나누고 구분 짓는 역할을 한다. 언어는 경계선을 긋는 동시에 그 경계선을 초월하게도 한다.

남이라는 것이 없듯이 남의 아픔이라는 것도 없다. 그러므로 남의 아픔도 자기의 아픔으로 느껴야 한다.

이사야 선지자는 하나님의 나라가 도래하는 그날을 상상하며 "그 때에 이리가 어린 양과 함께 살며 표범이 어린 염소와 함께 누우며 송아지와 어린 사자와 살진 짐승이 함께 있어 어린아이에게 끌리며 암소와 곰이 함께 먹으며 그것들의 새끼가 함께 엎드리며 사자가 소처럼 풀을 먹을 것이며 젖 먹는 아이가 독사의 구멍에서 장난하며 젖 뗀 어린아이가 독사의 굴에 손을 넣을 것이라."(사 11 : 6-8)고 하였다. 하나님이 통치하는 하나님의 나라는 더 이상 승자독식과 약육강식이 존재하지 않을 것이다. 더 이상 갑을의 관계가 존재하지 않으면 갑질도 을질도 없다. 인류의 소망은 하나님의 나라가 이 땅에 도래하는 것이다.

2장

쇠렌 키에르케고어(Soren Kierkegaard, 1813-1855):[54]
사랑의 역사

키에르케고어는 자신의 대표적 작품인 『사랑의 역사』의 서문에서 이 작품은 단순히 사랑에 관해 다룬 것이 아니라 타자를 향한 사랑의 행위 혹은 사랑의 역사(役事)에 관해 다룬 기독교적 고찰이라 소개한다.[55] 사랑에 대한 이런 고찰이 비록 타자에 방향이 맞추어져 있다 할지라도, 그것 때문에 사랑의 역사를 실천하는 인간의 내적 의미가 간과된다는 것은 아니다. 오히려 사랑의 상호적 운동으로서 내적 의미가 부각된다. 즉 사랑의 역사를 실천할 수 있기 위해 우리

---

54) 본 장은 다음의 논문집에 실린 글을 수정, 보완하였음을 미리 밝혀둠. 장호광, 「키에르케고어의 『사랑의 역사』에서 드러난 상호주체성(intersubjectivity)의 기독교 사회윤리학적 의미」, 『기독교사회윤리』 제34집(2016), 175-208.

55) Sören Kierkegaard, Gesammelte Werke, Abteilung 19 : *Der Liebe tun. Etliche christliche Erwägung in Form von Reden.* übersetzt von Hayo Gerdes, (Düsseldorf/Köln : Eugen Diederichs Verlag, 1966), 19, Ⅶ. 이승구 박사는 이 책을 기독교적 저작이라 명한다. "이 책의 부제가 이를 아주 분명히 한다. '강화의 형태로 일어진 몇 가지 기독교적 성찰들(Some Christian Reflections in the Form of Discourses).' 이 부제에 어울리게 이 책에서 그는 신약 성경의 몇 구절들에 대한 일종의 강해를 하고 있다고 할 수 있다. … 그리고 이 책에서는, 크록살(Croxall)이 잘 말하고 있듯이, '신약의 윤리가 아주 신중하게 그리고 문자적으로 취하여지고 있다." 이승구, 「키에르케고어의 『사랑의 역사』에 나타난 사랑의 윤리」, 기독교학문연구회, 『신앙과 학문』 제11권(1호)(2006), 106.

는 사랑하는 자이어야 하며, 사랑하는 자이기 위해 사랑의 역사를 실천해야 한다.

인간의 내면성은 타자의 최상의 것을 지향하기 때문에, 내적 방향, 즉 자아의 내적 변화가 외적 존재를 향한 방향과는 분리되어 생각될 수 없다는 사실 또한 부각된다. 이것은 자아의 내면성이 타자와의 실존적 관계 속에서 지속된다는 것을 의미한다.[56] 따라서 자아의 내·외적 방향이 서로를 규정하기 때문에 분리되어 생각될 수 없다. 이런 내·외적 방향은 참된 주체성을 유지하기 위해 행위를 계속해서 발산시키는 구조적 운동(movement)이라 할 수 있다. 그러므로 내·외부를 향한 방향은 사실은 동일한 의미를 지닌 두 가지 측면이다.

> 사랑은 같은 동기를 가지고 자신으로부터 나오기 때문에(외부를 향한 방향) 자기 자신과 더불어(내부를 향한 방향) 존재한다. 이렇듯 사랑은 같은 동기에서 자신으로부터 나오는데, 이런 나옴과 귀환, 귀환과 나옴은 동시적 일이며 같은 것이라는 형태를 띤다.[57]

이런 내·외적 양방향이 '사랑의 역사' 속에서 이루어지는 상호성을 위해 어떤 의미를 지니는지에 대한 질문이 제기된다. 즉 한 인간이 타자와 더불어 어떤 일을 행하는 것이 의미를 지닌 일인지에 대한 질문이다. 그런 상호적 운동이 단순히 한 인간 안에서 일어나는

---

56) 이명곤 박사는 키에르케고어가 말하는 인간의 내면성의 의의와 중요성에 대해 다음과 같이 잘 묘사한다. "윤리적인 실존이 내적인 자기 동일성을 추구한다는 차원에서 키에르케고어의 윤리는 본질적으로 행위론에 그 무게가 있지 않고, 존재론에 그 무게가 있다. 즉 내가 윤리적으로 살아간다는 것은 어떤 선행을 실천하거나 의로운 행위를 하는 것에 있는 것이 아니라, 나의 내면이 어떠한 태도를 지니고 있는가 하는 내적인 양태에 달려 있다." 이명곤, 「키에르케고르 : 윤리적 실존의 양상과 사랑의 윤리학」, 대한철학회, 『철학연구』 제129집(2014), 177.

57) Kierkegaard, *Der Liebe tun. Etliche christliche Erwägung in Form von Reden*, 19, 309.

운동에 지나지 않을 뿐인가? 아니면 그 운동과 더불어 연루된 상대자에게 의미를 부여하는 상호 주체적 운동인가? 이런 질문에 답을 추적하다 보면 맨 먼저 한 인간과 상대자 사이에 맺어진 관계와 이에 따른 상호성의 측면이 명확하게 드러나게 될 것이다.

1. 상호주체성의 인식 가능성

상호주체성은 무엇보다 키에르케고어의 대표적 작품인 『사랑의 역사』에서 명확하게 나타난다. 물론 그는 이 책에서 상호주체성이라는 용어를 직접 사용하지 않았지만, 주의 깊게 살펴보면 상호 주체적 사상이 강하게 묻어나 있음을 발견하게 된다. 이와 함께 그의 『사랑의 역사』는 윤리학, 그중에서도 '기독교윤리학'의 교본으로도 손색없을 것이다. 왜냐하면 이 책에서 드러나는 주요 대상이 인간의 사회적 행동, 보다 자세히 말하면 사랑이라 일컫는 인간의 행동이기 때문이다. 사랑은 단순히 인간의 내적 감정이나 흥분으로 제한될 수 없으며, 가시적 현상으로 표출되어야 한다. 그런 현상은 인식 가능성 또한 내포하고 있다.

1) '이웃'의 개념

키에르케고어의 '사랑의 역사'에 있어서 상호주체성의 인식 가능성은 먼저 이웃에 대한 개념에서 찾을 수 있다. "이웃은 누구를 말하는가?" 이 질문은 '가장 가까운'이라는 말에서 그 기본적 답을 찾을 수 있다.

이웃이란 다른 어떤 사람보다 너에게 가까이 있는 자다. 물론 편애의 의미는 아니다. 왜냐하면 편애의 의미에서 다른 어떤 사람보다 가까이 있는 자를 사랑하는 것은 자기 사랑에 지나지 않을 뿐이기 때문이다. … 그러므로 이웃이란 너에게 다른 어떤 사람보다 가까이 있는 자이다. 그러나 그가 너 자신보다 더 가까이 있는가? 아니다. 그렇지 않다. 하지만 그가 너이거나 혹은 그가 너처럼 가까이 있어야 한다.[58]

이렇듯 이웃은 삶 속에서 마치 자신처럼 가까운 곳에 존재하는 자를 뜻한다. 이웃이 나와 가까이 있다는 것은 편애에 의해 선택된 일부의 특정한 사람들만을 뜻하는 것이 아니라 모든 사람을 아우르는 구체적인 인간을 뜻한다. 때문에 아주 특별한 방식으로 사랑하는 친구나 애인과는 또 다른 의미를 갖는다.[59]

그런 뜻을 가진 '이웃'의 기본 개념과 더불어 키에르케고어는 "이웃을 바로 알라"는 요청에 귀를 기울일 것과, 이웃과 마주해서 자신에게 지워진 의무를 다할 것을 권한다. 왜냐하면 개인이 책임성을 갖고 의무를 다하는 것은 하나님과 인간 상호 간의 대화로 인한 '관계'에서 나온 결과이기 때문이다. 특히 그에게 '복음'이란 하나님이 항상 인간을 향해 직접적으로 말을 걸고 계시기 때문에 하나님과 인간 사이에서 행해지는 대화에 근간을 둔 '관계'를 내포하고 있다. 물론 하나님과 인간 사이에서의 대화를 통한 인격적 관계는 창조자와 다른 피조물 사이에서의 관계보다 더욱 폭넓게 형성되어 있다. 나아가 인간들 간의 대화가 인간을 향한 하나님의 대화에 근간을 두고 있기 때문에 인간을 향한 하나님의 말을 걺 속에서 인간은 나에게서 너로 확장된다.

---

58) Kierkegaard, *Der Liebe tun. Etliche christliche Erwägung in Form von Reden*, 19, 25.

59) 같은 책, 19, 70.

성숙과 영원의 숭고함을 지닌 영원성이 끊임없이 너에게 말을 하고 말을 걸지 않는다면, 너의 존재는 일고의 가치도 없으며, 성숙과 영원성의 숭고함이 결여되어 있다. … 성숙은 너를 자신과 관계를 맺는 데 있다. 너는 해야만 한다. 너는 이웃을 사랑해야 한다.[60]

그러므로 이웃을 알고 자신을 안다는 것은 같은 일의 두 측면일 뿐이다. 우리는 이웃과 거리를 둔 채 자신을 인식할 수 없다. 왜냐하면 인간의 자의식은 단순히 내적인 생각으로서가 아니라 이웃을 이웃으로 인식하는 행위를 통해 가능해지기 때문이다. 이웃을 이웃으로 인식하는 가운데 자기중심적 폐쇄성이 지양되는데, 그 지양을 키에르케고어는 자기관계와 이웃관계의 "이중성"으로 특징짓는다.[61] 그 이중성이 자신과 타자와의 관계를 이웃의 관계로 규정하게 하며, 그럴 때 사랑은 이기심을 몰아내는 역할을 감당해 나간다.

또한 이웃을 알라는 요구는 이웃을 발견하기 위해 많은 사람들 중에 어느 한 특정한 사람을 고르라는 테스트성 요구가 아니다. 오히려 이웃을 알라는 요구는 자기 테스트를 위한 요구이다. 왜냐하면 이런 테스트를 통해 타자와의 관계를 알게 하는 동시에 개개인에게 자신의 이기심을 깨닫도록 하는 것이 가능해지기 때문이다. 그러나 그런 깨달음은 그들을 단순히 우연적으로 안다거나 직접적인 앎이 아니다. 이웃을 안다는 것은, 먼저 자아가 자신을 어떻게 볼 것이며, 그리고 타자를 타자로서 어떻게 보느냐 하는 방법에 달려 있다. 때문에 "이웃"이라는 표현은 단순히 자신의 내면에 있는 타자로서 간주하는 단어가 아니라 타자에게 말을 건다는 뜻이 포함된 단어이다.

---

60) 같은 책, 19, 101.
61) 같은 책, 19, 25.

이렇게 자아는 타자를 특정한 방식에서 파악하게 되며, 이런 파악은 자아가 어떤 일을 행하는 데 큰 유익이 된다. 자아는 자신의 이기심을 극복할 수 있기 위해 먼저 그 이기심이 무엇인지 잘 알아야 한다. 이것은 타자가 이웃으로 알려질 경우에만 가능해진다. 이렇듯 내·외적으로 향한 방향은 상호 의존적이다.

그런데 이기심은 자신을 사랑하는 방법을 올바로 배울 수만 있다면 극복될 수 있다. 이를 위해 키에르케고어는 다음의 이중적 형태로 자기 사랑을 다룬다. 하나는 오로지 이기심으로만 가득 차 있기 때문에 부정되어야만 하는 부정적 형태와, 다른 하나는 기독교적 복음에 전제된 이웃을 자신처럼 사랑하라는 긍정적 형태이다. 이웃을 안다는 것은 먼저 인간이 자신을 바로 알고 사랑하며, 비이기적 방식으로 사랑할 경우에만 가능하다.62) 뿐만 아니라 이웃을 안다는 것은 자기 자신, 특히 자신의 의지로 무엇을 행하는 데에 유익을 가져다준다. 때문에 이웃과의 관계는 자신의 관계적 규정성을 정립시키는 데 중요한 역할을 한다. 무엇보다 이웃과의 바른 관계는 타자와의 관계가 '의무'로 주어질 경우에 견고해진다. 따라서 이웃을 안다는 것은 자신의 의무를 '인정'하는 데 있다. 동시에 이웃 역시 자신의 타자를 염려하라는 윤리적 요구에 응해야 하는데, 이런 요구는 자신에 대한 요구, 즉 주관적 차원과 피할 수 없이 연관된 상호 주체적 차원이다.

2) '나·너'의 관계

전술(前述)한 사랑으로 인한 상호주체성의 인식은 먼저 '나·너의 관계'에서 찾을 수 있다. 이웃은 자신처럼 가까이 있는 존재이다. 그

---

62) 같은 책, 19, 25.

러나 이웃은 자기 자신이 아니다. 자신과 타자 사이에 존재하는 이런 불일치를 보다 명확히 하기 위해, 키에르케고어는 자기 자신과의 관계 안에서 이웃을 '첫 번째 너'로서 규정한다. 그러나 그는 이런 '나-너 관계'를 직접적인 관계로 규정하지 않는다. 내 안에 첫 번째 너로서의 타자와 나의 관계는 윤리적으로 규범화된 관계인데, 이것은 내 안에 있는 타자를 단순히 다른 나로서 파악하려는 직접성을 거부하는 관계이기 때문이다.63) 만약 이웃이 '첫 번째 너'로 규정된다면 그것은 먼저 나와 너 사이에 존재하는 '차이'로 규정된다. 이웃은 단순히 나의 재생산이거나 '동일한 것'의 되풀이가 아니다.

이웃은 자신 속에 있는 한 인격이지 자신을 위한 인격은 아니다. 즉 이웃이 관계를 통해서만 이웃이 된다는 사실로 인해 이웃은 자아와의 관계에 있어서 첫 번째 너이다.64)

'이웃을 알라'는 요구는 결국 관계성을 지향한다. 그러나 첫 번째 너로서의 이웃과 나의 관계는 '직접성'의 붕괴를 전제한다. 이웃을 알라는 요구와 동일시되는 이웃과의 규범화된 윤리적 관계는 직접성의 붕괴를 전제한다는 말이다. 그 관계는 외부로부터 오는 요구를 통해 회복되며, 단순히 존재론에 근거한 관계규정으로 발전되지 않는다.

환언하면, 이웃을 알라는 것은 결국 첫 번째 너로서 타자를 파악

---

63) "우리가 첫 번째 나 혹은 다른 나에 관해 말한다면, 우리는 이웃에게 결코 다가설 수 없다. 왜냐하면 이웃은 첫 번째 너이기 때문이다. 엄밀한 의미에서 자기 자신만을 사랑한다는 것은 다른 나를 사랑하는 셈이다. 왜냐하면 다른 나가 자신이기 때문이다." 같은 책, 19, 65.

64) 이와 관련하여 홍경실 박사는 키에르케고어의 '자아'이해를 자아를 그 자신에게 관계시키는 반성적인 사유 활동이며 의지적인 활동성으로 보는 헤겔에서 영향을 받았다고 주장한다. "『죽음에 이르는 병』을 통해 자아를 관계로 보는 키에르케고어는 자아를 그 자신에게로 관계시키는 반성적인 사유 활동으로서의 정신을 -헤겔의 영향- 자아라고도 본다. 또 자아는 관계가 아니고 바로 자아를 자아에게로 관계시키는 의지적인 활동성으로서의 관계성이라고도 이해한다." 홍경실, 「키에르케고어와 레비나스의 주체성 비교」, 『철학연구』 제27집(2004), 149.

하라는 요구이지 단순히 자아의 반영이 아니다. 키에르케고어에 있어 이웃을 안다는 것은 그 이웃을 나와의 차이 안에서 본다는 것을 뜻하는데, 참된 관계는 이럴 경우에만 가능해지기 때문이다. 이런 식으로 키에르케고어는 나와 너 사이에서의 차이를 부각시키는데, 그 차이는 윤리적 관점에서 보자면, 한편이 다른 편의 자리에 대치될 수는 있겠지만 그 자리를 결코 점유할 수는 없다. 개개인의 고유성과 비대칭성이 존재하기 때문이다.

이와 함께 키에르케고어는 '인간성'의 근본적 사상에 초점을 맞춘다. 왜냐하면 인간성은 '나'와 '너'와의 관계를 위해 중요한 역할을 하기 때문이다. 물론 그 인간성은 관계를 완성시키는 역할을 하는 것은 아니다. 그 역할은 외부에서 오는 요구를 통해 일어난다. 죄로 인해 숨겨진 인간성이 이런 요구를 통해 드러나게 된다는 말이다. 때문에 이웃을 안다는 것은 나와 너 사이에 존재하는 차이에도 불구하고 시·공간에서 이루어지는 구체적인 행동을 통해 인간 상호 간에 존재하는 동일성을 지속적으로 보여준다.

3) 인간 상호 간에 드러난 상이성

전술한 바와 같이 상호주체성의 인식 가능성은 '다름' 내지 '상이성'에서 찾을 수 있다. 키에르케고어는 『사랑의 역사』에서 "상이성"의 단어를 이중적 방식으로 사용한다. 한편으로 상이성은 인간 상호 간에 존재하며 외부성에 근간을 둔 비동일성을 나타낸다. 이런 상이성은 본질적 차이는 아니지만 사회적 등급 내지 계급질서를 통해 결정된 상이성이다. 이런 상이성의 형태는 본질적으로 인간성과 관계하는 것이 아니라 이익사회(Gesellschaft)에서 존재하는 서열에서 파생된 것이다. 때문에 이런 상이성은 상대적이며 인간 존재에 대해 본질적인 것을 드러내지 못한다. 이익사회의 서열로부터 나온 이런 상이성은 존재론적으로 형성된 인간성의 사상과 일치하지 않으며 발전하는 역사의 경과 속에서 변질된다. 이것이 상이성의 첫 번째 방식이다.

다른 한편으로 상이성은 개별자로서 개개 인간의 표현이다. 즉 개별자의 고유성이다.

어떤 누구도 그 고유성을 취할 수 없으며, 다른 인간으로 대치될 수 없는 특수성을 말한다. 이런 의미에서 상이성은 근본적으로 인간적인 것이며, 존재론적으로 주어진 인간적 존재의 양태이다. 이런 상이성은 자신과 이웃 사이에 맺어진 관계에도 불구하고 건드려지거나 훼손되지 않은 채 두 인격성 사이에서의 관계를 보증한다는 점에서 포기되거나 포기되어서는 안 되는 성질의 것이다.65)

이런 상이성의 형태들은 그 속에 잠재하는 동일성의 사상과 대립해 있지 않다. 여기서 키에르케고어가 지적하려는 주된 포인트는 부정성의 근거, 즉 죄가 인간들 간의 본래적 관계를 파괴시킴으로써 상이성 속에 잠재하는 동일성을 종종 덮어버린다는 사실이다. 때문에 동일성이 단순하게 전제될 수 없으며, '의미'를 얻기 위해 요청되어야 한다. 그러나 그런 동일성에 관한 요청은 상이성이 제거되어야 한다는 것을 뜻하지 않는다. 그것은 인간 간의 기본적인 윤리적 관계의 규칙으로서 다음과 같이 복원되어야 한다는 것을 뜻한다.

---

65) Kierkegaard, *Der Liebe tun. Etliche christliche Erwägung in Form von Reden*, 19, 255.

이웃이라는 규정은 인간이라는 규정과 같다. 우리 모두는 인간이지만, 개개 인간에게 고유하게 그리고 특별하게 상이한 것이 존재한다. 그러나 인간의 존재는 본질적 규정에 해당된다. 아무도 상이성의 정도를 간과해서는 안 되며, 인간이라는 사실을 잊거나 과신하거나 낮추어 봐서도 안 된다. 어떤 인간도 자신의 특별한 상이성에서 예외란 존재치 않는다. 그는 인간이며, 특별하게 존재하는 존재자이다.66)

4) 이웃 '됨'의 인식

키에르케고어에 따르면, 우리가 타자를 '이웃으로서 안다는 것'은 행위를 통해 보여주는 끊임없는 노력을 통해 '이웃이 된다는 것'을 뜻한다. '이웃이 된다는 것'과 '주체적으로 된다는 것'은 서로 일치하는 말이다. 주체성은 단번에 획득되는 것이 아니라 시간 속에서 끊임없는 노력으로 가능해진다는 키에르케고어의 주장에서 알 수 있듯이, 이웃이 된다는 것은 끊임없는 노력을 요하는 윤리적 과제이다.67)

또한 이웃이 된다는 것은 모든 인간이 이웃으로 파악된다는 것을 뜻한다. 따라서 이웃이 된다는 것은 이웃을 안다는 것과 동일한 말이다. 진정한 '앎'은 행위로 인해 형성되는 '됨'을 동반한다는 말이다. 물론 이웃을 안다는 것은 이웃을 자신처럼 사랑한다는 것 또한 포함

---

66) 같은 책, 19, 157. 레비나스(Emmanuel Levinas) 역시 인간들 간의 상호주체성을 위해 개별자의 고유성, 즉 다름은 인정되어야 한다고 주장한다. "레비나스에 따르면 상호주체성은 우선 자아와 타자와의 분리, 즉 '홀로 있음'에서 출발한다. 여기서 분리는 자아의 내면성, 즉 자아의 개별화를 의미한다. 나와 너의 분리는 상호주체성의 윤리적 관계를 위해 절대적으로 요구된다고 주장한다. 왜냐하면 타자를 자아 안에 강제적으로 흡수시키거나 통합시킴으로써 자기 지배적인 경향을 띨 수 있기 때문이다. 따라서 자아의 폭력성을 피하기 위해 타자의 고유성과 다름을 인정해야 한다." 김연숙, 『레비나스 타자윤리학』, (고양 : 인간사랑, 2002), 84.

67) 최승일 박사는 키에르케고어의 주체성을 헤겔과 하버마스와 비교하면서 다음의 짧은 글 속에 잘 소개한다. "키에르케고어의 주체는 실존적 결단에서 형성되는데, 헤겔의 사변적인 주체와는 달리 행위가 주체 형성의 중요한 계기가 되고 있다. 즉 하버마스에게는 이성이, 키에르케고어에게는 신앙적 실존이 강조되고 있다. 그리고 키에르케고어가 말한 '주체'는 더 철저한 내면화를 통한 분명한 자기선택으로 참된 실천을 할 수 있는 주체에 대해 말한다." 최승일, 「하버마스와 키에르케고어에 있어서의 주체성 비교」, 『범한철학』 제27집(2002 겨울), 33. 이 외에 근대성에 대한 비판과 포스트모던적 사회현실에서의 재구성이라는 주제로 키에르케고어적인 주체를 해석한 것으로서 다음의 책을 참조하라. 표재명, 『키에르케고어의 단독자 개념』, (서울 : 서광사, 1992).

한다. 우리가 자신을 유지시키며 지킨다는 것은 타자와의 관계 안에서 존재한다는 것이며 사랑하는 자로 머문다는 것과 동일한 뜻이다. "사랑하는 자는 사랑 안에 머물러 있으며, 자신을 사랑 안에서 유지시킨다. 이를 통해 자신의 사랑이 사람들과의 관계 안에 머물도록 영향을 미친다. 그는 사랑 안에 머물면서 사랑하는 자로 머문다."[68]

그러므로 자기관계의 지속성은 윤리적으로 규범화된 타자와의 관계를 필연적으로 전제한다. 이것은 모든 개별자에게 '사랑의 계명' 안에서 제기된 윤리적 요청이다. 우리가 이웃이 되면서 자신이 된다는 것은 인격을 형성시키는 윤리적 차원, 무엇보다 사회 윤리적 측면과 관련된다. 이웃이 된다는 것은 결국 행위로 가능해진다. 따라서 우리는 자신에게 행하는 행위로 인해 타인에게 영향을 미치기 때문에 우리 자신의 행위에 주의를 기울여야 한다.

환언하면, 이웃이 된다는 것은 하나님과의 관계 안에서 자신이 된다는 것을 뜻한다. 그러나 하나님과의 관계 안에서 자신이 된다는 것은 단순히 자기관찰 내지 자기성찰에 의한 것이 아니라, 우리가 이웃을 이웃으로서 자신과 더불어 알게 될 경우에만 우리 자신이 된다. 이웃을 알라는 요청은 자아와 타자와의 관계를 위해 어떤 특정한 것을 행할 것을 권하는 요청이다. 때문에 이웃으로 알려진 타자는 자신과 맺는, 즉 자기관계를 위해 의의를 지닌다.

이뿐 아니라 타자를 이웃으로 알기 위해서 맨 먼저 우리 자신의 '성향'에 변화가 일어난다. 그런데 성향의 변화는 구체적인 행위와 더불어 일어난다. 따라서 키에르케고어에 있어서 성향의 변화는 이웃에게 행해지는 행위와 동일시된다.[69] 자신을 사랑하는 자로 이해

---

68) Kierkegaard, *Der Liebe tun. Etliche christliche Erwägung in Form von Reden*, 19, 333.

하기 위해서는 사랑하는 자처럼 행동하지 않으면 안 된다. 칸트에 있어 성향의 합리적 변화는 모든 행위에 선행하는 의지의 내적 변화를 말한다. 그것의 가치는 선험적으로 결정된다. 물론 키에르케고어 역시 의지의 변화에 관해 언급하고 있지만, 이성을 통해서가 아니라 외부에서 다가오는 기독교적 요청을 통해서이다.

5) 타자에 대한 이중적 인식

(1) 사랑과 불신 사이에서

키에르케고어는 타자를 인식하기 위한 두 가지 상이한 방식에 관해 언급한다. 인간은 타자를 높이 세우는 품격 있는 '사랑'으로 인식하거나, 반대로 타자를 끝없는 나락으로 이끄는 '불신'으로 인식한다.[70] 사랑 내지 불신은 타자를 있는 그대로 보게 한다. 때로 사랑은 타자에게서 불신에 가까운 분노와 불완전성을 보게 한다. 이렇듯 사랑은 불신과 같은 부정적 앎을 깨닫게도 한다. 그러나 불신이 타자에게서 가장 나쁜 것을 믿도록 하는 반면에, 사랑은 항상 가장 좋은 것을 믿게 하기 때문에 결국 사랑은 불신을 잠재우며 사라지게 한다.

즉 자아가 태도나 행동을 통해 불신을 초래했을 수도 있는 타자를 사랑하는 마음으로 바라본다면, 불신으로 가득 찬 그에 대한 앎이 자아에게서 제거된다. 분노를 일으키는 타자의 태도에도 불구하고 자아가 타자에게서 사랑을 보며, 사랑이 그에게서 싹튼다는 사실을 전제함으로 타자를 높이게 된다.

따라서 사랑은 타자의 존재 자체보다 더 위대하게 보게 하거나 더

---

69) 같은 책, 19, 88.

70) 같은 책, 19, 253.

훌륭한 것으로 보게 한다. 인간은 그렇게 타자의 존재 자체보다 더 좋게 보면서 선한 일들이 행해진다. 사랑은 타자의 불완전성을 제거시키면서 타자가 있는 그대로보다 더 크게 그리고 더 좋게 봄으로써 타자의 불완전성을 극복시키게 하며, 결국 타자를 완전성으로 이끌게 한다. "사랑하는 자가 온전한 사랑을 향해 나아가면 갈수록 그 사랑은 보다 온전해진다."71) 높이는 것과 높임을 받는 것은 상호 간의 본래적 관계인데, 높임을 받는 자는 변화된다. 왜냐하면 높이려는 자아의 사랑이 타자 안에서 최상의 것을 이끌어내기 때문이다. 역으로 불신은 타자에게 열등의식을 심어주면서 타자를 망가뜨리게 한다. 사랑이 이렇게 타자를 높이는 특성을 가지고 있다는 것은 자아와 타자, 양편의 자기이해를 변화시키는 힘과 능력을 가진다는 사실에 근거해 있다.

(2) 소망과 의심 사이에서

키에르케고어는 자아와 타자의 일치점, 즉 상호주체성을 '선의 가능성'에서 찾는다. 즉 사랑으로 행해지는 선한 사역이 자아의 일방성이나 타자의 일방성에서 가능한 것이 아니라 자아와 타자의 상호교류에서 가능해진다는 말이다.72) 인간은 누구나 선을 행하려는 욕구를 갖고 있는데, 그 욕구는 미래를 향한 소망과 더불어 전개된다.

여기서 키에르케고어가 말하는 소망은 자아 내지 타자의 주관적 미래와 관련된 것이 아니다. 소망은 자기관계와 타자와의 관계를 포함하는 모든 관계 안에서 선의 가능성을 수용하는 믿음에 근거해 있

---

71) 같은 책, 19, 243.
72) 같은 책, 19, 286.

다. 인간에게 소망은 자신만을 위한 것이 아니다. 물론 인간은 단순히 자신 혹은 자신의 주변 사람들, 그중에서도 가족만을 위한 소망을 가질 수 있다. 그러나 그런 미래에 대한 소망은 두려움과 의심으로 가득 찬 불완전한 소망이라 할 수 있다. 왜냐하면 그런 소망은 믿음에 근거한 선의 가능성을 전제하지 않기 때문이다.

그러므로 선의 가능성에 대한 믿음이 소망의 바탕을 이루어야 한다. 왜냐하면 인간에게 선의 가능성에 대한 믿음이 주어진다면, 이런 믿음은 타자와의 관계를 규정하는 과제를 제공해 주기 때문이다. 자기관계를 타자와의 관계로부터 분리시키는 것은 불가능하다. 선의 가능성을 믿는 사람은 제한된 의미에서 특정한 사람들만을 위한 가능성이 아니라 모든 사람을 위한 가능성을 믿는 사람이다. 따라서 상호주체성의 의미에서 미래에 소망을 가진다는 것은 미래를 향한 타자의 믿음을 사랑을 통해 이끌어낸다는 것을 뜻한다.

이와 반대로, 소망을 포기한 사람은 키에르케고어에 있어 의심하는 자로 특징지어진다. 의심하는 자는 자신을 위해서도 그렇고 타자를 위해서도 소망이 없는 자를 말한다. 때문에 의심은 소망의 포기를 뜻하며, 심지어 선의 불가능성에 대한 믿음으로서 규정된다. 사람들로 하여금 거리를 두게 만드는 의심은 타자와의 관계와 자기관계를 더욱 파괴시킨다. 이렇듯 의심과 소망 사이에 충돌이 일어난다. 그러나 그런 의심과 소망은 한편으로 자신을 자신과 관계를 맺게 하며, 다른 한편으로 자신을 타자와 관계를 맺게 하는 두 가지 상이한 방식이다. 인간은 소망으로 가득 찬 가운데 관계를 맺어 선의 가능성을 꾸준히 이어가기도 하지만, 자신과 타자의 관계를 포기하면서 선의 가능성을 의심하기도 한다.

소망과 의심의 대조는 전술한 사랑과 불신 사이에서의 대조와 유사한 의미를 갖는다. 자신을 위해 바라는 것과 타자를 위해 바라는 것은 동일하다. 자아는 타자 때문에 수행되는 구체적인 행위를 통해 드러난다. 바라는 것은 단순히 내적 상태가 아니라 행동이며, 자아가 타자 때문에 행해지는 구체적인 사역이다.

이뿐 아니라 자아의 소망이 타자의 자기이해에 영향을 미치기도 한다. 타자를 위해 소망을 가진 자는 "모든 순간에 사랑이, 즉 타자를 위한 선의 가능성이 항상 열려 있기를 바라며, 그런 가능성은 선으로 가득 찬 타자의 완전성을 향한 진보를 뜻하며, 나락에서 높아짐으로, 멸망에서 구원으로, 계속해서 더 많은 것들이 앞으로 전진해 간다는 것을 뜻한다."[73]

그러므로 자아가 타자를 높일 수 있으며, 또한 높임을 받은 자가 계속해서 다른 삼자를 높일 수 있으며, 이런 식으로 타자를 높이는 것이 점점 확장됨으로써 선의 가능성이 널리 퍼져 나가게 된다. 이렇게 사랑에 바탕을 둔 선의 가능성이 널리 퍼져 나가면서, 서로를 돕는 인간성의 영역이 확대된다. 선의 영역이 확장된다는 것은 상황적으로 보면 희망이 없는 것처럼 보이지만 그럼에도 인간들 사이에 신뢰가 바탕이 된다는 것을 뜻한다. 그것은 악 앞에서 갖는 두려움을 멈추게 하고, 인간이 자신을 펼칠 수 있는 가능성에 방해를 일삼는 장애물을 제거하는 그런 신뢰관계를 뜻한다.

---

73) 같은 책, 19, 280.

상호주체성(Intersubjectivity)과 기독교윤리학

2. 사랑의 상호 주체적 작용

키에르케고어는 『사랑의 역사』에 있어 중요한 개념인 사랑의 '빚'에 관한 논쟁에서 관계의 한 부분, 즉 사랑하는 자에게 일방적인 시선을 던지는 것처럼 보인다. 그렇다면 다음의 질문이 제기될 수 있다. 사랑하는 자를 향한 일방적 시선은 사랑받는 자에게는 아무것도 일어나지 않는다는 것을 뜻하는가? 변화는 관계의 한쪽 측면에서만 일어나는가?

물론 그렇지 않다. 그 변화는 관계의 다른 측면, 즉 타자가 이웃으로서 알려질 경우 타자에게서도 일어난다. 그러나 자신과 동일한 정도로 타자에게서 일어나는 것은 아니다. 키에르케고어는 특별한 상호 관계 안에 있는 두 사람 사이의 사랑의 관계에 관해 다음과 같이 말한다.

> 여기서 양 측면의 지속적 상호관계가 다루어진다. 한 측면은 사랑하는 자의 사랑의 표현에서 무한성을 파악하는 사랑받는 자이다. 다른 측면은 (사랑의)측량할 수 없음을 자각하는 사랑하는 자이다. 왜냐하면 자신의 (사랑의)빚이 끝이 없음을 다음과 같이 인식하기 때문이다. 무한히 크며 무한히 작은 것은 하나이며 동일하다. 사랑하는 자가 가장 작은 것들만 가졌음에도 최선을 다하는 희생적 행위로 엄청난 일을 수행한다는 사실을 사랑의 대상, 즉 사랑 받는 자가 사랑 안에서 인정한다. 그리고 이제는 사랑하는 자가 최선을 다하여 주어진 일들을 희생적으로 잘 해나감에도 불구하고 계속해서 자신이 빚을 지고 있다는 느낌과 더불어 항상 부족함을 인정한다. 이런 상호적 작용이 계속해서 이어진다면 얼마나 아름다우랴![74]

키에르케고어는 양 측면의 이런 관계를 '상대성의 비대칭성(혹은 불균형)'이라 칭한다. 이웃이 된다는 것은 타자와의 관계에서 자신

---

74) 같은 책, 19, 200.

을 희생하는 것을 뜻한다. 이런 희생은 자기관계 안에서의 변화에 바탕을 둔다. 성향의 변화는 이웃을 위해 자신의 최고의 것을 행위로 드러내는 변화를 말한다. 그러나 타자로 인한 자신의 변화는 타자에게 존재하는 측량할 수 없는 사랑을 파악하는 사실에 근거해 있으며, 나아가 자신과의 관계에서 이루어지는 보상이 가능하지 않다는 사실을 파악하게 된다. 그러므로 자신의 사랑에 타자가 보상으로 어떤 무엇을 주리라 기대하는 것이 중요한 것이 아니라 타자가 자신의 사랑을 받는다는 것 자체를 이해하는 것이 중요하다. 때문에 자아는 사랑을 주면서 자기관계의 변화가 타자와 더불어 나타난다. 우리가 자신처럼 타자를 사랑하면서 자신에게 무엇이 행해지며, 동시에 타자에게도 무엇을 행하게 된다. 이런 사랑의 상호 주체적 작용은 '사랑의 빚'과 '사랑의 덕을 세움'에서 보다 분명히 드러난다.

1) 사랑의 빚

인간을 향한 무한하신 하나님의 사랑으로 인해 우리는 하나님께 끝없는 사랑의 빚을 지고 있다.[75] 그런 하나님의 사랑의 빚은 무엇

---

75) 이승구 박사는 키에르케고어가 말하는 하나님의 사랑을 삼위일체론적이며 구원론적으로 이해한다. "우리는 키에르케고어는 하나님의 사랑을 삼위일체 하나님의 구원하시는 사랑으로 이해하였다고 표현할 수 있을 것이다. 성부 하나님은 '그로부터 모든 사랑이 나오는' 사랑의 원천으로 묘사되고, 성자 하나님은 '우리를 구원하기 위해 자신을' 주심으로써 이 사랑을 결정적으로 표현하신 분으로 묘사되며, 성령 하나님은 성자께서 제공하신 사랑의 희생을 상기시키시고 알게 하시는 분으로 묘사된다." 이승구, 「키에르케고어의 『사랑의 역사』에 나타난 사랑의 윤리」, 109.
이에 비해 임규정 박사는 자신의 논문, 「키에르케고르의 사랑의 개념에 관한 일 고찰」에서 하나님의 사랑을 두 종류의 사랑, 즉 '관능적 사랑'과 '이웃 사랑'으로 구별한다. 물론 그는 자신의 논문에서 관능적 사랑은 이웃 사랑으로 승화된다는 점을 밝힌다. "키에르케고르는 기독교적인 이웃 사랑이 관능적 사랑의 부정이나 폐기가 아니라 승화이며 이는 다시 의무로서의 사랑으로 승화되어야 한다고 주장하고 있다. 논자는 이러한 고찰을 통해서 키에르케고르의 기독교적 사랑이 그의 실존철학의 최종 목표임을 해명할 수 있기를 희망한다." 임규정, 「키에르케고르의 사랑의 개념에 관한 일 고찰」, 『범한철학』 제31집(2003 겨울), 264.

보다 인간의 죄에 대한 용서에서 그 절정이 드러난다. 여기서 키에르케고어는 인간의 죄에 대한 하나님의 용서를 "이웃을 사랑하라"는 요청으로 확장시키면서 용서의 근원에 대해 다음과 같이 언급한다. "기독교의 견해는 다음과 같다. … 너가 행한 용서는 … 너가 준 용서가 아니다."76) 즉 인간이 타자를 용서하면서 경험하는 용서는 하나님으로부터 온 것임을 뜻한다. 용서는 근본적으로 하나님으로부터 온 것이기 때문에 인간 자체에서 경험하는 용서는 타자와의 관계에 있어 무가치한 용서일 뿐이다. 따라서 인간들 간의 상호규정성으로서 하나님과의 관계의 의의와 중요성이 여기서 언급되어야 한다. 달리 말해 하나님은 용서의 근원이자 인간 상호 간의 상호규정성의 근원이기 때문에 인간이 행하는 용서가 상대방에게 의존하게 하는 것을 피해야 한다는 말이다.

이렇듯 키에르케고어는 다양한 죄들이 사랑에 의해 제거될 수 있다는 가능성, 즉 용서에 특별한 주의를 기울였다.77) 그에게 사랑으로 인한 죄의 용서는 타자 안에 있는 죄들을 보지 못하게 하는 것이 아니라, 용서가 그런 죄를 간과함으로 제거시킨다는 것을 뜻한다. "사랑하는 자가 자신이 용서하는 죄를 알고 있지만, 그러나 그 용서가 죄를 제거시킨다고 믿는다."78) 따라서 용서는 엄청난 능력을 발산시킨다. 하나님께서 우리를 이미 용서하셨기 때문에, 우리는 용서받은 자로서 타자와의 관계성 속에서 용서를 행해야 한다. 이것을 행하는 동안에 타자와의 변화가 우리 속에서 일어난다. 타자가 용서하는 자와 채무관계에 빠져 있는 것이 아니라, 용서를 통해 타자의

---

76) Kierkegaard, *Der Liebe tun. Etliche christliche Erwägung in Form von Reden*, 19, 416.

77) 같은 책, 19, 324.

78) 같은 책, 19, 325.

죄들이 줄어들었다는 것을 뜻한다.

　죄를 양산시키는 과정을 멈추게 하는 것이 용서이다. "죄가 용서 되지 않는다면, 그 죄는 벌을 요청하게 되는데, 인간에게 혹은 하나 님께 벌을 주라고 소리친다. … 용서는 죄에서 생명을 취하지만 용 서의 거절은 죄를 가까이 끌어들이게 한다."79)

　이뿐 아니라 자아가 타자를 용서함으로 양편의 자기이해가 달라 진다. 즉 자아는 이웃을 대상으로 사랑할 의무와 용서할 의무를 가 짐으로 행동하는 주체를 변화시키며, 이 변화는 타자에게도 영향을 미친다. 때문에 자아에서 이웃을 분리시킨다는 것은 불가능한 일인 데, 이것은 하나의 동일한 행위이기 때문이다. "올바른 방식으로 자 신을 사랑하는 것과 이웃을 사랑하는 것은 완전히 일치하며, 동일한 것에 기초해 있다."80)

　전술한 바 있듯이, 키에르케고어는 성향의 변화를 타자와의 관계 안에서 이루어지는 구체적인 행위와 동일시하는데, 이것은 그의 기 독교 복음에 대한 이해에서 비롯되었다. 우리가 용서에 대한 하나님 의 은혜를 다른 피조물과의 관계를 포함시키지 않은 채 오직 자신과 하나님과의 관계에서만 적용시킨다면, 이것은 결국 거리감을 조성시 키는 결과를 초래할 뿐이다. 이에 반해 용서에 바탕을 둔 하나님과 우리 사이에서의 대화를 타자를 포함시킨 대화로 이해하여 하나님 의 사랑이 타자와의 사랑으로 나타난다면, 이웃 사랑에 대한 복음을 제대로 이해하는 셈이다. 왜냐하면 그 같은 행위가 우리 자신에게서 가 아니라 하나님에게서 흘러나오기 때문이다.81)

---

79) 같은 책, 19, 327.

80) 같은 책, 19, 27.

81) 같은 책, 19, 89.

이렇듯 하나님과의 관계는 타자와의 현실적 관계를 고양시키는 관계여야 한다. 이렇게 함으로써 사랑 안에서 하나님과 인간 간의 관계적 동일성이 드러나게 되며, 타자와의 관계와 하나님과의 관계 사이에서의 연관성이 명확해진다. 즉 인간의 다른 모든 관계, 즉 자기관계를 포함해 타자와의 관계는 하나님과의 관계 안에 바탕을 두고 있다는 것을 뜻한다. 그러므로 하나님을 사랑한다는 것은 이웃이 사랑받는 다는 것과 동일시된다.

그 이유는 키에르케고어의 다음의 진술에서 보다 명확해진다. "복의 근원인 하나님은 자비로우시며 …, 말씀하시기를 '너가 나를 사랑하려면, 너 눈앞에 보이는 인간들을 사랑하라. 너가 그들에게 행한 대로 너는 나에게 행한 것이라.'"[82]

이와 더불어 맨 먼저 사랑하신 분이 하나님이라는 사실에 근거를 둔 '회개'는 키에르케고어의 윤리적 사상에서 중요한 역할을 한다. 즉 하나님의 용서하심은 행위를 유발시키는 회개의 기능을 촉진시킨다. 때문에 회개는 빚에 관한 의식에서 연유한다.[83]

또한 키에르케고어는 하나님의 사랑에 대한 믿음에 근간을 둔 자기관계는 이웃과의 관계를 통해서 그 의미의 진정성이 드러남을 강조한다. 자기관계와 타자와의 관계는 서로 밀접하게 관련되어 있어서, 관계의 한 측면의 변화와 다른 측면의 변화가 동시에 일어난다. 하나님께서 인간이 되심과 동시에 용서는 단번에 보증되었던 반면에, 이로 인한 변화는 한 인간이 다른 인간과의 지속적인 인간적인 사귐과 더불어 발전을 거듭해야 한다. 하나님께 진 빚은 다른 인간

---

82) 같은 책, 19, 177.
83) 같은 책, 19, 113.

에게 진 빚이기 때문이다.[84]

환언하면 키에르케고어는 사랑 안에 머물러 있는 것을 빚으로 간주한다. 그것은 다른 파트너와의 관계 속에 머문 것으로 인해 생겨난 빚이다. 물론 여기서 빚을 청산하는 '청산관계'가 다루어지는 것은 아니다. 한 사람의 사랑은 다른 사람의 보상에 의존해 있지 않기 때문이다. 그러나 인간은 대개 자신의 사랑에 대한 상대방의 보상을 생각하며 사랑한다. 달리 말해 우리는 사랑으로 상대방에게 어떤 것을 줄 때, 그 준 것에 대한 보상으로 다시 되갚아질 것이라는 기대가 동반된다는 말이다. 키에르케고어는 이런 보상 개념을 명확히 하기 위해 부모와 자녀의 관계를 예로 든다.

> 우리는 부모에 대해 사랑의 빚을 지고 있다고 말하는데, 그것은 부모가 자녀를 먼저 사랑했기 때문에 부모에 대한 자녀의 사랑은 빚의 청산이거나 보상이다. 이런 말은 현실적인 청산관계에 대한 기억을 되살리게 한다. 빚이 지워지며 그 빚은 갚아져야 한다. … 사랑하는 자가 빚을 지고 있다.[85]

그러므로 사랑하는 자는 사랑의 빚에 매여 있는 자이며, 동시에 관계의 파트너이다. 그러나 사랑받는 상대방은 빚을 지고 있지 않다. 타자가 빚에 매여 있지 않도록 하기 위해 자신만이 빚 속에 머물러 있으려 한다. 자신이 빚 속에 머물러 있음으로 인해 타자는 청산관계에 매여 있지 않게 된다. 참된 사랑은 보상을 받아야 하느냐 그렇지 않느냐 하는 문제에 매여 있지 않다. 타자와의 지속적인 관계를 위해 사랑의 빚 속에 머물러 있으라는 자신을 향한 요청만이 의미를

---

84) 같은 책, 18, 75.
85) 같은 책, 19, 195.

지닐 뿐이다.

키에르케고어는 자신과 타자 사이에 맺어진 윤리적 관계에 대한 사상을 그런 방식으로 다루었다. 빚은 관계의 양 파트너 중에서 한 편의 사람을 위해서만 유효할 뿐이다. 사랑하는 자가 사랑받는 상대 방에게 보상을 요구할 경우, 그런 사랑의 요구는 자신의 사랑에만 머물려는, 실질적으로는 사랑 없음을 의미한다. 인간이 자신의 사랑에만 머물려 한다면, 그것은 이것저것을 비교하면서 사랑하려는 이기주의적 사랑일 뿐이다. 이렇게 되면 사랑에 청산관계가 세워지게 된다. 이런 청산관계는 사랑받지 않게 될 것이라는 불안으로 사랑하게 되는 결과를 낳게 하며, 결국 자신의 사랑을 타자의 사랑과 비교하면서 다시금 사랑받기 위해 사랑할 뿐이다. 그러나 참된 사랑은 비교에 어떤 틈도 내주지 않는데, 그 이유는 사랑으로서 하나님은 양 파트너의 관계 사이에서의 상호규정성으로서 제삼자로 구분된 관계로 규정된다는 사실에 있다.[86]

자신의 사랑에 대해 어떤 식으로든지 보상을 받으리라는 사랑하는 자의 기대는 정당한 기대일 수 있다. 그런 기대 자체가 잘못된 것은 아니다. 그것은 인간적 실존의 한 부분이기 때문이다. 키에르케고어는 사랑을 사랑하기 위해서나 혹은 사랑받기 위해 내적으로 존재하는 갈망으로 이해한다. 기독교적 사랑이 의무로 여겨진다면, 그것은 사랑에 대한 보상을 바라는 갈망이 사라져야 한다는 것을 뜻하지 않는다. 물론 처음에는 그런 갈망과 더불어 시작했지만 자신의 사랑에 대한 타자의 보상이 사랑의 조건은 아니라는 사상적 발전으로 변화를 거듭하여 결국 그 갈망이 사라지게 된다.

---

86) 같은 책, 19, 201.

2) 사랑의 덕을 세움

다음으로 키에르케고어에 있어서 사랑의 상호 주체적 작용은 사랑의 덕을 세우는 사상에서 잘 드러난다. 키에르케고어는 '고귀하다, 세우다, 짓다, 교화하다, 신앙심을 일으키다 등'의 뜻을 가진 동사, "erbauen"을 "낮은 곳에서 높은 곳으로 이끌어내다"로 해석한다. 특히 기독교에 있어 이 동사는 다음의 의도를 가진 보다 확장된 뜻을 가지고 있다. "만약 자아가 타자를 사랑하는 가운데 보다 신앙심이 견고해진다면, 그것은 근본적으로 타자 안에서 일어난 것이다." 달리 말해 자아가 타자에게 덕을 세우는 것이 가능한 것은 그 토대가 이미 타자 안에 마련되어 있기 때문이다. 사랑은 이미 타자 안에 있기 때문에 자아는 타자를 사랑하면서 덕이 세워진다. 타자에게 덕을 세우는 것이 가능한 것은 창조자에 의해 타자 안에 심긴 사랑이 있기 때문에 가능하다는 말이다. 키에르케고어에 따르면, 사랑은 근본적으로 모든 사람 안에 있으며 자아와 타자를 연결시키는 보편적이고 인간적인 토대이다. 이것이 사랑의 덕을 세우게 하는 사랑의 속성이다.[87] 사랑은 인간에게 없어서는 안 될 필연적 요소이다.

특히 기독교적 이웃 사랑에 있어서 덕을 세우는 것에 관한 질문이 고린도전서 8장 1절 "우상의 제물에 대하여는 우리가 다 지식이 있는 줄을 아나 지식은 교만하게 하며 사랑은 덕을 세우나니"라는 말씀과 관련하여 제기된다. 이 질문에 대한 첫 번째 답은 "덕을 세운다는 것은 바닥에서 위로 이끄는 것이다."[88]라는 단순한 규정이다. 그러나 그런 규정의 근거는 사랑 자체에서 나온다. 덕을 세우는 것

---

87) 같은 책, 19, 236.
88) 같은 책, 19, 235.

으로서 사랑은 고귀한 어떤 것이다. 동시에 그런 사랑은 모든 것의 근거이며, 특히 영적 삶의 가장 깊이 뿌리박힌 근거이다. 키에르케고어가 사랑을 인간의 영적 삶의 가장 깊이 뿌리박힌 근거라 한 것은 인간 현존(Dasein)의 결정적인 동기로 작용하기 때문이다. 하나님과 인간의 관계가 그런 원리를 잘 드러낸다. "하나님과 인간의 관계는 사랑에 덕을 세우게 한다."[89]

특히 하나님과 인간의 그런 관계는 사랑의 콘텍스트(상황) 안에서 묘사된다. 왜냐하면 하나님은 사랑이기(요일 4 : 8) 때문이며, 우리가 사랑할 경우에야 비로소 하나님의 형상을 회복할 수 있기 때문이다. 이를 통해 하나님의 형상의 상호 주체적 논리가 잘 이해될 수 있다. 키에르케고어는 주체성으로부터 상호주체성으로 넘어감의 결과를 이로부터 이끌어낸다.

> 사랑하는 자는 타자 안에서 가슴으로 느껴지는 사랑을 전제해야 하며, 이런 전제하에서 타자 안에 사랑의 덕이 세워진다. … 사랑하는 자가 타자를 변화시키기 위해 무엇을 행할 것인지가 아니라 사랑하는 자 자신에게 어떻게 하면 덕을 세울 수 있을지 의무감을 가지고 숙고해야 한다. 이런 식으로 그는 선을 끌어오며 타자를 높이는 사랑을 얻게 된다. 왜냐하면 사랑은 유일한 방법, 즉 진심 어린 사랑을 통해서 다루어질 수 있으며 다루어지기를 원하기 때문이다. 진심 어린 사랑은 덕을 세우는 것을 뜻한다.[90]

그러므로 키에르케고어가 말하는 상호 주체적 관계는 하나님의 형상으로부터 나온 인간의 본질을 드러내는 교호적(交互的) 구조를 뜻한다. 그리스도인의 이웃 사랑은 타자를 위해 자신을 포기하면서

---

89) 같은 책, 19, 240.

90) 같은 책, 19, 241-242.

자신을 희생하며, 그래서 자신의 덕을 세우게 한다. 이렇듯 자아는 높이며, 타자는 높임을 받아야 한다. 그러나 사랑이 인간의 본질적 속성이라는 이유로 자아가 타자 속에 사랑을 억지로 집어넣으려 해서는 안 된다. 사랑하는 자가 자신의 사랑으로 타자 안에 사랑을 창출해 내는 것은 불가능한 일이다. 그렇게 되면 타자의 사랑이 자아의 사랑의 보상이라는 사실이 정당성을 가지게 될지도 모른다. 때문에 키에르케고어는 자아와 타자와의 관계는 초인간적 관계일지 모른다고 주장한다.[91]

뿐만 아니라 자아는 결코 강요를 통해 타자를 높일 수 없다.[92] 타자를 높이는 것은 "사랑하는 자가 (타자를)높이도록 사랑을 어떻게 다루느냐에 달려 있다."[93] 만약 자아가 사랑은 타자 안에 있다고 전제한다면, 그는 이미 자신에게 어떤 특별할 무엇을 행하고 있는 셈이다. 즉 자아는 다음과 같이 아주 특별한 방식으로 타자를 주시하도록 강요받는다. 타자 안에서 이루어지는 사랑의 덕은 아주 특별한 어떤 것을 이루기 위해 그와 함께 행하는 일에서 가능해진다. 자아의 사랑이 타자를 높이는 결과를 초래했다면, 무엇이 그것을 가능하게 했는가? 키에르케고어는 이 질문에 다양한 답을 제공한다.

먼저 그는 타자를 높이는 것은 타자 안에 있는 사랑을 일깨우게 하는 것이라고 말한다. 이런 사랑의 일깨움은 타자 안에 있는 선을 이끌어내는 것과 같은 일이다. "그런 식으로 그는 선을 이끌어내며, 사랑을 끄집어내며, 그래서 그는 높아진다."[94] 타자 안에 있는 사랑

---

91) 같은 책, 19, 241.
92) "사랑 없는 자가 타자를 강요하면서 높이려 한다면, 그것은 단지 모방일 뿐이다." 같은 책, 19, 24.
93) 같은 책, 19, 241.

을 끄집어낸다는 것은 타자에게서 변화를 이끌어낸다는 것 또한 의미한다. 사랑하는 자가 타자 안에 있는 사랑을 일으킨다면, 타자의 자기관계에 변화를 일으키는 셈이다. 물론 타자에게 일어난 자기관계의 변화가 또 다른 자가 된다는 것을 의미하지 않는다. 타자를 높인다는 것은 타자 자신을 없앤다는 뜻이 아니라 그에게서 자신을 되돌려 준다는 뜻이다. 그런 이유로 사랑은 항상 타자 안에 근간을 둔다. 때문에 자아의 사랑은 타자를 변화시키는 힘을 가진다. 그러나 그 변화는 타자 자신에게서 나온 것이 아니라 자아에게서 흘러나온 변화이다. 이런 자아와 타자의 사랑의 관계 속에 키에르케고어의 상호주체성이 강하게 드러나 있다.

키에르케고어는 사랑의 요청의 일방성을 부각시킨다. 여기서 요청은 하나님으로부터 개개 인간들에게 미친다는 의미에 있어 일방적이지, 단순히 자아가 타자와 마주함으로써 유효하게 되는 그런 요청이 아니다. 그럼에도 관계의 양 측면, 즉 나의 자기관계와 너의 자기관계에 변화의 토대가 형성된다. 관계의 양 측면에서 일어나는 변화는 키에르케고어가 말한 요청의 일방성을 토대 삼아 인간적 동일성과 연결된다. 이를 통해 인간과 인간 사이에서 사랑으로 맺어진 사회적 윤리성의 가능성이 마련된다.

인간들 간에 사랑으로 맺어진 사회 공동체의 초석은 윤리적인 것에 의해 마련될 수 있다. 이것은 자아와 타자 속에 있는 사랑을 전제한다. 자아는 사랑으로 타자를 높임으로써 타자의 사랑을 지배하기 시작한다. 하지만 보상하는 의미에서의 사랑이 아니라 타자를 위한 본질적 속성으로서의 사랑이다.

---

94) 같은 책.

사랑은 사랑을 전제한다. 사랑한다는 것은 타자와 함께하는 사랑을 전제한다. 사랑
으로 충만해 있다는 것은 타자가 사랑으로 충만해 있다는 것을 전제한다. 우리는 서
로를 이해하자. 한 인간이 가질 수 있는 속성들은, 타자와 마주해서 그 속성들을 사
용하는 경우에 자신을 위해 가지는 속성들이거나 혹은 타자를 위한 속성들임에 틀림
이 없다. … 사랑은 즉자적으로 존재하는 속성이 아니라 타자를 위해 존재하는 속성
이다.95)

높이는 것과 높임을 받는 것은 상관성의 토대를 이루는 관계에서
가능해지지만 그 관계는 비대칭적이다. 사랑은 모든 사람 안에서 그
리고 모든 사람을 위해 덕을 세우게 한다. 더구나 요청된 사랑은 죄
로 인해 파괴된 인간들 사이에서 신뢰관계를 회복시키며 상호 간의
본질적 순수성을 회복시킨다. 키에르케고어에게 윤리적인 것은 사람
들과의 관계를 위한 지침서의 역할을 하는 범례적 표현이라 할 수
있다. 이뿐 아니라 상호 간의 사랑에 바탕을 둔 윤리적인 것은 사회
의 공의와 정의 그리고 정직성을 다시 불러일으키게 하며, 이를 통
해 주체성의 상호 주체적 차원이 정상적으로 가동하도록 활력을 불
어넣는다.

따라서 타자를 향한 나의 행위는 사실은 나를 향해 있으며 나에
대해 어떤 무엇을 진술하는 것이며, 그 근거는 하나님과의 관계에
있다. 그런 행위는 특정한 의미를 제공하며 특정한 행위규칙을 표현
한다. 나아가 그런 행위는 행위자와 상대자 양 측면이 서로 영향을
주고받으면서 의미를 창출해 내는 상호 주체적 소통의 영역에서 이
루어진다.

사랑의 역사는 일방적으로 맞추어진 '발신인-수신인' 간의 소통의
의미를 지닌 단순한 전달행위가 아니라 주체들 사이에서 일어나는

---

95) 같은 책, 19, 247.

상호 소통의 '사건'으로 간주되어야 한다.96) 때문에 키에르케고어의
대표적 작품 중의 하나인 『사랑의 역사』는 담론적 수준을 벗어나
상호 주체적 실천을 가능하게 하는 사상으로 독자들을 안내한다고
말할 수 있다.

　이뿐 아니라 키에르케고어는 상호 주체적 관계성을 관계적 존재
론에서 생각한다. 특히 『죽음에 이르게 하는 병』에 등장하는 '정신
의 개념'은 자아의 관계적 개념의 가장 명확한 형태로서 의미를 지
닌다.97) 이런 개념은 사랑의 역사에 있어 주체적 차원에서 상호 주
체적 차원으로 넘어간다. 여기서 말하는 관계는 개개 주체의 자기관
계가 아니라 한 공동의 실천 영역에서 이루어지는 두 인격 간의 행
위관계이다. 그리고 이런 관계는 다른 모든 것들을 이끄는 근원적
규정에 해당된다.98) 여기서 자아와 타자와의 상호 주체적 행위관계
는 다음과 같이 규정된다. "너가 발견하듯이, 타자는 너와 마주해서
행한다."

　키에르케고어의 주요 작품에서 보여주는 것은 그런 실천으로 인
해 맺어진 관계의 역사이며 구성이다. 행위자는 항상 특정한 상호
주체적 관계와 그의 행동을 유발하는 상황 속에 존재한다. 그는 항

---

96) cf. K. Nordentoft, *Kierkegaard's Psychology*, trans. B. Kirmmse, (Pittsburgh : Duquesme University
　　Press, 1978), 354. '사랑의 역사'는 자유와 힘에 관한 소통 이론적 질문에 구체적인 답을 제공
　　한다.

97) "자아란 자기 자신에게 태도를 취하는 관계이거나 혹은 자신을 자기 자신과 태도를 취하는 관
　　계에 대한 관계이다. 자아는 단순한 관계가 아니라 자신을 자신에 대해 태도를 취하는 관계이
　　다. … 이에 반해 관계가 자신을 자신 스스로에 대해 태도를 취하게 한다면, 이런 관계는 긍정
　　적인 제삼자이며, 그 자체이다." S. Kierkegaard, *Die Krankheit zum Tode*, in : ders. Gesammelte
　　Werke Abt. 24/25, hg. von Emanuel Hirsch und Hayo Gerdes, (Gütersloh : Gütersloher Verlag,
　　1985), 8.

98) "너는 다만 타자와 마주해서 행하는 것과 관계하거나 혹은 네가 발견하듯이, 타자가 너와 마
　　주해서 행하는 것과 관계한다. 방향은 내부를 향해 있으며, 너는 본질적으로 하나님 앞에서
　　다만 너와 관계할 뿐이다." 같은 책, 19, 420.

상 실천의 상황 속에 얽혀 있다. 이것은 사랑을 위해 가치를 지니며 사랑의 행위를 통해 그 방식을 드러낸다. 사랑의 역사를 이끌어내는 모든 형태들은 이런 관계의 과정을 통해 결정된다. 바르게 이해된 기독교적 사랑 또한 존재론적으로 축소될 수 없는 삼자적 관계를 통해 확장된 영역에서 실천적으로 표현된다. "기독교는 사랑이 인간과 하나님과의 관계 그리고 인간들 간의 관계임을 가르치며, 여기서 하나님은 상호규정성임을 가르친다."99)

그러므로 사랑의 역사는 주관적으로만 영향을 미치거나 책임을 지닌 행위로서 이해되는 것이 아니라 관계적 영역에서 일어나는 사건으로 이해되어야 한다. 여기서 사건은 운동과 관계하는데, 사랑의 경우에 있어 '소통적 운동'으로서 이해된다.100) 행위자(사랑하는 자)는 "사랑이 메말라 있는 자에게 보다 고귀한 어떤 것을 제공함으로써 자기 자신을 고양시키는"101) 표현의 운동으로서 이해되어야 한다.

오늘날 한국사회를 이성을 가지고 냉철하게 들여다보면 아파트 평수와 사는 동네, 몰고 다니는 차량의 종류와 직장 등에 따라 편을 가르는, 소위 심각한 양극화 현상으로 얼룩진 슬픈 현실과 마주해 있다. 이로 인해 서로를 질시하고 반목하고 무시함으로써 증오와 분노로 가득 찬 한국사회의 자화상을 보게 된다. 자아와 타자 사이에 상생과 공존, 그리고 상호 간 인정을 지향하는 상호주체성이 시급히

---

99) 같은 책, 19, 119. 이에 대해 보다 자세한 것은 다음의 책을 참고하라. A. Rudd, *Kierkegaard and the Limits of the Ethical*, (New York : Oxford University Press, 1993), 73.

100) 그런 소통적 운동은 말과 태도와 행동을 통한 의미전달자와 밀접하게 관련되어 있다. 즉 의미전달자는 화자에게 영향을 미치며, 비유적으로 말하며, 은닉되고 다듬어지지 않은 사랑의 본질로부터 인식 가능한 것으로, 그리고 상호 주체적 영향을 미치는 사랑의 현상으로 나아간다. 물론 그런 운동 안에서 자신의 본질을 유지시켜 나간다. 실천 이론적으로 말한다면, 그것은 한 상태나 혹은 개인 관계의 동기로부터 이웃으로 확장해 나가는 그런 운동이다. cf. 같은 책, 19, 309.

101) 같은 책, 19, 372.

요청되는 시기이다. 이런 상황에서 지금까지 언급한 키에르케고어의 상호 주체적 사상이 오늘날 일그러진 한국사회를 추스르고 정립시킬 새로운 대안으로 기여할 수 있기를 기대해 본다.102)

---

102) 사실 상호주체성의 원형은 예수 그리스도에게서 발견할 수 있다. 왜냐하면 하늘보좌의 영광과 권세자들로부터 버림받고 소외되었던 죄인들과 밥상공동체를 이루시고 친구가 되시며, 급기야 그 친구들을 구원하시기 위해 십자가상에서 죽음으로 우정과 사랑을 실증해 주셨기 때문이다.

3장
디트리히 본회퍼(Dietrich Bonhoeffer, 1906-1945): 성도의 교제

본 장에서는 우리에게 행동하는 신학자의 아이콘으로 알려진 본회퍼를 통해 상호주체성이 어떻게 신학, 그중에서도 기독교 사회윤리학적으로 변용될 수 있는지, 학문적 토대 다지기에 중점을 두고 알아볼 것이다. 본회퍼의 상호주체성은 그리스도와 교회를 중점으로 전개된다.[103] 그가 그리스도와 교회를 '타자를 위한 존재', '타자를 위해 존재하는 공동체'로 정의하기 때문이다. 이렇듯 본회퍼 신학의 중심에는 언제나 그리스도와 교회가 있고, 그것은 타자를 전제로 하는 상호주체성에 터를 잡고 있다.

적어도 다음의 두 가지 초점이 현행 교회론 논쟁에 적절할 것이다. 하나는 신학적 관점에서 기독교 신앙의 경험할 수 있는 유형의 사회적 기초를 명확히 하는 문제이다. 다른 하나는 교회의 신학적

---

[103] 본회퍼의 신학에 있어 '그리스도론'과 '교회론'은 '상호주체성'뿐만 아니라 그의 전체 신학사상을 이끌어가는 중심축에 해당한다. "본회퍼 신학의 양대 축을 꼽으라면 그리스도론과 교회론이라 할 수 있다. 그리고 이 둘은 공히 타자와 얽힌다. 본회퍼는 그리스도를 '타자를 위한 존재'로 보았고, 그리스도를 따르는 공동체인 교회 역시 타자와의 사귐 없이는 불가능하다고 믿었다." 이상철, "본회퍼와 레비나스의 타자의 윤리", 『신학연구』 Vol.52 No1(2015), 75.

개념을 신학의 외적 관점과 연결시키는 문제이다. 이런 맥락에서 본회퍼의 박사논문인 『성도의 교제(Sanctorum Communio)』가 주목받을 수 있다.[104] 그의 신학연구는 교회의 사회성을 신학적으로 분석하고, 여기서 한 걸음 더 나아가 사회철학 및 사회학과 접속시켜 건설적인 대화를 이끌어냄으로써 신학의 영역을 넓히는 것이다. 20세기 초반 본회퍼의 연구가 '변증법적 신학(dialectical theology)'의 시대와 마주해서 견고한 자리를 지킬 수 있었던 것은 걸맞은 이유가 있었다.

신학과 사회철학 및 사회학 간의 상호 학문적 연구의 촉발이 된 "성도의 교제"는 교회의 사회적 현실을 사회학적 관점에 포함시킬 것을 요구하는 교회 문제에 대한 출발점이 되었다. 본회퍼에 의해 촉발된 그런 간학문적 대화는 사회철학 및 사회학적 접근이 명확하게 채택된 토론 맥락에서 더욱 활발해진다. 그럼에도 불구하고 "성도의 교제"의 역동성이 부각되려면, 교회의 개념을 확증하는 교리적인 연구의 다양한 견해 또한 빠뜨릴 수 없다. 본회퍼의 초기 질문은 교회론이 어떻게 합법화된 개인의 "개별성", 공동체 현실의 "상호주체성" 및 교회의 "제도성"이 각각의 고유한 내적 관계로부터 벗어나지 않으면서도 정당화될 수 있는지에 관한 것이다. 물론 본회퍼가 "성도의 교제"에서 발전시킨 이 문제에 대한 신학적 대답은 사회학적 대답보다 훨씬 더 설득력이 있다. 앞으로 제시될 연구의 주된 강조점이 이로부터 나온다. 첫 번째 단계에서는 "성도의 교제"에 있어 교회개념이 신학적인 해석의 방식으로 재구성될 것이다. 이를 위해

---

104) 이 박사논문은 한국어로 번역·출간되었다. 디트리히 본회퍼/유석성 역, 『성도의 교제 -교회 사회학에 대한 교의학적 연구-』, (서울 : 대한기독교서회, 2010).

신학과 사회학 사이의 연관성 구축이 검토될 것이다. 무엇보다 본 장에서 전개될 연구는 "성도의 교제"의 재구성 및 해석에 맞춰질 것이다. 본회퍼의 체계적인 신학적 프로그램을 살펴보면, 특히 다음의 과제들이 본 연구에 흥미를 끈다.

첫째, 본회퍼에 따르면 교회의 사회적 형태(Gestalt)에 대한 질문은 신학이 사회적 형태를 형성하는 데 있어 기본개념을 충분히 설명할 수 있는지 여부에 달려 있다. 이것은 개별성과 사회성이 모호한 대안으로 굳어져서는 안 된다는 것을 시사한다. 본회퍼는 사회성이 모든 신학적 내용에 함의해 있다는 것을 보여주려 하면서, 교회론의 관점에서 종교개혁 신학에 의해 충분히 해결되지 않은 과제를 다루려 한다. 또한 그는 교회론의 토대 다지기를 위해 신학의 개인주의적인 축소에 반대함과 동시에 사회성을 위해 개별성을 희생시켜서는 안 된다는 입장이다. 무엇보다 "성도의 교제"의 신학적 규정을 재구성하고자 하는 본 연구의 주요 관심사는 본회퍼의 교회의 사회성에 대한 해석에 맞추어져 있다.

둘째, 본회퍼의 교회론적 성찰은 교회의 본질과 근거에 대한 진술에 만족하지 않고 교회의 경험적 현실과 형태에 관련해 있다. 교회는 "성도의 교제"에서 그리스도 안에서 주어진 교회의 근거에 대한 관점과 세상 현실 속에서의 구체적인 그분의 현시적 관점에 의해 구체화된다. 이를 입증하기 위해 본회퍼는 사회 철학적 및 사회학적 이론을 교회론에 적용·확대시키며, 이 두 가지 관점에 대한 신학적 정당성을 추구한다. 그의 교회론적 과제는 신학 및 사회학적 관점에서의 차이 및 관계의 문제를 이해하는 것에 있기 때문에, 신학과 사회학을 결합시키려는 본회퍼의 새로운 시도가 본 연구의 중심에 놓

여 있다.105)

셋째, "성도의 교제"가 본 장에서 관심의 중심에 있지만, 그것을 넘어 다양한 관점과 접속시켜 교회론의 영역이 확장·발전됨을 보게 될 것이다. 그러나 본회퍼의 교회론이 현실성과 접목시켜 신학적 지평을 넓히려고 노력함에도 불구하고, 현재화의 가능성의 한계 또한 존재함을 깨닫게 될 것이다.

1. "성도의 교제"에 있어 교회의 사회성

본회퍼의 대표적 작품인 『성도의 교제』를 주의 깊게 읽는다면, 교회의 개념이 사회 철학적 및 사회학적 논증으로 전개된다는 인상을 갖게 한다. 사회성의 구조가 『성도의 교제』의 모든 '장'과 '절'에서 되풀이되는 것을 고려하면, 이런 인상이 더욱 강하게 나타날 것이다. 그에 따르면, "공동체 구조"의 세 가지 요소, 즉, "행동의 중심으로서 개인의 통일성", "공동체에 속해 있는 개인 간의 상호작용", 그리고 "형상으로서 공동체의 통일성"이 고려된다.106) 이에 대한 본회퍼의 논점은 다음과 같다. 인간의 현실적인 인격성은 개인의 소통적 상호성의 기초 위에서만 형성·발달할 수 있다. 본회퍼가 '나-너'의 관계에서 형성된 인간의 인격성을 하나님과의 관계에서 그 근거를

---

105) 이와 관련한 교회론의 과제를 위해 다음의 책을 참조하라. cf. Wolfgang Huber, "Wahrheit und Existenzform. Anregungen zur einer Theorie der Kirche bei Dietrich Bonhöffer", in : ders, *Folgen christlicher Freiheit*, (Neukirchener Beiträge zur systematischen Theologie 4), (Neukirchen : Neukirchen-Vluyn, 1983), 168-204, 170.

106) Dietrich Bonhöffer, *Sanctorum Communio. Eine dogmatische Untersuchung zur Soziologie der Kirche*, in : Dietrich Bonhöffer Werke 1, hrg. von Joachim von Soosten, (Müchen : Chr. Kaiser Verlag, 1986), 16, 이후 SC로 약칭 사용.

갖는다고 주장한다면, 철학적 논지가 신학적으로 전이된 결과로 간주할 수 있다. 하나님이 원하시는 "인격의 생기와 온전함과 고유성"은 항상 하나님과의 관계에서 확립되기 때문이다.107)

『성도의 교제』의 2장은 인간의 원시상태에 대한 교리, 죄, 그리스도 안에서 하나님의 계시, 그리고 종말론이 직선적으로 연결되어 있다는 점이 눈에 띈다. 특히 "원시상태론"에서 인간의 인격론을 동시대의 사회철학과 관련하여 제시한다. 2장에서 전반적인 연구를 위해 소통의 역할에 중점을 둔 인격의 개념은 신학서론(Prolegomena)의 기능을 수행하는 측면에서 이해할 수 있다. 상호주체성과 인격성의 주된 특성으로서 인격 간의 상호 인정은 단순히 상호적 대화의 구조에서 인식되는 것이 아니라, 전적 타자에 대한 인정이 계속해서 요청된다.

본회퍼에 따르면 타자의 Thou에서 신의 Thou가 만나게 된다. 이런 만남은 하나님의 공동체와 사회적 공동체와의 관계의 토대로 제시된다. 다시 말해 하나님의 공동체는 인간의 사회적 공동체와 더불어 지정된다. "이편이 저편 없이 존재하지 않듯이, 저편이 이편 없이 존재하지 않는다."108)

또한 2장에서 그런 상호 인정에 관한 이론이 '율법'과 '복음'의 관점에서 신학적으로 전개된다. 본회퍼에 따르면 그리스도인의 인격 개념에 있어 신적 Thou는 더 이상 요구(율법)로서 자아에 접근하지 않고, 사랑(복음)의 계시 안에 있는 자아로서 자신을 내어주는 곳에서 나타난다. 2장에서 방법론적인 원리가 제시되며, 개인과 공동체

---

107) SC. 33.
108) SC. 37.

의 개념과 그 결과에서 도출되는 교회의 개념은 그리스도 안에서 드러난 하나님의 사랑에 대한 계시를 토대로 규정된다.

『성도의 교제』의 3장에서 본회퍼는 교회의 사회성에 대한 두 번째 이론적 요소를 소개한다. 즉 동시대의 사회철학과 관련하여 개별성과 사회성 사이의 관계에 대해 묻는 '공동체 이론'이 제시된다. 여기서 본회퍼의 논점은 공동체가 개별적 자아에 기초하여 발생하지 않으며, 인격의 기원이 사회성의 전제로부터 도출되지 않는다는 사실이다. 오히려 개별성과 사회성은 '관계'에서 동일한 기원을 갖는다.

또한 본회퍼는 인간의 영성에 기초하여 개인과 공동체의 관계에 관한 질문을 제기하고, 2장에서 비판적 입장에서 문제를 제시한 '의식철학(Buwußtseinsphilosophie)'을 다시 끄집어내어 활용한다. 인격에 관한 (경험적)이론이 인격들 간의 현실적 관계의 영역에 관해 질문한다면(본회퍼는 이 분야를 윤리적 영역이라고 부름), 공동체 이론의 사회 철학적 개념은 경험적 공동체를 위해, 무엇보다 지식과 희망을 결정하는 사회적 종류의 관계에 관해 질문한다.109) 본회퍼에 따르면 공동체의 구조는 개인적 구조와 유사하게 이해되어야 한다.

그는 공동체를 그 자체의 구조에서 "집단적 인격"이라고 부른다.110) "집단적 인격은 기원적으로는 의존적이지만, 형이상학적으로는 개인과 마주해 독립적이다."111)

마지막으로『성도의 교제』3장의 C절에서 본회퍼는 "경험적 사회구조의 이론"으로 방향을 돌린다.112) 지금까지 객관적인 정신개념

---

109) SC. 16.

110) SC. 48.

111) SC. 67.

112) cf. SC. 51-68.

의 도움으로 사회 철학적 토대 위에서 경험적 사회화의 과정 이전 공동체의 성격, 사회성 및 통일성에 관한 질문이었다면, 이제 사회학은 "경험적 공동체의 구조에 관한 학문"으로서의 연구에 통합된다.113) 이것은 경험적 사회구조의 유형학을 목표로 하는 인간학의 기초 위에서 이루어진다. 이 과정에서 사회적 유형학은 경험적 관점에서 이전에 사용된 공동체의 개념을 다시 규정하고 구분한다. 이런 맥락에서 공동체의 통일성을 위해 집단적 인격의 의식 철학적 개념이 다시 추구된다.114)

본회퍼에 따르면 사회성의 구조는 인격의 공동체로 드러날 때만 올바로 규정될 수 있다. 경험적 사회화의 구조와 관련하여 본회퍼는 사회학적 관점에서 이 계획을 확인하고, 공동체의 통일성의 측면을 경험적 사회구조 이론의 문제로 확장시킨다. 요약하자면, 본회퍼의 사회성 이론은 다음의 세 가지 이론을 결합하고 서로의 관계를 설명하는 방식으로 고안된다. '개별성(Individualität)', '상호주체성(Intersubjektivität)' 및 '제도성(Institutionalität)'의 이론. 이것은 객관화된 사회적 현실성의 구조로서 경험적 사회형성 이론에 관한 것이다. 동시대의 사회철학자들 또한 사회성의 개념에 필수 불가결해 보이는 개별성, 상호주체성 및 제도성의 주제로서 사회성의 개념을 위한 관계규정에 관심을 기울인다.115)

---

113) SC. 16.

114) cf. SC. 65-68.

115) 독일어권 영역에서 이에 대한 주요 사상가들의 작품이 언급된다. 개별성의 관점에서는 Manfred Frank의 *Die Unhintergehbarkeit von Individualität*, (Frankfurt a.M. : Suhrkamp, 1986)가 있고, 사회적 사회화의 제도적 측면(체계성)뿐만 아니라 인격의 개별성의 문제를 통합하고자 하는 상호주체성의 관점에서는 Jürgen Habermas의 *Theorie des kommunikativen Handelns* 2 Bd., (Frankfurt a.M. : Suhrkamp, 1981)가 있고, 사회 형성의 체계적인 제도화 과정의 관점에서는 Nikolas Luhmann의 *Soziale Systeme*, (Frankfurt a.M. : Suhrkamp, 1984) 등이 있다.

2. 교회의 사회학 : "성도의 교제"에서 나타난 사회학과 신학의 관계성

『성도의 교제』의 부제는 "교회의 사회학에 관한 교리적 연구"이다. 이 부제에서 알 수 있듯, 본회퍼는 교회의 개념에 대한 신학적 연구에 더하여 사회철학과 사회학의 대화를 포함하도록 확대시킨다. 이런 교회론의 특이한 확장은 교회 자체에 관한 신학적 담론에 정립될 수 있는 이유가 있다. 교회의 교리는 다음의 이중적 맥락에서 살펴봐야 한다. 한편으로, 교회는 말씀과 성례전에서의 성령의 능력에 바탕을 둔 종말론적 신앙의 공동체로서 그리스도 안에서 계시된 하나님의 사랑이 끊임없이 새롭게 구현되는 곳이다.

다른 한편, 교회를 구성하는 하나님의 새로운 뜻은 "역사적이며 경험적인 교회"의 장소에서 그리스도 안에 있는 사람들과 더불어 다이내믹한 역동성을 넘치게 한다. 본회퍼는 교회개념의 이런 두 가지 맥락에 대해 첨언하기를, "그것(교회)은 하나님에 의해 설립되었으며, 다른 어떤 것처럼 경험적인 공동체이다."[116] '본질적인' 측면에 있어 교회는 그리스도 안에서, 그리스도를 통해 하나님의 일을 드러낸다. 그리고 경험적 및 역사적인 '표현'의 측면에 있어 교회는 이중적 측면, 즉 성령의 역사와 인간의 역사의 양립하는 측면에서 역할을 감당해 간다.

본질과 표현의 이런 차이점을 고려할 때, 표현의 이중적 측면의 전개와 관련한 교회의 개념은 신학적 성찰을 언급할 뿐만 아니라, 사회학적 접근법을 포함하는 비신학적 주제화에도 개방적이다.

물론 본회퍼는 사회학에 의한 교회론의 맥락의 문제가 확대되어

---

116) SC. 173.

교회의 본질적 측면이 교리와 사회학의 표현의 양상으로 배분되는 다양한 분야들 사이에서 역할 분담이 이루어져서는 안 된다는 점을 분명히 한다. 이러한 역할 분담은 교회의 이중개념을 필연적으로 초래할 것이기 때문이다.117)

그러나 본회퍼의 교회론에 관한 연구는 교회의 본질적 측면과 표현적 측면의 이중적 교회개념에 기반하고 있다. 『성도의 교제』에서 펼쳐진 신학적 토대 중 하나는 그리스도 안에서 주어진 근거의 관점에서 볼 때, 교회의 진리는 피안의 세계에 있는 것이 아니라, 가시적이고 경험적인 실재성에서 체험할 수 있는 것에 있다. 이런 규정이 신학적 관점과 사회학적 관점과의 관계에서 정당화될 수 있는지 여부는 본회퍼의 신학과 사회학 간의 대화에서 다루어져야 할 질문 중 하나이다.

이제 "성도의 교제"에 있어 신학과 사회학의 관련성이 경험적인 교회와 접속시켜 일어나는 것에 맞춰질 것이다. 이를 위해 먼저 본회퍼가 예수 그리스도의 생동감 넘치는 현재적 교회들 간의 관계를 이해하기 위해 사용하는 신학적 명제를 추적할 것이다. 동시에 본회퍼에 의해 시도된 신학적 및 사회학적 관점 사이의 관계의 재구성이 수행될 것이다. 본회퍼의 이런 입장은 교회가 자체적으로 가능한 사회학적 유형을 구현한다는 것을 증명해야 한다. 이를 위한 본회퍼의 논증이 이어지는 내용에서 다루어질 것이다.

---

117) "교회의 이중 개념"의 용어는 아우구스티누스의 교회론 연구에 대한 토론에서 많이 사용되었다. 참고. Hermann Reuter, *Augustinische Studien*, 2.Aufl. (Gotha : Neudruck Aalen, 1967), 98.

1) 교회의 경험적 형태

본회퍼는 "교회의 경험적 형태"에 대한 질문에 답하기 위해 첫 번째 단계에서 신학적 기준을 제시한다. 경험적인 교회에 대한 이해는 '성령론'을 통해 드러난다. 현재의 참된 교회는 성령에 의해 역동성을 일으키는 예수 그리스도의 교회의 표현적 공간과 형태에 있다. 현재의 교회 가운데 참된 성도의 공동체는 성령의 능력으로 가득 찬 종말론적 신앙공동체로서 존재한다. 이를 위해 본회퍼는 두 가지 차이점을 제시하며 전개해 간다.

성도의 교제로서 종말론적 신앙공동체와 교회의 경험적 실재와의 관계에 관한 질문은 한편으로, 예수 그리스도의 역동적인 교회와 그리스도 안에서, 그리스도를 통하여, 그분의 '영' 안에서 계시된 하나님의 자기 현재화의 표현공간으로서 역사와의 관계에 관한 문제를 초래한다. 다른 한편, 예수 그리스도의 교회는 실제 현존하는 죄와의 싸움에서 말씀과 성례전을 통해 끊임없이 새롭게 변해야 하기 때문에 "성도의 교제(sanctorum communio)"와 "죄인의 교제(communio peccatorum)"의 관계규정의 문제가 제기된다. 그러므로 '구원역사'와 '일반역사'의 차이, '성도의 교제'와 '죄인의 교제'의 차이가 여기서 중요하다.

모든 것이 불완전하고 역사적인 상대성 안에 있는 경험적인 교회는 예수 그리스도의 교회가 될 수 있다. 이를 위한 본회퍼의 교회론적 원리는 『성도의 교제』에 집약되어 있다. 예수 그리스도의 교회는 "그리스도께서 자신의 말씀에서 현재적으로 계시는 한에서만"[118] 현재의 교회일 뿐이다. 그것은 교회의 경험적 실재의 중심에 계신

---

118) SC. 142.

그리스도의 몸을 현재화시키는 말씀과 성례전에서의 성령의 새롭게 하는 사건이다. 인간의 죄로 말미암아 소외되고 찢긴 하나님과 인간과의 거리가 성자 하나님에 의해 연결되고, 그리스도 안에 계신 하나님께서 역사 속에 침입하여 그리스도 안에서 성도의 교제를 실현시키며, 성령께서 역사적 현실 속에 침입하여 역사적인 현실을 구체적으로 진행시켜 나간다.[119]

경험적인 교회에 대한 본회퍼의 교회론적 진술은 그리스도 안에서 이루어진 "성도의 교제"로서 그리스도론적 기초의 결과이다. 경험적 교회는 그리스도 안에서의 하나님의 계시에 의해 진리를 대변하는 표현공간으로서 그리스도께서 역사에 참여하셨기 때문에 역사적으로 그리스도의 현존의 장소가 될 수 있다. 여기서 성령은 표현공간으로서 교회와 그리스도의 현존의 장소로서 교회의 현재화를 가능하게 한다. 따라서 경험적 교회는 성령의 능력을 가진 예수 그리스도의 교회이다. 성령은 말씀과 성례전을 통해 교회에서 그리스도의 현존을 이어가게 한다.

물론 본회퍼의 그런 견해는 경험적 교회와 현재적 교회에 있어 그리스도 안에서 실현된 성도들 간의 불가분의 관계가 경험적으로 확립될 수 있다는 결론을 허용하지 않는다. 오히려 진실하고 현존하는 진정한 교회의 공속성에 대한 주장은 "신앙의 판단"으로만 고려된다.[120] 경험적 교회에서의 그리스도의 현존은 단순히 역사적 및 경험적 지식의 측면으로부터 진술될 수 없다. 그것은 오직 성령을 통해 영향을 끼치는 신앙에 의해서만 해명된다. 하나님은 경험적인 교

---

119) SC. 77, 79.
120) cf. SC. 146, 188.

회를 말씀과 성례를 통해 통치하고, 당신 자신과의 공동체를 형성하고, 세상 속에 현존하며, 성령의 약속에 따라 세상 속에서 직접 영향을 미친다.[121]

본회퍼에 따르면 경험적 교회와 예수 그리스도의 교회 사이의 관계는 '죄성'과 '칭의'의 차이점을 고려할 때만 적절하게 규정될 수 있다. 교회가 그리스도 안에서, 그리스도와 함께 죽어서 부활할 것이라는 본질적 근거를 신학적으로 제시한다면, 그리스도의 몸의 지체의 측면으로부터 두 가지 관점, 즉 "현재에 있어서는 죄인이나 장래에 있어서는 의인이다.(peccator in re, iustus in spe)"에서 찾을 수 있다. 의인이 자신의 삶에 있어 동시에 죄인으로 존재하는 것처럼, 성도의 교제는 역사적 현실 속에서 죄인들 간의 교제로 존속한다. 이처럼 "성도의 교제에서 죄인의 교제로 계속해서 살아간다."[122]

그리스도 안에서, 그리스도를 통해서 일어나는 하나님과의 화해 사건의 관점에서 볼 때, 그리스도의 몸의 지체들에게 죄가 더 이상 산입되지 않는 한, 성도의 교제는 죄의 능력을 앗아간다. 그럼에도 불구하고 죄의 실재는 여전히 남아 있다. 의롭게 된 모든 사람이 동시에 죄인으로 있는 것처럼, 성도들의 공동체는 동시에 죄인들의 공동체이다. "그러나 성도는 아직도 죄인으로서 성도이다. 이 세상에서 죄가 없는 성도는 존재하지 않으며, 성도 안에 그리스도께서 임재하며, 죄인으로서 성도는 '공동체로 실존하는 그리스도'이다."[123]

---

121) SC. 191.

122) SC. 144.

123) SC. 144. 본회퍼에게 그리스도인의 '그리스도 됨'은 타자와 연결되어 있다. "… 『성도의 교제』에서의 '타자' 이해의 핵심은 그리스도인이 타자에게 그리스도가 되는 것이며, 이는 그리스도의 사랑의 능력으로 타자를 위한 존재가 되는 것을 뜻한다. 즉, 한 그리스도인이 자신 스스로의 능력으로 타자를 위하는 존재가 되는 것이 아닌 공동체 내에서 그리스도의 사랑의 능력을 덧입은 개별인격들이 그 안에서 그리스도를 대신하는 존재가 되는 것이다." 김성호,

본회퍼가 교회의 개념에서 주장하는 '의인'과 '죄인'의 이런 차이점은 "역동적 갈등사건(dynamisches Konfliktgeschehen)"으로 간주된다. 현재 교회의 한가운데서 여전히 존재하는 죄의 실재와 충돌하는 인간 공동체와 하나님과의 공동체는 성령을 통해 계속해서 새롭게 확립되어 간다.124) 역사적 및 경험적 교회의 한가운데서 구원으로 인도하는 그리스도의 현존은 성령의 역동적인 역사로 말미암아 사건을 일으키며 활동하게 한다.

교회의 경험적 실재는 모호한 사건이며, 또한 반드시 그렇게 머물러 있어야 한다. 그러나 다음의 중요한 신학적 관점이 간과되어서는 안 된다. 언급된 일련의 차이점은 그리스도 안에서, 그리스도를 통하여 계속해서 새롭게 형성되는 하나님과 인간의 공동체의 "아직도 아닌"과 "이미 지금"의 주요 차이점의 필연적 전개로서 나타난다. 한편으로 현재의 교회는 하나님에 의해 일어날 최종적이고 마지막 사건의 종말론적 유보하에 존재한다.125)

다른 한편, 그것은 또한 성령을 통해 하나님과 인간 사이의 공동체를 회복시키는 종말론적인 징후이다.126) 이런 종말론적 유보와 종말론적 징후의 동시성은 "성도의 교제"에서 계속되는 차이로 전개되지만, 예수 그리스도의 교회의 가시성과 비가시성의 신학적 분리로 전개되지 않는다.

「디트리히 본회퍼(Dietrich Bonhoeffer)의 '타자의 신학」, 『성경과 신학』 96(2020), 7.
124) SC. 144.
125) cf. SC. 193.
126) cf. SC. 143.

2) 사회학적 외적 관점과 신학적 내적 관점의 연관성

본회퍼에게 예수 그리스도의 현재적 교회로서 경험적 교회에 대한 이해를 방법론적 관점에서 묻는다면, 신학 내적 관점에서 답할 수 있을 것이다.

신학의 내적 관점은 그리스도 교회의 현실성(그리스도 안에서 실현된 성도의 교제의 표현 공간과 형태로서 경험적 교회)을 성도의 교제에서 전개되는 그리스도론 및 성령론적 측면으로부터 해명된다는 사실에 의해 방법론적으로 특징지어진다. "오직 위로부터 아래를 향해, 혹은 안으로부터 바깥을 향해서만 경험적 교회에 관한 이해가 가능하다. 역으로는 성립하지 않는다."[127] 이것은 성도의 교제에서 반복되는 일관된 원칙으로 교회론을 규정한다.

본회퍼의 이런 내·외적 차별화는 사회학적 외적 관점이 신학의 내적 관점에서 경험적 교회의 현실과 연결될 수 있는 방식으로 기획된다. 신학 및 사회학적 관점은 분리되지 않은 채, 서로 연결되어 있다. 본회퍼는 한편으로 교리적으로 설명된 교회의 측면과, 다른 한편으로 사회학적 설명으로 전개된 경험적 교회의 측면이 분류되는 방식으로 진행하지 않는다. 오히려 첫 번째 단계에서 본회퍼는 종말론적 신앙 공동체와 경험적 교회의 차이점과 관련성을 현재 교회의 장소에서 해명될 수 있는 엄격한 신학적 틀(frame)을 통해 제시한다. 이 접근법은 일련의 신학 내적 차별화와 함께 작용하며, 예수 그리스도의 교회의 한 실재를 규정하는 구성요소와 이 구성요소에 의해 규정된 표현의 일부로 해석된다.

물론 본회퍼의 교회개념에 대한 그런 연구는 자체로 차별화된 신

---

127) SC. 141.

학의 내적 관점을 고안해 내는 데 그다지 도움이 되지 않지만, 이것을 교회의 경험주의에 대한 사회학적 외적 관점과 연결시킴으로써 다양한 현재적 적용성(relevance)을 위해 큰 잠재성을 갖게 한다. 신학의 내적 관점은 사회학적 이론에 의한 교회론의 확장과 더불어 보다 폭넓은 신학적 지평을 연다는 목적을 갖는다. 종말론적 신앙 공동체로서 성령을 통해 활성화된 예수 그리스도의 교회와 현재적 교회의 차이점과 관련성이 신학적으로 규명된다면, 이런 이해는 결국 사회학적 이론의 도움을 받아 종교적 사회화로 확장시킬 수 있다.

예수 그리스도의 교회에 대한 신학적 접근법과 사회학적 접근법의 연관성은 성령론적 이해의 바탕에서 "객관적 정신의 이론"과 결합시키는 방식으로 이루어진다. 이러한 교회의 경험적 형태는 한편으로, 현재적 영향에서 펼쳐지는 공동체의 객관적 정신의 표현이자,[128) 다른 한편 이런 기능에서 객관적인 정신은 "그리스도 교회의 영의 전달자와 도구로 이해된다."[129) 하지만 본회퍼가 성령과 객관적인 정신의 관계를 어떻게 규정하는지 구체적으로 설명하기 전에, 먼저 객관적인 정신의 근본적인 의미가 소개된다.

(1) 객관적인 정신

본회퍼는 교회의 경험적 형태의 사회학적 해설을 위해 자신의 박사논문의 서문에서 "객관적인 정신"에 대해 소개한다.[130) 경험적 형태를 띤 교회론은 역사적으로 지속되는 객관적인 사회 구조와 관련

---

128) SC. 140.

129) SC. 146.

130) cf. SC. 62-68.

하여 전개된다. 본회퍼는 객관적인 정신의 확립을 위해 프라이어(H. Freyer)에게서 "객관적인 정신의 문화·사회학적 이론"131)과 제베르크(R. Seeberg)의 "기독교 교리학(Christliche Dogmatik)"을 차용한다.132) 프라이어와 제베르크는 헤겔(Hegel)의 정신철학의 전통계열에 서 있지만, 객관적인 정신에 대한 헤겔의 이론과는 특정한 방식에서 어느 정도 차이를 보인다.133)

프라이어의 "객관적인 정신이론"은 역사와 사회적 세계를 구성하는 구조적 요소, 법칙 및 객관적인 통합 형태에 대해 묻는다. 그의 주장에 따르면, 사회학적 이론은 객관적 세계의 구조적 관계를 주제로 삼는 "객관적 구조론"134)의 초안이다. 그 객관적 정신이론이 헤겔의 정신철학으로부터 어느 정도 영향을 받지만, 객관적 정신의 범주에 있어 헤겔의 버전과는 확연한 차이를 보인다. 즉 헤겔과는 달리 객관적 정신은 절대 정신의 변증법적 발전에서의 단계로 간주되지 않는다. 또한 주관적 정신은 객관적 정신에 속하지 않으며, 객관적 정신은 절대 정신의 동기로서도 파악되지 않는다. 오히려 객관적 정신은 자신의 현존을 위해 주관적 정신의 현실에 방향을 맞추며, 프라이어가 말했듯이, "역동적인 것과 영적인 것의 영역"135)에 맞춰진 "세상적인 것"에서 발견된다.

또한 객관적인 정신은 개인적인 것에 기반해 있지 않다.136) 객관

---

131) Hans Freyer, *Theorie des objektiven Geistes, Eine Einleitung in die Kulturphilosophie*, (Stuttgart : Tübner Verlag, 1973).

132) cf. Reinhold Seeberg, *Christliche Dogmatik*, Bd.1, (Erlangen/Leipzig, 1924), 505.

133) 그들과 달리 본회퍼는 헤겔의 "정신철학"을 적극적으로 제시한다. cf. SC. 62.

134) Hans Freyer, *Theorie des objektiven Geistes*, 11.

135) 같은 책, 12.

136) cf. H. Freyers, *Theorie des objektiven Geistes*, 3-5.

적인 정신은 자신을 실현시켜 가는 행위에 의해 전달되지만, 지속되는 역사적인 시간 속에서 독립적이고 객관적인 존재를 갖는다.[137) 프라이어에 따르면 사회구조는 주관적인 개인의지와 분리되지 않으며, 따라서 "정신적 객관화에 대한 경계"를 표현한다.[138)

특히 본회퍼가 자신의 교회개념을 새롭게 정립하기 위해 관심을 가진 것은 "현재의 인간 간의 만남"과 "사회구조"[139) 간의 범주적 구별이다. 본회퍼가 객관적 정신에 관한 이론을 바탕으로 발전시킨 교회의 경험적 형태의 사회학적 이해는 무엇보다 대화로 표출된 인격 간의 관계로서의 사회적 차원을 고려한다. 본회퍼는 『성도의 교제』에 있어 사회학과 관련한 사상에서 이런 방법론적인 규정을 따른다.

프라이어와 더불어 본회퍼는 주관적인 개인정신과 유사하게 객관적인 정신의 사회적 객관화를 지적한다. 객관적인 정신은 개개인의 개별적인 형태를 갖는다. 그러나 "그것(객관적인 정신)은 개인을 초월하여 개별적 삶을 이끌어가며, 그것을 통해서만 현실적이다."[140) 사회적 구조가 개인들 간의 만남으로 구성되고, 이를 통해 현실화된다 할지라도, 그것을 현상학적 측면에서 비추어볼 때, 개개인은 자신의 독립적인 객관화를 갖는다. "그러나 객관화된 것은 개개인뿐만 아니라 모든 지체들과 함께 상실된다."[141) 객관적 정신의 결정체가 사회적 의도에 따른 대화의 만남으로 구성된 사회구조에 있다 할지라도, 개인은 객관적인 정신에 완전히 흡수되지 않는다. 객관적인

---

137) 같은 책, 65.
138) 같은 책, 68.
139) 같은 책, 68.
140) SC. 63.
141) SC. 63.

정신의 사회적 객관화 사건은 "각 개인과 모든 사람과의 상호작용"에서 일어난다.142)

따라서 본회퍼가 기획한 사회적 구조이론에 있어 개별성, 상호주체성 및 사회형태의 형성은 개인과 사회의 네트워크를 동시에 일으키는 상호적 과정으로서 고려될 수 있다.

본회퍼에 따르면 결정체를 이룬 사회구조는 그것의 객관화된 구조로 인해 시간과 역사 속에서 연속성을 나타낸다. 그러나 사회적 형성이 개인들과의 상호작용 속에서 이루어지는 한, 절대적인 의미에서 그것을 고착화시킬 수는 없다. 그러므로 사회구조의 구조법칙은 "끊임없이 움직이고 객관화된 존재의 상호성"143)으로 기술되어야 한다. 사회구조는 역사적으로 개방된 형태이며, 계속해서 변할 수 있다. 본회퍼의 객관적인 정신의 효과에 대한 정의를 다음과 같이 요약할 수 있다. "객관적인 정신은 시간과 공간에 주어진 의도 사이에서 역사적·공동체적 의미의 연결고리로 간주되어야 한다."144) 여기서 본회퍼가 객관적인 정신의 사회적·역사적인 효율성을 성령의 현재적 사건에 포함시키는 종류와 방법을 재구성하는 것이 가능해진다.

(2) 성령과 객관적인 정신의 관계

본회퍼가 자신의 박사논문 서문에서 소개한 것은 "객관적인 정신"에 대한 이론이다. 이 이론은 교회의 경험적 형태에 대한 사회학적 묘사를 위한 것이다. 그러므로 신학 내적 관찰 방법을 현재 교회

---

142) SC. 63.

143) SC. 62.

144) SC. 63.

의 사회학적 외적 관점과 관련지으려 할 때, 경험적인 교회에 있어 성령과 객관적인 정신의 관계에 대해 질문을 제기하는 것이 유익할 것이다. 경험적 교회에 대한 신학적 이해가 사회학적 접근법에 객관적으로나 논리적으로 선행하기 때문에, 『성도의 교제』에서 사회학은 엄밀히 말하자면 근거를 제시하는 기능이 아니라 설명하는 기능이다. 결과적으로 경험적 교회에 대한 사회학적 정의는 성령 안에서 하나님의 자기 현재화를 위한 표현의 공간과 형태로서 이해되는 경우에만 가능하다.

성령과 객관적인 정신 사이의 관계규정 또는 경험적 형태와 교회의 영적 형태145) 사이에서의 관계규정은 사회학적 외적 관점에 앞서 신학적 내적 관점이 선행하는 결과를 초래한다. 본회퍼는 이 관계를 경험적 교회에 있어 성령을 통한 객관적 정신의 "요청"으로 간주한다. 객관적인 정신은 "성령의 역사와 방편의 대상"146)이다. 이것은 객관적인 정신으로 활성화된 역사적 및 사회적 형태에 기초한다. 신학과 사회학을 결합하는 방법론적 입장에 대한 이런 이해를 고려할 때, 사회학적 외적 관점이 신학의 내적 관점의 맥락에 놓여 있다고 말할 수 있다. 신학의 내적 접근법과 사회학의 외적 접근법은 단순한 보충관계에 있는 것이 아니라, 사회학적 접근법이 정교한 신학적 틀에 통합되어 있다. 이 방법은 사회적 상황에 대한 신학적, 그중에서도 그리스도론적이고 성령론적 해석을 가능케 한다.

본회퍼는 성령과 객관적인 정신의 동일성을 거절한다.147) 객관적인 정신은 성령의 전달자가 아니라 성령에 의해 요청될 뿐이다. 즉

---

145) cf. SC. 147.

146) SC. 147.

147) cf. SC. 144, 147.

객관적 정신은 그 스스로 전달자인 성령의 효력의 전달의 역할을 할 뿐이다.148) 경험적 교회는 그리스도 안에서, 그리스도를 통해 실현된 "성도의 교제"의 순수한 형태로서 이해될 수 있다.

현실적 교회는 특정한 역사적 조건하에 예수 그리스도 교회의 "순수한(rein)" 현실성에 의해서가 아니라 "실제적(real)" 현실성에 의해 특징지어진다. 그것은 성령의 능력 안에 있는 교회와 경험적 교회의 동일성을 배제하는 예수 그리스도 교회의 비가시성과 가시성 사이에서의 차이를 포함해, "성도의 교제"와 "죄인의 교제", "구원의 역사"와 "일반역사" 사이에서 신학 내적 책임성의 차이이다. 경험적 교회와 예수 그리스도의 현실적 교회 사이의 차이와 관계는 신학적 및 사회학적 접근법의 이해규정에서 필연적으로 고려되어야 한다. 경험적 교회는 객관적인 정신의 역사 내적 형성과정에서 자신을 각인시키기 때문에, "끊임없이 변하는 형태"를 필요로 한다. 때문에 한편으로, 다음과 같은 점을 명확히 해야 한다. "그리스도의 영 혹은 성령과 동일시할 수 없는 그것의 개별성, 우연성 및 불완전성이 과거 교회가 처한 그때그때의 상황에 따라 형태를 갖춘 객관적인 것과 정신적인 것으로 증명된다."149)

그러나 다른 한편, 경험적 교회의 역사적 우연성과 모든 죄성을 관통하여 성령께서 역사하기 때문에, 현재의 실제 교회는 "변화와 창조의 능력"으로 간주되어야 한다.150)

예수 그리스도의 교회가 경험적인 교회와 쉽게 동일시될 수 없는 것처럼, 성령으로 말미암은 효과와 객관적인 정신의 효과도 마찬가

---

148) SC. 147.
149) SC. 145.
150) cf. SC. 146.

지이다. 여기서 신학의 내적 구성 원칙의 내용이 제시된다. 사회학적 관점은 교회의 경험적 형태의 신학적 맥락에 통합되어, 구원역사와 일반역사, 성도의 교제와 죄인의 교제의 신학 내적 차이와 관련성에 연결될 수 있다. 나아가 신학적 틀 내에서 경험적인 교회의 구조에 대한 사회학적 통찰은 인간의 종교공동체와 종말론적 신앙공동체 사이의 차이에 대한 지침 역할도 한다.151))

이 과정에서 두 가지 측면에서의 의미가 강조될 수 있는데, 첫째, "관계"의 측면이다. 경험적 교회에 대해 사회학적으로 서술 가능한 사실은 성령의 도구이자 수단으로서 객관적인 정신을 토대 삼아 신학적 해석에 접근할 수 있는 영역으로 전이된다. 둘째, "차이"의 측면이다. 종말론적 신앙공동체로서의 교회규정에 있어 사회학적 관점은 (객관적 정신의 역사적·사회적 유효성의 측면에서)종교적 사회화의 한 형태로서 경험적 교회에 대한 규정에 기여한다.

3) 사회학적 유형으로서 교회

『성도의 교제』에서 "교회의 경험적 형태"의 장은 사회 공동체의 유형학에 있어 교회를 최초의 사회적 형태로서 확고부동한 장소로 확보하는 것을 목표로 한다. 이런 방식의 의도는 본회퍼가 자신의 박사논문의 서문에서 소개한 사회학적 통찰력의 도움을 받아 문제를 해결하려는 데 있다. 그는 "사회적 문제"를 사회학에 의해 발전된 사회 공동체의 유형을 바탕 삼아 논의를 전개한다.152) 여기서 사용된 본회퍼의 주요 개념과, 이를 설명하는 이론적인 요소를 이해하기 위

---

151) cf. SC. 141.
152) cf. SC. 51-68.

해서는 그의 전체 논지가 갖는 사회학적 정의를 상기해야 한다.

체계적인 학문으로서 사회학은 현상학적 방법을 통해 "경험적 행위에서 사회학적·구성적 행동을 파악한다."153) "사회학은 경험적 공동체의 구조에 관한 학문이다. 그러므로 사회학의 본래 대상은 경험적 사회화의 생성법칙이 아니라, 그것을 구성하는 그때그때의 구조적 법칙이다."154) 이런 정의를 바탕으로 교회의 사회학적 유형에 대해 좀 더 구체적으로 접근해 보고자 한다.

(1) 의지적 공동체로서 사회적 공동체

사회철학이 인간의 영성과 관련하여, "경험적 공동체를 위한 지식과 의지에 맞춰진"155) 사회성의 기원에 관해 묻는다면, 사회학은 의지주의적 인간학의 토대에서 경험적 사회화의 구조적 법칙을 설명한다. 따라서 "공동체는 의지공동체이고, 개인의 다양성과 고유성을 기반으로 하며, 다양한 의지의 행위로 구성되어 있으며, 개개 의지의 내적 갈등을 삶의 일상으로 이해하고, 그 공동체가 원하는 것에서 일치를 찾으려는 의지적 공동체이다."156)

이것이 사회화 유형에 대한 첫 번째 규정이다. 공동체는 의지적 행동을 주요 특징으로 하고 있기 때문에, 대중을 위한 일반적인 사회학적 개념과는 구별될 수 있다. 여기서는 의지의 방향에 대한 단순한 병렬성이 중요하기 때문이다.157) 의지에 반하는 역방향성(Viceversität)

---

153) SC. 16.
154) SC. 16.
155) SC. 16.
156) SC. 55.
157) Cf. SC. 53.

은 개인 의지의 융합이 요청되는 일치성으로부터 공동체를 제한시킨다. 공동체 회원들의 상호 관계의 토대에서 상호주체성을 지향하는 공동체의 사회적 형태에 관여된 사람들은 자신들의 고유성과 개별성을 유지한다. 개별성과 사회성은 공동체에서 동일한 기원을 갖는 '관계'에 있기 때문이다.

본회퍼는 공동체를 '의지'의 공동체로 이해하도록 가르치는 의지주의적 인간학을 바탕으로 해서 경험적 사회구조의 유형론에 대한 이론 정립을 목표로 일련의 다각화 단계를 추구한다. 사회학적 유형으로서의 교회에 대한 본회퍼의 이해는 자신이 설계한 사회 공동체의 유형론 없이 이해되어서는 안 되기 때문에, 이어지는 절에서 보다 자세히 살펴보려 한다.

(2) 사회학적 유형으로서 교회

본회퍼의 "교회의 사회학에 대한 교리적인 연구"는 교회가 사회학적 유형학으로 분류되는 단계로 진입한다.158) 교회의 개념은 사네회구조의 유형학에 새겨 넣을 수는 없지만, 고유하고 독창적인 구조를 소유하고 있음을 보여준다. 이 구조의 증명은 다음의 결론을 이끌어낸다. "교회는 특별히 공동체의 형태를 띠고 있고, 영적 공동체이자 사랑의 공동체이다. 교회 내에서 사회적 근본유형인 이익사회(Gesellschaft), 공동체사회(Gemeinschaft), 그리고 통치연합체 등이 하나로 모이고 극복된다."159)

이와 더불어 본회퍼는 이러한 목적을 달성하는 방법을 설명하고

---

158) cf. SC. 173-188.
159) SC. 185.

자 한다. 이를 위해 사회학의 외적 관점과 신학의 내적 관점의 연결이 어떻게 성취되는지에 대한 질문이 간과되어서는 안 된다. 이 질문에 대한 대답은 신학적·사회학적 관점의 중재에 대한 본회퍼의 이론이 잘 전달될 수 있는지 여부와 그 범위에 달려 있다. 첫 번째 단계에서는 '이익사회(Gesellschaft)'라는 사회학적 범주가 고려되는데, 이것은 교회의 관점에서 볼 때 '협회(Verein)'와 '기관(Anstalt)'의 두 가지 유형으로 나눌 수 있다. 그러나 '협회'라는 용어는 다음의 이유로 부적절한 것으로 판명된다.

첫째, 협회는 회원들의 자유롭고 의식 있는 회의를 통해 구성된다. 둘째, 협회는 폐쇄적이며 회원의 배제까지도 염두에 둔다. 하지만 회원의 배제 여부를 결정할 법이 교회에는 낯설다. 파문은 오직 "사랑의 판단(iudicium caritatis)"에 의해서만 가능하다.160) 셋째, 협상적 및 합리적이고 목적 지향적인 행위(이익사회)와 의미로 채워진 상징적 행위(공동체)의 구분에 따르면, 이익사회 유형의 몰락을 묘사하는 협회는 공동체 유형의 모든 특성을 보여주는 교회에 맞서 있다. 넷째, 마침내 본회퍼는 협회이론에 반대하는 신학적 논증을 제시하는데, 이것은 교회에서 그리스도 안에서 계시된 하나님의 뜻에 입각한 구조라는 관점에서 언급된다. "죄와 은혜, 그리스도, 성령의 기독교적 관점을 교회의 개념에 적용할 때, 협회의 개념을 수용할 수 없음이 증명된다."161)

본회퍼가 협회이론에 반대하며 제시한 용어는 '기관(Anstalt)'이다. 이것은 은혜 부여를 위한 것으로서 교회의 사회학적 유형을 위

---

160) cf. SC. 178.

161) SC. 175.

해 본질적인 것으로 간주되기 때문이다. 여기서 본회퍼는 막스 베버 (Max Weber)와 에른스트 트뢸취(Ernst Tröltsch)의 '기관'에 대한 정의를 적용한다.162) 베버에 따르면, 기관의 특징은 세속과 구분된 소명 받은 목회자 신분, 특별한 사회관계를 포함하는 통치에 대한 주장, 합리적 교리와 (예배)의식, 윤리적 및 종교적 삶의 규제의 포괄적 체계, 순수하게 형성된 교회법을 필요에 따라 제정하고, 마침내 개인에게서 카리스마(은혜)를 분류하여 기관의 성격을 지닌 제도적 형태의 조직으로 구성되어 있다.163) 본회퍼는 베버에게 교회로서의 특징은 개인에게서 카리스마가 분류되어 교회 내에서의 다양한 직(職)과 관련되어 있다는 점을 알고서 수용한다.164)

그러나 본회퍼는 협회의 개념과 마찬가지로, 베버의 기관 이론에 대해 사회학이 아니라 신학적 논의를 주장한다. 물론 기관의 개념은 회원이 개인 결정의 결과로서 이해되어서는 안 된다는 협회의 범주보다 장점을 갖는다. 그러나 기관 개념의 결정적인 단점은 교회의 성품(聖品)을 관리하는 직분이 공동체보다 권위 면에서 우월하다는 사실에 있다. 본회퍼에 따르면, 교회는 말씀을 통한 성령의 인도로 인해 하나님의 자유로운 자기 현재성으로 표현되기 때문에, 교회의 사역으로서 공직자의 특수한 (권위적)직위는 인정될 수 없다. 이것은 모든 신자들의 '만인제사장설'과 모순되기 때문이다.165)

---

162) cf. Ernst Tröltsch, *Die Soziallehren der christlichen Kirchen und Gruppen*, Gesammelte Schriften Bd.1, (Tübingen : Aalen Verlag, 1981), 362.

163) cf. Max Weber, *Wirtschaft und Gesellschaft. Grundriss der verstehenden Soziologie*, (Tübingen : Aalen Verlag, 1976), 692.

164) SC. 176.

165) SC. 159-162.

> 개신교의 '기관'은 교회를 통해 하나님에 의해 설립된 것이 아니라, 교회 자체의 행위로 인한 것이다. ⋯ 그러나 기관 개념에 대한 실제 사회학적 의미는 가톨릭과 마찬가지로, 교회 없이 기관이 존재하지 않으며, 교회에 약속된 선물로서 선포된 말씀을 신뢰하고, 그 말씀을 끝까지 지속시킬 경우, 하나님께서 개개인들의 공동체에, 그리고 그의 교회에 주신 선물이다.[166]

이런 관점으로 기관의 개념이 정의된다면, 협회의 개념은 기관의 사회학적 범주에서 고려한 것처럼 여겨진다. 교회는 기관 개념에서 인격 공동체로서 생각되기 때문이다.

이처럼 협회 개념과 기관 개념 둘 다 교회의 사회학적 유형의 요소를 갖지만, 교회의 사회학적 유형이 지금까지 제시된 모델들 중 어느 것과도 일치하지 않는다는 본회퍼의 주장은 분명해진다.

본회퍼가 예상한 유형은 오히려 협회와 기관 사이에 위치해야 한다. 본회퍼가 인용한 신학적 논점을 고려하면, 공동체의 구성이 말씀으로부터 구별되며, 공동체의 사회적·의사소통적 특성은 공동체를 넘어 직무의 우월성을 허용하지 않는다. 그래서 "은혜로 충만한 (말씀을 통해 구성된)공동체로부터" 각인된 한 유형에 대해 말할 수 있을 것이다.

교회의 사회학적 유형을 포착함에 있어 본회퍼는 공동체의 범주 규정에 따라 교회를 고려한다. 기관 개념의 불충분성은 본질적으로 교회가 제도(Institut)라는 특징을 갖지 않지만, 인격적 공동체로 이해되어야 한다는 사실에서 비롯된다.[167] "세례, 성찬, 제명, 집회 및 법적 규정(조세 절차)에 대한 복음주의적 교회의 형식은 인격 공동체로서 이해되어야 한다."[168] 공동체의 개념에서 "동의"의 자유로운

---

166) cf. SC. 177.
167) SC. 176.

행위가 본질적이다. "의지의 공동체로서 참된 교회는 공동체의 동의에 대한 자유로운 행위를 전제로 한다."169) 이에 덧붙여 본회퍼는 교회의 사회학적 유형의 독특함을 다음과 같이 설명한다.

> 성령께서 세우시고 영향을 미친 공동체로서, 그리고 하나님의 교회로서 인식할 때만 분명해지며, 그리고 교회로서 그리스도가 현존해 계신다는 사실을 인식할 때 분명해진다. 영의 현실의 문제를 고려하지 않음으로써, 그리고 영과 교회가 본질적인 관계에서 분리됨으로써 제도의 개념뿐만 아니라 협회의 이론은 영과 교회에 대한 복음적 이해에 실패하게 한다.170)

신학적 관점에서 발생하는 공동체 개념의 성령론적 강조는 공동체의 기본관계의 구조에 변화를 준다. 경험적 교회에 있어 "성도의 교제"의 영적 개방은 공동체의 초월적 근거를 증거 한다. 본회퍼가 주장한 통치의 범주가 적용되는 곳이다. 현존하는 교회에 있어 "성도의 교제"는 타자와의 관계에서 그 근거를 갖는다. 이런 구성은 하나님의 통치에서 형성된다.

따라서 교회는 "통치의 연합체"로서 이해될 수 있다.171) 이를 바탕으로 본회퍼는 하나님의 통치에 대한 개념을 하나님의 아들 안에서의 "자기희생"으로 규정한다. 하나님은 인간의 의지를 강요함으로써 공동체를 세우지 않으시고, 그리스도 안에서 자기 자신을 내어주심으로써 자신의 목적을 이루기 위한 방편으로 사용하신다. "자신의 의지를 펼치기를 원하시는 하나님은 사람의 마음에 자신을 내어

---

168) SC. 177.
169) SC. 178.
170) SC. 179.
171) cf. SC. 181.

주고 공동체를 세우시는, 즉 자신을 목적의 수단으로 삼으신다."172)

자기희생의 이러한 행위는 하나님의 사랑의 표현과 다른 무엇이 아니다. 따라서 하나님의 통치는 그리스도 안에서, 그리스도를 통하여 서로 화해하기를 원하는 사람들을 향한 그의 사랑으로 이루어져 있다. 따라서 개인들 간의 관계는 한편, 하나님의 사랑의 목적에 맞춰져야 하며, 다른 한편 이 목적은 그와 같은 관계에서 실현되는데, 타자가 목적을 위한 수단으로 기능하는 것이 아니라 타자 자체를 목적으로 삼아야 한다.173) 사회학적 유형에서 이것은 공동체적인 행위와 이익사회적인 행위가 교회 공동체의 행위 속에 내재해 있다는 것을 의미한다. 그러나 이에 대한 근거는 "영적 공동체에 있어 성령께서 영향을 미치는 사랑"의 행위에 있다.174)

교회가 인간의 노력에 앞서 하나님의 통치로 인해 설립될 경우, '통치의 연합체'라 할 수 있다. 본회퍼에 따르면, 하나님의 이런 통치는 통치의 목적이자 수단의 형태를 띤 하나님의 사랑의 행동으로 이해된다. 교회가 그리스도 안에서, 그리스도를 통하여 표현된 하나님의 사랑의 자기 현재화에 의해 활성화될 경우 '영적 공동체'이다. 영적 공동체로서 교회는 궁극적으로 성령의 능력으로 말미암은 사랑이 삶의 원칙이 되는 만큼 '사랑의 공동체'이다. 하나님이 주관하고 성령으로 인도된 교회는 사랑의 '이중 계명(하나님 사랑과 이웃 사랑)'을 구현한다. 그리스도 안에서 화해된 인간을 향한 하나님의

---

172) SC. 181.

173) 그 이유는 예수 그리스도가 '타자'의 근간이기 때문이다. "본회퍼에게 '나'와 '우리'는 예수 그리스도를 통해 비로소 타자를 발견할 수 있고, 타자와의 차이를 발견하고, 타자 속으로 들어가서, 타자와 관계를 맺는다." 김성호, 「디트리히 본회퍼(Dietrich Bonhoeffer)의 '타자의 신학」, 24.

174) SC. 181.

사랑은 이웃 사랑에서 증명되어야 한다.175)

이를 통해 본회퍼가 의도한 목적이 달성된다. 본래의 사회학적 유형의 교회는 "이익사회, 공동사회 및 통치의 연합이 함께 모여 극복했다."는 특징을 지닌다.176) 이처럼 교회는 통치연합체, 영적 공동체 및 사랑의 공동체로서 특수한 사회학적 구조를 갖는다.

개신교 교회론의 해결되지 않은 근본적인 문제 중 하나는 '공동체(communio)'로서 현재적 교회가 어떻게 발전할 수 있는가 하는 점이다. 이런 책임성을 띤 현재적 교회론과 관련하여 초대교회의 본질이라 할 수 있는 "성도의 교제"로 돌아가는 것이 특히 중요한 첫 단계일 것이다. 본회퍼의 체계적인 교회개념은 종교개혁의 초기에 이미 제시되었던 성도의 교제를 받아들이도록 구성되어 있다. 종교개혁으로부터 전수된 이 문제는 (이익)사회적 근대화의 특징에서 자유로운 종교적 주체의 개별성이 제한되었다.

이런 교회론적 문제는 종교적 개별성의 상호 의존적 측면과 대중교회의 형태를 띤 제도로서의 교회 사이에서 공동체로서 교회의 이해가 부족하다는 사실에 있다. 본회퍼는 교회개념의 개인주의적인 축소에 반대하여 다음의 세 가지 이론을 함께 중재함으로써 "성도의 교제"에 대한 의지를 보다 확고히 하려 한다. "개인의 이론(개별성의 측면)", "상호주체성의 이론(사회성의 측면)" 및 "제도이론(제도성의 측면)." 본회퍼에 의해 시도된 개별성과 상호성에 대한 글 외에도, 교회의 경험적 형태에 대한 신학적 이해를 위해 사회철학 및 사회학의 간학문적 제시가 풍성한 열매를 맺게 한다.

---

175) cf. SC. 181.
176) SC. 185.

본회퍼의 그런 신학적 프로그램은 사회적 상호작용 시스템과 제도로서 교회의 두 차원에 대한 상호 중재에 성공할 경우, 설득력 있게 수행될 수 있다. 교회는 공동체로서 이해한 만큼 교회로서 존재할 수 있기 때문이다. 교회론의 동시대적 고려의 관점에서 보여주듯이, 이것은 '지금' 펼쳐지는 교회론의 핵심 문제 중 하나일 것이다. 본회퍼의 본래적인 의도를 다시 한번 실현시키려는 자는 성도의 교제에서 동일한 기원을 가진 개별성과 사회성과 관련한 사회학적 통찰력의 도움을 받아 교회에 대한 신학적 접근을 밝히는 일과 계속해서 직면하게 될 것이다.

본회퍼는 루터와 함께 그리스도 안에서의 화해사건을 "즉각적으로 개별화하고 사회화하는" 과정으로 이해한다. 그리스도의 대속적 행위에 근거한 개별성과 사회성의 동일한 기원은 교회가 교제, 즉 신자들의 "더불어 위함"으로 이해될 정도로 교회를 이해할 것을 요구한다.

이처럼 본회퍼의 교회론적 신학사상에 있어 개별성과 사회성은 서로 대치될 수 없다. 오히려 현재 지배적인 다양성의 조건하에서 개별성과 사회성이 교회의 형태로 어떻게 집약시킬 수 있는지를 묻는 것이 필요하다. 본회퍼의 『성도의 교제』에서 교회에 대한 이해는 개별성, 사회성(상호주체성) 및 제도성이 종교개혁 신학의 사상을 흡수하는 신학적 반영으로부터 함께 중재된 것으로서의 개념정립을 목표로 한다.

물론 본회퍼는 교회의 사회 공동체적 형태가 완벽하게 실현될 수 있다는 착각을 하지 않는다. "성도의 교제"에 대한 교회의 이해가 자유롭게 소통적으로 구조화된 교회의 개념을 목표로 삼을 경우, 교회적 형태와 태도의 다양성을 부인하지 않고, 이런 다양성에 대한 생산적인 결과를 이끌어낼 수 있도록 교회적 행동이 설계되면 구현될 수 있을 것이다.

이런 관점에서 교회론은 믿음과 경험이 풍부한 교회 간의 의사소통과 갈등 지향적이고 논쟁의 여지가 있는 자연스러운 분출을 있는 그대로 수용하여, 그 대안을 찾아 해결하려는 노력을 목표로 삼아야 할 것이다. 이를 위해 분쟁의 중립화가 중요한 것이 아니라, 예수 그리스도의 대리적 행위의 화해사건을 근간으로 삼아 온전한 관계를 세우기 위한 소통적 해결이 중요하며, 이에 대한 표현과 형태는 돌이킬 수 없는 요구이다. 그 요구는 그리스도의 백성과 하나님과의 화해의 진리를 흐리게 하려는 것이 아니라, 세상의 현실 속에서 증인으로서 빛을 발하기 위한 것이다.

4장

에마뉘엘 레비나스(Emmanuel Levinas, 1906-1995): '타자의 얼굴'에서 주체성 토대 다지기

레비나스의 철학사상에 있어 특이점은 자아의 주체성을 자신이 아니라 타인에서 정립한다는 사실에 있다. 오랫동안 서구 유럽사상을 지배해 온 이성을 기반으로 한 에고(ego) 중심의 주체성 이해에 레비나스는 금을 내고 타자를 중심축으로 한 새로운 주체사상을 제시한다. 상술한 바 있듯이, 데카르트를 필두로 한 이성 중심의 '코기토', 칸트의 '선험적 통각' 내지 '초월적 통각', 인간의 자기의식을 통로로 삼아 신의 절대이성의 자기 전개가 펼쳐지는 것을 주장함으로써 신과 인간의 이성적 관련성을 제시한 헤겔, 인간 외부에 존재하는 것이 무엇이든지 간에 자아에 의해 설정되고 규정된다는 주장을 펼치는 셸링의 동일성 철학은 결국 보편타당성, 전체성, 통일성 및 동일성의 이름으로 인간 바깥에 존재하는 모든 사물과 타자를 포섭하고 흡수하려는 강제성과 폭력성을 낳았다.

그러함으로 인간 간의 차별화가 정당화되었고, 자연세계를 인간과 더불어 공존하는 대상이 아니라 인간의 입의 만족과 눈의 즐거움을 채우는 수단으로 전락하여 자연을 마구 파괴하고 훼손하는 폭군과 점령자의 모습으로 비쳤다. 이에 대한 반성으로 레비나스는 이성 중심의 자아에서 타인으로 중심축의 대이동을 선포하기에 이르게 된다. 자아의 자아성이 타자에 의해 확립되기 때문이다. 즉 자아성은 자아의 자율성과 독립성에서 비롯된 것이 아니라, 타자에 의해 호명되고 지명됨으로써, 타자의 윤리적 호소와 간청에 이끌림을 받는 책임적 사명감을 동반하기 때문이다.

이에 따라 본 장에서는 레비나스의 타인 중심의 축이 어떤 기반으로 형성되었는지, 그 축이 구체적으로 어떻게 작동하는지, 나아가 그런 그의 타자 중심의 윤리사상이 신학적 영역, 그중에서도 조직신학의 영역인 신론과 그리스도론, 나아가 기독교윤리학에까지 그 영역을 넓혀 변용할 가능성이 있는지, 그 경로를 추적해 볼 것이다. 이렇게 레비나스의 타자철학을 신학적 영역과 접속시켜 추적하다 보면, 교리와 윤리가 구분되는 것이 아니라, 한데 어우러져 맞닿아 있다는 사실이 드러나게 될 것이다. 교리는 윤리로 그 본질이 드러나며, 윤리는 교리를 바탕 삼아 그 타당성이 입증되기 때문이다. 더구나 "이 땅에 드러난 하나님의 신비한 지식과 계시를 밝히는 것이 신론의 가장 큰 주제라면 이러한 주제는 윤리적이고 실천적인 이웃 사랑을 통해 온전히 드러남을 밝힌 것으로 이해할 수 있기 때문이다."177)

---

177) 박원빈, 「신학담론으로서 타자윤리의 가능성과 한계」, 『기독교사회윤리』 16집(2008), 219.

1. 향유적 자아에서 타자로

레비나스는 타자 중심의 주체사상을 본격적으로 전개하기에 앞서, 먼저 자아의 자아 됨과 타자의 타자 됨, 즉 자아와 타자의 엄격한 경계와 분리를 주장한다. 그의 이런 구상은 근대 철학사상에서 나타나듯이, 타자가 자아에 의해 포섭되거나 흡수됨으로써 억압과 폭력을 동반하는 동일성 내지 전체성을 피하려는 의도에서 나온 것이다. 자라온 환경이 다르고, 배움의 정도가 다르고, 소유에 차이가 나며, 지적 능력에 차이가 있고, 감수성이 다르고, 얼굴 생김새가 다를지라도 인간으로서 가치와 인격에 있어서 차별화가 이루어져서는 안 된다. 이런 뜻을 지닌 상호주체성에 온전히 이르기 위해서는 먼저 자아와 타자의 주체성이 엄격히 구분되어야 한다. 자아는 자아로서, 타자는 타자로서 그 경계가 명확해야지 양자 간의 온전한 상호적 관계 맺기가 가능해지기 때문이다.

레비나스는 여기서 한 걸음 더 나아가, 자아와 타자와의 관계에 있어 근대 철학에서 그러했듯이, 차별하는 주체로서 자아와 차별받는 대상으로서 타자가 뒤바뀌는 소위 '역차별'을 주장하기까지 한다. 즉 자아가 타자에 포섭되고, 심지어 인질로 사로잡힌다는 극단적인 표현을 사용하기까지 한다. 타자가 '갑'이라면 자아는 '을'이 되는 위치전복이 일어난다. 여기서 타자는 '절대적' 존재로서 자아에 의해 포섭되거나 동화될 수 없는 독립적 영역을 갖는다.

> 레비나스에 의하면 절대적 타자가 결코 자아에 의해 동일화될 수 없다 함은 그것이 자아의 능력을 무한히 벗어나 있음을 의미하며, 바로 이러한 이유에서 절대적 타자는 참다운 의미의 초월자 혹은 무한이라 불릴 수 있다. 무한이란 바로 전체성에 저항하면서 전체성의 영역을 파멸시키는 영역이며, 바로 타자에 대한 절대적인 책임감

을 그 생명으로 하는, 타자와의 참다운 윤리적인 관계가 가능한 곳이다.178)

하지만 타자가 자아에 들어오기까지 자아는 자신의 이기적 성향과 기질이 그대로 남아 있어 감관을 가진 몸적 존재로서 욕구를 기반으로 하는 '향유'의 복을 누리는 것을 자신의 삶의 목적으로 삼는다. 여기서 '향유'라는 말은 자아의 개별적 욕구를 충족시켜 주고 즐거움을 제공해 주는 지극히 내면적 만족을 일컫는 용어이다.179) 때문에 향유는 타자의 영향에서 벗어나 외부의 것들을 자신의 것으로 흡착시켜 순전히 자신의 만족을 채우는 이기적 성향을 드러낸다.

레비나스에게 타자는 세 가지 종류, 즉 '사물 세계', '타인' 및 '신의 관념'이다. 여기서 '타인'과 '신의 관념'은 나의 의도성을 지닌 의지에 의해 포섭되거나 조정될 수 없는 독립된 개체로서 범접할 수 없는 영역이다. 반면 '사물 세계'는 자체적으로 주체성이나 인격을 갖지 못한 환경적 '요소'로서 자아의 의도에 좌우되는 수동적 사물 세계를 뜻한다. 때문에 타자로서 타인과 관계 맺기 전 사물세계는 인간의 자아에 의해 통제되는 욕구충족의 대상에 지나지 않는다.

하지만 타인이 자아로 진입하는 순간, 사물세계는 자아의 욕구충족과 이기심의 대상에서 허물을 벗어던지고 몸성에서 용출한 타자의 배고픔, 목마름, 연약함, 결핍 등에서 부르짖는 간곡한 호소와 간청을 채워주는 윤리적 기제로 변모한다. "예를 들면, 타자는 향유적 자아에게서 욕구의 대상, 노동의 질료, 소유의 대상이지만 다른 사

---

178) 이남인, 「상호주관성의 현상학-후설과 레비나스」, 『철학과 현상학 연구』 18(2001), 19.

179) 김연숙은 '향유'에 대해 보다 구체적으로 다음과 같이 설명한다. "몸을 지닌 인간의 존재양식, 몸적 존재, 감성적 존재로서의 인간의 삶을 향유라 할 때 '향유란 삶의 양식이자 영양과 내용이 되는 누림'으로 이해할 수 있다." 김연숙, 「레비나스의 윤리적 주체에 관한 연구」, 『철학연구』 53집(2001), 272.

람과의 윤리적 관계를 통해 형성되는 사물과의 관계는 욕구의 절제, 탈소유로의 전환이 이루어진다.”[180] 이렇게 해서 레비나스는 동일성을 자아가 아니라 타자에 접목시켜 그 수액과 영향소를 공급받아 자아의 동일성을 배양시키고자 한다.

이렇듯 레비나스의 상호주체성 이론은 논증되어야 할 '자아의 동일성'을 논증의 근거로 삼는 피히테(Fichte)의 순환논증(循環論證)[181]도 아니요, 또한 자의식의 형태에서 타자와의 변증법적 대립으로도 이해하지 않는다. 주체-객체의 도식을 넘어 자아의 존재 방식은 의지에서 나온 의도성의 형태를 취한다.[182] 그런 의도에 대한 사고는 생각이 현상과 끊임없는 운동이라는 현상학적 지식을 표현한다.[183] 내가 아닌 타자로부터의 동일성은 의도성으로서 생각과 지각 속에서 수행된 자아로의 수용이다.[184] 이런 수용을 통해 동일성은 첫 번째 사람의 인물을 식별한다.

그러나 동일성에 관한 이런 수행은 사유적 행위의 문제일 뿐만 아니라, 오히려 존재의 행위, 즉 자아의 본질에 다음과 같은 영향을 주는 행위이다. “자아는 항상 동일하게 머물러 있는 존재가 아니라, 모든 존재에 의해 자신의 동일성을 발견하면서 자신의 존재를 확립시키는 존재이다.”[185] 이렇듯 자아는 선험적으로 고착화되거나 정형화

---

180) 같은 책, 271.

181) cf. Emmanuel Levinas, *Totalität und Unendlichkeit*, (Freiburg/München : Alber Verlag, 1993), 41. 이후 TU로 약칭 사용.

182) cf. E. Levinas, *Gott und Philosophie*, hrg. von B. Casper, (Freiburg/München : Alber Verlag, 1992), 226.

183) cf. E. Husserl, *Formale und transzendentale Logik. Versuch einer Kritik der logischen Vernunft*, (Tübingen : Max Niemeyer Verlag, 1981), 168.

184) cf. E. Levinas, *Die Spur des Anderen. Untersuchungen zur Phänomenologie und Sozialphilosophie*, (Freiburg/München : Alber Verlag, 1998), 189.

185) cf. TU, 40.

된 존재가 아니라, 외재적인 것에 둘러싸여 영향을 주고받으면서 자라나는 '생성' 혹은 '됨'의 특성을 지닌다.

레비나스는 서양의 주체철학과는 달리 자아 속에 고립된 채 갇혀 있는 자신을 자유롭게 하기 위해 타자와 관계를 맺음으로써 자아에 대한 개념을 발전시켜 나간다.[186] 이를 통해 그는 자신의 현상학을 타자철학으로 향하게 한다. 타자의 실존은 모든 것을 포섭하려는 전통철학의 주체에게 그것을 다 담을 수 없는 현실을 보여준다. 왜냐하면 원초적 현실성이자 나를 주시하는 얼굴로서 타자는 나의 인식 범위와 통제에서 벗어나 초월성과 무한성을 지니며 관찰하는 자로서 주체의 조작능력을 제어시키기 때문이다. 따라서 주체는 타자를 현상의 원리로 인식한다.

서양 전통철학에 있어 '이방성'은 타자의 타자성 인식에 있어 현상학적 시작점을 형성한다. 레비나스는 이런 이방성이 타자의 본질을 암시한다는 사실을 타자는 그 자체로 '벗겨져 있는', '노출된', 아무에게도 영향 받지 않는 그대로의 상태인 점을 통해 강조한다. 뿐만 아니라 레비나스는 타자에 대해 외부적인 그 어떤 것에도 영향을 받지 않는 오로지 타자 자신을 통해 규정된다는 점을 보여주기 위한 의도로 다음과 같이 비유적으로 설명한다.[187] "타자는 형태가 깨어져 있는, 세상에서 순수한 구멍이다."[188] 모든 형태가 옷을 벗은 채 나체로 있으며, 낯선 것이며, 과부요 고아다.[189] 이것은 타자는 고정

---

186) cf. E. Levinas, *Die Zeit und der Andere*, hrg. von Ludwig Wenzler, (Hamburg : Felix Meiner Verlag, 1991), 22.

187) TU, 63.

188) Levinas, *Humanismus des anderen Menschen*, hrg. von Ludwig Wenzler, (Hamburg : Felix Meiner Verlag, 2005), 63.

189) cf. Levinas, *Die Spur des Anderen*, 222.

적이며 일정한 형태를 띠고 있는 것이 아니라, 세상의 변화 속에서 유연성을 지닌 것임을 뜻한다. 이로부터 레비나스에게 타자의 타자성은 존재 자체의 자기실현과 다른 무엇으로 이해된다.[190] 때문에 타자는 나와 함께 고정된 일정한 형태를 형성할 수 없기 때문에 우리 안에 통일성 내지 일치를 형성할 수 없다.[191]

타자의 타자성은 자아의 모든 주도권과 지배에 앞서 있기 때문에 타자는 자아와는 다른 상태로 있다.[192] 타자는 생각된 것 이상으로 존재한다. 타자로서 그 고유성과 유일성을 유지함으로써 자아로부터 독립해서 타자는 자유롭게 머물러 있다. 타자는 "이방인, 즉 자유인을 의미하기 때문이다."[193] 타자는 나와 합병되지 않기 때문에 나는 인식하지 못하거나 이해하지 못한다. 그는 나에게 낯선 것으로 남아 있다. 이 낯섦은 타자를 위한 자유를 의미한다. 따라서 자유는 타자성 안에 평온하게 정착해 있게 된다. 이렇게 해서 자아와 타자 사이에 엄격한 경계가 설정되어 확실한 '분리'가 생겨난다.

여기서 한 가지 질문이 제기된다. "자아와 타자 사이에 확실한 분리가 이루어진다면, 그들 사이를 잇게 해주는 징검다리는 존재하지 않는가?" "자아는 자아로서, 타자는 타자로서 각자가 자신의 고유한 영역에 머물게 되어 서로의 영역싸움이나 헤게모니 쟁탈전에 빠질 수밖에 없는가?" "그들 사이를 연결시키는 접속점이 과연 없는가?" 이런 질문에 대한 해결책을 레비나스는 타자에로의 '초월(la transcendance)'과 타자를 향한 '열망(desir)'에서 찾는다.

---

190) cf. TU, 35.
191) TU, 44.
192) cf. TU, 44.
193) TU, 44.

이 같은 초월, 자아로부터 타자에로의 초월, 나로부터 타인에로의 초월이야말로 윤리적 관계형성의 올바른 계기라 할 수 있다. 타자에 대한 열망과 타자에로의 초월이야말로 자아가 타자를 대상화하여 자아 안으로 포섭하고 자기화하고 장악하고 동일시하는 방법과 구분된다. 이 같은 초월적 관계에서 타자의 근본적 다름, 타자성은 절대적으로 보존되며, 존중받을 수 있다.194)

열망이 초월을 가능케 하는 추동력으로 작용한다면, 초월은 열망을 불러일으키는 원동력으로 작용함으로써 이 두 요소는 상보적 역할을 감당해 나간다. 이에 따라 자아와 타자 사이에 이방성으로 인해 발생된 '분리'가 동시에 자아와 타자 사이를 잇게 하는 '상관관계'로서의 가능성이 주어지게 된다. 따라서 이방성이 만들어낸 자아와 타자의 분리는 동시에 상호 관계를 발생시킨다.

레비나스의 이런 의도와 구상은 절대적 이질성으로서 타자의 존재가 관계의 "진입지점", 즉 자아에 절대적으로 머물 수 있는 가능성과 관련해서 형성된다.195) 따라서 분리는 타자의 또 다른 특성으로 자리매김한다. 이런 상관관계는 분리의 개념이 소통의 과정 자체에 영향을 미치지 않는다는 점을 분명히 하기 때문에 중요하다.

따라서 레비나스는 분리를 소통 파트너의 상호 동일성의 식별규정을 위한 필수 조건으로 이해한다. 무엇보다 그에게 분리는 자아와 타자의 환원 불가능한 현실을 지적할 수 있는 가능성이다. 더욱이 분리는 범접할 수 없는 타자가 자아의 동등한 상대라는 사실을 나타낸다. 그래서 레비나스의 다음의 진술을 이해할 수 있게 된다. "분리는 절대적이지만 그럼에도 아직 관계에 있는 용어들 사이에 틈을 형성한다."196) 그러므로 타자성과 상관성은 자아와 타자 간의 관계를

---

194) 김연숙, 「레비나스의 윤리적 주체에 관한 연구」, 276-277.
195) TU, 39.

맺기 위한 이론적인 조건이다.

그러나 여기서 이렇게 분리된 채 존재하는 자아가 어떻게 타자로 초월해 갈 수 있는지 의문이 든다. 레비나스가 앞서 말한 것처럼, 행복으로 가득 찬 자율적인 상태의 향유를 누리면서 이기적으로 존재하는 자아는 자기 자신과 동일시된다.[197] 그러나 이 행복은 오래가지 않아 자신을 넘어 타자를 향한 '열망'으로 넘어간다. 분리된 존재자의 행복이 아무리 훌륭해도 자아가 타자를 알지 못하기 때문에 무언가 부족하다. 분리된 존재자의 그런 행복은 실제로 불행이기 때문이다. 고독에서 행복은 없다. 분리된 존재자는 타자를 향한 이 열망으로 인해 분리된 실존 자체를 넘어 무한으로 넘어가려 하기 때문에, 분리 그 자체는 형이상학적 범주로 드러난다.[198] 따라서 레비나스의 상호주체성에 있어 분리는 역설적인 방식으로 소통의 가능성을 열어준다. 분리는 분리된 존재의 현존규정으로부터 자아와 타자의 관계를 위한 토대를 형성시키며, 이를 통해 자아가 새로이 정립되는 계기가 마련된다.

이 시점에서 레비나스는 의식적으로 부버(M. Buber)와 하이데거(M. Heidegger)의 상호주체성의 개념에서 벗어나려 한다. 부버는 'I-Thou' 관계의 직접성을 'I-you'에 정초시킨다.[199] 이 관계는 나와 너의 상호성에서 본질적으로 분리될 수 없기 때문에, "관계는 상호

---

196) TU, 318.

197) TU, 76, 81.

198) TU, 82. 레비나스에게 '무한'은 "어떠한 능력도 미치지 못하고 어떠한 기반도 더 이상 지탱할 수 없는 변화의 깊이"를 뜻한다. E. Levinas, *Of God who comes to Mind*, trans. Bertina Bergo (Stanford : Stanford University Press, 1998), 66-67. 박원빈, 「신학담론으로서 타자윤리의 가능성과 한계」, 226에서 재인용.

199) cf. M. Buber, "Ich und Du", in : ders., *Das dialogische Prinzip*, (Lambert Schneider Verlag, 1984), 15.

성이다."200)고 주장하는 부버에게 '분리'는 가능하지 않다.201) 레비나스에 따르면, 부버에 있어 나와 너의 관계는 대담자 중 한 명으로부터 온 것으로 생각되지 않기 때문에, 그들 사이의 관계는 대등하며 중립적 무게를 갖는다. 때문에 나와 너 사이에 근본적으로 차이가 발생하지 않는다. 그러나 이런 식으로 나와 너 사이에 관계가 형성된다면, 형식상으로는 대등하고 공정해 보이지만 자아와 타자의 고유성과 유일성이 자칫 사라지게 되어 양자 간 어느 한쪽으로 포섭되거나 흡수되는 위험성 또한 간과할 수 없다고 레비나스는 비판한다.202) 동시에 레비나스는 '더불어 존재(Mitsein)'에 대한 하이데거의 입장에 대해 비슷한 방식으로 비판한다. 하이데거에게 '더불어 존재'는 현존의 규정성에 있어 중요한 의미를 띠고 있다.203)

'세계내존재(In-der-Welt-Sein)' 내지 '세계로 던져진 존재'로서 현존은 '더불어 세계(Mitwelt)'를 공유하는 타자와의 만남을 발생시킨다.204) 그러나 레비나스에게 이런 사유는 타자가 '더불어 존재자'로서 현존에 의해 사유되고 현존의 의도에 종속되는 위험성을 의미한다. 때문에 레비나스에게 하이데거가 정립한 타자는 부버의 경우와 마찬가지로 실재적 타자로서 생각되지 않는다.205)

---

200) 같은 책, 19.

201) cf. E. Levinas, *Gott und Philosophie*, 223.

202) cf. B. Fassbind, *Poetik des Dialogs : Voraussetzungen dialogischer Poesie bei Paul Celan und Konzepte von Intersubjektivität bei Martin Buber, Martin Heidegger und Emmanuel Levinas*, (München : Wilhelm Fink Verlag, 1995), 46.

203) cf. Martin Heidegger, *Sein und Zeit*, (Tübingen : Max Niemeyer Verlag, 1984), 117.

204) 같은 책, 118.

205) cf. TU. 56.

2. 언어소통과 초월성

레비나스는 자아와 타자 간 만남과 관계의 중심에 '언어'를 제시한다. 훔볼트(W. Humboldt)와 마찬가지로 자아와 타자 사이의 관계형성에 있어 '대화를 나눈 언어'가 그에게 중심적인 역할을 한다. 언어가 타자의 '부름(Anruf)'을 야기시켜 결국 관계를 형성하기 때문이다. 뿐만 아니라 이것은 부르는 '호칭(Anrede)'에서 '나'의 특별하고 유일하며 독창적인 존재로서 자아가 드러나기 때문이다.[206]

레비나스에게 자아와 타자 간의 이런 언어적 관계는 특별한 관계를 형성한다. 사랑하는 연인 간의 관계처럼 언어관계는 타자와의 거리(distance)에 다리를 놓게 하지만, 그렇다고 그 거리가 소멸되지 않는다.[207] 자아가 무한자인 타자로 넘어가 관계를 형성시키더라도 이 관계가 자아의 이기심(egoism)을 포기하지 않게 한다.[208] 즉 자아는 타자에게 다가가 그 안에서 자신을 잃어버리는 것이 아니라, 자신 그대로 남아 있다. 따라서 향유에서 비롯된 이기심은 자아의 자아성과 타자의 타자성을 유지시키는 분리성을 보장해 준다.[209] 그러므로 레비나스에게 '이기심'은 무자비하게 자신의 이익만을 추구한다는 의미에서 부정적으로 이해되어서는 안 된다. 이기심은 자아와 타자 간의 만남에서 타자에로의 완전한 융합을 초래하는 '상호 간 더불어 존재(Miteinandersein)'의 형태를 취하는 것을 저지시키기 때문이다.

---

206) TU. 45.
207) TU. 45, 85.
208) TU. 46.
209) TU. 46.

이런 의미에서 양자 간의 관계를 맺게 하는 만남은 말 그대로 기회이자 '위기'이다. 만남을 통한 관계형성이 동일하며 대등한 차원에서 이루어질 수도 없지만, 그럼에도 그런 관계를 추구한다면, 그 관계는 오래 지속되지 못해 파국으로 치닫게 될 것이다. 그러나 만남에서 타자가 무한한 것으로 보이기 때문에, 무한한 타자를 향한 자아의 끝없는 여정이 펼쳐진다. 이를 통해 자아의 무한 '됨'이 동시에 선포된다.

레비나스가 강조한 언어의 본질적인 요소는 '부름'이다.210) '부르는 언어'로서 언어는 타자를 향한 방향전환이자 접근이며, 타자의 '계시'의 매개체이다.211) 세상에서 타자와의 만남이 일어났음에도 마치 그가 세상에 속하지 않은 것처럼, 즉 비객관적 존재인 것처럼 부름 받는다. 타자를 향한 이런 방향전환에서 자아는 더 이상 자신이 아니라 타자에게 맞추어져 있다. 대화를 통해 맺어지는 이런 관계는 타자와 마주해서 자아의 초월성을 보증한다. 따라서 대화는 초월성의 근원적 방식에 해당한다.212)

이런 초월적 관계를 토대로 해서 주체는 타자에게 거주지를 발견하여 머무르게 된다.213) 세계를 하나의 시스템(system) 안에서 질서 지우며 통치하려는 경향을 지닌 헤겔의 세계정신214)과는 다르게, 주체는 세계로부터 자신의 비의존성을 타자로 인해 발견한다. 레비나스에게 자아의 본질은 타자로부터 결정되기 때문이다.215) 따라서 그

---

210) TU. 92.

211) TU. 99.

212) Levinas, *Gott und Philosophie*, 225.

213) cf. TU. 215.

214) cf. G. W. F. Hegel, *Phänomenologie des Geistes*, (Frankfurt a.M. : Suhrkampk, 1986), 325.

215) cf. TU. 159.

에게 자아와 타자 간의 관계란 자아와 타자 상호 간 뚜렷한 경계에
도 불구하고, 초월적으로 이어지는 관계를 뜻한다. 따라서 초월성은
자아의 현존에 있어 자신만을 향해 나아갈 수 없도록 한다.216) 오히
려 자아로 존재한다는 것은 자신 바깥에서 복을 구하고 누리며 존재
한다는 것을 뜻한다.217)

　　나아가 레비나스는 타자를 포착하지 않는 한 타자를 상상도 할 수
없다는 차원에서 언어를 "만지다"의 뜻으로도 설명한다.218) 이것은
나와 너 사이의 초월적 관계에 있어 나와 너의 고유성과 개별성에
아무런 영향을 미치지 않는다는 점을 나타낸다. 타자의 동일성이 자
아에 의해 침해받지 않기 때문이다.219) 그러므로 관계를 지향하는
언어에서 자아와 타자는 서로 분리된 채 관계를 유지해 나갈 수 있
다.220) 이를 토대로 레비나스는 부버와는 달리 자아와 타자 간의 관
계를 '비대칭적' 관계로 표현한다.221) 이 관계가 나에게만 알려지고,
심지어 그 결과 또한 나에게만 알려짐으로 인해 타자와의 비교가 불
가능하기 때문이다.222) 이 외에 이런 비대칭성은 자아와 타자 간의
분리에서 나온 당연한 논리적 결과이다. 따라서 타자는 부버와 달리
자아에 의해 생각되지 않으므로 자신의 고유성에서 그대로 보존된

---

216) cf. TU. 160.

217) cf. TU. 167.

218) TU. 93.

219) cf. Levinas, *Gott und Philosophie*, 226.

220) cf. TU. 85.

221) 이런 관점에서 레비나스는 부버가 발전시킨 "사이에(Zwischen)"에 대한 사고를 비판한다. 즉
레비나스는 '더불어 존재'의 존재성을 표현할 수 있기 위해 "사이에"에 함의된 주체의 존재
론적 개념에 의해 임의적이며 공감할 수 없는 틈을 깨뜨릴 수 있다고 주장하는 부버를 비판
한다. 심지어 레비나스는 부버의 그런 만족스럽지 못한 사고과정에 대해 다음과 같은 말로
대신한다. "사이에보다는 … 차라리 위에." Levinas, *Gott und Philosophie*, 226.

222) cf. TU. 67.

다. "그러한 비대칭성이야말로 '나'에 의한 타자의 잔유를 불가능하게 하고, 형이상학적 전체성과 단절하며, 자기성에 대한 타자성의 우위를 확증하는 근거이다."223)

1) 언어 전(前) 언어로서 타자의 주시

상술한 것처럼 언어로 부르는 것이 자아와 타자 사이의 관계를 맺게 하는 것으로 드러났다. 그러나 언어를 통해 어떤 관계도 성립되지 않는다면 어떻게 될까? 즉 타자의 부름에 자아가 듣지 않는다면 어떻게 될까? 언어가 불의와 이기심으로 가득 찬 세계에서 어떻게 관계를 형성할 수 있을까? 관계를 형성하기 위해 조건을 충족시켜야 하는 점을 고려할 때, 레비나스는 '언어 이전에 언어'라는 조건을 제시한다. 즉 타자와의 대화가 아직 진술되지 않았음에도 대화할 준비를 갖춘 원리를 전제한다.

여기서 레비나스는 플라톤의 작품 "Politeia"에서 한 문제에 봉착하게 되는데, 그것은 들을 의지가 없는 자들을 설득시키는 것이 과연 가능한 일인지에 관한 것이다. 플라톤의 이런 문제에 관한 고려에서 레비나스는 타자와의 관계를 가능하게 하기 위해 '담론 이전의 담론'과 '이성 이전의 이성'이 이미 존재한다는 결론에 이른다.224) 달리 말해 그에게 '담론 이전의 담론'은 타자의 얼굴을 '바라봄'과 동시에 발생한다.

이런 '바라봄' 내지 '주시'는 레비나스에게 한 특별한 바라봄, 즉

---

223) 서용순, 「데리다와 레비나스의 반(反)형이상학적 주체이론에서의 정치적 주체성」, 『사회와 철학』 28집(2014), 330.

224) cf. Wolfgang N. Krewani, *Emmanuel Levinas : Denker des Anderen*, (Freiburg/München : Karl Alber Verlag, 1992), 146.

'보고 경험하는 것'이다.225) 그에게 얼굴은 그런 특별한 바라봄을 통해 타자에게 나타나는 표현의 의미를 지닌다. '벌거벗음'이라는 표현에서 알 수 있듯이, 그는 무한성을 지닌 타자의 얼굴에 '열려 있음'이라는 현상학적 규정을 제시한다. 이런 식으로 신의 '흔적'과 '자취'로서 타자의 얼굴은 자신을 '현현(Epiphanie)'하는 방식이다. 얼굴은 상대방이 말하기 전에, 또는 생각과 징후가 교환되기 전에 무언의 말을 한다. 그래서 레비나스는 "표현의 주요 내용은 이 표현 자체이다."226)고 말한다.

그러므로 레비나스가 '언어 이전 언어'에 관해 말한다면, 무엇보다 '언화(言化)' 행위로 형성된 '간접적인' 관계와 비교할 때, "이전으로부터"와 "얼굴과 얼굴을 대하여"227)라는 표현은 '직접적인' 관계로 이해된다. 얼굴에서 타자 자신이 살아 있는 현재로서 현존하기 때문에 바라봄은 이미 '만남' 자체이다. 따라서 자아와 타자 간 얼굴과 얼굴을 대하는 만남 자체가 자아를 변화시키는 '사건'으로 작용한다. 자아는 여기서 변화를 체험한다. 즉 타자를 '바라봄' 자체에서 형성된 관계에서 자아의 '됨'으로 진입하기 시작한다. 레비나스의 이런 사상이 이어지는 내용에서 보다 더 명료해질 것이다.

2) 책임으로 타자의 소환

자아와 타자 간의 만남이 가져다준 관계는 자아의 일방적인 발의로 인해서 이루어진 것이 아니다. 만약 그렇다면, 레비나스 자신이

---

225) cf. TU. 281.
226) TU. 64.
227) TU. 111.

근대의 주체철학에 대해 비판한 것과 별반 차이가 없다는 혐의에서 벗어날 수 없을 것이다. 오히려 레비나스는 타자 자신이 이 관계에서 주도권을 갖는다는 견해이다. 여기서 그는 타자와의 관계의 시작을 구성하는 '부름'이나 '직감'의 순서에 대해 생각한다. 즉 그는 타자의 얼굴을 대면하는 순간, 이미 자아에 의해 보호받기를 요구한다는 견해이다. 왜냐하면 타자는 고아와 과부, 가진 것이 없고 배우지 못한 자, 소외되고 억압받는 자 등 사회적으로 약자를 뜻하기 때문이다.228)

타자의 얼굴과 마주하자마자 책임에 대한 호출로서 자아에 의해 감지된다. 책임으로의 이런 소환은 거절될 수 없다.229) 아니, 레비나스는 이런 소환을 뿌리칠 수 없을 뿐만 아니라, '인질로 붙잡힌 자'라는 극단적인 표현을 서슴지 않는다. 그런 타자와의 마주침은 선택의 문제가 아니라, 책임과 의무를 지닌 윤리적 명령으로 다가온다. 책임으로 부름 받은 윤리적 명령이 타자에 기원을 두고 있기 때문에, 타자가 비로소 인식된다.230)

이렇듯 책임에 대한 요구가 윤리적인 명령이므로 레비나스는 존재론의 영역 이전에 윤리의 영역을 제시한다.231) 그에게 타자존재의

---

228) 이상철은 이런 타자에 대한 21세기형 버전으로 다음과 같이 소개한다. "여기서 말하는 타자들이란 신자유주의 체제 속에서 새롭게 등장하는 타자들과 호환 가능하다. 예를 들면 이주 노동자, 다문화 가정, 노숙자, 난민 등과 같이 나그네 된 사람들, 혹은 사회적 편견과 괄시 속에서 권리를 박탈당한 사람들(예 : 신체장애자, 성 소수자, 미혼모 등)이 그들이다. 이들은 모두 전체성의 논리에서 보자면 동일성 안으로 포함되지 못하고 변방에 머물렀던, 레비나스가 말하는 타자의 21세기형 버전이라 할 수 있다." 이상철, 「본회퍼와 레비나스의 타자의 윤리」, 69.

229) TU. 289.

230) "레비나스의 책임은 보다 근원적인 것으로서 책임 그 자체가 주체의 근본적인 개념 가운데 포함되어 있다고 할 수 있다. 다시 말해 주체의식을 가진 인간이면 누구나 다 윤리적으로 책임적인 존재이다. '나'라는 주체는 타인에 대해 책임을 지고 있는데, 개별 주체로서 나의 존재는 전적으로 타자와의 관계 가운데 얽혀 있기 때문이다." 박원빈, 「신학담론으로서 타자윤리의 가능성과 한계」, 229.

계시는 책임을 동반한 부름을 의미하기 때문이다. 따라서 그에게 윤리가 첫 번째이고, 존재론이 두 번째 위치를 점한다. 존재론 이전의 이러한 윤리적 분류는 레비나스의 상호주체성 이론의 새로운 전기를 마련한다. 이것은 또한 윤리가 주체로부터 결정된다는 계몽주의의 이해, 특히 모든 도덕개념은 이성에서 "완전히 선험적으로 기원한다."232)는 칸트의 윤리사상으로부터 단절을 의미한다. 따라서 주체에 대한 레비나스의 이해에 따르면, 인간은 책임을 수용하는 것에서 비로소 자아로 존재하게 된다.

이와 동시에 자아는 타자에 '얽매임' 내지 '인질로 붙잡힘'에서 자신의 진정한 자유가 존재한다. 달리 말해 주체성과 인간의 자유는 타자에 대한 책임에서 빛이 난다. 따라서 레비나스에게 인간의 자유는 역설적 의미로 드러나며, 인간은 자유와 책임의 조화 속에서 살아가거나, 또는 책임 있는 자유 속에서 살아간다. 레비나스의 자유에 대한 이런 이해에 따라 책임성을 동반한 자아의 타자와의 만남은 자신의 존재를 초월하는, 즉 주체 자체에 머물러 있는 존재를 넘어서는 방법을 가능케 한다.233) 책임의식을 가진 존재자가 이기심 없이 사랑으로 충만케 되면, 그는 자신과의 밀접한 유대관계가 사라지게 된다. 즉 이기심 없이 사랑으로 살아가는 책임의식을 지닌 존재자는 자기 자신에 얽매임으로부터 해방시켜 준다는 말이다. "아무도 스스로 머물 수 없다. 그 사람의 인간성, 주체성은 타자에게 열려 있는 책임성이다."234)

---

231) TU. 289.

232) I. Kant, *Grundlegung der Metaphysik der Sitten*, in : (Hg.) W. Weischedel, Werkausgabe Ⅶ, (Frankfurt a.M. : Suhrkamp, 1989), 38.

233) cf. E. Levinas, *Jenseits des Seins oder anders als Sein geschieht*, (Freiburg/München : Karl Alber Verlag, 1992), 52.

레비나스는 종교 개혁자인 마르틴 루터(M. Luther)의 "자유"에 대한 사상에 근거하여 타자의 자유를 위해 자신의 자유를 포기할 때, 아무에게도, 아무것에도 얽매이지 않는 참된 자유를 누릴 수 있다고 주장한다. 이렇듯 주체는 자기 자신으로부터 멀어져 가면서 자신 그 자체로 존재한다. 이에 따라 레비나스는 서구 근대의 대표적 철학자인 데카르트나 칸트처럼 주체성을 인식과 행위의 중심이 아니라, 타자에 의해 결정된 "위함의 구조(Für-Struktur)"로 특징짓는다. 그러므로 자아는 얼굴로 다가오는 타자에게 윤리적으로 말을 걸고 대응함으로써, 그 가치를 갖는다.235) 때문에 레비나스에게 자아의 자아성은 타자를 위한 책임성에서 그 본질을 찾을 수 있다.236)

이뿐 아니라 레비나스가 존재론에 앞서 책임감에 기초한 윤리의 우선배치는 윤리적 행위로서 존재실현의 가능성을 열어주면서 그 의미를 드러낸다. 윤리적 수행은 자아의 시간 이전부터 이어지는 타자시간으로의 침입으로 시작된다. 이런 침입은 앞서 존재하는 자아의 전체성의 파괴를 의미함과 동시에 '더불어 삶'의 시간으로서 새로운 시작을 설정하는 것을 의미한다.237) 이 시간은 윤리의 시간(에온)이며 자아의 새로운 동일성 형성의 시간인데, '생성'과 '됨'을 끝없이 배태하면서 지속되는 시간이다.238) 따라서 자아는 타자의 미래에 부합하는 역사 속에서 타자를 위한 존재로 등극한다. 레비나스는 이런 "위함의 구조"를 타자의 수용으로 묘사한다. 타자의 수용은 동

---

234) Levinas, *Humanismus des anderen Menschen*, 1972, 109.

235) cf. TU. 283.

236) Levinas, *Humanismus des anderen Menschen*, 110.

237) cf. TU. 381.

238) TU. 410.

시에 자아의 '내어줌'이나 '퇴각'을 동반한다. 자아는 이 과정을 통해 자신의 새로운 '시작'이 형성되며 자신의 동일성을 잃어버리기 때문에, 존재 방식은 타자가 자신과 더불어 존재하는 것에 있다.[239]

레비나스는 자아 속에 타자의 이런 중재형태를 '영감(inspiration)'으로 묘사하며, 그 영감을 자아 속으로 타자의 '들어감'으로 이해한다.[240] 이렇게 함으로써 영감은 '몸에 혼을 불어넣음'의 인간학적 터를 잡게 된다. 이를 바탕 삼아 레비나스는 영혼의 개념을 유대적·성서적 인간학에 기대어 '네페쉬(nepesh)'로서 생의 원리와 인간 현존의 토대로 적용시킨다.[241] 이렇게 영혼은 몸의 표현으로 이해되기 때문에 레비나스는 영감을 소통에 참여하는 자아와 타자, 양자 간의 "상호 더불어 존재"로 규정한다.[242] 이런 식으로 자아는 타자가 되지는 않지만 동일자로 머물러 있는 정태적(靜態的) 존재가 아니라, 끊임없는 변화를 일으키는 동태적(動態的) 존재가 된다.[243] 이렇듯 레비나스의 상호주체성에 있어 현재적 '됨'으로서 소통은 자아와 타자의 '상호 내어줌'을 통해 발생한다. 이 상호주체성은 레비나스가 말했듯 "본래의 언어, 단어와 문장이 없는 언어"와 일치하며, "순수한 소통"이다.[244]

---

239) cf. Levinas, *Jenseits des Seins*, 154.

240) 같은 책, 154.

241) cf. Ulrich Dickmann, *Subjektivität als Verantwortung. Die Ambivalenz des Humanum bei E. Levinas und ihre Bedeutung fuer die theologische Anthropologie*, (Tübingen/Basel : Francke Verlag, 1999), 401.

242) cf. Levinas, *Jenseits des Seins*, 42.

243) cf. TU. 398.

244) Levinas, *Die Spur des Anderen*, 280.

3. 상호주체성의 신학적 변용

신학에서 상호주체성은 신론, 그중에서도 삼위일체론에 있어 '페리코레시스(περιχώρησις)' 개념에 기초하여 고려해 볼 수 있다. 이용어는 초대 교부인 이레네우스, 아타나시우스 및 나지안주스의 그레고리의 작품에서 처음으로 발견되나 체계적이며 본격적으로 소개된 것은 다마스쿠스 요한(Iohannes Damascenus, 675?-749)에 의해서이다. 페리코레시스는 '페리코레오(περιχώρεω)'라는 헬라어 단어에서 유래하며, '상호 순환', '상호 내재', '상호 참여', '상호 침투' 등을 의미한다. 따라서 신학에서 페리코레시스의 개념은 무엇보다 신적 위격의 완전한 상호주체성으로서 삼위일체와 관련된 맥락에서 사용될 수 있다. 즉 삼위 하나님의 존재는 본질적으로 상호 주체적 존재로 규정될 수 있다는 말이다.

이런 페리코레시스의 상호 주체적 의미를 신학적으로 적용시킨 학자로 독일의 조직신학자 위르겐 몰트만(Jürgen Moltmann)을 들 수 있다.245) 삼위 간 상호 순환적으로 침투하며 내주해 있는 페리코레시스를 드러내는 주요 성서적 근거로 요한복음에서 찾을 수 있다. "나와 아버지는 하나이니라."(10 : 30), "나를 본 자는 아버지를 보았거늘 (중략)"(14 : 9), "내가 아버지 안에 거하고 아버지께서 내 안에 계심을 믿으라."(14 : 11), "아버지께서 내 안에, 내가 아버지 안에 있는 것같이 (중략)"(17 : 21).

---

245) 이에 대해 보다 자세히 알려면 다음의 자료를 참고하라. 곽미숙, 『삼위일체론 전통과 실천적 삶』, (서울 : 대한기독교서회, 2009), 137-149; 신옥수, 「몰트만의 사회적 삼위일체론」, 『장신논단』 Vol.30(2007), 211-217. 레비나스의 타자철학을 기독교 신학과 접목시켜 체계적으로 소개한 국내작품으로 다음을 참고하라. 박원빈, 『레비나스와 기독교 : 기독교 신학적 관점에서 바라본 현대철학』, (서울 : 북코리아, 2010).

몰트만에 따르면 이 구절들을 근거로 성부·성자·성령의 삼위는 서로 혼합되거나 용해되거나 뒤섞이지 않은 채, 한 본질 안에서 영원한 사랑의 사귐을 통해 상호 소통하고 교제함으로써 일체(Einigkeit)를 형성한다. "즉 삼위일체의 위격들은 서로 상대방 안에 내주하면서 영원한 사랑의 힘으로 존재하기 때문에 하나이며, 영원한 신적인 삶의 순환 속에서 일체성을 형성한다는 것이다."246) 몰트만은 이런 페리코레시스의 개념을 삼위 간에 적용시킬 뿐만 아니라, 하나님이 지으신 인간을 비롯해 피조세계 전반으로 그 범위를 확장시킨다.

즉 삼위 간 공동의 사랑이 흘러넘침으로 하나님의 형상으로 지음받은 인간으로까지 전달되어 상호 소통하며, 배려하며, 인정하는 사랑의 공동체를 형성케 한다. "하나님이 우리 안에, 우리가 하나님 안에" 머물면서 사랑의 교제와 사귐이 현실화된다. "삼위일체 하나님의 사귐과 일체는 모든 생명체와 사물들이 지배와 억압 없이 상호 간에 존중하고 상호 간에 인정하는 자유롭고 창조적인 사귐과 일체를 위한 모체와 삶의 공간이 된다."247) 이처럼 완전한 신적 위격의 공동체가 완전한 신적 상호주체성에서 일치하는 것처럼, 신의 존재는 소통적 공동체로 정의될 수 있다. 이런 관점으로부터 "우리를 위한(für uns)" 하나님은 또한 하나님과의 교제에 참여 가능함을 의미한다.

이와 관련하여 그리스도의 성육신(incarnation) 역시 신-인의 페리코레시스적 회복이라 할 수 있으며, 이에 따라 그리스도론의 맥락에서 페리코레시스의 다양한 의미를 발견할 수 있다. 그리스도론에 있

---

246) 곽미숙, 『삼위일체론 전통과 실천적 삶』, 142.
247) J. Moltmann, 『삼위일체와 하나님의 역사』, 이신건 역, (서울 : 대한기독교서회, 1998), 17. 곽미숙, 『삼위일체론 전통과 실천적 삶』, 148에서 재인용.

어 주요 교리 중 하나인 "속성 간의 교류(communicatio idiomatum)"는 삼위일체 교리의 경우처럼, 위격의 페리코레시스가 아니라 본성(nature)의 페리코레시스로 간주된다. 예수 그리스도의 한 인격(persona) 안에서 신성과 인성 간의 영원한 사랑을 바탕으로 하는 교류가 일어나기 때문이다. 나아가 우리 인간에게도 예수의 십자가 사건을 발판 삼아 그리스도의 페리코레시스에 참여할 수 있는 은혜가 주어진다. 예수 그리스도 안에서 하나님과의 교통은 우리를 위한 것이기 때문이다. 이런 은혜는 신-인간의 페리코레시스에만 적용될 뿐만 아니라, 인간 간의 페리코레시스적 공동체를 형성케 한다. 이 관점에서 보았을 때, 하나님과 인간의 수직적 교제와 소통은 인간과 인간, 나아가 하나님이 지으신 자연만물과의 수평적 교제로 확장된다.

이를 통해 사회적·정치적 동물로서 인간은 사회 공동체에 속한 일원으로서 책임과 의무감을 가지고 일익을 감당해 나가야 한다. 그러나 신학에서 관점의 다양성을 고려할 때, 페리코레시스라는 용어는 특정한 차이와 변화에 의해 상황별로 인식될 수 있다. 그럼에도 불구하고 다양한 배경 속에서 상호 '교환'과 '소통'이라는 상호주체성에 담겨 있는 기본 의미는 항상 공통적으로 나타난다. 이런 다양한 적용 가능성으로부터 인간의 상호 주체적 관계로서의 페리코레시스 개념이 고려되어야 한다. 이런 고려를 수용한다면, 레비나스의 상호주체성 개념이 신학에서 적절한 것으로 사료되며, 그에게 페리코레시스와 상호주체성의 용어는 같은 의미로 이해될 수 있다.

뿐만 아니라 기독교 신학의 관점에 있어 페리코레시스는 타자와 더불어 하나님의 경험에 대한 의식으로부터 사유될 수 있다. 이 경험은 타자 안에 신이 내주한 페리코레시스의 경험 자체이다. 그러므로 타자의 경험으로서 인간의 상호주체성은 항상 신-인간의 상호주체성으로서 하나님의 경험을 전제한다. 하나님의 경험은 타자에 대한 무관심에서 유아론적으로 일어나는 경험이 아니라, 타자로의 방향전환을 전제한다. 따라서 인간의 상호주체성이 신학의 관점에서 의미를 가지려면, 인간과 신의 페리코레시스의 상황과 맥락에서 끊임없이 검토되어야 한다. 이를 토대로 이제 이에 대한 보다 구체적인 내용을 추적해 볼 것이다. 그러나 인간의 상호주체성을 다루기에 앞서, 인간과 하나님 사이의 상호주체성이 먼저 다루어져야 할 것이다.

1) 이웃으로서 이방인

하나님의 경험으로서 페리코레시스는 이방인에 관한 질문을 제기하도록 나를 몰고 간다. 그 질문이 신-인간의 페리코레시스에 관한 바른 답변으로 인도하기 때문이다. 성서적 관점에 있어 이방인은 '위협'이 아니라 '도전'이다. 그를 사랑으로 만날 것을 요청받기 때문이다. 사실 그리스도는 모든 사람을 위해 육신을 입으셔서(요 3 : 16), 그들에게 선을 행하도록 요청하신다. "아무에게도 악을 악으로 갚지 말고 모든 사람 앞에서 선한 일을 도모하라."(롬 12 : 17) 이것이 그리스도를 따르는 제자 '됨'의 삶이다. 특히 '세상의 심판'에 관한 비유 말씀(마 25 : 34-46)에 따르면, 이방인을 대하는 태도에서 그리스도를 향한 태도가 결정된다.

> 내가 주릴 때에 너희가 먹을 것을 주었고 목마를 때에 마시게 하였고 나그네 되었을 때에 영접하였고 헐벗었을 때에 옷을 입혔고 병들었을 때에 돌보았고 옥에 갇혔을 때에 와서 보았느니라. … 너희가 여기 내 형제 중에 지극히 작은 자 하나에게 한 것이 곧 내게 한 것이니라.(마 25 : 35-36, 40)

이 구절을 통해 힘없고 무력한 이방인은 그리스도 자신에게 감추어져 있음을 알게 된다. 따라서 타자에게서 성자 하나님을 만난다고 말할 수 있다. 타자는 나와 상관이 없는 한 먼 이방인이 아니라, 그리스도를 통해 관계를 맺는 가까운 나의 이웃이다. 따라서 "레비나스에게 이방인은 절대적으로 환대받아야 하는 타자의 형상을 지닌다. 이방인에 대한 환대는 조건 없는 환대이고, 이러한 무조건적 환대야말로 유일하게 윤리적인 행위인 것이다."248) 하나님의 형상이신 그리스도께서 사람이 되셨고, 우리는 그 안에서 진정한 사람을 보았기 때문에, 하나님은 항상 타자 속에 숨어 계시다는 것을 알게 된다.

타자에 대한 그런 견해로 새로운 신학적 정립이 가능해진다. 이방인 안에서 그리스도 자신은 '성례전적으로' 현존해 계신다. 이것이 성례전에서 하나님과의 수직적 관계뿐만 아니라, 또 다른 수직적 관계인 형제·자매의 성례전이라 말하는 이유이다. 몰트만 역시 이와 유사하게 그리스도의 현현은 이방인을 낯선 사람이 아니라, 바로 우리의 이웃임을 증거 한다고 주장한다.249) 하나님은 당신의 창조와 말씀, 그리고 역사를 통해 행하셨듯이, 그리스도께서 타자 안에 계시므로 그를 통해 우리에게 말씀하신다. 고통 받는 자, 가난한 자, 고향을 잃어버린 자, 병든 자, 집 없는 자 등을 통해 당신의 흔적을 우리에게 남기신다.

이런 그리스도의 성육신 교리는 나아가 교회론으로까지 확장된다. 즉 가난하고 고통 받으며 억압받는 자로서 이웃의 이해는 타자에 대한 관심과 사랑으로 다가오는 하나님나라의 표징이며, 동시에 그 나

---

248) 서용순, 「데리다와 레비나스의 반(反)형이상학적 주체이론에서의 정치적 주체성」, 339.
249) cf. J. Moltmann, *Theologie der Hoffnung*, (München : Ch. Kaiser Verlag, 1965), 292-296.

라를 세우는 교회의 포괄적인 사명과 역할의 관점을 정립시킨다. 이
것은 결국 하나님과 더불어 전개되는 공동체의 실현이다. 그러므로
이방인으로서 이웃과의 소통과 교제의 신앙적 토대는 삼위일체 하
나님과의 관련 속에서 형성된다. 그리스도는 타자와의 공동체를 구
성하기 위해 '나' 중심적 소통의 무능력에서 해방시켜 주셨다. 이런
공동체에는 하나님의 현존의 증거인 타자에 대한 섬김과 헌신이 있
을 뿐이다. 따라서 타자를 향한 그리스도인의 삶의 변화는 사회적
사건이자 소통의 완성이다. 성자 하나님 자신이 인성 없이 사람의
형상대로 살기를 원하지 않으신 채 세상에 보내졌기 때문에, 모든
그리스도인 역시 자신의 이웃에게 말과 행동을 통해 하나님과 가까
움을 보이기 위해 세상에 보내진 자들이다.250)

　그러므로 하나님께서 우리 인간과 맺으신 페리코레시스는 인간
간의 페리코레시스로 그 영역이 확장된다고 말할 수 있다. 하나님은
인간을 죄로부터, 즉 교제와 소통단절로부터 해방시켜 주셨기 때문
에 인간에게 타자와의 페리코레시스는 '더불어 삶' 속에서 가능하며,
또 이를 위해 부름 받았다. 타자와 '더불어 삶'의 토대는 인간이 하
나님으로부터 경험한 사랑을 타자에게 전하는 것에 있다. 따라서
'공존(共存)'은 사랑의 상호 침투 과정을 의미하며, 사랑은 그리스
도인의 '삶의 양식'이다.

　또한 그리스도인의 삶의 완성으로서 사랑은 동시에 '말씀 사건'이
자 '행동하는 언어'이다. 타자와의 사랑 안에서 형성되는 이런 공존
은 '말'과 '행동'에서 하나님을 타자에게 증언하고, 이로써 그를 하

---

250) cf. R. Bernasconi, "Wer ist der Dritte? Überkreuzung von Ethik und Politik bei Levinas", in :
　　B. Waldenfels/I. Därmann(Hg.), *Der Anspruch des Anderen. Persektive phänomenologischer Ethik*,
　　(München : Ch. Kaiser Verlag, 1998), 87-110.

나님과의 교제로 인도한다. 이런 이유로 타자와의 공존 속에서 그리스도 자신이 현존한다고 말할 수 있다. 따라서 이 페리코레시스적 공존을 어떤 의미에서는 대화로, 연속성을 뜻하는 의미에서는 '세 번째'로 인도한다고 말할 수 있다. 그러므로 대화의 계속적인 수행으로 인한 '세 번째'에 관한 담론은 상호주체성 이론의 핵심적인 측면이기도 하다. 환원하면 타자와의 '더불어 삶'은 타자를 향한 하나님의 돌이킴일 뿐만 아니라 하나님께 온전히 영광을 돌리는 삶이다.

2) 윤리적 상호주체성

레비나스의 상호주체성과 페리코레시스의 개념은 근본적으로 타자의 면전에서 자아의 주체화로 시작된다. 이런 양 개념의 공통점은 타자가 서구철학에 있어 고전적인 '주체-객체' 도식의 의미로 인식되지 않는다는 점이다. 주체-객체의 도식에서 타자에 대한 인식은 앞서 레비나스가 강하게 비판했던 타자의 객체화로 이어진다. 이런 인식은 결국 내재성 속에 갇혀 있음으로 인해 한계성을 지니게 되며, 궁극적으로 인식 자체의 가능성에 의문이 제기된다. 반면 타자만이 참된 의미에 있어 진리인식에 일치한다. 이것은 무한자로서 타자에서 진리인식이 가능하기 때문이다. 더구나 타자가 주체로 하여금 초월의 경험을 가능하게 하기 때문에, 타자는 무한자의 현현으로 간주된다.[251]

이런 연유로 레비나스는 '사유'가 아니라 타자와의 관계를 바라는 '열망(desir)'을 주장한다. 신학은 이 관계를 '참여'의 개념으로 대신한다. 그러나 여기서 주의해야 할 점은 이러한 '참여'의 개념을 신플

---

251) cf. TU. 25.

라톤적 또는 범신론적인 의미로 이해해서는 안 된다는 사실이다. 그런 이해는 자칫 상호주체성이 가능하지 않다는 것을 의미할 수 있기 때문이다. 따라서 그리스도론과 삼위일체론과 관련하여 하나님 안에 인간이 참여한다는 것은 의지적이며 인격적 사건으로 이해해야 하며, 창조주에 대한 범신론적 참여와 동일시될 수 없다는 점을 명확히 해야 한다. 레비나스가 자아와 타자와의 관계에 있어 주체의 자기존재를 넘은 존재 방식을 '책임감'으로 규정한다면, 신학은 타자와 마주하여 자아의 페리코레시스적 '자기희생'으로 규정될 수 있다. 이와 더불어 레비나스에게 진리는 타자의 계시사건에서 인식된다. 때문에 진리는 관념적으로 파악될 수 없다.

여기서 한 걸음 더 나아가 타자에 참여함으로써 진리는 사회적 구조로 드러나는데, 이것은 진리와 공동체 간에 직접적인 관계가 성립되기 때문이다.252) 따라서 진리에 참여하는 인간의 자기실현은 타자와 공동체를 함께 일구어가는 것에 달려 있다. 공동체 속에 존재하는 인간은 '되어감'의 존재이다. 결국 레비나스에 있어 타자들과 공동체 속에서 '되어감'은 하나님과의 공동체 속에서 '되어감'이다.

그러나 이 시점에서 신학과 레비나스의 상호 주체적 개념에 결정적인 차이점이 발생하는데, 그것은 신에 관한 상이한 관점에서다. 레비나스의 경우 초월적 하나님은 타자의 얼굴에 다음과 같이 호소하고 있다. "신적인 차원이 인간의 얼굴에서 계시된다."253) 그러나 여기서 얼굴은 질료적으로 이해해서는 안 된다. 레비나스에게 얼굴은 사람의 얼굴을 의미하지 않는다는 말이다. 따라서 타자를 하나님

---

252) cf. Eberhard. Jüngel, *Gott als Geheimnis der Welt*, (Tübingen : Mohr Siebeck, 2001), 486.
253) TU. 106.

의 중보자로, 혹은 하나님은 타자 속에서 성육신한 것으로 간주해서는 안 된다. 오히려 레비나스는 타자의 얼굴을 "하나님이 계시되는 위엄의 선포"254)로 이해한다. 그의 견해에 따르면, 하나님은 피안의 세계가 아니라 차안의 세계, 즉 이 사회에 현존해 계신다. 이 사회는 초월자가 우리에게 요구하고, 우리를 부르는 영역이다. 동시에 이 사회는 신이 '주시(Schau)'하는 절대적인 장소이자 타자의 법으로서 '의(Gerechtigkeit)'가 만연해야 하는 장소이다. 따라서 종교는 천국으로 도피하는 "수직적인" 것이 아니라, "수평적인" 것으로 이해되어야 한다.255)

또한 레비나스에게 하나님은 타자의 얼굴에 흔적으로 나타남으로 인간과 하나님과의 관계는 '형이상학적'이자 동시에 '무신론적'이다. 왜냐하면 한편으로, 초월자가 타자 속에 나타나기 때문에 관계는 형이상학적이라 할 수 있으며, 다른 한편 역설적인 표현방식이지만 레비나스에게 신은 직접적인 현현의 형태가 아니라 간접적인 형태, 즉 인간의 모습(타인)을 취해서 나타나기 때문이다. 따라서 레비나스를 무신론자라 할 수 있다. "무신론은 참 하나님과의 현실적 관계를 위한 전제조건이다."256) 이렇듯 그의 유(일)신론은 무신론의 형태를 취한다.257)

반면 기독교 신학에 있어 상호주체성은 윤리적인 활동뿐만 아니

---

254) TU. 107. 나아가 이상철은 타자의 얼굴에 대해 다음과 같이 설명한다. "이때 얼굴은 레비나스에게 있어 현시가 아니다. 얼굴은 물리적 시·공간에 위치를 점하는 감각적인 상이 아니라는 말이다. 얼굴은 우리에게 깊이와 근거를 알 수 없는 흔적으로 남아 있지만, 그럼에도 불구하고 얼굴은 우리를 향해 침투하고 관여하면서 우리를 향해 손짓하고 아우성을 치며 우리의 응답을 촉구한다." 이상철, 「본회퍼와 레비나스의 타자의 윤리」, 66.

255) Levinas, *Zwischen uns : Versuche über das Denken an den Anderen*, hrsg. von Frank Miething, (Carl Hanser Verlag, 2007), 93.

256) TU. 106.

257) TU. 106.

라 구원의 활동과도 연관시켜 생각해 볼 수 있다. 인간 간의 상호주체성은 그리스도의 육화를 통해 하나님에 의해 회복된 신-인간의 상호주체성에 근거해 있다.(요일 4 : 9) 예수 그리스도 안에서 회복된 신-인간의 상호주체성은 신학적 관점에서 보자면, 인간 간의 상호주체성의 가능성이자 조건이다. 이것이 상호주체성에 대한 신학적 이해와 레비나스의 이해 사이에 나타나는 결정적인 차이점이라 할 수 있을 것이다. 레비나스에게 신은 오로지 상호 인간적 관계에서만 나타나고 알려질 수 있기 때문에, 이 관계를 넘어 신의 존재 유무를 알 수 없게 된다. 신의 본질은 다만 이런 관계에서만, 그리고 타자로부터 출발하는 윤리적 명령에서만 인식된다. 그러므로 레비나스에게 신은 "윤리적 명령" 이외 다른 무엇이 아니다.258)

레비나스가 신과의 관계의 수단으로서 타자와의 관계를 주장한다면, 신학은 신의 실존을 타자와의 관계의 전제조건으로 간주한다. 신학은 신이 타자와의 관계에 의존하지 않고서 상호주체성의 이해를 대변하기 때문이다. 타자와의 공동체로부터 하나님과의 공동체로 인도되는 것이 아니라, 하나님과의 공동체로부터 타자와의 공동체가 형성된다. "사랑하는 자들아 하나님이 이같이 우리를 사랑하셨은즉 우리도 서로 사랑하는 것이 마땅하도다."(요일 4 : 11)

따라서 신학적 관점에서 보자면, 인간 간의 상호주체성은 "내 안에 계신 그리스도"(갈 2 : 20)로서 소통적 현존 방식을 대변한다. 인간을 포함해 하나님의 피조물은 하나님의 세계로서 서로 사랑하는 관계로 맺어져 있음을 발견하고 회복시켜 가야 한다. 이것은 인간 간의 상호주체성에서 구원하시는 하나님의 사랑이 선포됨으로써 발

---

258) Levinas, *Die Spur des Anderen*, 62.

생한다. 타자와의 만남을 통해서가 아니라 이런 선포를 통해 신이 인식된다고 말할 수 있다. 따라서 "타자와 더불어 존재"로서 주체에 대한 담론은 단지 소통과 교제의 제한된 상(image)일 뿐이며, 따라서 인간의 실현일 뿐이다.

| 참고문헌 |

국외문헌

Abel, Güter. *Nietzsche, Die Dynamik der Wille zur Macht und die ewige Wiederkehr.* Berlin, De Gruyter, 1998[2. Aufl.].

Adorno, Theolor W. *Negative Dialektik.* Frankfurt a.M. : Suhrkamp, 1966.

Althaus, P. *Die christliche Wahrheit-Lehrbuch der Dogmatik. Bd 2.* Gütersloh : C. Bertelsmann Verlag, 1949.

Bayer, Oswald. "Descartes und die Freiheit." in : *Umstrittene Freiheit. Theologisch-philosophische Kontroversen.*(UTB 1092).

Behler, Ernst. *Derrida-Nietszsche, Nietzsche-Derrida.* Paderborn : Ferdinand Schöningh, 1988.

Benjamin, Jessica. *Die Fesseln der Liebe.* Frankfurt a. Main : Fischer Taschenbuch Verlag, 1993.

Benveniste, E. *Probleme der allgemeinen Sprachwissenschaft.* München : List Verlag, 1974.

Bernasconi, R. "Wer ist der Dritte? Überkreuzung von Ethik und Politik bei Levinas." in : B. Waldenfels/I. Därmann(Hg.). *Der Anspruch des Anderen. Persektive phänomenologischer Ethik.* Müchen : Ch. Kaiser Verlag, 1998. 87-110.

Bernstein, B. *Studien zur sprachlichen Sozialisation.* Düsseldorf : Bertram Verlag, 1974.

Bollnow, O.F. *Der Mensch und seine Sprache.* Stuttgart : Kohlhammer, 1963.

Bonhöffer, Dietrich. *Sanctorum Communio. Eine dogmatische Untersuchung zur Soziologie der Kirche.* in : Dietrich Bonhöffer Werke 1. hrg. von Joachim von Soosten. Müchen : Chr. Kaiser Verlag, 1986.

Brökman, J.M. *Phänomenologie und Egologie*. Den Haag : Martinus Nijhoff, 1963.

Bruder, Klaus-Jürgen. *Subjektivität und Postmoderne : der Diskurs der Psychologie*. Frankfurt a.M. : Suhrkamp, 1993.

Brunner, Emil. *Der Mensch im Widerspruch*. Zürich : Zwingli Verlag, 1965.

Buber, Martin. "Ich und Du." in : ders. *Das dialogische Prinzip*. Lambert Schneider Verlag, 1984.

Burkart, Roland. *Kommunikationswissenschaft. Grundlagen und Problemfelder. Umriße einer interdisziplinären Sozialwissenschaft*. Wien-Köln : Böhlau Verlag, 1983.

Calvini, Ioannis. *opera qua supersunt imnia*. hrsg. von Wilhelm Baum. Eduard Cunitz et Edward Reuss, 59 Bd. Bruanschweig-Berlin, 1863-1900.

_____. *Institutio religionis christianae* [...] triplici forma ediderunt Wilhelm Baum. Eduard Cunitz et Eduard Reuss. Braunschweig, 1869.

Deleuze, Giles. "Was ist ein Dispositiv?." in : hrg. von F. Ewald & B. Waldenfels. *Spiele der Wahrheit. Michel Foucaults Denken*. Frankfurt a.M. : Suhrkamp, 1991.

Derrida, Jacques. *Die Stimme und das Phänomen. Ein Essay über das Problem des Zeichens in der Philosophie Husserls*. übers. v. Jochen Hoerisch. Frankfurt a.M. : Suhrkamp, 1979.

_____. *Auslaßungspunkte. Gespräche*, übers. v. Karin Schreiner u. Dirk Weissmann. Wien : Passagen Verlag, 1998.

_____. *Randgänge der Philosophie*. übers. v. Gerhard Ahrens u.a. Wien : Passagen Verlag, 1999.

_____. *Husserls Weg in die Geschichte am Leitfaden der Geometrie. Ein Kommentar zur Beilage Ⅲ der "Krisis."* übers. v. Rüdiger Hentschel u. Andreas Knop. München : Wilhelm Fink Verlag, 1987.

_____. *Position. Gespräche mit Henri Ronse*. Julia Kristeva, Jean-Louis Houdebine. Guy Scarpetta. übers. v. Dorothea Schmidt u. Mathilde Fischer. Wien : Passagen Verlag, 1986.

_____. *Die Schrift und Differenz*. übers. v. Rudolphe Gasche'. Frankfurt a.M. : Suhrkamp, 1997.

_____. *Dissemination.* übers. v. Hans-Dieter Gondek. Wien : Passagen Verlag, 1995.

_____. *Grammatologie.* übers. v. Hans-Joerg Rheinberger u. Hanns Zischler. Frankfurt a.M. : Suhrkamp, 1998.

_____. *Falschgeld. Zeit geben* I. übers. vo. Andreas Knop u. Michael Wetzel. München : Wilhelm Fink Verlag, 1993.

Descartes, Rene. *Die Prinzipien der Philosophie.* hrg. von Christian Wohlers. Hamburg : Felix Meiner Verlag, 2007.

_____. *Meditationes de prima philosophia. Meditationen über die Grundlagen der Philosophie.* hrg. von Christian Wohlers. Hamburg : Felix Meiner Verlag, 2008.

_____. *Die Leidenschaften der Seele. Les Passions de l'âme.* hrg. von Klaus Hammacher. Hamburg : Felix Meiner Verlag, 1996.

_____. *Der Briefwechsel mit Marin Mersenne.* hrg. von Christian Wohlers. Hamburg : Felix Meiner Verlag, 2020.

_____. *Discours de la Methode - Von der Methode des richtigen Vernunftgebrauchs und der wissenschaftlichen Forschung.* hrg. von Christian Wohlers. Hamburg : Felix Meiner, 1964.

Dickmann, Ulrich. *Subjektivität als Verantwortung. Die Ambivalenz des Humanum bei E. Levinas und ihre Bedeutung für die theologische Anthropologie.* Tübingen/Basel : Francke Verlag, 1999.

Dreyfus, Hubert L./Rabinow, Paul. "Das Subjekt und die Macht." in : ders, *Michel Foucault : Jenseits von Strukturalismus und Hermeneutik.* Weinheim : Beltz Athenäum, 1994.

Duras, Marquerite. *La Maladie de la Mort. Die Krankheit Tod.* Frankfurt a. M. : Fischer Verlag, 1992.

Djuric, Mihailo. *Nietzsche und die Metaphysik.* Berlin-New York, De Gruyter, 1985.

Eley, L. *Die Krise des Aporie in der transzendentalen Phänomenologie Edmund Husserls.* Den Haag : Martinus Nijhoff, 1962.

Ellenberg, Henry F. *Die Entdeckung des Unbewußten.* Zürich : Diogenes Verlag, 1985.

Euler, Peter *Technologie und Urteilskraft. Zur Neufassung des Bildungsbegriffs.* Weinheim : Deutscher Studien Verlag, 1999.

Fassbind, B. *Poetik des Dialogs : Voraussetzungen dialogischer Poesie bei Paul Celan und Konzepte von Intersubjektivität bei Martin Buber, Martin Heidegger und Emmanuel Levinas.* München : Wilhelm Fink Verlag, 1995.

Fetscher, I. *Hegels Lehre vom Menschen, Kommentar zu den 387 bis 482 der Enzyklopädie der philosophischen Wissenschaften.* Stuttgart-Bad Cannstatt : Frommann, 1970.

Fink, Eugen. *Existenz und Coexistenz.* in Gesamtausgabe Bd.16, hrg. von Stephan Grätzel. Freiburg : Karl Alber Verlag, 2006.

Foucault, Michel. "Zur Genealogie der Ethik : Ein Überlick über laufende Arbeiten." in : H.L. Dreyfus und P. Rabinow, *Michel Foucault. Jenseits von Strukturalismus und Hermeneutik.* Weinheim : Beltz Athenäum, 1994.

_____. *Die Ordnung des Diskurses. Inauguralvorlesung am College de France.* Frankfurt a.M. : Suhrkamp, 1977.

_____. *Archäologie des Wissens.* Frankfurt a.M. : Suhrkamp, 1973.

_____. *Von der Freundschaft als Lebensweise.* Berlin, 1985.

_____. *Der Mensch ist ein Erfahrungstier : Gespräch mit Dudo Trombadori.* Fankfurt a.M. : Suhrkamp, 1996.

_____. "Das Subjekt und die Macht." in : H.L. Dreyfus/P. Rabinow, *Michel Foucault. Jenseits von Strukturalismus und Hermeneutik.* 2. Auflage. Weinheim : Beltz Athenäum, 1994.

_____. "Andere Räume." in : hrg. von Karlheinz Barck, Peter Gente, Heidi Paris & Stefan Richter. *Aisthesis. Wahrnehmung heute oder Perspektiven einer anderen Ästhetik.* Leipzig : Reclam Verlag, 1990.

_____. *Die Sorge um sich.* Frankfurt a.M. : Suhrkamp, 1986.

_____. "Der Ariadnefaden ist gerissen." in : hrg. von Karlheinz Barck/Peter Gente. Heidi Paris & Stefan Richter. *Wahrnehmung heute oder Perspektiven einer anderen Ästhetik.* Leipzig : Reclam Verlag, 1990.

Frank, Manfred. *Die Unhintergehbarkeit von Individualität.* Frankfurt a.M. : Suhrkamp, 1986.

_____. *Was ist Neostrukturalismus?.* Frankfurt a.M. : Suhrkamp, 1984.

Freyer, Hans. *Theorie des objektiven Geistes, Eine Einleitung in die Kulturphilosophie.* Stuttgart : Teubner Verlag, 1973.

Gergen K.J./R. Davis, *The social construction of the person.* New York : Springer, 1985.

Gernot, Böhme. "Die Verwissenschaftlichung von Technologie." in *Die gesellschaftliche Orientierung des wissenschaftlichen Fortschritts.* Frankfurt a. M. : Suhrkamp, 1978.

Gurwitsch, Aron. *Die mitmenschlichen Begegnungen in der Milieuwelt.* Berlin : De Gruyter, 1976.

Habermas, Jürgen. *Reflections on the Linguistic Foundation of Sociology : The Christian-Gauss-Lectures.* Princeton University Press, 1973.

_____. "Handlungen, Sprechakte, sprachlich vermittelte Interaktionen und Lebenswelt." in : ders. *Nachmetaphysisches Denken, Philosophische Aufsätze.* Frankfurt a.M. : Suhrkamp, 1992.

_____. "Überlegungen zur Kommunikationspathologie." in : ders, *Vorstudien und Ergänzungen zur Theorie des kommunikativen Handelns.* Frankfurt a.M. : Suhrkamp, 1984.

_____. "Moralentwicklung und Ich-Identität." in : ders. *Zur Rekonstruktion des Historischen Materialismus.* Frankfurt a.M. : Suhrkamp, 1976.

_____. "Notizen zur Entwicklung der Interaktionskompetenz." in : ders, *Vorstudien und Ergänzungen zur Theorie des kommunikativen Handelns.* Frankfurt a.M. : Suhrkamp, 1984.

_____. "Moralbewußtsein und Kommunikatives Handeln." in : ders, *Moralbewußtsein und kommunikatives Handeln.* Frankfurt a.M. : Suhrkamp, 1999.

_____. *Theorie des kommunikativen Handelns.* Bd.1 : Handlungsrationalität und gesellscaftliche Rationalisierung. Frankfurt a.M. : Suhrkamp, 1981.

_____. *Theorie des kommunikativen Handelns* 2 Bd. Frankfurt a.M. : Suhrkamp, 1981.

_____. "Erläuterungen zum Begriff des kommunikativen Handelns." in : ders, *Vorstudien und Ergänzungen zur Theorie des kommunikativen Handelns.* Frankfurt a.M. : Suhrkamp, 1984.

_____. "Was heißt Universalpragmatik?." in : ders. *Theorie des kommunikativen Handelns*. Bd.1 : Handlungsrationalität und gesellscaftliche Rationalisierung. Frankfurt a.M. : Suhrkamp, 1981.

_____. "Ein anderer Ausweg aus der Subjektphilosophie : Kommunikative vs. subjektzentrierte Vernunft." in : ders, *Der philosophische Diskurs der Moderne*. Frankfurt a.M. : Suhrkamp, 1988.

_____. "Rationalität der Verständigung. Sprechakttheoretische Erläuterungen zum Begriff der kommunikativen Rationalität." in : ders. *Wahrheit und Rechtfertigung. Philosophische Aufsätze*. Frankfurt a.M. : Suhrkamp, 1999.

_____. "Diskursethik - Notizen zu einem Begründungsprogramm.", in : ders, *Moralbewußtsein und kommunikatives Handeln*. Frankfurt a.M. : Suhrkamp, 1999.

_____. "Wahrheitstheorien." in : ders, *Vorstudien und Ergänzungen zur Theorie des kommunikativen Handelns*. Frankfurt a.M. : Suhrkamp, 1984.

_____. *Kommunikatives Handeln und detranszendentalisierte Vernunft*. Stuttgart : Reclam Verlag, 2001.

_____. "Die Einheit der Vernunft in der Vielheit ihrer Stimmen." in : ders. *Nachmetaphysisches Denken. Philosophische Aufsätze*. Frankfurt a.M. : Suhrkamp, 1992.

_____. "Individuierung durch Vergesellschaftung." in : ders. *Nachmetaphysisches Denken. Philosophische Aufsätze*. Frankfurt a.M. : Suhrkamp, 1992.

_____. *Der philosophische Diskurs der Moderne*. Frankfurt a.M. : Suhrkamp, 1985[2. Aufl.].

Hackermeier, Margaretha. *Einfühlung und Leiblichkeit als Voraussetzung für intersubjektive Konstitution*. Hamburg : Verlag Dr. Kovac, 2008.

Hafız, C.H. *Subjektivierende Unterwerfung oder Ästhetik der Existenz*. Berlin : unveröffentlichte Diplomarbeit, 1997.

Hegel, G,W.F. *Vorlesungen über die Geschichte der Philosophie Ⅲ*. Frankfurt a.M. : Suhrkamp, 1986.

_____. *Enzyklopädie(1830)*. hrsg. von F. Nicolin O. Pöggeler. Hamburg : Felix Meiner Verlag, 1991.

_____. *Vorlesung über die Geschichte der Philosophie Ⅲ*. Werke 20. Frankfurt am Main : Suhrkamp, 1986.

_____. *Phänomenologie des Geistes*. Theorie Werkausgabe. Werke in zwanzig Bänden. Bd.3. Frankfurt a.M. : Suhrkamp Verlag, 1969.

_____. *Vorlesungen über die Philosophie der Religion I*. hrsg. von G. Lasson Hamburg : Felix Meiner Verlag, 1966.

_____. *Vorlesungen über die Geschichte der Philosophie I*. Hegels Werke. 20(12). Frankfurt a.M. : Suhrkamp Verlag, 1969.

_____. *Vorlesungen über die Ästetik Ⅱ*. Hegels Werke. 20(14). Frankfurt a.M. : Suhrkamp Verlag, 1969.

Heidegger, Martin. *Holzweg*. Frankfurt a.M. : Klostermann, 1957.

_____. *Sein und Zeit*. Tübingen : Max Niemeyer Verlag, 1984.

_____. *Nietzsche Ⅱ*. Pfullingen : Neske Verlag, 1973.

Henrich, D. "Der ontologische Gottesbeweis." *Gregorianum* Vol.42.No.3(1961).

Höffe, Otfried. *Immanuel Kant*. München : Verlag C.H. Beck, 1983.

Höflinger, Jean-Claude. *Jacques Derridas Husserl-Lektueren*. Würzburg : Königshausen und Neumann, 1995.

Holling, Eggert/Kempin, Peter. *Identitaet, Geist und Maschine. Auf dem Weg zur technologischen Zivilisation*. Hamburg : Rowohlt Verlag, 1982.

Honneth, Axel. *Unsichtbarkeit. Stationen einer Theorie der Intersubjektivität*. Frankfurt/Main : Suhrkamp, 2003.

_____. *Die Krankheit zum Tode*. in : ders. Gesammelte Werke Abt. 24/25. hg. von Emanuel Hirsch und Hayo Gerdes. Gütersloh : Gütersloher Verlag, 1985.

Horstmann, R.P. "Hegels Ordnung der Dinge. Die Phänomenologie des Geistes als transzentalistisches Argument fuer eine monistische Ontologie und seine erkenntnistheoretischen Implikationen." *Hegel-Studien* 41(2006).

Huber, Wolfgang "Wahrheit und Existenzform. Anregungen zur einer Theorie der Kirche bei Dietrich Bonhöffer." in : ders. *Folgen christlicher Freiheit*.(Neukirchener Beiträge zur systematischen Theologie 4). Neukirchen : Neukirchen-Vluyn, 1983.

Husserl, Edmund. *Logische Untersuchungen*. Bd.2. hrg. von Elmar Holenstein. Den Haag : Martinus Nijhoff, 1984.

_____. *Cartesianische Meditationen und Pariser Vorträge*. ed. S. Strasser. Den Haag : Martinus Nijhoff, 1950.

_____. *Zur Phänomenologie der Intersubjektivität. Texte aus dem Nachlaß. Erster Teil(1905-1920).* ed. I. Kern. Casa editrice : Springer Verlag, 1973.

_____. *Ideen zu einer reinen Phänomenologie und phänomenologischen Philosophie. Erstes Buch.* hrg. von Elisabeth Ströker. Hamburg : Felix Meiner Verlag, 1992.

_____. *Theorie der phänomenologischen Reduktion* in Gesammelte Werke. Bd. VIII : Erste Philosophie (1923/24). Zweiter Teil. ed. R. Böhm. Den Haag : Martinus Nijhoff, 1959.

_____. *Formale und transzendentale Logik. Versuch einer Kritik der logischen Vernunft* in Gesammelte Werke, Bd. XVII : ed. P. Janssen. Den Haag : Martinus Nijhoff, 1974.

_____. *Logische Untersuchungen,* Bd.2. hrg. von Elmar Holenstein. Den Haag : Martinus Nijhoff, 1984.

Hutter, Axel. *Das Interesse der Vernunft.* Hamburg : Felix Meiner Verlag, 2003.

Jean-Claude. *Jacques Derridas Husserl-Lektueren.* Würzburg : Königshausen und Neumann, 1995.

Jüngel, Eberhard. *Zur Begründung der Theologie des Gekreuzigten im Streit zwischen Theismus und Atheismus.* Tübingen : Mohr Siebeck, 1977.

_____. *Gott als Geheimnis der Welt.* Tübingen : Mohr Siebeck, 2001.

Kamlah, W. *Christentum und Geschichtlichkeit.* Stuttgart : Kohlhammer, 1951.

Kant, Immanuel. *Kritik der reinen Vernunft.* 3 Bd. in 12 Bänden. Frankfurt a.M. : Suhrkamp, 1977.

_____. *Kritik der reinen Vernunft.* in Kants gesammelte Schriften, hrg. von der Königlich Preußischen Akademie der Wissenschaften. Berlin, 1900.

_____. *Anthropologie in pragmatischer Hinsicht,* in Kants gesammelte Schriften. hrg. von der Königlich Preußischen Akademie der Wissenschaften. Berlin, 1900.

_____. *Grundlegung zur Metaphysik der Sitten.* in Kants gesammelte Schriften. hrg. von der Königlich Preußischen Akademie der Wissenschaften. Berlin, 1900.

_____. *Gebrauch teleologischer Prinzipien.* in Kants gesammelte Schriften. hrg. von der Königlich Preußischen Akademie der Wissenschaften. Berlin, 1900.

_____. *Grundlegung der Metaphysik der Sitten*. in : (Hg.) W. Weischedel, Werkausgabe Ⅶ. .Frankfurt a.M. : Suhrkamp, 1989.

Keupp, Heiner. "Identitätsverlus oder neue Identitätsentwürfe." in : R. Zoll(hrg.). *Ein neues kulturelles Modell : zum soziokulturellen Wandel in Gesellschaften Westeuropas und Nordamerikas*. Opladen : Westdeutscher Verlag, 1992.

Kierkegaard, Sören. Gesammelte Werke, Abteilung 19 : *Der Liebe tun. Etliche christliche Erwägung in Form von Reden*. übersetzt von Hayo Gerdes. Düsseldorf/Köln : Eugen Diederichs Verlag, 1966.

Knodt, Reinhard. *Friedrich Nietzsche. Die ewige Wiederkehr des Leidens. Selbst-verwirklichung und Freiheit als Problem seiner Ästhetik und Metaphysik*. Bonn : Bouvier, 1987.

Kögler, Hans-Herbert. "Fröhliche Subjektivität. Historische Ethik und dreifache Ontologie beim späten Foucault." in : *Ethos der Moderne. Foucaults Kritik der Aufklärung*. Frankfurt a.M./New York : Campus, 1990.

Kolfhaus, W. *Vom christlichen Leben nach Johannes Calvin*. Ansbach : Buchhandlung des Erziehungsvereins Neukirchen Kreis Mörs, 1949.

Krewani, Wolfgang N. *Emmanuel Levinas : Denker des Anderen*. Freiburg/München : Karl Alber Verlag, 1992.

Krüger, G. "Die Herkunft des philosophischen Selbstbewußtseins." in : *Freiheit und Weltverwaltung*. Freiburg-München, 1958.

Kuhne, Frank. "Selbstbewußtsein und Erfahrung bei Kant und bei Fichte." in *Hegel-Studien* Vol.46(2012).

Lailach-Hennrich, A. *Ich und die Anderen. Zu den intersubjektiven Bedingungen von Selbstbewußtsein*. Berlin/New York, 2011.

Laporte, Jean. *Le Rationalisme de Descartes*. Paris : Presses Universitaires de France, 1950.

Levinas, Emmanuel. "Über die Intersubjektivität, Anmerkungen zu Merleau-Ponty." in : Metraux A. Waldenfels B.(Hrsg.). *Leibhafte Vernunft*. München : Wilhelm Fink Verlag, 1986.

_____. *Totality and Infinity*. trans. Alphonso Lingis, A. Nerherlands : Kluwer Academic Publishers, 1991.

_____. *Totalität und Unendlichkeit.* Freiburg/München : Alber Verlag, 1993.

_____. *Gott und Philosophie.* hrg. von B. Casper. Freiburg/München : Alber Verlag, 1992.

_____. *Die Spur des Anderen. Untersuchungen zur Phänomenologie und Sozialphilosophie.* Freiburg/München : Alber Verlag, 1998.

_____. *Jenseits des Seins oder anders als Sein geschieht.* Freiburg/München : Karl Alber Verlag, 1992.

_____. *Die Zeit und der Andere.* hrg. von Ludwig Wenzler. Hamburg : Felix Meiner Verlag, 1991.

_____. *Humanismus des anderen Menschen.* hrg. von Ludwig Wenzler. Hamburg : Felix Meiner Verlag, 2005.

_____. *Zwischen uns : Versuche ueber das Denken an den Anderen*, hrg. von Frank Miething. Carl Hanser Verlag, 2007.

_____. "Über die Intersubjektivität, Anmerkungen zu Merleau-Ponty." in : Metraux A., Waldenfels B.(Hrsg.). *Leibhafte Vernunft.* München : Wilhelm Fink Verlag, 1986.

Levi-Strauss, Cl. *Strukturale Anthropologie.* Frankfurt a.M. : Suhrkamp, 1969.

Link, Chr. "Die theologischen Wurzeln der Unterscheidung von Theorie und Praxis in der Philosophie der Neuzeit. in *Zeitschrift für Evangelische Ethik*, 21(1977).

_____. *Subjektivität und Wahrheit -Die Grundlegung der neuzeitlichen Metaphysik durch Descartes-.* Stuttgart : A. Oeschlägersche Buchdruckerei, 1978.

_____. *Das Lingen Luthers um die Freiheit der Theologie von der Philosophie.* München : Chr. Kaiser Verlag, 1955.

Litt, Th. *Hegel : Versuch einer kritischen Erneuerung.* Heidelberg : Quelle & Meyer, 1953.

Löwith, Karl. *Hegels Aufhebung der christlichen Religion.* Bonn : Bouvier, 1964.

_____. *Das Individuum in der Rolle des Mitmenschen.* in : Sämtliche Schriften. Bd.I. hrg. von K. Stichwort und M.B. de Launay. Stuttgart : Kohlhammer, 1981.

Luhmann, Nikolas. *Soziale Systeme.* Frankfurt a.M. : Suhrkamp, 1984.

Lyotard, Jean-Francois. *Das postmoderne Wissen.* Wien/Graz : Boelau, 1986.

Marti, Urs *Michel Foucault*. München : Beck Verlag, 1988.

Melle, Ullrich. *Das Warhnehmungsproblem und seine Verwandlung in phänomenologischer Einstellung*. Den Haag : Nijhoff, 1983.

Merleau-Ponty, Maurice. *Phänomenologie der Wahrnehmung*. Berlin : De Gruyter Verlag, 1966.

_____. *Signes*. Paris : Gallimard, 1960.

Mohr, Georg. *Das sinnliche Ich : Innerer Sinn und Bewusstsein bei Kant*. Königshausen : Neumann, 1991.

Moldenhauer, Eva./Markus, Karl. Michel, *Phänomenologie des Geistes*. Hegels Werke. 20(3). Frankfurt a.M. : Suhrkamp Verlag, 1969.

Moltmann, J. *Theologie der Hoffnung*. Müchen : Ch. Kaiser Verlag, 1965.

Nenon, Th. *Objektivität und endliche Erkenntnis. Kants transzendental-philosophische Korrespondenztheorie der Wahrheit*. Freiburg-München, Alber, 1986.

Nietzsche, Friedrich. *Fröhliche Wissenschaft*. in Werke, hrsg. G. Colli & M. Montinari. München : De Gruyter Verlag, 1980.

_____. Kritische Gesamtausgabe. hrsg. von G. Colli u. M. Montinari. Berlin/New York : Walter de Gruyter, 1967.

_____. *Kritische Studienausgabe*. Bd.7. in Sämtliche Werke 15 Bänden. hrg. von Giorgio Colli. München : De Gruyter Verlag, 1999.

Nordentoft, K. *Kierkegaard's Psychology*. trans. B. Kirmmse. Pittsburgh : Duquesme University Press, 1978.

Ollig, Hans-Ludwig "Art. Vernunft : Verstand. D. Neukantianismus, Anthropologie, Existenzphilosophie, Kritische Theorie, Theorien der Rationalität." in : ders, Ritter. Joachim u.a.(Hg). *Historisches Wörterbuch der Philosophie*. Bd.11. Basel : Schwabe Verlag, 2001.

_____. "Die Vernunft auf dem Prüfstand. Anmerkungen zur jüngsten Rationalitätsdiskussion." in : ders. *ThPh* 58(1983).

Peter, Völkner. *Derrida und Husserl. Zur Dekonstruktion einer Philosophie der Präsenz*. Wien : Passagen Verlag, 1993.

Peukert, Helmut. *Wissenschaftstheorie - Handlungstheorie - Fundamentale Theologie. Analysen zu Ansatz und Status theologischer Theoriebildung*. Frankfurt a.M. : Suhrkamp, 1978.

Piaget, J. Das Erwachen der Intelligenz beim Kinde. Deutscher Taschenbuch Verlag, 1992.

_____. Sprechen und Denken des Kindes. Cornelsen Verlag, 1994.

Reuter, Hermann. Augustinische Studien. 2.Aufl. Gotha : Neudruck Aalen, 1967.

Roderick, Rick. Habermas und das Problem der Rationalität. Hamburg : Felix Meiner Verlag, 1989.

Rüb, Matthias. "Das Subjekt und sein Anderes. Zur Konzeption von Subjektivität beim frühen Foucault." in : Ethos der Modeme. Foucaults Kritik cer Aufklärung. Frankfurt a.M./New York : Campus, 1990.

Rudd, A. Kierkegaard and the Limits of the Ethical. New York : Oxford University Press, 1993.

Sartre, J.P. Das Sein und das Nichts. Hamburg : Reinbek, 1998.

_____. Die Transzendenz des Ego, Philosophische Essays. Hamburg : Reinbeck Verlag, 1982.

Schelling, F.W.J. Zur Geschichte der neueren Philosophie : Münchener Vorlesungen (Deutsch) Taschenbuch. Holzing : Edition Holzinger, 2013.

Schmidt, Gerhart. Aufklärung und Metaphysik. Die Neubegründung des Wissens durch Descartes. Tübingen, 1965.

_____. Aufklärung und Metaphysik. Tübingen : Mohr Siebeck, 1965.

Schmid, Wilhelm. Wer war Michel Foucalult?. Frankfurt a.M. : Suhrkamp, 1996.

Scholz, Oliver Robert. "Aufklärung und kritische Philosophie. Eine ganz kurze Einführung in die Gedankenwelt Immanenuel Kants." in : Bernd Prien/Oliver R. Scholz/Christian Suhm(Hgg.). Das Spektrum der kritischen Philosophie Kants. Berlin, 2006.

Schopenhauer, Arthur. Die Welt als Wille und Vorstellung. Bd. I. Köln : Könemann, 1977.

Schulz, Walter. Subjektivität im nachmetaphysischen Zeitalter. Neske : Günther Verlag, 1992.

_____. "Der Gott der neuzeitlichen Metaphysik, Pfullingen." in : Philosophische Rundschau 12 : 161(1964)

Schütz, A. A. Gurwitsch. Briefwechsel 1939-1959. München : Wilhelm Fink Verlag, 1985.

Schütz, A./Luckmann, T. *Strukturen der Lebenswelt.* Bd.1. Frankfurt a.M. : Suhrkamp, 1979.

Schweitzer, C.G. "Geist bei Hegel und Heiliger Geist." in *Neue Zeitschrift für systematische Theologie und Religionsphilosophie.* Bd.6. Berlin : Verlag de Gruyter, 1964.

Seeberg, Reinhold. *Christliche Dogmatik.* Bd.1. Erlangen/Leipzig, 1924.

Strozier, Robert M. *Saussure. Derrida and the Metaphysics of Subjectivity,* Berlin : De Gruyter, 1988.

Ströker, E. *Husserls transzendentale Phänomenologie.* Vitorio : Klosterman, 1987.

Theunissen, Michael. *Der Andere. Studien zur Sozialontologie der Gegenwart.* Berlin : De Gruyter, 1977.

_____. *Hegels Lehre vom absoluten Geist als theologisch-politischer Traktat.* Berlin : De Gruyter, 1970.

Tröltsch, Ernst. *Die Soziallehren der christlichen Kirchen und Gruppen.* Gesammelte Schriften Bd.1. Tübingen : Aalen Verlag, 1981.

Vattimo, Gianni. *Das Ende der Moderne.* Stuttgart : Reclam, 1990.

Völkner, Peter. *Derrida und Husserl. Zur Dekonstruktion einer Philosophie der Präsenz.* Wien : Passagen Verlag, 1993.

Weber, Max. *Wirtschaft und Gesellschaft. Grundriß der verstehenden Soziologie.* Tübingen : Aalen Verlag, 1976.

Weischedel, W. "Der Gott der Philosophen. Grundlegung einer philosophischen Theologie im Zeitalter des Nihilismus, Band I." in *Studia Philosophica* 33 : 228(1973).

Wittgenstein, L. "Philosophische Untersuchungen." Frankfurt a.M. : Suhrkamp, 1977.

국내문헌

강영안. 『주체는 죽었는가』. 서울 : 문예출판사, 1996.
강학순. 『근본주의의 유혹과 야만성 : 현대철학에 그 길을 묻다』. 서울 : 미다
　　스북스, 2015.
곽미숙. 『삼위일체론 전통과 실천적 삶』. 서울 : 대한기독교서회, 2009.
김광기. 『이방인의 사회학』. 서울 : 글항아리 출판사, 2014.
김균진. 『헤겔과 바르트』. 서울 : 대한기독교출판사, 1983.
김상봉. 『자기의식과 존재사유』. 서울 : 한길사, 1998.
김연숙. 『레비나스 타자윤리학』. 고양 : 인간사랑, 2002.
박노자. 『비굴의 시대』. 서울 : 한겨례출판사, 2014.
박원빈. 『레비나스와 기독교 : 기독교 신학적 관점에서 바라본 현대철학』. 서
　　울 : 북코리아, 2010.
문장수. 『주체 개념의 역사』. 대구 : 영한, 2012.
오승성. 『하버마스와 민중신학 : 개혁신앙적 민중신학을 향하여』. 서울 : 동연,
　　2013.
윤효녕 외. 『주체 개념의 비판 : 데리다, 라캉, 알튀세, 푸코』. 서울 : 서울대학
　　교출판문화원, 1999.
이남인. 『후설의 현상학과 현대철학』. 서울 : 풀빛미디어, 2006.
_____. 『(후설과 메를로-퐁티) 지각의 현상학』. 파주 : 한길사, 2013.
이진우. 『이성은 죽었는가』. 서울 : 문예출판사, 1998.
표재명. 『키에르케고어의 단독자 개념』. 서울 : 서광사, 1992.
한자경. 『자아의 연구』. 파주 : 서광사, 2016.

번역서

디트리히 본회퍼/유석성 역. 『성도의 교제 -교회사회학에 대한 교의학적 연구-』.
　　　서울 : 대한기독교서회, 2010.
로버트 루트번스타인 외 1인/박종성 역. 『생각의 탄생』. 서울 : 에코의서재,
　　　2016.
몰트만/이신건 역. 『삼위일체와 하나님의 역사』. 서울 : 대한기독교서회, 1998.

미셸 푸코/이규현 역. 『말과 사물』. 서울 : 민음사, 2012.

미셸 푸코/홍성민 역. 『임상의학의 탄생』. 서울 : 인간사랑, 1993.

미셸 푸코/이정우 역. 『지식의 고고학』. 서울 : 민음사, 1993.

메를로-퐁티/류의근 역. 『지각의 현상학』. 서울 : 문학과 지성사, 2002.

에드문트 후설/이종훈 역. 『유럽학문의 위기와 선험적 현상학』. 서울 : 이론과
　　　실천, 1993.

에마뉘엘 레비나스/양명수 역. 『윤리와 무한』. 서울 : 다산글방, 2000.

앨런 D. 슈리프트/박규현 역. 『니체와 해석의 문제』. 서울 : 푸른 숲, 1997.

정낙림. 「주체의 계보학 - 니체의 주체개념 비판 -」. 『철학연구』 98(2006) :
　　　269-294.

조셉 J. 코켈만스/임현규 역. 『후설의 현상학』. 서울 : 청계출판사, 2000.

피에르 테브나즈/심민화 역, 『현상학이란 무엇인가?, 후설에서 메를로퐁티까
　　　지』, 서울 : 문학과 지성사, 1995.

후설/임현규 역. 『후설의 현상학』. 서울 : 청계출판사, 2000.

헤겔/임석진 역. 『정신현상학』. 서울 : 지식산업사, 1988.

헤겔/서동익 역. 『철학강요』. 서울 : 을유문화사, 1998.

헤겔/황설중 역. 『믿음과 지식』. 서울 : 아카넷, 2003.

논문

권택영. 「교감 이론으로서 메를로퐁티의 '상호 엮임'」. 『영어 영문학』 57(2011) :
　　　581-598.

김성호. 「디트리히 본회퍼(Dietrich Bonhoeffer)의 '타자의 신학'」. 『성경과 신
　　　학』96(2020) : 1-29.

김연숙. 「레비나스의 윤리적 주체에 관한 연구」. 『철학연구』 53집(2001) :
　　　269-287.

김용일. 「키아케고어와 니체」. 『철학연구』 86(2003) : 23-45.

김용해. 「서양의 현대성과 탈종교화 : 하버마스와 가톨릭교회를 중심으로」.
　　　『신학과 철학』 35(2019) : 171-198.

김정현. 「니체에 있어서의 주체·자아와 자기의 문제 - 도덕적·미학적 자아
　　　관 -」. 『철학』 44(1995) : 163-185.

김진. 「하버마스와 테러시대의 정치신학」. 『철학연구』 103(2013) : 123-156.

김진웅. 「푸코의 권력과 주체」. 『사회와 역사』 제103집(2014) : 401-418.

류의근. 「데리다의 후설 분석에 대한 검토(Ⅰ)」. 『철학연구』 118(2011) : 53-76.

_____. 「데리다의 후설 분석에 대한 검토(Ⅱ)」. 『철학연구』 119(2011) : 25-47.

맹주만. 「칸트의 실천이성의 이율배반 - 독법과 해법 -」. 『철학탐구』 제21집 (2007) : 211-235.

박신화. 「메를로-퐁티의 『지각의 현상학』에 나타난 철학개념」. 『철학사상』 46(2012) : 227-257.

박원빈. 「신학담론으로서 타자윤리의 가능성과 한계」. 『기독교사회윤리』 16집 (2008) : 217-237.

손진욱. 「자기심리학과 상호주관성 이론에서의 치료자-환자 관계」. 『정신분석』 제16집 (2005) : 13-27.

서용순. 「이방인을 통해 본 새로운 주체성에 대한 고찰」. 『한국학논집』 50(2013) : 275-302.

_____. 「데리다와 레비나스의 반(反)형이상학적 주체이론에서의 정치적 주체성」. 『사회와 철학』 28집(2014) : 323-346.

신옥수. 「몰트만의 사회적 삼위일체론」. 『장신논단』 Vol.30(2007) : 2-3-39.

윤대선. 「데카르트 이후 탈(脫)코기토의 주체성과 소통 중심의 주체윤리 - 레비나스와 메를로-퐁티의 타자이해를 비교하며 -」. 『철학논총』 제75집 (2014) : 163-188.

윤병렬. 「실존하는 그리스도인 - 키에르케고르의 실존사상」. 『신학지평』 제17집(2004) : 331-362.

이남인. 「데리다의 후설 비판」. 『철학논구』 20(1992) : 21-50.

_____. 「상호주관성의 현상학-후설과 레비나스」. 『철학과 현상학 연구』 18(2001) : 13-63.

이명곤. 「키에르케고르 : 윤리적 실존의 양상과 사랑의 윤리학」. 『철학연구』 제129집(2014) : 167-191.

이상철. 「본회퍼와 레비나스의 타자의 윤리」. 『신학연구』 Vol.52 No.1(2015) : 59-87.

이승구. 「키에르케고어의 『사랑의 역사』에 나타난 사랑의 윤리」. 『신앙과 학문』 제11권(1호)(2006) : 103-145.

이정우. 「미셸 푸코에 있어 신체와 권력」. 『문화과학』 제4호(1993) : 95-113.

장호광. 「헤겔의 신앙론에 대한 키에르케고어의 비판」. 『한국개혁신학』 43집 (2014) : 62-87.

_____. 「칼뱅의 타자와 상호주체성에 대한 인식 : '갑질'로 물든 한국 사회 문제의 해결 방안을 위하여」. 『한국개혁신학』 제47집(2015) : 42-67.

_____. 「키에르케고어의 『사랑의 역사』에서 드러난 상호주체성(intersubjectivity)의 기독교 사회윤리학적 의미」. 『기독교사회윤리』 제34집(2016) : 175-208.

_____. 「한국 교회 변혁을 위한 그리스도인의 신앙적 주체성 확립의 의의와 그 적용성」. 『신학사상』 190(2020 가을) : 115-152.

정대성. 「하버마스 철학에서 상호주관성 개념의 의미」. 『해석학연구』 17(2006) : 185-211.

조성호. 「하버마스의 의사소통행위이론과 서번트 리더십의 상관관계 연구」. 『신학과 선교』 41(2012) : 113-143.

최경환. 「하버마스의 공론장 개념과 공공신학」. 『기독교철학』 19(2014) : 189-221.

최대열. 「헤겔의 성찬론」. 『신학논단』 제56집(2009) : 425-451.

최상욱. 「헤겔과 키에르케고르에 있어 신앙의 본질」. 『인문과학논집』 제3집 (1997) : 49-78.

최승태. 「헤겔 종교철학의 중심점으로서의 기독론」. 『한국조직신학논총』 제19집(2007) : 157-177.

한우섭. 「메를로-퐁티 윤리학을 위한 제안-<신체-살-존재론>이 <존재론적 윤리학>이 되기 위한 해석의 조건-」. 『철학과 현상학 연구』 88(2021) : 69-116.

황덕형. 「신학적 과제로서의 레비나스 현실이해」. 『한국조직신학논총』 Vol.18(2007) : 203-233.

홍경실. 「키에르케고어와 레비나스의 주체성 비교」. 『철학연구』 제27집(2004) : 143-172.

_____. 「『목소리와 현상』에 나타난 데리다의 후설 현상학 독해」. 『철학과 현상학 연구』 31(2006) : 57-84.

장호광

경북대학교에서 독문학(B.A.)을 공부한 뒤 독일로 유학하여 뮌헨대학교(Ludwig-Maximilians-Universitat Munchen)와 레겐스부르크대학교(Regensburg Universitat)에서 조직신학 전공으로 석사학위(Mag.Theol.)와 박사학위(Ph.D.)를 취득하였다. 귀국 후 안양대학교 신학대학원에 편입하여 목회학 석사학위(M.Div.)도 취득했고, 현재 같은 대학원에서 조직신학을 가르치고 있다. Die Bedeutung der Leben-Jesu-Forschung fur die systematische Theologie(Peter Lang, 2003), 『일상속에서 만나는 칼빈신학』(킹덤북스, 2017)을 비롯해 다수의 저서, 번역서 및 국내외 논문이 있다.

상호주체성(Intersubjectivity)과 기독교윤리학

초판인쇄   2021년 12월 10일
초판발행   2021년 12월 10일

지은이   장호광
펴낸이   채종준
펴낸곳   한국학술정보㈜
주   소   경기도 파주시 회동길 230(문발동)
전   화   031) 908-3181(대표)
팩   스   031) 908-3189
홈페이지   http://ebook.kstudy.com
E-mail   출판사업부   publish@kstudy.com
등   록   제일산-115호(2000. 6. 19)

ISBN   979-11-6801-191-5   93230